高等裁判所刑事裁判速報集

（平成29年）

刊行にあたって

　本書は，法務省大臣官房司法法制部において，検察実務の利便に供する目的で編纂したものでありますが，実務に携わる各位の好個の参考資料と思われるので，関係者のお許しを得て刊行したものです。

　　平成30年11月

　　　　　　　　　　　　　　　　　　一般財団法人　法　　曹　　会

は　し　が　き

1　本書には，各高等検察庁が作成した「高等裁判所刑事裁判速報」に掲載された裁判例が収録してある。

2　「高等裁判所刑事裁判速報」は，昭和24年以来，検察実務の利便に供する目的で編集・配布されており，その編集方針から類書とはやや収録重点を異にした特色ある裁判例集として，執務上重要な役割を果たしてきたものである。その活用の便を図るため，昭和47年から同55年までの速報については，先に当部において，「高等裁判所刑事裁判速報目録・同速報索引」を作成し，各庁に配布しているところである。

3　本書は，更に「高等裁判所刑事裁判速報」の活用を促進するため，速報内容自体が全国の各検察庁等に伝達されるよう，各年ごとにその全文を収録したものであって，昭和56年版から継続して刊行しているものである。

4　本書の編さんに当たっては，平成29年に言渡しのあった裁判例を各高等裁判所ごとに，その速報番号に従って配列し，検索上の利便を考慮して，巻頭に法条別索引を，巻末に裁判月日索引を掲げている。

平成30年9月

法務省大臣官房司法法制部

総　目　次

法　条　別　索　引　　‥‥‥‥‥‥‥‥‥‥‥‥‥‥‥‥‥‥　　1

高等裁判所刑事裁判速報目次　‥‥‥‥‥‥‥‥‥‥‥‥‥‥　　39

東　京　高　等　裁　判　所　‥‥‥‥‥‥‥‥‥‥‥‥‥‥‥　　65

大　阪　高　等　裁　判　所　‥‥‥‥‥‥‥‥‥‥‥‥‥‥‥　237

名　古　屋　高　等　裁　判　所　‥‥‥‥‥‥‥‥‥‥‥‥‥　243

広　島　高　等　裁　判　所　‥‥‥‥‥‥‥‥‥‥‥‥‥‥‥　247

福　岡　高　等　裁　判　所　‥‥‥‥‥‥‥‥‥‥‥‥‥‥‥　253

仙　台　高　等　裁　判　所　‥‥‥‥‥‥‥‥‥‥‥‥‥‥‥　307

札　幌　高　等　裁　判　所　‥‥‥‥‥‥‥‥‥‥‥‥‥‥‥　317

高　松　高　等　裁　判　所　‥‥‥‥‥‥‥‥‥‥‥‥‥‥‥　343

裁　判　月　日　索　引　‥‥‥‥‥‥‥‥‥‥‥‥‥‥‥‥‥　415

法条別索引

目　次

日本国憲法（昭和21年11月3日）・・・・・・・・・・・・・・・・・・・・・・・・・・・　5

刑法（明治40年法律第45号）・・・・・・・・・・・・・・・・・・・・・・・・・・・・・・・　6

刑事訴訟法（昭和23年法律第131号）・・・・・・・・・・・・・・・・・・・・・・・　19

その他の法令

（い）

医薬品，医療機器等の品質，有効性及び安全性の確保等に関する法律

（昭和35年法律第145号）・・・・・・・・・・・・・・・・・・・・・・・・・・・・・・・　23

（か）

覚せい剤取締法（昭和26年法律第252号）・・・・・・・・・・・・・・・・・・　23

関税法（昭和29年法律第61号）・・・・・・・・・・・・・・・・・・・・・・・・・・・　24

（け）

軽犯罪法（昭和23年法律第39号）・・・・・・・・・・・・・・・・・・・・・・・・・　24

（こ）

公衆に著しく迷惑をかける暴力的不良行為等の防止に関する条例

（群馬県，昭和38年条例第41号）・・・・・・・・・・・・・・・・・・・・・・・　25

公衆に著しく迷惑をかける暴力的不良行為等の防止に関する条例

（東京都，昭和37年条例第103号）・・・・・・・・・・・・・・・・・・・・・・・　25

公職選挙法（昭和25年法律第100号）・・・・・・・・・・・・・・・・・・・・・・　25

更生保護法（平成19年法律第88号）・・・・・・・・・・・・・・・・・・・・・・・　25

国際的な協力の下に規制薬物に係る不正行為を助長する行為等の防止を
図るための麻薬及び向精神薬取締法等の特例等に関する法律
（平成３年法律第94号）・・・・・・・・・・・・・・・・・・・・・・ 26
　　（し）
児童買春，児童ポルノに係る行為等の規制及び処罰並びに児童の保護等
に関する法律（平成11年法律第52号）・・・・・・・・・・・・・・・ 26
自動車の運転により人を死傷させる行為等の処罰に関する法律
（平成25年法律第86号）・・・・・・・・・・・・・・・・・・・・・・ 27
銃砲刀剣類所持等取締法（昭和33年法律第６号）・・・・・・・・・・・ 29
住民基本台帳法（昭和42年法律第81号）・・・・・・・・・・・・・・・ 29
商標法（昭和34年法律第127号）・・・・・・・・・・・・・・・・・・ 29
商標法施行令（昭和35年政令第19号）・・・・・・・・・・・・・・・・ 30
商標法施行規則（昭和35年通商産業省令第13号）・・・・・・・・・・・ 30
所得税法（昭和40年法律第33号）・・・・・・・・・・・・・・・・・・ 31
所得税法施行令（昭和40年政令第96号）・・・・・・・・・・・・・・・ 31
　　（す）
ストーカー行為等の規制等に関する法律（平成12年法律第81号）・・ 31
　　（せ）
生活保護法（昭和25年法律第144号）・・・・・・・・・・・・・・・・ 32
　　（そ）
組織的な犯罪の処罰及び犯罪収益の規制等に関する法律
（平成11年法律第136号）・・・・・・・・・・・・・・・・・・・・・ 33
　　（て）
電気事業法（昭和39年法律第170号）・・・・・・・・・・・・・・・・ 33
　　（と）
道路交通法（昭和35年法律第105号）・・・・・・・・・・・・・・・・ 33
道路交通法施行令（昭和35年政令第270号）・・・・・・・・・・・・・ 34

－ 2 －

（は）

配偶者からの暴力の防止及び被害者の保護等に関する法律

（平成13年法律第31号）‥‥‥‥‥‥‥‥‥‥‥‥‥‥‥‥‥ 35

破産法（平成16年法律第75号）‥‥‥‥‥‥‥‥‥‥‥‥‥‥‥ 35

（ふ）

不正競争防止法（平成５年法律第47号）‥‥‥‥‥‥‥‥‥‥‥ 37

（ほ）

法人税法（昭和40年法律第34号）‥‥‥‥‥‥‥‥‥‥‥‥‥‥ 37

法人税法施行令（昭和40年政令第97号）‥‥‥‥‥‥‥‥‥‥‥ 37

（や）

薬物使用等の罪を犯した者に対する刑の一部の執行猶予に関する法律（薬物法）

（平成25年法律第50号）‥‥‥‥‥‥‥‥‥‥‥‥‥‥‥‥‥‥ 37

法条別索引（日本国憲法）

法　　条　　名	裁　判　所 事件番号 裁判年月日	速報番号	ページ
日本国憲法（昭和21年11月3日） 　第3章　国民の権利及び義務 　　**第31条** 　被告人が，自動車を使用した事業による収入を秘匿して生活保護費を不正受給していた事案において，ガソリン代や駐車場代などの必要経費を収入額から控除せずに不正受給額（詐欺の被害額）を算定した原判決の判断の適否が争われた事案について，被告人の収入額の算定は，生活保護行政上の運用に照らして判断するべきであり，生活保護行政上，被告人には自動車の保有が認められず，自動車の保有を前提とした費用も必要経費と認められないことから，これらを収入額から控除せずに不正受給額を認定した原判決の判断を是認した事例	東　　京 28（う）1342 29.1.31	3593号	80
第35条 　覚せい剤の自己使用等事件につき，強制採尿令状請求の疎明資料である捜査報告書に虚偽の事実を記載して令状裁判官の判断を誤らせた重大な違法があるとして，鑑定書が違法収集証拠として排除され，無罪が宣告された事例	東　　京 29（う）496 29.6.28	3607号	125

－ 5 －

法条別索引（刑法）

刑法（明治40年法律第45号） 　第1編　総則 　　第4章　刑の執行猶予 　　**第27条の2** 　　実刑判決に対し，弁護人が，被告人の病気治療等を理由に早期の社会復帰の必要性を主張して刑の一部執行猶予を求めたところ，刑の一部の執行猶予制度は，執行猶予取消しによる心理的強制の下での社会内処遇を実施して再犯防止と改善更生を図るための制度であり，更生環境を整えるためのものではないとして，控訴を棄却した事例	福　　　岡 29（う）222 29.9.14	1536号	295
第27条の2，27条の3 　　被告人に対して，保護観察付刑の一部執行猶予判決を言い渡すに際し，刑の一部執行猶予の適用条文につき，刑法27条の2第1項3号を適用すべきところ，薬物法3条及び刑法27条の2第1項を適用し，また，一部執行猶予による保護観察の適用条文につき，刑法27条の3第1項を適用すべきところ，薬物法4条1項を適用した原判決には，判決に影響を及ぼすことが明らかな法令の適用の誤りがあるとされた事例	東　　　京 28（う）1992 29.2.16	3596号	90
第27条の2，27条の3第1項，27条の7 　　被告人において，犯行後，自発的に入院して薬物依存症からの回復プログラムを受けたことなどをもって，刑の一部執行猶予が付された場合に想定される保護観察中のプログラムを先取りしていると評価し，大幅に軽減した刑を宣告した原判決の量刑判断は，刑の一部	東　　　京 29（う）1196 29.11.1	3619号	194

－ 6 －

法条別索引（刑法）

執行猶予の制度趣旨を誤解したものであるとして，破棄・自判した事例			
第27条の2第1項			
刑法の規定による刑の一部の執行猶予判決が言い渡され，その控訴申立期間中に，これと刑法45条後段の併合罪の関係にある別件の実刑判決が確定したことにより，被告人について刑法27条の2第1項の要件該当性がなくなったものの，原判決の言渡し時に違法ではなかった判決が遡って違法とはならないとされた事例	東　　　京 28（う）1789 29．2．1	3595号	87
覚せい剤の自己使用と所持の罪を犯した被告人に対して，原判決が懲役2年4月の全部実刑に処したのは，刑の一部の執行を猶予しなかった点で裁量を誤ったものであるとして，原判決を破棄した事例	東　　　京 29（う）739 29．7．18	3609号	142
覚せい剤の自己使用に及んだ被告人につき，刑の一部の執行を猶予しなかった原判決は，裁量を誤ったものであり，不当であるとした事例	東　　　京 29（う）1088 29．10．11	3618号	190
懲役刑の一部執行猶予とした原判決は，懲役刑の全部実刑と全部執行猶予の中間刑として一部執行猶予を用いたもので，刑法27条の2第1項の解釈適用を誤ったものであるとして，原判決を破棄した事例	福　　　岡 29（う）212 29．9．29	1533号	280
第27条の2第1項，27条の3第1項			
覚せい剤取締法違反の同種前科の執行猶予期間満了約2年後に再犯を犯した被告人に対して，保護観察付きの全部執行猶予とした原判決を破棄し，一部執行猶	東　　　京 29（う）1308 29．12．15	3628号	224

－ 7 －

法条別索引（刑法）

予付きの実刑判決に処した事例			
覚せい剤の自己使用と所持の罪を犯した被告人に対し，原判決が全部実刑に処したのは，刑の一部の執行を猶予しなかった点で裁量を誤ったものであるとして，原判決を破棄・自判した事例	東　　　京 29（う）1607 29.12.20	3630号	231

第7章　犯罪の不成立及び刑の減免
第36条，95条1項，204条

被害者からの先制攻撃によって始まった被告人の暴行と，その後に引き続き行われた本件犯行である被告人の暴行とは一連の行為として評価され，それら被告人の各暴行は短時間のうちに行われたものであるとして，本件犯行時における被害者からの先制攻撃による急迫不正の侵害の継続性を認め，それに対する防衛の意思にも欠けることはないとした事例。ただし，被告人の防衛行為自体は相当性を逸脱しているので過剰防衛が成立するとした。	高　　　松 29（う）72 29.6.27	469号	404

第39条，199条

物質誘発性精神障害（覚せい剤精神病及び覚せい剤誘発性パーソナリティ障害）にり患している被告人による殺人未遂の事案について，完全責任能力を認めた原判決を破棄し，心神耗弱を認めた事例	東　　　京 29（う）6 29.7.25	3610号	145
軽度精神発達遅滞でありうつ病に罹患している被告人が実子2人を道連れに自殺しようとして入水し，実子2人を溺水させて殺害した殺人事件において，被告	福　　　岡 29（う）15 29.10.19	1535号	288

- 8 -

法条別索引（刑法）

人が犯行時，心神耗弱だったとの原審鑑定人の意見を採用せず，完全責任能力を肯定した事例			

第9章　併合罪
第45条

1　児童買春，児童ポルノに係る行為等の処罰及び児童の保護等に関する法律（以下「児童ポルノ法」という。）の保護法益は，個別の具体的な権利にとどまらず，児童を性欲の対象として捉える社会的風潮が広がることを防ぐことも要請されており，その意味で社会的法益の保護も含まれる。 2　児童の写真を素材としてコンピュータグラフィックス（以下「ＣＧ」という。）により作成されたものであっても児童ポルノとなり得る。 3　撮影時に13歳未満であった児童の写真を素材として児童ポルノを製造した場合，製造時に同児童が18歳以上の年齢であっても，また，撮影時，児童ポルノ法が施行されていなくても，児童ポルノ製造罪が成立する。 4　児童ポルノ画像を含むファイルをインターネットにアップロードして提供し，その約1年3か月後，別個の児童ポルノ画像を含むファイルを同様にアップロードして提供した場合，前の提供罪と後の提供罪は併合罪であるとした事例	東　　　京 28(う)872 29.1.24	3592号	73
覚せい剤取締法違反被告事件の上告審係属中に再び覚せい剤の使用に及んだ被告人について，同時審判される可能性がないにもかかわらず，上告審係属中の事	東　　　京 28(う)2017 29.2.16	3597号	94

- 9 -

法条別索引（刑法）

件との併合の利益を考慮し，検察官の懲役2年6月の求刑を大幅に下回る懲役1年を言い渡した原判決について，本来考慮すべきでない併合の利益を重要視したものであって是認できないとして，原判決を破棄して被告人を懲役2年に処した事例			
第45条前段，47条 　同一の日時・場所における覚せい剤の営利目的所持とけん銃及び実包の所持につき，併合罪とした事例	東　　　京 29(う)1282 29.12.19	3629号	229
第11章　共犯 　**第60条，65条1項** 1　破産者であるA及び有限会社Bから破産手続の全般について委任を受けた司法書士である被告人が，①破産者Aやその妻Cが破産申立前に他人名義口座に預金を移し換えるなどの財産行為隠匿行為をした際，予めCに対して資産隠匿方法を教示するなどして幇助したとする破産法違反幇助（以下①事実という。），②A及びCと共謀の上，破産管財人から，破産申立の際に提出した免責申立書添付の預貯金目録に甲銀行のB名義の口座を記載しなかった理由について説明を求められた際，虚偽の説明をしたとする破産法違反の事案（以下②事実という。）において，C証言及び被告人の捜査段階の自白等から両事実を認定した原審に対し 2　被告人の捜査段階の自白調書には任意性がなく，取調べの必要性もなかったのであるからこれを採用	高　　　松 28(う)111 29．2．7	467号	364

したのは違法であるとする弁護人の主張に対し，同
調書の任意性及び取調べの必要性を認めて，訴訟手
続の法令違反はないとし

3　原審は，被告人から財産隠匿方法について教示を
受けたとするCの公判証言について，被告人に責任
を押し付けている疑いがあり，全てにおいて信用で
きないが，被告人の捜査段階の自白に符合している
限度で信用できるとしたものの，全てにおいて信用
できないとした事情は，A証言の信用性の根幹に関
わるものである上，被告人のCに財産隠匿方法を教
示したとの捜査段階の自白も信用できないから，①
事実については無罪とし

4　②事実の有罪は維持したものの，原審が認定した
罪となるべき事実について，身分犯について，非身
分者が加功した事案であるので事実摘示が，不十分
であるとして破棄自判した

事案である。

第60条，246条1項

書類を運ぶ仕事だと思っていた旨の弁解がなされた特殊詐欺の受け子の事案において，偽名使用，スーツ着用，高齢者からの茶封筒の受取，割のいい報酬等の間接事実から，受け取るものが現金である旨の認識を含む詐欺の故意を認め，詐欺の故意を否定した原判決を破棄した事例	東　　　京 28(う)2143 29.6.16	3605号	118

第60条，246条1項，250条

オレオレ詐欺の受け子役の被告人が，控訴審に至って，いわゆるだまされたふり作戦開始後に共謀に加わ	東　　　京 28(う)2130	3600号	108

法条別索引（刑法）

ったから無罪である旨主張したが，本件では事前共謀が認められることに加え，たとえ上記作戦開始後に共謀に加わったとしても，被告人が詐欺未遂の共同正犯者に当たることは免れないと判示した事例	29.3.27		
いわゆるだまされたふり作戦が実施された特殊詐欺事案において，被害者に電話をかけただまし役の行為は，詐欺の結果発生の現実的危険性はないから詐欺行為ではないという弁護人の主張を排斥して，詐欺の実行行為性を認めた事例	東　　　京 29(う)1276 29.11.7	3622号	204
特殊詐欺の受け子を騙されたふり作戦により逮捕した事案について，不能犯との主張を排斥し，欺罔行為及び共謀を認めた事例	東　　　京 29(う)912 29.11.10	3624号	208
詐欺への加担の認識を否認した空室利用による現金送付型特殊詐欺の受け子の事案において，空室利用等の間接事実から，詐欺の故意を否定した原判決を破棄した事例	広　　　島 29(う)51 29.7.18	29年1号	247
被害者が「騙されたふり作戦」に協力して模擬現金を発送した後に犯行に加担した「受け子」について，欺罔行為と「受け子」の荷物の受領との間には因果関係が認められないとした上，詐欺罪の結果発生の危険性の判断に際して，「犯人側の状況と共に，それに対応する被害者側の状況をも観察し得る一般人」の認識内容を基礎とするという独自の判断基準を設けて，被告人が詐欺罪の結果発生の危険性に寄与したとはいえないとして無罪を言い渡した原判決を破棄し，いわゆる	福　　　岡 28(う)451 29.5.31	1528号	255

- 12 -

法条別索引（刑法）

承継的共同正犯としての詐欺罪の成立を肯定し，未遂犯として処罰すべき法益侵害の危険性の有無の判断につき，当該行為時点でその場に置かれた一般人が認識し得た事情と行為者が特に認識していた事情とを基礎とすべきであるとしてこれを肯定して，詐欺未遂罪の共同正犯が成立するとした事例			
いわゆる騙された振り作戦の開始後に共謀に加わり，偽名を名乗るなどして仮想札束を受領した「受け子」の行為について，不能犯における判断手法を用いて当該行為の結果発生の危険性を判断し，実行行為性を肯定した事例	仙　　台 29（う）39 29．6．1	29年1号	307
宅配便を利用した特殊詐欺事案において，①受け子の詐欺の故意は，特段の事情がない限り，荷物が犯罪に関わる物である可能性の認識があれば足りる，②騙されたふり作戦の開始後に共犯関係に入った者の犯罪の成否は，共犯関係に入った時点を基準に不能犯の場合と同様に判断すべきであるとした事例	仙　　台 28（う）208 29．8．29	29年2号	309

第2編　罪
　第9章　放火及び失火の罪
　　第108条

1　トイレットペーパーやライターオイル，ろうそく等から構成される発火装置を使用した現住建造物等放火事件について，検察官が訴因で主張していた発火装置と異なる発火装置を訴因変更の手続きを経ずに原判決が認定したことに訴訟手続の法令違反がな	高　　松 27（う）106 29．1．17	466号	343

－ 13 －

法条別索引（刑法）

いとされた事例
2　原判決が捜査段階における被告人の自白の信用性を否定しながら，その他の間接事実のみから被告人が犯人であると認めた原判決には，認定理由ないし判断の手法には一部賛同できない点があるものの，大筋において論理則・経験則等に沿ったものであるとした上で，発火装置の構造に関しては自白に信用性があると認め，さらに，控訴審において，検察官が行った燃焼実験の結果からは，科学的な経験則に反する点があるとの弁護人の主張も否定されるとした事例

第108条，130条，235条，261条 住居侵入，窃盗につき，侵入口から採取した被告人のＤＮＡ型が検出された汗が犯人の汗とする判断に合理性はなく，他に被告人の犯人性を基礎づける有力な事実はないから，被告人の犯人性について合理的な疑いが残り，原判決に事実誤認があるとして無罪とされ，また，配偶者からの暴力の防止及び被害者の保護等に関する法律違反につき，保護命令の文言に照らして，禁止の対象から除外されている場所のはいかいであるから保護命令に違反しないとして，原判決には法令適用の誤りがあるとされた事例	高　　松 28（う）158 29.2.23	468号	380
第108条，199条 火災原因を特定することができず，被告人が犯人性を否認する放火殺人事件において，複数の間接事実を丁寧に積み上げ，自然発火の可能性を否定して，犯人性を肯定した事例	福　　岡 29（う）89 29.7.20	1530号	261

- 14 -

法条別索引（刑法）

第12章　住居を侵す罪 **第130条前段，240条前段** 　防犯ビデオ画像による異同識別のための顔貌等の鑑定について，その手法が合理的であり具体的な分析も信用できるとした原判決の理由付けは不十分であって，審理不尽の違法があるとして，破棄差戻した事例	東　　　京 29(う)651 29.11.2	3621号	201
第22章　わいせつ，姦淫及び重婚の罪 **第175条** 　アダルトショップに陳列された女性器を象って制作された造形物のわいせつ性が否定された事例	東　　　京 28(う)1100 29.4.13	3602号	112
第23章　賭博及び富くじに関する罪 **第186条2項** 　賭博場開張図利罪の成立要件	大　　　阪 28(う)1144 29.2.9	29年2号	238
第26章　殺人の罪 **第199条** 　いわゆる「消去法的認定手法」により被告人が犯人であると認定することが許容された事例	東　　　京 28(う)1155 29.1.18	3590号	65
生後3か月の乳児に覚せい剤若干量を口から投与して身体に摂取させて覚せい剤中毒による循環障害等により死亡させた事案につき，覚せい剤の致死量に関す	福　　　岡 29(う)82 29.7.7	1529号	259

－ 15 －

法条別索引（刑法）

る知識がなかった等の弁護人の主張を排斥し，被告人の殺意を認定した事例			
第27章　傷害の罪			
第204条，205条			
被告人の暴行後に，被告人による別の行為が介在した事案について，この介在事情は，通常一般的に起こり得ることが想定されるとは言えない性質のものであり，また，被告人自身の行為であるとはいえ，本件暴行とは異質な非難できないものであったとして，本件暴行と被害者の死亡の結果との間の因果関係を否定した事例	東　　　京28（う）120929.9.26	3617号	179
第28章　過失傷害の罪			
第211条前段			
業務上過失致死傷罪における注意義務違反の有無を判断するに当たっての検討事項	東　　　京29（う）34429.9.20	3615号	164
第211条1項前段			
認知症対応型共同生活介護事業所の入居者である認知症高齢者が，冬期夜間に点火した状態で設置されていた石油ストーブ上面に衣類を置いたことにより発生した火災によって入居者合計7人が焼死した火災事故につき，出火原因を詳細に認定した上，同施設建物の防火管理業務に従事する同施設事業会社代表取締役において，入居者が危険な行動をとり火災を発生させる可能性があることを予見でき，かつ，安全性の高いス	札　　　幌28（う）20629.7.27	187号	330

法条別索引（刑法）

トーブへの交換やストーブ上面を覆うガードの設置，夜勤者の増員など火災の発生を未然に防止するための措置を採ることも可能であったのにこれを怠ったとして，業務上過失致死罪の成立を認めた事例

第35章　信用及び業務に対する罪
第233条，234条

建築基準法及び都市計画法に違反する建築物に電力を供給しようとして一般電気事業者が行った電灯供給工事を威力を用いて妨害した事案について，当該電灯供給工事は威力業務妨害罪において法的に保護されるべき業務であると判断された事例	東　　京 29（う）692 29.9.13	3614号	162

第36章　窃盗及び強盗の罪
第241条前段，243条

当初から被害者の死亡直後に姦淫する意思であった場合でも，強姦罪が成立するとした事例	東　　京 29（う）1261 29.12.1	3626号	219

第37章　詐欺及び恐喝の罪
第246条

被告人が，自動車を使用した事業による収入を秘匿して生活保護費を不正受給していた事案において，ガソリン代や駐車場代などの必要経費を収入額から控除せずに不正受給額（詐欺の被害額）を算定した原判決の判断の適否が争われた事案について，被告人の収入額の算定は，生活保護行政上の運用に照らして判断するべきであり，生活保護行政上，被告人には自動車の	東　　京 28（う）1342 29.1.31	3593号	80

- 17 -

法条別索引（刑法）

保有が認められず，自動車の保有を前提とした費用も必要経費と認められないことから，これらを収入額から控除せずに不正受給額を認定した原判決の判断を是認した事例			

法条別索引（刑事訴訟法）

刑事訴訟法（昭和23年法律第131号） 　　第2編　第一審 　　　第1章　捜査 　　　**第218条1項** 　覚せい剤の自己使用等事件につき，強制採尿令状請求の疎明資料である捜査報告書に虚偽の事実を記載して令状裁判官の判断を誤らせた重大な違法があるとして，鑑定書が違法収集証拠として排除され，無罪が宣告された事例	東　　京 29（う）496 29.6.28	3607号	125
職務質問終了後，採尿令状の発付を受けて執行するまでの約6時間半にわたり，多数の警察官と警察車両を動員して被告人を追尾するなどしたことに違法はないとして原判決を是認した事例	福　　岡 29（う）59 29.4.28	1527号	253
1　第三者方居室にいる被疑者を採尿場所へ強制連行するため採尿令状により同居室に立ち入ることの許否 2　採尿令状により被疑者を採尿場所へ連行する際に許容される有形力の行使の態様	札　　幌 29（う）103 29.9.7	188号	336
第3章　公判 　　　**第287条1項** 　公判廷における被告人の身体の不拘束について例外を定めた刑事訴訟法287条1項ただし書の規定が適用されるのは，当該公判期日の公判廷において現実に被告人が暴力を振い又は逃亡を企てた場合に限られるとした事例	名　古　屋 28（う）66 29.2.16	781号	243

- 19 -

法条別索引（刑事訴訟法）

第312条，378条3号，379条，397条1項，400条 ただし書		
恐喝未遂事案において，①訴因変更を経ずに公訴事実記載の脅迫文言及び現金要求文言と相当異なる各文言を認定した原判決に，訴因逸脱認定はないとしつつも，②訴因変更をしなかったことに訴訟手続の法令違反があるとして原判決を破棄した上で，③第1審においてあえて検察官が訴因変更を請求しなかった場合でも，控訴審で訴因変更が許されると判断した事例	福　　　岡 29(う)172 29.9.1	1532号	277
第312条，402条		
差戻し後第一審の期日間整理手続中に検察官が行った追起訴について，検察官の訴追裁量の逸脱や公訴権の濫用はなく，違法，無効なものとはいえないとした事例	東　　　京 28(う)755 29.1.24	3591号	68
第326条		
被告人と被害者2名との間で，本件の経過等重要な情状事実について争いがある傷害事案において，原審弁護人が，被害者2名の検察官調書計2通及びこれに沿う内容の目撃者検察官調書1通について，信用性を争うに止めて同意した結果，原審裁判所が各検察官調書を採用して証拠調べを終えた上，各検察官調書の信用性を肯定して被告人の弁解を排斥し，争点につき，被害者らの供述に沿った認定をした点に，訴訟手続の法令違反があるとして，職権で破棄差戻した事例	大　　　阪 28(う)1201 29.3.14	29年3号	241
第338条4号		
覚せい剤自己使用被告事件の控訴審において，被告	東　　　京	3627号	221

- 20 -

法条別索引（刑事訴訟法）

人の訴訟能力欠如を理由に公訴棄却の判決がなされた事例	23(う)2288 29.12.8		
控訴審段階で被告人に訴訟能力がないとして公判手続が停止され，その後，被告人の病状が不可逆的に悪化し，訴訟能力の回復見込みがないとされた場合には，刑訴法338条4号を準用して公訴を棄却し，訴訟手続を打ち切るのが相当であるとされた事例	札　　幌 25(う)148 29.3.14	185号	321

　　第3編　　上訴
　　　第2章　　控訴
　　　　第379条，382条，393条，396条

1　トイレットペーパーやライターオイル，ろうそく等から構成される発火装置を使用した現住建造物等放火事件について，検察官が訴因で主張していた発火装置と異なる発火装置を訴因変更の手続きを経ずに原判決が認定したことに訴訟手続の法令違反がないとされた事例 2　原判決が捜査段階における被告人の自白の信用性を否定しながら，その他の間接事実のみから被告人が犯人であると認めた原判決には，認定理由ないし判断の手法には一部賛同できない点があるものの，大筋において論理則・経験則等に沿ったものであるとした上で，発火装置の構造に関しては自白に信用性があると認め，さらに，控訴審において，検察官が行った燃焼実験の結果からは，科学的な経験則に反する点があるとの弁護人の主張も否定されるとした事例	高　　松 27(う)106 29.1.17	466号	343

- 21 -

法条別索引（刑事訴訟法）

第379条，397条1項，400条 　責任能力の有無等が争点となった事案につき，原審が犯行の経緯等を供述した被告人の検面調書の取調べ請求を却下し，他にこれに代わる証拠がないことなどを指摘しつつ，責任能力の前提となる犯行に至る経緯及び被告人の精神状態が犯行に及ぼした影響について十分な審理を尽くしていないとして，破棄差し戻した事例	福　　　岡 29（う）238 29.11.14	1537号	297
第379条，397条1項，400条ただし書 　被告人が立ち小便した場所が，「公衆の集合する場所」には当たらないが，「街路」には当たるとし，被告人を無罪とした原判決を職権で破棄し，自判した事例	大　　　阪 28（う）938 29.2.7	29年1号	237
第400条ただし書 1　スーパーインポーズ法によって行われた画像による顔貌鑑定の信用性を肯定した事例 2　第一審判決が起訴に係る公訴事実の存在を認めるに足りる証拠がないとして，被告人に対し，無罪を言い渡した場合に，控訴審において何ら事実の取調べをすることなく，訴訟記録及び第一審裁判所において取り調べた証拠のみによって，直ちに公訴事実の存在を確定し有罪の判決をすることができるとして，原判決を破棄し有罪の自判をした事例	東　　　京 29（う）726 29.11.17	3625号	211
第402条 　没収から追徴への変更が刑事訴訟法402条の不利益変更に当たる旨判断された事例	東　　　京 29（う）384 29.9.8	3612号	156

法条別索引（その他法令）

医薬品，医療機器等の品質，有効性及び安全性の確保等に関する法律
（昭和35年法律第145号）
第2条15項，76条の4

覚せい剤と指定薬物の混合物の所持につき，覚せい剤取締法違反の罪と医薬品，医療機器等の品質，有効性及び安全性の確保等に関する法律違反の罪が成立し，観念的競合となる。	東　京 29(う)1456 29.11.8	3623号	206

覚せい剤取締法（昭和26年法律第252号）
第2条1項1号，3号，41条の2第1項，2項

覚せい剤と指定薬物の混合物の所持につき，覚せい剤取締法違反の罪と医薬品，医療機器等の品質，有効性及び安全性の確保等に関する法律違反の罪が成立し，観念的競合となる。	東　京 29(う)1456 29.11.8	3623号	206

第19条，41条の3第1項1号

職務質問終了後，採尿令状の発付を受けて執行するまでの約6時間半にわたり，多数の警察官と警察車両を動員して被告人を追尾するなどしたことに違法はないとして原判決を是認した事例	福　岡 29(う)59 29.4.28	1527号	253
生後3か月の乳児に覚せい剤若干量を口から投与して身体に摂取させて覚せい剤中毒による循環障害等により死亡させた事案につき，覚せい剤の致死量に関する知識がなかった等の弁護人の主張を排斥し，被告人の殺意を認定した事例	福　岡 29(う)82 29.7.7	1529号	259

法条別索引（その他法令）

自分の尿から覚せい剤反応が出た原因は，覚せい剤使用者の尿を飲んだことしか思い当たらないとの弁解を排斥して，一審の無罪判決を破棄し，覚せい剤使用の事実を認めた事例	札　　幌 29（う）19 29.9.26	189号	338

第41条1項，2項

タイ・日本間でライブ・コントロールド・デリバリーが実施された覚せい剤の密輸入事件において，タイ警察による捜査の違法を理由に日本国内で押収された覚せい剤等の証拠能力が争われた事例	東　　京 29（う）766 29.9.21	3616号	171

第41条の2第2項

同一の日時・場所における覚せい剤の営利目的所持とけん銃及び実包の所持につき，併合罪とした事例	東　　京 29（う）1282 29.12.19	3629号	229

関税法 （昭和29年法律第61号）

第69条の11第1項1号，109条1項

タイ・日本間でライブ・コントロールド・デリバリーが実施された覚せい剤の密輸入事件において，タイ警察による捜査の違法を理由に日本国内で押収された覚せい剤等の証拠能力が争われた事例	東　　京 29（う）766 29.9.21	3616号	171

軽犯罪法 （昭和23年法律第39号）

第1条26号

被告人が立ち小便した場所が，「公衆の集合する場所」には当たらないが，「街路」には当たるとし，被告人を無罪とした原判決を職権で破棄し，自判した事例	大　　阪 28（う）938 29.2.7	29年1号	237

- 24 -

法条別索引（その他法令）

公衆に著しく迷惑をかける暴力的不良行為等の防止に関する条例 （群馬県，昭和38年条例第41号） 　　　第2条の3第1項1号，10条1項 　強制わいせつ未遂により保護観察付き執行猶予中に痴漢行為をした被告人を罰金10万円に処した原判決の量刑が不当であるとして破棄したものの，罰金刑の選択自体は不当といえないとされた事例	東　　　京 28(う)2015 29.5.17	3603号	115
公衆に著しく迷惑をかける暴力的不良行為等の防止に関する条例 （東京都，昭和37年条例第103号） 　　　第5条1項1号，8条1項2号 　電車内での痴漢否認事件において，被告人の手指等から被害者の着衣の繊維が検出されなかったとしても不自然とはいえないとして，被告人の犯人性を認めた事例	東　　　京 29(う)440 29.8.29	3611号	151
公職選挙法（昭和25年法律第100号） 　　　第221条1項2号 　公職選挙法221条1項2号にいう「特殊の直接利害関係を利用して誘導したとき」に当たるとされた事例	東　　　京 28(う)1194 29.5.18	3604号	116
更生保護法（平成19年法律第88号） 　　　第51条の2，52条，53条 　被告人に対して，保護観察付刑の一部執行猶予判決	東　　　京	3596号	90

- 25 -

法条別索引（その他法令）

を言い渡すに際し，刑の一部執行猶予の適用条文につき，刑法27条の2第1項3号を適用すべきところ，薬物法3条及び刑法27条の2第1項を適用し，また，一部執行猶予による保護観察の適用条文につき，刑法27条の3第1項を適用すべきところ，薬物法4条1項を適用した原判決には，判決に影響を及ぼすことが明らかな法令の適用の誤りがあるとされた事例	28(う)1992 29.2.16		

国際的な協力の下に規制薬物に係る不正行為を助長する行為等の防止を図るための麻薬及び向精神薬取締法等の特例等に関する法律（平成3年法律第94号）

第5条4号

同一の日時・場所における覚せい剤の営利目的所持とけん銃及び実包の所持につき，併合罪とした事例	東　　　京 29(う)1282 29.12.19	3629号	229

児童買春，児童ポルノに係る行為等の規制及び処罰並びに児童の保護等に関する法律（平成11年法律第52号）

第2条，7条4項，5項，6項，7項

1　児童買春，児童ポルノに係る行為等の処罰及び児童の保護等に関する法律（以下「児童ポルノ法」という。）の保護法益は，個別の具体的な権利にとどまらず，児童を性欲の対象として捉える社会的風潮が広がることを防ぐことも要請されており，その意味で社会的法益の保護も含まれる。	東　　　京 28(う)872 29.1.24	3592号	73

- 26 -

法条別索引（その他法令）

2　児童の写真を素材としてコンピュータグラフィックス（以下「CG」という。）により作成されたものであっても児童ポルノとなり得る。

3　撮影時に18歳未満であった児童の写真を素材として児童ポルノを製造した場合，製造時に同児童が18歳以上の年齢であっても，また，撮影時，児童ポルノ法が施行されていなくても，児童ポルノ製造罪が成立する。

4　児童ポルノ画像を含むファイルをインターネットにアップロードして提供し，その約1年3か月後，別個の児童ポルノ画像を含むファイルを同様にアップロードして提供した場合，前の提供罪と後の提供罪は併合罪であるとした事例

第2条2項，4条 前科・前歴のない者による児童買春事案の量刑	東　　京 29(う)1814 29.12.22	3631号	233

自動車の運転により人を死傷させる行為等の処罰に関する法律
（平成25年法律第86号）

第2条5号 仲間と一緒に飲酒後，2台の車両で，互いの走行速度を意識し，自動車で競争する意思の下で，時速100キロメートルを超える速度で赤色信号で交差点内に進入したことにより，被害車両に衝突するなどし，同車乗車の4名を死亡させ，1名に重傷を負わせるなどした	札　　幌 29(う)1 29.4.14	186号	324

- 27 -

法条別索引（その他法令）

事案につき，赤色信号殊更無視型の危険運転致死傷罪の故意及び共謀の事実を認めて共同正犯の成立を認定し，その結果生じた事故につき，被害車両に衝突したのではない被告人にも，衝突による致死傷の結果に対する責任を問うとともに，救護及び報告義務違反を認定し，事案の悪質性に鑑み両被告人を併合罪加重した上限の懲役23年に処した事例			

第4条

自動車の運転により人を死傷させる行為等の処罰に関する法律第4条（過失運転致死アルコール等影響発覚免脱）の「その運転の時のアルコール又は薬物の影響の有無又は程度が発覚することを免れる目的で，更にアルコール又は薬物を摂取すること，その場を離れて身体に保有するアルコール又は薬物の濃度を減少させることその他その影響の有無又は程度が発覚することを免れるべき行為」の解釈について	札　　　幌 28（う）191 29.1.26	184号	317

第5条

いわゆる二重轢過による交通死亡事故において，被告人による第1事故の後に第三者による第2事故が介在し，被害者の直接の死因となった傷害が第2事故によるものであり，しかも，被告人が第1事故の後，第2事故の発生を回避するための措置を一応講じたとしても，なお被告人による第1事故と被害者の死亡との間の因果関係は否定されないとされた事例	東　　　京 29（う）702 29.7.13	3608号	137

- 28 -

法条別索引（その他法令）

銃砲刀剣類所持等取締法 （昭和33年法律第6号） 　　　**第3条1項，31条の3第1項前段，2項** 　同一の日時・場所における覚せい剤の営利目的所持とけん銃及び実包の所持につき，併合罪とした事例	東　　　京 29(う)1282 29.12.19	3629号	229
住民基本台帳法（昭和42年法律第81号） 　　　**第47条** 　他人名義で住民基本台帳カード（以下「住基カード」という。）の交付申請書類を作成・行使し，市役所職員から住基カードをだまし取った事案につき，⑴名義人の承諾を得ていても私文書偽造罪が成立し，⑵住基カードに財物性があるとして詐欺罪が成立するとした事例	東　　　京 29(う)391 29.6.20	3606号	122
商標法（昭和34年法律第127号） 　　　**第2条3項8号，6条，27条，37条1号，78条 　　　の2** 　被告人が，インターネットオークションサイトにおいて，不正に認証を得ることなどにより制限なく使用可能になるソフトウエアに関する広告を内容とする情報に，商標権者であるソフトウエア販売会社が商標登録している登録商標に類似した標章を付して提供し，指定商品又は指定役務に類似する商品について登録商標に類似する商標を使用したという，商標権のみなし侵害の事案について，原判決の認定した「罪となるべき事実」は，構成要件に該当する主たる事実の摘示を	東　　　京 28(う)1319 29.3.10	3598号	97

- 29 -

法条別索引（その他法令）

欠いており，理由不備があるとして，破棄自判した事例

商標法施行令 （昭和35年政令第19号）

第2条

被告人が，インターネットオークションサイトにおいて，不正に認証を得ることなどにより制限なく使用可能になるソフトウエアに関する広告を内容とする情報に，商標権者であるソフトウエア販売会社が商標登録している登録商標に類似した標章を付して提供し，指定商品又は指定役務に類似する商品について登録商標に類似する商標を使用したという，商標権のみなし侵害の事案について，原判決の認定した「罪となるべき事実」は，構成要件に該当する主たる事実の摘示を欠いており，理由不備があるとして，破棄自判した事例	東　　京 28(う)1319 29.3.10	3598号	97

商標法施行規則
（昭和35年通商産業省令第13号）

第6条

被告人が，インターネットオークションサイトにおいて，不正に認証を得ることなどにより制限なく使用可能になるソフトウエアに関する広告を内容とする情報に，商標権者であるソフトウエア販売会社が商標登録している登録商標に類似した標章を付して提供し，指定商品又は指定役務に類似する商品について登録商標に類似する商標を使用したという，商標権のみなし侵害の事案について，原判決の認定した「罪となるべ	東　　京 28(う)1319 29.3.10	3598号	97

法条別索引（その他法令）

き事実」は，構成要件に該当する主たる事実の摘示を
欠いており，理由不備があるとして，破棄自判した事
例

所得税法 （昭和40年法律第33号）
第2条1項20号，50条
　被告人が自己の著作物を電子辞書及び携帯電話に搭
載するための電子データ化や加工（仕様変換）に要し
た費用の支出は，繰延資産に該当し，所要の償却期間
により償却される必要があることから，原判決認定の
所得額から減額されるべきとの弁護人の主張を排斥し，
繰延資産該当性を否定した事例

東　　京 29(う)1006 29.11.1	3620号	196

所得税法施行令 （昭和40年政令第96号）
第7条1項，137条
　被告人が自己の著作物を電子辞書及び携帯電話に搭
載するための電子データ化や加工（仕様変換）に要し
た費用の支出は，繰延資産に該当し，所要の償却期間
により償却される必要があることから，原判決認定の
所得額から減額されるべきとの弁護人の主張を排斥し，
繰延資産該当性を否定した事例

東　　京 29(う)1006 29.11.1	3620号	196

ストーカー行為等の規制等に関する法律
（平成12年法律第81号）
第2条1項1号，18条
　①別居中の妻及びその交際相手に対するストーカー
行為については，不貞調査としての目的の範囲内の行
為であれば，恋愛や怨恨の感情を伴っていても，スト

福　　岡 29(う)175 29.9.22	1534号	282

- 31 -

法条別索引（その他法令）

ーカー行為等の規制等に関する法律（以下「ストーカー規制法」という。）2条1項にいう「特定の者に対する恋愛感情その他の好意の感情又はそれが満たされなかったことに対する怨恨の感情を充足する目的」は認められないとした原判決の判断は是認できない，②上記妻及び交際相手の自動車にＧＰＳ機器を取り付けたり，その住居等付近をビデオカメラで撮影した行為は，ストーカー規制法2条1項1号の「見張り」に該当するとした事例

生活保護法 （昭和25年法律第144号）
第4条，5条

被告人が，自動車を使用した事業による収入を秘匿して生活保護費を不正受給していた事案において，ガソリン代や駐車場代などの必要経費を収入額から控除せずに不正受給額（詐欺の被害額）を算定した原判決の判断の適否が争われた事案について，被告人の収入額の算定は，生活保護行政上の運用に照らして判断するべきであり，生活保護行政上，被告人には自動車の保有が認められず，自動車の保有を前提とした費用も必要経費と認められないことから，これらを収入額から控除せずに不正受給額を認定した原判決の判断を是認した事例

東　　　京 28(う)1342 29.1.31	3593号	80

法条別索引（その他法令）

組織的な犯罪の処罰及び犯罪収益の規制等に関する法律（平成11年法律第136号）			
第13条3項1号，16条1項，2項，37条1項，40条3項			
没収から追徴への変更が刑事訴訟法402条の不利益変更に当たる旨判断された事例	東　　　京 29（う）384 29．9．8	3612号	156
電気事業法（昭和39年法律第170号）			
第18条1項（17条1項）			
建築基準法及び都市計画法に違反する建築物に電力を供給しようとして一般電気事業者が行った電灯供給工事を威力を用いて妨害した事案について，当該電灯供給工事は威力業務妨害罪において法的に保護されるべき業務であると判断された事例	東　　　京 29（う）692 29．9．13	3614号	162
道路交通法（昭和35年法律第105号）			
第22条1項，118条1項1号			
普通乗用自動車を運転して高速道路を法定の最高速度を104キロメートル超える204キロメートル毎時の速度で進行した被告人を罰金10万円に処した原判決の量刑が不当であるとして破棄し，執行猶予付の懲役刑の判決を言い渡した事例	東　　　京 29（う）953 29．9．8	3613号	159
第26条の2第1項，2項，53条1項，3項			
普通自動二輪車を運転して片側三車線の第二車両通行帯から第一車両通行帯に車線変更するに際し，自車を第一車両通行帯を進行してきた被害者車両の右前方	福　　　岡 29（う）15 29．9．7	1531号	272

法条別索引（その他法令）

約0.7メートルに接近させたため，被害者をして，衝突を回避する運転操作を余儀なくさせ，路外の防護柵に衝突するに至らしめて死亡させた事案につき，被害者が異常速度（時速約93キロメートルないし時速約108キロメートル）で走行してきたことは予測できなかったなどとして信頼の原則を適用して被告人の過失を否定した1審判決を破棄し，車線変更する際の後方確認義務違反の過失を認定し，罰金刑を言い渡した事例			
第72条1項前段後段 事故現場から約300メートル走行した後停車させた危険運転致死，道路交通法違反事件につき，不救護・不申告罪は未だ成立していないとして，道路交通法違反につき無罪とした原審の判断が維持された事例	東　　　京 28（う）1285 29．4．12	3601号	110

道路交通法施行令
（昭和35年政令第270号）

第21条1項 普通自動二輪車を運転して片側三車線の第二車両通行帯から第一車両通行帯に車線変更するに際し，自車を第一車両通行帯を進行してきた被害者車両の右前方約0.7メートルに接近させたため，被害者をして，衝突を回避する運転操作を余儀なくさせ，路外の防護柵に衝突するに至らしめて死亡させた事案につき，被害者が異常速度（時速約93キロメートルないし時速約108キロメートル）で走行してきたことは予測できなかったなどとして信頼の原則を適用して被告人の過失を否定した1審判決を破棄し，車線変更する際の後方確認義	福　　　岡 29（う）15 29．9．7	1531号	272

- 34 -

法条別索引（その他法令）

務違反の過失を認定し，罰金刑を言い渡した事例			

第27条1項1号

普通乗用自動車を運転して高速道路を法定の最高速度を104キロメートル超える204キロメートル毎時の速度で進行した被告人を罰金10万円に処した原判決の量刑が不当であるとして破棄し，執行猶予付の懲役刑の判決を言い渡した事例	東　京 29(う)953 29.9.8	3613号	159

配偶者からの暴力の防止及び被害者の保護等に関する法律（平成13年法律第31号）

第10条1項1号，2項1号，4号，4項，29条

住居侵入，窃盗につき，侵入口から採取した被告人のＤＮＡ型が検出された汗が犯人の汗とする判断に合理性はなく，他に被告人の犯人性を基礎づける有力な事実はないから，被告人の犯人性について合理的な疑いが残り，原判決に事実誤認があるとして無罪とされ，また，配偶者からの暴力の防止及び被害者の保護等に関する法律違反につき，保護命令の文言に照らして，禁止の対象から除外されている場所のはいかいであるから保護命令に違反しないとして，原判決には法令適用の誤りがあるとされた事例	高　松 28(う)158 29.2.23	468号	380

破産法（平成16年法律第75号）

第40条1項1号，3号，268条1項

1　破産者であるＡ及び有限会社Ｂから破産手続の全般について委任を受けた司法書士である被告人が，①破産者Ａやその妻Ｃが破産申立前に他人名義口座	高　松 28(う)111 29.2.7	467号	364

－ 35 －

法条別索引（その他法令）

に預金を移し換えるなどの財産行為隠匿行為をした
際，予めCに対して資産隠匿方法を教示するなどし
て幇助したとする破産法違反幇助（以下①事実とい
う。），②A及びCと共謀の上，破産管財人から，破
産申立の際に提出した免責申立書添付の預貯金目録
に甲銀行のB名義の口座を記載しなかった理由につ
いて説明を求められた際，虚偽の説明をしたとする
破産法違反の事案（以下②事実という。）において，
C証言及び被告人の捜査段階の自白等から両事実を
認定した原審に対し
2　被告人の捜査段階の自白調書には任意性がなく，
　取調べの必要性もなかったのであるからこれを採用
　したのは違法であるとする弁護人の主張に対し，同
　調書の任意性及び取調べの必要性を認めて，訴訟手
　続の法令違反はないとし
3　原審は，被告人から財産隠匿方法について教示を
　受けたとするCの公判証言について，被告人に責任
　を押し付けている疑いがあり，全てにおいて信用で
　きないが，被告人の捜査段階の自白に符合している
　限度で信用できるとしたものの，全てにおいて信用
　できないとした事情は，A証言の信用性の根幹に関
　わるものである上，被告人のCに財産隠匿方法を教
　示したとの捜査段階の自白も信用できないから，①
　事実については無罪とし
4　②事実の有罪は維持したものの，原審が認定した
　罪となるべき事実について，身分犯について，非身
　分者が加功した事案であるので事実摘示が，不十分
　であるとして破棄自判した
事案である。

- 36 -

法条別索引（その他法令）

不正競争防止法（平成 5 年法律第47号）
第 2 条 6 項

高度な管理方法が採用，実践されたといえなくても，秘密情報に接した者が秘密であることが認識できれば，不正競争防止法 2 条 6 項の秘密管理性の要件は満たされるとした事例	東　　京 28(う)974 29.3.21	3599号	106

法人税法（昭和40年法律第34号）
第22条 4 項

法人税法違反被告事件において，明文の規定がない複数の法人間の共通費用については，別段の合意がない限り，売上高の比に応じて按分するのが最も合理的であるとした事例	東　　京 28(う)1408 29.2.1	3594号	84

法人税法施行令（昭和40年政令第97号）
第141条の 3 第 6 項

法人税法違反被告事件において，明文の規定がない複数の法人間の共通費用については，別段の合意がない限り，売上高の比に応じて按分するのが最も合理的であるとした事例	東　　京 28(う)1408 29.2.1	3594号	84

薬物使用等の罪を犯した者に対する刑の一部の執行猶予に関する法律（薬物法）（平成25年法律第50号）
第 3 条

覚せい剤の自己使用と所持の罪を犯した被告人に対して，原判決が懲役 2 年 4 月の全部実刑に処したのは，	東　　京 29(う)739	3609号	142

- 37 -

刑の一部の執行を猶予しなかった点で裁量を誤ったものであるとして，原判決を破棄した事例	29.7.18		

第3条，4条

被告人に対して，保護観察付刑の一部執行猶予判決を言い渡すに際し，刑の一部執行猶予の適用条文につき，刑法27条の2第1項3号を適用すべきところ，薬物法3条及び刑法27条の2第1項を適用し，また，一部執行猶予による保護観察の適用条文につき，刑法27条の3第1項を適用すべきところ，薬物法4条1項を適用した原判決には，判決に影響を及ぼすことが明らかな法令の適用の誤りがあるとされた事例	東　　京 28(う)1992 29.2.16	3596号	90

第3条，4条1項

覚せい剤の自己使用に及んだ被告人につき，刑の一部の執行を猶予しなかった原判決は，裁量を誤ったものであり，不当であるとした事例	東　　京 29(う)1088 29.10.11	3618号	190

高等裁判所刑事裁判速報目次

速報番号	事 件 名	判　示　事　項	裁判所名 事件番号 裁判年月日	ページ

東京高等裁判所

3590号	傷害致死，殺人	いわゆる「消去法的認定手法」により被告人が犯人であると認定することが許容された事例	東　京 28(う)1155 29.1.18	65
3591号	住居侵入，殺人，銃砲刀剣類所持等取締法違反，児童買春，児童ポルノに係る行為等の処罰及び児童の保護等に関する法律違反，わいせつ電磁的記録記録媒体陳列	差戻し後第一審の期日間整理手続中に検察官が行った追起訴について，検察官の訴追裁量の逸脱や公訴権の濫用はなく，違法，無効なものとはいえないとした事例	東　京 28(う)755 29.1.24	68
3592号	児童買春，児童ポルノに係る行為等の処罰及び児童の保護等に関する法律違反	1　児童買春，児童ポルノに係る行為等の処罰及び児童の保護等に関する法律（以下「児童ポルノ法」という。）の保護法益は，個別の具体的な権利にとどまらず，児童を性欲の対象として捉える社会的風潮が広がることを防ぐこ	東　京 28(う)872 29.1.24	73

- 39 -

		とも要請されており，その意味で社会的法益の保護も含まれる。 2 児童の写真を素材としてコンピュータグラフィックス（以下「ＣＧ」という。）により作成されたものであっても児童ポルノとなり得る。 3 撮影時に18歳未満であった児童の写真を素材として児童ポルノを製造した場合，製造時に同児童が18歳以上の年齢であっても，また，撮影時，児童ポルノ法が施行されていなくても，児童ポルノ製造罪が成立する。 4 児童ポルノ画像を含むファイルをインターネットにアップロードして提供し，その約1年3か月後，別個の児童ポルノ画像を含むファイルを同様にアップロードして提供した場合，前の提供罪と後の提供罪は併合罪であるとした事例		
3593号	詐欺，暴力行為等処罰に関する法律違反	被告人が，自動車を使用した事業による収入を秘匿して生活保護費を不正受給していた事案において，ガソリン代や駐車場代などの必要経費を収入額から控除せずに不正受給額（詐欺の被害額）を算定した原判決の判断の適否が争われた事案について，被告人の収入額の算定は，生活保護行政上の運用に照らして判断するべきであり，生活保護行政上，被告人には自動車の保有が認められず，自動車	東　　京 28(う)1342 29.1.31	80

－ 40 －

		の保有を前提とした費用も必要経費と認められないことから，これらを収入額から控除せずに不正受給額を認定した原判決の判断を是認した事例		
3594号	法人税法違反	法人税法違反被告事件において，明文の規定がない複数の法人間の共通費用については，別段の合意がない限り，売上高の比に応じて按分するのが最も合理的であるとした事例	東　　　京 28（う）1408 29．2．1	84
3595号	覚せい剤取締法違反	刑法の規定による刑の一部の執行猶予判決が言い渡され，その控訴申立期間中に，これと刑法45条後段の併合罪の関係にある別件の実刑判決が確定したことにより，被告人について刑法27条の２第１項の要件該当性がなくなったものの，原判決の言渡し時に違法ではなかった判決が遡って違法とはならないとされた事例	東　　　京 28（う）1789 29．2．1	87
3596号	覚せい剤取締法違反	被告人に対して，保護観察付刑の一部執行猶予判決を言い渡すに際し，刑の一部執行猶予の適用条文につき，刑法27条の２第１項３号を適用すべきところ，薬物法３条及び刑法27条の２第１項を適用し，また，一部執行猶予による保護観察の適用条文につき，刑法27条の３第１項を適用すべきところ，薬物法４条１項を適用した原判決には，判決に影響を及ぼすことが明らかな法令の適用の誤りがあ	東　　　京 28（う）1992 29．2．16	90

－ 41 －

高等裁判所刑事裁判速報目次

		るとされた事例		
3597号	覚せい剤取締法違反	覚せい剤取締法違反被告事件の上告審係属中に再び覚せい剤の使用に及んだ被告人について，同時審判される可能性がないにもかかわらず，上告審係属中の事件との併合の利益を考慮し，検察官の懲役2年6月の求刑を大幅に下回る懲役1年を言い渡した原判決について，本来考慮すべきでない併合の利益を重要視したものであって是認できないとして，原判決を破棄して被告人を懲役2年に処した事例	東　　京28(う)201729.2.16	94
3598号	商標法違反	被告人が，インターネットオークションサイトにおいて，不正に認証を得ることなどにより制限なく使用可能になるソフトウエアに関する広告を内容とする情報に，商標権者であるソフトウエア販売会社が商標登録している登録商標に類似した標章を付して提供し，指定商品又は指定役務に類似する商品について登録商標に類似する商標を使用したという，商標権のみなし侵害の事案について，原判決の認定した「罪となるべき事実」は，構成要件に該当する主たる事実の摘示を欠いており，理由不備があるとして，破棄自判した事例	東　　京28(う)131929.3.10	97

- 42 -

高等裁判所刑事裁判速報目次

3599号	不正競争防止法違反	高度な管理方法が採用，実践されたといえなくても，秘密情報に接した者が秘密であることが認識できれば，不正競争防止法2条6項の秘密管理性の要件は満たされるとした事例	東　京 28(う)974 29.3.21	106
3600号	詐欺未遂，不正作出支払用カード電磁的記録供用，窃盗	オレオレ詐欺の受け子役の被告人が，控訴審に至って，いわゆるだまされたふり作戦開始後に共謀に加わったから無罪である旨主張したが，本件では事前共謀が認められることに加え，たとえ上記作戦開始後に共謀に加わったとしても，被告人が詐欺未遂の共同正犯者に当たることは免れないと判示した事例	東　京 28(う)2130 29.3.27	108
3601号	危険運転致死，道路交通法違反	事故現場から約300メートル走行した後停車させた危険運転致死，道路交通法違反事件につき，不救護・不申告罪は未だ成立していないとして，道路交通法違反につき無罪とした原審の判断が維持された事例	東　京 28(う)1285 29.4.12	110
3602号	わいせつ物陳列，わいせつ電磁的記録等送信頒布，わいせつ電磁的記録記録媒体頒布	アダルトショップに陳列された女性器を象って制作された造形物のわいせつ性が否定された事例	東　京 28(う)1100 29.4.13	112

- 43 -

3603号	公衆に著しく迷惑をかける暴力的不良行為等の防止に関する条例(群馬県)違反	強制わいせつ未遂により保護観察付き執行猶予中に痴漢行為をした被告人を罰金10万円に処した原判決の量刑が不当であるとして破棄したものの，罰金刑の選択自体は不当といえないとされた事例	東　京 28(う)2015 29.5.17	115
3604号	公職選挙法違反	公職選挙法221条1項2号にいう「特殊の直接利害関係を利用して誘導したとき」に当たるとされた事例	東　京 28(う)1194 29.5.18	116
3605号	詐欺，詐欺未遂	書類を運ぶ仕事だと思っていた旨の弁解がなされた特殊詐欺の受け子の事案において，偽名使用，スーツ着用，高齢者からの茶封筒の受取，割のいい報酬等の間接事実から，受け取るものが現金である旨の認識を含む詐欺の故意を認め，詐欺の故意を否定した原判決を破棄した事例	東　京 28(う)2143 29.6.16	118
3606号	有印私文書偽造，同行使，詐欺	他人名義で住民基本台帳カード（以下「住基カード」という。）の交付申請書類を作成・行使し，市役所職員から住基カードをだまし取った事案につき，(1)名義人の承諾を得ていても私文書偽造罪が成立し，(2)住基カードに財物性があるとして詐欺罪が成立するとした事例	東　京 29(う)391 29.6.20	122

- 44 -

高等裁判所刑事裁判速報目次

3607号	覚せい剤取締法違反	覚せい剤の自己使用等事件につき，強制採尿令状請求の疎明資料である捜査報告書に虚偽の事実を記載して令状裁判官の判断を誤らせた重大な違法があるとして，鑑定書が違法収集証拠として排除され，無罪が宣告された事例	東　　京 29(う)496 29.6.28	125
3608号	過失運転致死	いわゆる二重轢過による交通死亡事故において，被告人による第1事故の後に第三者による第2事故が介在し，被害者の直接の死因となった傷害が第2事故によるものであり，しかも，被告人が第1事故の後，第2事故の発生を回避するための措置を一応講じたとしても，なお被告人による第1事故と被害者の死亡との間の因果関係は否定されないとされた事例	東　　京 29(う)702 29.7.13	137
3609号	覚せい剤取締法違反	覚せい剤の自己使用と所持の罪を犯した被告人に対して，原判決が懲役2年4月の全部実刑に処したのは，刑の一部の執行を猶予しなかった点で裁量を誤ったものであるとして，原判決を破棄した事例	東　　京 29(う)739 29.7.18	142
3610号	殺人未遂，覚せい剤取締法違反	物質誘発性精神障害（覚せい剤精神病及び覚せい剤誘発性パーソナリティ障害）にり患している被告人による殺人未遂の事案について，完全責任能力を認めた原判決を破棄し，心神耗弱を認めた事例	東　　京 29(う)6 29.7.25	145

高等裁判所刑事裁判速報目次

3611号	公衆に著しく迷惑をかける暴力的不良行為等の防止に関する条例（東京都）違反	電車内での痴漢否認事件において，被告人の手指等から被害者の着衣の繊維が検出されなかったとしても不自然とはいえないとして，被告人の犯人性を認めた事例	東 京 29（う）440 29.8.29	151
3612号	組織的な犯罪の処罰及び犯罪収益の規制等に関する法律違反	没収から追徴への変更が刑事訴訟法402条の不利益変更に当たる旨判断された事例	東 京 29（う）384 29.9.8	156
3613号	道路交通法違反	普通乗用自動車を運転して高速道路を法定の最高速度を104キロメートル超える204キロメートル毎時の速度で進行した被告人を罰金10万円に処した原判決の量刑が不当であるとして破棄し，執行猶予付の懲役刑の判決を言い渡した事例	東 京 29（う）953 29.9.8	159
3614号	威力業務妨害	建築基準法及び都市計画法に違反する建築物に電力を供給しようとして一般電気事業者が行った電灯供給工事を威力を用いて妨害した事案について，当該電灯供給工事は威力業務妨害罪において法的に保護されるべき業務であると判断された事例	東 京 29（う）692 29.9.13	162

高等裁判所刑事裁判速報目次

3615号	業務上過失致死	業務上過失致死傷罪における注意義務違反の有無を判断するに当たっての検討事項	東　　京 29(う)344 29.9.20	164
3616号	覚せい剤取締法違反，関税法違反	タイ・日本間でライブ・コントロールド・デリバリーが実施された覚せい剤の密輸入事件において，タイ警察による捜査の違法を理由に日本国内で押収された覚せい剤等の証拠能力が争われた事例	東　　京 29(う)766 29.9.21	171
3617号	傷害致死	被告人の暴行後に，被告人による別の行為が介在した事案について，この介在事情は，通常一般的に起こり得ることが想定されるとは言えない性質のものであり，また，被告人自身の行為であるとはいえ，本件暴行とは異質な非難できないものであったとして，本件暴行と被害者の死亡の結果との間の因果関係を否定した事例	東　　京 28(う)1209 29.9.26	179
3618号	覚せい剤取締法違反	覚せい剤の自己使用に及んだ被告人につき，刑の一部の執行を猶予しなかった原判決は，裁量を誤ったものであり，不当であるとした事例	東　　京 29(う)1088 29.10.11	190
3619号	覚せい剤取締法違反	被告人において，犯行後，自発的に入院して薬物依存症からの回復プログラムを受けたことなどをもって，刑の一部執行猶予が付された場合に想定される保護観察中のプログラムを先取りしていると	東　　京 29(う)1196 29.11.1	194

		評価し，大幅に軽減した刑を宣告した原判決の量刑判断は，刑の一部執行猶予の制度趣旨を誤解したものであるとして，破棄・自判した事例		
3620号	所得税法違反	被告人が自己の著作物を電子辞書及び携帯電話に搭載するための電子データ化や加工（仕様変換）に要した費用の支出は，繰延資産に該当し，所要の償却期間により償却される必要があることから，原判決認定の所得額から減額されるべきとの弁護人の主張を排斥し，繰延資産該当性を否定した事例	東　　　京 29（う）1006 29.11.1	196
3621号	住居侵入，強盗致傷	防犯ビデオ画像による異同識別のための顔貌等の鑑定について，その手法が合理的であり具体的な分析も信用できるとした原判決の理由付けは不十分であって，審理不尽の違法があるとして，破棄差戻した事例	東　　　京 29（う）651 29.11.2	201
3622号	詐欺未遂	いわゆるだまされたふり作戦が実施された特殊詐欺事案において，被害者に電話をかけただまし役の行為は，詐欺の結果発生の現実的危険性はないから詐欺行為ではないという弁護人の主張を排斥して，詐欺の実行行為性を認めた事例	東　　　京 29（う）1276 29.11.7	204

高等裁判所刑事裁判速報目次

3623号	覚せい剤取締法違反，医薬品，医療機器等の品質，有効性及び安全性の確保等に関する法律違反	覚せい剤と指定薬物の混合物の所持につき，覚せい剤取締法違反の罪と医薬品，医療機器等の品質，有効性及び安全性の確保等に関する法律違反の罪が成立し，観念的競合となる。	東　　　京 29(う)1456 29.11.8	206
3624号	詐欺，詐欺未遂，神奈川県迷惑行為防止条例違反	特殊詐欺の受け子を騙されたふり作戦により逮捕した事案について，不能犯との主張を排斥し，欺罔行為及び共謀を認めた事例	東　　　京 29(う)912 29.11.10	208
3625号	詐欺，窃盗，詐欺未遂	1　スーパーインポーズ法によって行われた画像による顔貌鑑定の信用性を肯定した事例 2　第一審判決が起訴に係る公訴事実の存在を認めるに足りる証拠がないとして，被告人に対し，無罪を言い渡した場合に，控訴審において何ら事実の取調べをすることなく，訴訟記録及び第一審裁判所において取り調べた証拠のみによって，直ちに公訴事実の存在を確定し有罪の判決をすることができるとして，原判決を破棄し有罪の自判をした事例	東　　　京 29(う)726 29.11.17	211

- 49 -

高等裁判所刑事裁判速報目次

3626号	強盗殺人，強盗強姦未遂	当初から被害者の死亡直後に姦淫する意思であった場合でも，強姦罪が成立するとした事例	東　　　京 29(う)1261 29.12.1	219
3627号	覚せい剤取締法違反	覚せい剤自己使用被告事件の控訴審において，被告人の訴訟能力欠如を理由に公訴棄却の判決がなされた事例	東　　　京 23(う)2288 29.12.8	221
3628号	覚せい剤取締法違反	覚せい剤取締法違反の同種前科の執行猶予期間満了約2年後に再犯を犯した被告人に対して，保護観察付きの全部執行猶予とした原判決を破棄し，一部執行猶予付きの実刑判決に処した事例	東　　　京 29(う)1308 29.12.15	224
3629号	銃砲刀剣類所持等取締法違反，覚せい剤取締法違反，国際的な協力の下に規制薬物に係る不正行為を助長する行為等の防止を図るための麻薬及び向精神薬取締法等の特例等に関する法律違反	同一の日時・場所における覚せい剤の営利目的所持とけん銃及び実包の所持につき，併合罪とした事例	東　　　京 29(う)1282 29.12.19	229

- 50 -

高等裁判所刑事裁判速報目次

3630号	覚せい剤取締法違反	覚せい剤の自己使用と所持の罪を犯した被告人に対し，原判決が全部実刑に処したのは，刑の一部の執行を猶予しなかった点で裁量を誤ったものであるとして，原判決を破棄・自判した事例	東　　　京 29（う）1607 29.12.20	231
3631号	児童買春，児童ポルノに係る行為等の規制及び処罰並びに児童の保護等に関する法律違反	前科・前歴のない者による児童買春事案の量刑	東　　　京 29（う）1814 29.12.22	233

大阪高等裁判所

29年1号	軽犯罪法違反	被告人が立ち小便した場所が，「公衆の集合する場所」には当たらないが，「街路」には当たるとし，被告人を無罪とした原判決を職権で破棄し，自判した事例	大　　　阪 28（う）938 29.2.7	237
29年2号	常習賭博，賭博開張図利幇助	賭博場開張図利罪の成立要件	大　　　阪 28（う）1144 29.2.9	238
29年3号	傷害	被告人と被害者2名との間で，本件の経過等重要な情状事実について争いがある傷害事案において，原審弁護人が，被害者2名の検察官調書計2通及びこれに	大　　　阪 28（う）1201 29.3.14	241

- 51 -

高等裁判所刑事裁判速報目次

		沿う内容の目撃者検察官調書1通について，信用性を争うに止めて同意した結果，原審裁判所が各検察官調書を採用して証拠調べを終えた上，各検察官調書の信用性を肯定して被告人の弁解を排斥し，争点につき，被害者らの供述に沿った認定をした点に，訴訟手続の法令違反があるとして，職権で破棄差戻した事例		

名古屋高等裁判所

781号	公務執行妨害，傷害	公判廷における被告人の身体の不拘束について例外を定めた刑事訴訟法287条1項ただし書の規定が適用されるのは，当該公判期日の公判廷において現実に被告人が暴力を振い又は逃亡を企てた場合に限られるとした事例	名 古 屋 28（う）66 29．2．16	243

広島高等裁判所

29年1号	詐欺未遂，覚せい剤取締法違反	詐欺への加担の認識を否認した空室利用による現金送付型特殊詐欺の受け子の事案において，空室利用等の間接事実から，詐欺の故意を否定した原判決を破棄した事例	広 島 29（う）51 29．7．18	247

－ 52 －

高等裁判所刑事裁判速報目次

福岡高等裁判所

1527号	覚せい剤取締法違反	職務質問終了後，採尿令状の発付を受けて執行するまでの約6時間半にわたり，多数の警察官と警察車両を動員して被告人を追尾するなどしたことに違法はないとして原判決を是認した事例	福　　　岡 29（う）59 29.4.28	253
1528号	詐欺未遂	被害者が「騙されたふり作戦」に協力して模擬現金を発送した後に犯行に加担した「受け子」について，欺罔行為と「受け子」の荷物の受領との間には因果関係が認められないとした上，詐欺罪の結果発生の危険性の判断に際して，「犯人側の状況と共に，それに対応する被害者側の状況をも観察し得る一般人」の認識内容を基礎とするという独自の判断基準を設けて，被告人が詐欺罪の結果発生の危険性に寄与したとはいえないとして無罪を言い渡した原判決を破棄し，いわゆる承継的共同正犯としての詐欺罪の成立を肯定し，未遂犯として処罰すべき法益侵害の危険性の有無の判断につき，当該行為時点でその場に置かれた一般人が認識し得た事情と行為者が特に認識していた事情とを基礎とすべきであるとしてこれを肯定して，詐欺未遂罪の共同正犯が成立するとした事例	福　　　岡 28（う）451 29.5.31	255

- 53 -

高等裁判所刑事裁判速報目次

1529号	殺人，覚せい剤取締法違反	生後3か月の乳児に覚せい剤若干量を口から投与して身体に摂取させて覚せい剤中毒による循環障害等により死亡させた事案につき，覚せい剤の致死量に関する知識がなかった等の弁護人の主張を排斥し，被告人の殺意を認定した事例	福　　　岡 29（う）82 29．7．7	259
1530号	現住建造物等放火，殺人	火災原因を特定することができず，被告人が犯人性を否認する放火殺人事件において，複数の間接事実を丁寧に積み上げ，自然発火の可能性を否定して，犯人性を肯定した事例	福　　　岡 29（う）89 29．7．20	261
1531号	過失運転致死	普通自動二輪車を運転して片側三車線の第二車両通行帯から第一車両通行帯に車線変更するに際し，自車を第一車両通行帯を進行してきた被害者車両の右前方約0.7メートルに接近させたため，被害者をして，衝突を回避する運転操作を余儀なくさせ，路外の防護柵に衝突するに至らしめて死亡させた事案につき，被害者が異常速度（時速約93キロメートルないし時速約108キロメートル）で走行してきたことは予測できなかったなどとして信頼の原則を適用して被告人の過失を否定した1審判決を破棄し，車線変更する際の後方確認義務違反の過失を認定し，罰金刑を言い渡した事例	福　　　岡 29（う）15 29．9．7	272

－ 54 －

1532号	恐喝未遂（予備的訴因　強要未遂）	恐喝未遂事案において，①訴因変更を経ずに公訴事実記載の脅迫文言及び現金要求文言と相当異なる各文言を認定した原判決に，訴因逸脱認定はないとしつつも，②訴因変更をしなかったことに訴訟手続の法令違反があるとして原判決を破棄した上で，③第1審においてあえて検察官が訴因変更を請求しなかった場合でも，控訴審で訴因変更が許されると判断した事例	福　　岡 29（う）172 29．9．1	277
1533号	道路交通法違反	懲役刑の一部執行猶予とした原判決は，懲役刑の全部実刑と全部執行猶予の中間刑として一部執行猶予を用いたもので，刑法27条の2第1項の解釈適用を誤ったものであるとして，原判決を破棄した事例	福　　岡 29（う）212 29．9．29	280
1534号	ストーカー行為等の規制等に関する法律違反	①別居中の妻及びその交際相手に対するストーカー行為については，不貞調査としての目的の範囲内の行為であれば，恋愛や怨恨の感情を伴っていても，ストーカー行為等の規制等に関する法律（以下「ストーカー規制法」という。）2条1項にいう「特定の者に対する恋愛感情その他の好意の感情又はそれが満たされなかったことに対する怨恨の感情を充足する目的」は認められないとした原判決の判断は是認できない，②上記妻及び交際相手の自動車にGPS機器を取り付け	福　　岡 29（う）175 29．9．22	282

高等裁判所刑事裁判速報目次

		たり，その住居等付近をビデオカメラで撮影した行為は，ストーカー規制法2条1項1号の「見張り」に該当するとした事例		
1535号	殺人	軽度精神発達遅滞でありうつ病に罹患している被告人が実子2人を道連れに自殺しようとして入水し，実子2人を溺水させて殺害した殺人事件において，被告人が犯行時，心神耗弱だったとの原審鑑定人の意見を採用せず，完全責任能力を肯定した事例	福　　岡 29（う）15 29.10.19	288
1536号	偽造公記号使用，威力業務妨害	実刑判決に対し，弁護人が，被告人の病気治療等を理由に早期の社会復帰の必要性を主張して刑の一部執行猶予を求めたところ，刑の一部の執行猶予制度は，執行猶予取消しによる心理的強制の下での社会内処遇を実施して再犯防止と改善更生を図るための制度であり，更生環境を整えるためのものではないとして，控訴を棄却した事例	福　　岡 29（う）222 29.9.14	295
1537号	殺人	責任能力の有無等が争点となった事案につき，原審が犯行の経緯等を供述した被告人の検面調書の取調べ請求を却下し，他にこれに代わる証拠がないことなどを指摘しつつ，責任能力の前提となる犯行に至る経緯及び被告人の精神状態が犯行に及ぼした影響について十分な審理	福　　岡 29（う）238 29.11.14	297

高等裁判所刑事裁判速報目次

		を尽くしていないとして，破棄差し戻した事例		

仙台高等裁判所

29年1号	詐欺未遂，詐欺	いわゆる騙された振り作戦の開始後に共謀に加わり，偽名を名乗るなどして仮想札束を受領した「受け子」の行為について，不能犯における判断手法を用いて当該行為の結果発生の危険性を判断し，実行行為性を肯定した事例	仙　　台 29(う)39 29．6．1	307
29年2号	詐欺，詐欺未遂，窃盗	宅配便を利用した特殊詐欺事案において，①受け子の詐欺の故意は，特段の事情がない限り，荷物が犯罪に関わる物である可能性の認識があれば足りる，②騙されたふり作戦の開始後に共犯関係に入った者の犯罪の成否は，共犯関係に入った時点を基準に不能犯の場合と同様に判断すべきであるとした事例	仙　　台 28(う)208 29．8．29	309

札幌高等裁判所

184号	過失運転致死アルコール等影響発覚免脱，道路交通	自動車の運転により人を死傷させる行為等の処罰に関する法律第4条（過失運転致死アルコール等影響発覚免脱）の「その運転の時のアルコール又は薬物の影響	札　　幌 28(う)191 29．1．26	317

－ 57 －

	法違反	の有無又は程度が発覚することを免れる目的で，更にアルコール又は薬物を摂取すること，その場を離れて身体に保有するアルコール又は薬物の濃度を減少させることその他その影響の有無又は程度が発覚することを免れるべき行為」の解釈について		
185号	窃盗	控訴審段階で被告人に訴訟能力がないとして公判手続が停止され，その後，被告人の病状が不可逆的に悪化し，訴訟能力の回復見込みがないとされた場合には，刑訴法338条4号を準用して公訴を棄却し，訴訟手続を打ち切るのが相当であるとされた事例	札　　幌 25(う)148 29.3.14	321
186号	危険運転致死傷，道路交通法違反（予備的訴因　被告人A1につき過失運転致死傷，被告人A2につき過失運転致死，道路交通法違反）	仲間と一緒に飲酒後，2台の車両で，互いの走行速度を意識し，自動車で競争する意思の下で，時速100キロメートルを超える速度で赤色信号で交差点内に進入したことにより，被害車両に衝突するなどし，同車乗車の4名を死亡させ，1名に重傷を負わせるなどした事案につき，赤色信号殊更無視型の危険運転致死傷罪の故意及び共謀の事実を認めて共同正犯の成立を認定し，その結果生じた事故につき，被害車両に衝突したのではない被告人にも，衝突による致死傷の結果に対する責任を問うとともに，救護及び報告義務違反を認定し，事案の悪質性に	札　　幌 29(う)1 29.4.14	324

高等裁判所刑事裁判速報目次

		鑑み両被告人を併合罪加重した上限の懲役23年に処した事例		
187号	業務上過失致死	認知症対応型共同生活介護事業所の入居者である認知症高齢者が，冬期夜間に点火した状態で設置されていた石油ストーブ上面に衣類を置いたことにより発生した火災によって入居者合計7人が焼死した火災事故につき，出火原因を詳細に認定した上，同施設建物の防火管理業務に従事する同施設事業会社代表取締役において，入居者が危険な行動をとり火災を発生させる可能性があることを予見でき，かつ，安全性の高いストーブへの交換やストーブ上面を覆うガードの設置，夜勤者の増員など火災の発生を未然に防止するための措置を採ることも可能であったのにこれを怠ったとして，業務上過失致死罪の成立を認めた事例	札　　幌 28(う)206 29.7.27	330
188号	覚せい剤取締法違反	1　第三者方居室にいる被疑者を採尿場所へ強制連行するため採尿令状により同居室に立ち入ることの許否 2　採尿令状により被疑者を採尿場所へ連行する際に許容される有形力の行使の態様	札　　幌 29(う)103 29.9.7	336
189号	傷害，覚せい剤取締法違反	自分の尿から覚せい剤反応が出た原因は，覚せい剤使用者の尿を飲んだことしか思い当たらないとの弁解を排斥して，	札　　幌 29(う)19 29.9.26	338

- 59 -

高等裁判所刑事裁判速報目次

		一審の無罪判決を破棄し，覚せい剤使用の事実を認めた事例		

高松高等裁判所

466号	現住建造物等放火，常習累犯窃盗，詐欺	1　トイレットペーパーやライターオイル，ろうそく等から構成される発火装置を使用した現住建造物等放火事件について，検察官が訴因で主張していた発火装置と異なる発火装置を訴因変更の手続きを経ずに原判決が認定したことに訴訟手続の法令違反がないとされた事例 2　原判決が捜査段階における被告人の自白の信用性を否定しながら，その他の間接事実のみから被告人が犯人であると認めた原判決には，認定理由ないし判断の手法には一部賛同できない点があるものの，大筋において論理則・経験則等に沿ったものであるとした上で，発火装置の構造に関しては自白に信用性があると認め，さらに，控訴審において，検察官が行った燃焼実験の結果からは，科学的な経験則に反する点があるとの弁護人の主張も否定されるとした事例	高　　松 27(う)106 29.1.17	343

－ 60 －

| 467号 | 破産法違反幇助，破産法違反 | 1　破産者であるＡ及び有限会社Ｂから破産手続の全般について委任を受けた司法書士である被告人が，①破産者Ａやその妻Ｃが破産申立前に他人名義口座に預金を移し換えるなどの財産行為隠匿行為をした際，予めＣに対して資産隠匿方法を教示するなどして幇助したとする破産法違反幇助（以下①事実という。），②Ａ及びＣと共謀の上，破産管財人から，破産申立の際に提出した免責申立書添付の預貯金目録に甲銀行のＢ名義の口座を記載しなかった理由について説明を求められた際，虚偽の説明をしたとする破産法違反の事案（以下②事実という。）において，Ｃ証言及び被告人の捜査段階の自白等から両事実を認定した原審に対し
2　被告人の捜査段階の自白調書には任意性がなく，取調べの必要性もなかったのであるからこれを採用したのは違法であるとする弁護人の主張に対し，同調書の任意性及び取調べの必要性を認めて，訴訟手続の法令違反はないとし
3　原審は，被告人から財産隠匿方法について教示を受けたとするＣの公判証言について，被告人に責任を押し付けている疑いがあり，全てにおいて信用できないが，被告人の捜査段階の自白に符合している限度で信用できるとし | 高　　松
28(う)111
29．2．7 | 364 |

		たものの，全てにおいて信用できないとした事情は，A証言の信用性の根幹に関わるものである上，被告人のCに財産隠匿方法を教示したとの捜査段階の自白も信用できないから，①事実については無罪とし 4　②事実の有罪は維持したものの，原審が認定した罪となるべき事実について，身分犯について，非身分者が加功した事案であるので事実摘示が，不十分であるとして破棄自判した事案である。		
468号	住居侵入，現住建造物等放火，道路交通法違反，器物損壊，配偶者からの暴力の防止及び被害者の保護等に関する法律違反，窃盗	住居侵入，窃盗につき，侵入口から採取した被告人のDNA型が検出された汗が犯人の汗とする判断に合理性はなく，他に被告人の犯人性を基礎づける有力な事実はないから，被告人の犯人性について合理的な疑いが残り，原判決に事実誤認があるとして無罪とされ，また，配偶者からの暴力の防止及び被害者の保護等に関する法律違反につき，保護命令の文言に照らして，禁止の対象から除外されている場所のはいかいであるから保護命令に違反しないとして，原判決には法令適用の誤りがあるとされた事例	高　　松 28(う)158 29.2.23	380
469号	傷害，公務執行妨害	被害者からの先制攻撃によって始まった被告人の暴行と，その後に引き続き行われた本件犯行である被告人の暴行とは	高　　松 29(う)72 29.6.27	404

高等裁判所刑事裁判速報目次

| | | 一連の行為として評価され，それら被告人の各暴行は短時間のうちに行われたものであるとして，本件犯行時における被害者からの先制攻撃による急迫不正の侵害の継続性を認め，それに対する防衛の意思にも欠けることはないとした事例。ただし，被告人の防衛行為自体は相当性を逸脱しているので過剰防衛が成立するとした。 | | |

東京高等裁判所

速報番号　3590号

【事　件　名】　傷害致死，殺人被告事件
【事件番号等】　平成28年（う）1155号，平成29年1月18日東京高等裁判所
　　　　　　　　第5刑事部判決，控訴棄却（確定）
【控訴申立人】　被告人
【第　一　審】　静岡地方裁判所沼津支部

○判示事項

いわゆる「消去法的認定手法」により被告人が犯人であると認定することが許容された事例

○判決要旨

零歳児の被害者が自宅で暴行を受けて死亡した事件において，受傷した可能性のある時間帯に被害者と一緒にいたのは被告人と被害者の母親の2人か，そのうちのいずれか1人であることが明らかであるなどの具体的な事実関係の下では，原判決が被害者の母親が犯人ではないと認定できることから被告人が犯人であるとの認定を導くという事実認定の手法を用いたことに誤りはない。

○判決理由

所論は，原判決は，被害者に対する暴行の機会があったのは，被害者の母親及び被告人のみであったことを前提として，被告人が被害者に暴行を加える動機や兆候等につき何ら積極的な認定ができないまま「消去法的認定手法」により被告人が犯人であると認定しているとした上で，東京高裁平成7年1月27日判決（いわゆる葛生事件控訴審判決）に言及しつつ，①「消去法的認定手法」は，事実認定を誤る危険性を多分に孕んでいるから，これにより犯

- 65 -

人性を認定する場合には，一定の積極要素が存在することを最小限の条件とすべきである，②原判決は，何らの動機が見当たらずとも突発的に暴行を加える可能性があるという理屈上の可能性のみを，上記積極要素として用いているが，むしろ，母親の原審公判供述においても，被告人が被害者に暴行を加える可能性（動機，兆候等）については「そういうことをする人じゃない」として，否定する説明がされているのであって，原判決の認定は，「消去法的認定手法」を用いる際の慎重さを完全に無視したものである，③むしろ，被告人は，被害者に何かがあれば疑われる状況にあると認識していたのであり，あえて自らに疑いを招くような態様で犯行に及ぶ理由に不自然さが残るから，被告人が犯人であると認定するには疑問が残るというべきである，などという。

　しかし，本件は，所論が引用する葛生事件控訴審判決とは，明らかに事案を異にする。すなわち，同控訴審判決は，自宅居室内において妻の頸部を手で強く扼して窒息死させたという公訴事実につき第1審が情況証拠のみによって有罪であると判断した事案について，状況的にみれば，当該事件の被告人甲がその犯人である疑いが強いということができるものの，殺害方法に不明な点が残ること，犯行の動機に疑問があること，殺害時刻頃に甲が犯行現場にいたという証拠はなく，むしろ，甲にアリバイが成立する可能性すら否定できないこと等に照らすと，甲が犯人であると断ずるには，なお，合理的な疑いがあるとして原判決を破棄して無罪の言い渡しをしたものである。そして，同控訴審判決は，上記結論を導くに当たり，甲の自白も目撃証言もなく，被害者の死体も焼損され，犯行態様すら確定的に認定できないという具体的な事実関係の下で，外部の者による犯行の可能性を消去し，甲以外に犯人はあり得ないとする「消去法的認定手法」によって甲と犯人との同一性を認定するためには，甲が本件犯行の時間帯に犯行現場にいた蓋然性が高いことや甲にはっきりとした殺害動機が認められることが最小限の条件として必要と思われる旨説示しているのである。

　これに対し，本件は，零歳児であった被害者が，自宅内において，何者かの意図的かつ強力な暴行によって重大な傷害を負い，その後死亡したという

事件であり，しかも，受傷した可能性のある時間帯に，被害者と一緒にいたのは，被告人と母親の２人か，そのうちのいずれか１人であったことが明らかであるから，これら２人以外には，被害者に暴行を加える機会があった人物，すなわち，犯人たり得る人物は想定し得ない。したがって，本件においては，被害者の受傷した可能性のある時間帯を誤りなく認定した上で，母親が犯人でないことが認定できれば，被告人が犯人であるとの認定を導くことができるのであって，そもそも犯行時刻頃に現場にいて，殺害行為に及ぶことのできた人物を限定し得ない葛生事件とは前提とする事実関係，証拠状況が全く異なるところである。もとより，母親が犯人でないかどうかの判断については慎重を期すべきであり，特に，被告人が犯人であることに疑いを生じさせる事情があれば，一層の慎重さが求められることはいうまでもないが，所論のいうところの「積極要素」を認定することが，被告人が犯人であると認定するための条件となるものではない。原判決が，本件における上記のような具体的な事実関係の下で，「消去法的認定手法」を採用したことに誤りがあるとはいえない。

　なお，原判決は，被告人には被害者に暴行を加える動機がないとする原審弁護人の主張に対する応答として，具体的な動機は不明であるものの，被告人に突発的に暴行を加える可能性がある以上は，被告人が犯人であることとの認定を左右するものではないと判断したに過ぎず，上記可能性を，所論がいうような「消去法的認定手法」による認定に当たっての「積極要素」としたものではない。

　また，③の点（自ら疑いを招く態様で犯行に及ぶ不自然さをいう点）については，なるほど，被告人は，本件当時，検察審査会において審査中であった別子に対する傷害致死事件について，起訴されるのではないかという不安を強く抱き，平成26年２月６日以降，被害者が頭部の異変について病院を受診していた頃にも，自分が怪我をさせたと疑われるのではないかと日々考えていたというのであって，被害者に暴力を加えるような行動に出ることを思いとどまらせるべき事情があったようにも思える。しかし，被告人は，当時，精神科を受診して，薬の処方を受けてもいたというのであって，上記のよう

な事情があったからといって，不安定な精神状態の下，突発的に暴行に及ぶ可能性を否定することはできない。所論の指摘する事情は，被告人が犯人であるとの認定に合理的な疑いを生じさせるような事情であるとはいえない。

「消去法的認定手法」を用いた点に関する所論については，理由がない。

○参照条文

刑法199条

速報番号　3591号

【事　件　名】　住居侵入，殺人，銃砲刀剣類所持等取締法違反，児童買春，児童ポルノに係る行為等の処罰及び児童の保護等に関する法律違反，わいせつ電磁的記録記録媒体陳列被告事件

【事件番号等】　平成28年(う)755号，平成29年1月24日東京高等裁判所第6刑事部判決，控訴棄却（確定）

【控訴申立人】　弁護人，検察官

【第　一　審】　東京地方裁判所立川支部

○判示事項

差戻し後第一審の期日間整理手続中に検察官が行った追起訴について，検察官の訴追裁量の逸脱や公訴権の濫用はなく，違法，無効なものとはいえないとした事例

○判決要旨

検察官は広範な訴訟裁量権を有するから，本件投稿行為（注・被害者の裸の画像等をインターネット上で拡散させるなどの行為）を本起訴事件の犯情と位置付けて主張，立証することも，あるいは本件投稿行為を本起訴事件とは別罪として起訴することも可能であり，その選択は検察官の裁量の範囲に

－ 68 －

属する。本件投稿行為の内容や性質等に鑑みれば，その訴追裁量権の行使に当たって，被害者遺族の意向に配慮することは当然のことであって，当初の起訴の時点では，本件投稿行為が訴追されることにより被害者の名誉が一層傷つくことを危惧する被害者遺族の意向を尊重して本起訴事件の犯情として主張，立証することを選択し，その後，本件投稿行為について告訴に至った被害者遺族の意向を尊重して本件追起訴を行った検察官の選択自体は，非難されるべきいわれはない。

被告人は，本件追起訴までの審理の中で，殺人罪の犯情として位置付けられた，社会的事実としての本件投稿行為の存在を認めた上で情状面で防御活動をしてきたのであるから，本件投稿行為を独立の犯罪事実として位置付けた本件追起訴が，防御の面で，被告人に新たな著しい負担を負わせるものとは評価できず，また，本件投稿行為と本件追起訴の内容面が基本的に共通していること等に照らせば，被告人の迅速な裁判を受ける権利が侵害されたとまで評価することはできない。

差戻し後第一審における期日間整理手続の経緯等に鑑みれば，少なくとも，検察官が，差戻し前第一審判決よりも軽い量刑となることを阻止する目的で本件追起訴を行ったとか，不利益変更禁止原則を潜脱するような意図で本件追起訴に及んだと考えることはできず，本件追起訴が不利益変更禁止の趣旨に反するとはいえない。

○判決理由

1　検察官は広範な訴追裁量権を有する。本件においては，当初の起訴の時点で本件投稿行為に関わる事実関係も判明しており，追起訴事件と同様の法律構成であれば非親告罪であって法律上は訴追可能な状態にあったのであるから，検察官としては，現に行ったように，本件投稿行為を本起訴事件の犯情と位置付けて主張，立証することも，あるいは本件投稿行為を本起訴事件とは別罪として起訴することも可能であり，その選択は検察官の裁量の範囲に属する。そして，とりわけ本件投稿行為の内容や性質等に鑑みれば，その訴追裁量権の行使に当たり，被害者遺族の意向に配慮するこ

とは当然のことであって，当初の起訴の時点では，本件投稿行為が訴追されることにより被害者の名誉が一層傷つくことを危惧する被害者遺族の意向を尊重して本起訴事件の犯情として主張，立証することを選択し，その後，本件投稿行為について告訴に至った被害者遺族の意向を尊重して本件追起訴を行った検察官の選択それ自体は，非難されるべきいわれはない。

　　問題は，所論指摘のように，いわゆるチッソ川本事件に関する最高裁判例の理論とは別に，第1次第一審から原審の期日間整理手続に至る本件訴訟の特殊な審理経過等に照らし，本件追起訴が訴追裁量の逸脱，公訴権の濫用として違法，無効となるのかという点である。

2　所論は，まず，本件追起訴により，被告人の手続的負担や迅速な裁判を受ける権利が侵害された旨主張する。

　　しかし，被告人は，本件追起訴までの審理の中で，殺人罪の犯情として位置付けられた，社会的事実としての本件投稿行為の存在を認めた上で情状面で防御活動をしてきたのであって，本件投稿行為を独立の犯罪事実として位置付けた本件追起訴が，防御の面で，被告人に新たな著しい負担を負わせるものと評価することはできない。所論は，「不意打ち防止」の観点ではなく，「再度」審理がされることについての被告人の手続的負担である旨主張するが，仮に本件追起訴がなかったとしても，被告人は，差戻し審である原審において，第1次控訴審判決が示した指針に従って，殺人罪の犯情として適切に位置付けられた本件投稿行為の審理を「再度」受けることは避けられないのであって，所論は失当であるといわざるを得ない。また，殺人罪の犯情として位置付けられた本件投稿行為と本件追起訴の内容面が基本的に共通していることや，現に行われた原審における期日間整理手続の進行等に照らせば，本件追起訴によって被告人の迅速な裁判を受ける権利が侵害されたとまで評価することはできない。

3　次に，所論は，本件追起訴が，第1次控訴審判決の趣旨を無駄にするものである旨主張する。

　　しかし，被害者遺族の告訴という事情変更は，第1次控訴審判決を契機としてなされたのであり，「告訴に至ったのは，第1次控訴審判決が受け

容れ難いものであり，差戻し後の審理において，本件投稿行為が殺人罪の犯情としてさえも正当に評価されなくなることを危惧したため」という被害者遺族の心情はそれとして理解できるものであるから，このような被害者遺族の意向を尊重して本件追起訴に至ったことが，仮に第1次控訴審判決の趣旨に反する結果になったとしても，やむを得ないものというべきである。なお，所論指摘のように，検察官としては，本件追起訴の方法によらず，本件投稿行為を本起訴事件の犯情として適切に位置付けるような主張，立証を行う方法で差戻し審である原審の審理に臨むことも可能であり，そのような選択をする方が第1次控訴審判決の趣旨に沿うという見方もあり得よう。しかし，だからといって，被害者遺族の意向を尊重し，本件追起訴を行ったことが違法とまでいえないことは明らかである。

4　さらに，所論は，本件追起訴が不利益変更禁止の趣旨に反する旨主張する。

　不利益変更禁止原則を規定する刑訴法402条は「原判決の刑より重い刑を言い渡すことはできない」としており，その名宛人は裁判所であり，かつ，直接の問題としているのは宣告刑の軽重である。しかし，不利益変更禁止原則は，被告人側のした上訴の結果かえって被告人に不利益な結果をきたすようなことがあっては，上訴権の行使を躊躇せしめるおそれがあることを慮って採用されているもので，刑事裁判における上訴制度を支える極めて重要な原則であって，その重要性に鑑みれば，検察官も同原則の趣旨を潜脱するような訴訟行為をしてはならないという一種の法規範が働くというべきである。

　しかし，検察官は，本件追起訴の12日後に提出された「併合請求の理由の追加」と題する書面で，「当事者が不利益変更禁止の原則を遵守して差戻し審の訴訟活動を行うことは当然のことである」旨明言しており，また，その後の原審の期日間整理手続における発言等に鑑みれば，検察官は，不利益変更禁止の原則を明確に意識しつつ，検察官の理解に基づいて，同原則に反しない訴訟活動を行っていることが明らかである。本件のような特殊な経緯をたどった事案において，不利益変更禁止原則がどのような範囲

で働くかは，所論も指摘するように，慎重な検討を要する困難な問題ではあるが，上記のような原審の期日間整理手続の経緯等に鑑みれば，少なくとも，検察官が，第1次第一審判決よりも軽い量刑となることを阻止する目的で本件追起訴を行ったとか，不利益変更禁止原則を潜脱するような意図で本件追起訴に及んだと考えることはできない。

5　よって，本件追起訴が，検察官の訴追裁量を逸脱し公訴権を濫用してされたものとも，違法，無効なものともいえないから，所論はいずれも採用できず，論旨は理由がない。

○参照条文

刑事訴訟法312条，402条

○備　考

本件は，当初，検察官が，被害者遺族の意向を尊重して，本件投稿行為に当たる行為を殺人等の犯情としてのみ主張して審理された差戻し前第一審に対し，差戻し前控訴審が，「本件投稿行為に関して，起訴された各罪の審理に必要な範囲を超えた主張・立証がされている上，原判決の説示内容を検討すると，本件各罪の犯情及び一般情状として考慮できる範囲を超え，実質的にはこれをも併せて処罰する事実を認定し，これをも実質上処罰する趣旨で量刑判断を行った疑いがある」と判示して原判決を破棄し，差し戻した（東京高裁平成27年2月6日判決）後，差戻し後第一審の期日間整理手続中に，遺族が従前の意向を変更し，本件投稿行為について処罰を求めたことから，検察官が，本件投稿行為について，児童買春，児童ポルノに係る行為等の処罰及び児童の保護等に関する法律違反，わいせつ電磁的記録記録媒体陳列罪で追起訴をしたという経緯をたどった事案である。このように特殊な経緯をたどった事案であり，事例判断ではあるものの，本判決は，差戻し審における追起訴を適法とする高裁判断が示された点で，実務上参考になると思われる。

速報番号　3592号

【事　件　名】　児童買春，児童ポルノに係る行為等の処罰及び児童の保
　　　　　　　　護等に関する法律違反被告事件
【事件番号等】　平成28年（う）872号，平成29年1月24日東京高等裁判所
　　　　　　　　第10刑事部判決，原判決破棄・自判（弁・上告）
【控訴申立人】　弁護人
【第　一　審】　東京地方裁判所

○判示事項

1　児童買春，児童ポルノに係る行為等の処罰及び児童の保護等に関する法
　律（以下「児童ポルノ法」という。）の保護法益は，個別の具体的な権利
　にとどまらず，児童を性欲の対象として捉える社会的風潮が広がることを
　防ぐことも要請されており，その意味で社会的法益の保護も含まれる。

2　児童の写真を素材としてコンピュータグラフィックス（以下「ＣＧ」と
　いう。）により作成されたものであっても児童ポルノとなり得る。

3　撮影時に18歳未満であった児童の写真を素材として児童ポルノを製造し
　た場合，製造時に同児童が18歳以上の年齢であっても，また，撮影時，児
　童ポルノ法が施行されていなくても，児童ポルノ製造罪が成立する。

4　児童ポルノ画像を含むファイルをインターネットにアップロードして提
　供し，その約1年3か月後，別個の児童ポルノ画像を含むファイルを同様
　にアップロードして提供した場合，前の提供罪と後の提供罪は併合罪であ
　るとした事例

○判決要旨

1　児童ポルノ法が保護法益とする児童の権利は，児童の実在性が認められ
　ることを要するという意味で具体性を備えている必要はあるものの，身体
　的，精神的に未熟で，判断能力が十分に備わっていない児童を性的搾取又
　は性的虐待から保護するという後見的な見地から，その権利を侵害する行
　為を規制することを予定し，児童の権利を侵害する行為のみならず，児童

を性欲の対象としてとらえる社会的風潮が広がることを防ぐことにより，将来にわたって児童に対する性的搾取ないし性的虐待を防ぐことが要請されており，その意味において，児童ポルノ法の規制の趣旨及び目的には，社会的法益の保護も含まれる。

2　ＣＧなど描写方法がいかなるものであれ，実在する児童を描写したといえる程度に同一性の認められる画像や絵画が製造された場合には，その児童の権利侵害が生じ得るのであるから，そのような行為が児童ポルノ法による処罰の対象となることは，同法の趣旨に照らしても明らかである。

3　実在する児童の姿態を描いた画像等が，児童ポルノとして一旦成立した以上，その製造の時点で被写体となった者が18歳以上になっていたとしても，児童ポルノとしての性質が失われることはなく，被写体が18歳以上となってから画像等を製造する行為も，児童の性欲の対象とする風潮を助長し，児童の性的搾取及び性的虐待につながる危険性を有するから，児童ポルノ製造罪が成立するし，児童ポルノ法施行以前に実在した児童を描いた場合も，児童の権利が侵害されたことはないものの，児童を性欲の対象とする風潮を助長し，児童の性的搾取と性的虐待につながる危険性を有するという点では同じであるから，児童ポルノ製造罪が成立する。

4　被告人は，ＣＧ集「聖少女伝説」をアップロードして提供した後，これを見たインターネットサイトの利用者から，他のモデルの画像のリクエストが多数寄せられたことなどから，その要望に応じて，約１年３か月後，同様のＣＧ集である「聖少女伝説２」を完成させアップロードして提供していることから，新たな犯意が生じて提供したと認められ，前の提供行為と後の提供行為は，別個の犯意に基づく，社会通念上別個の行為とみるべきであるから，併合罪の関係に立つとみるのが相当である。

○判決理由

1　法令適用の誤り（罪数に関する部分を除く。）及び事実誤認の論旨について

⑴　児童の実在性について

所論は，写真を参考にした絵画表現は，機械による複写とは異なり，独立した新たな創作物であるから，手描きの作品を機械による複製と同視することは，罪刑法定主義に反するとも主張する。そもそも，被告人の本件ＣＧの作成方法については，原判決が認定するとおり，一から手描きで描いたものではなく，パソコンのソフトを利用して素材画像をなぞるなどして作成されたものであると認められ，純粋な手描きによる絵画とは異なるものであるが，この点を措くとしても，一般に，写真による複写の場合であっても，現在の技術を前提とすれば，データを容易に加工することが可能であり，他方，手描きによる場合であっても，被写体を忠実に描写することも可能であることからすれば，必ずしも，描写の方法いかんによって児童ポルノの製造に当たるか否かを区別する合理的な理由はないというべきである。描写の方法がいかなるものであれ，上記のとおり，実在する児童を描写したといえる程度に同一性の認められる画像や絵画が製造された場合には，その児童の権利侵害が生じ得るのであるから，そのような行為が児童ポルノ法による処罰対象となることは，同法の趣旨に照らしても明らかである。ちなみに，児童ポルノに絵画が含まれ得ることは，児童ポルノ法の立法段階においても前提とされていたことである。

⑵　①製造の時点，及び，②法施行の時点において，18歳未満であることを要するかについて

　ア　所論は，まず，①の点について，児童ポルノ法が純然たる児童の個人的法益を保護することを目的とする法律であることを前提に，同法の「児童の姿態」という文言に，「大人の，児童であった時の姿態」を含むと解釈するのは無理であり，罪刑法定主義に反する上，同法7条3項の製造罪は，行為者が児童に当該姿態をとらせて児童ポルノを製造した場合を規定しているから，製造の時点で被写体が18歳未満であることを要するのは明らかである，原判決のように，製造の時点で18歳未満であることを要しないと解すると，製造時においては既に実在しない児童を「児童」に含めて保護し，実質的には大人の名誉，プ

- 75 -

ライバシーを保護していることにほかならない旨主張する。また，②の点について，児童ポルノの製造等を禁止する児童ポルノ法が施行された時点で，既にその被写体が児童でなくなっていた以上，そのような者についてまで「児童」に当たるとして，その製造行為等を処罰することは，刑罰規定不遡及の原則に反して相当でなく，条文解釈上も，法施行時に既に大人であったものを「児童」に含むと解釈することには無理がある，などと主張する。

イ　記録によれば，本件3画像の素材画像となった写真については，昭和57年から昭和59年にかけて初版本が出版されたものと認められ，その頃撮影されたものと推認され，本件3画像は，これらを基にCGとして描かれたことが明らかである。

　　児童ポルノの製造行為については，法文上，いつの時点で18歳未満であることを要するかについて，何ら規定がなく，法の目的及び趣旨に照らし，合理的に解釈するほかない。そこで，児童ポルノ法の目的及び趣旨について検討すると，同法1条は，児童に対する性的搾取及び性的虐待が児童の権利を著しく侵害することの重大性に鑑み，あわせて児童の権利の擁護に関する国際的動向を踏まえ，児童買春，児童ポルノに係る行為等を処罰するとともに，これらの行為等により心身に有害な影響を受けた児童の保護のための措置を定めることにより，児童の権利を擁護することを目的とする旨規定しており，平成26年法律第79号による改正後の児童ポルノ法（以下「現行法」という。）3条は，児童に対する性的搾取及び性的虐待から児童を保護しその権利を擁護するとの本来の目的を逸脱して他の目的のために濫用してはならないと規定していることに鑑みると，児童ポルノ法は，直接的には，児童の権利保護を目的として制定されたものということができる。このような見地から，同法7条は，児童ポルノの製造行為を，児童に対する一種の性的搾取ないし性的虐待とみなして，規制の対象としているが，同法は，18歳未満の者について，同法2条3号に該当する物について，同法3条の留保はあるものの，一律に児童ポルノとして，規

制を及ぼしている。また，児童ポルノに該当する場合には，被写体となった児童の承諾がある場合であっても，児童ポルノの製造罪が成立すると解されている。

このような同法の児童ポルノに対する規制の在り方に鑑みると，同法が保護法益とする児童の権利は，児童の実在性が認められることを要するという意味で具体性を備えている必要はあるものの，個別の児童の具体的な権利にとどまるものではなく，およそ児童一般の保護という社会的法益と排斥し合うものとは解されない。さらに，同法は，身体的，精神的に未熟で，判断能力が十分に備わっていない児童を性的搾取又は性的虐待から保護するという後見的な見地から，その権利を侵害する行為を規制することを予定しているものであり，児童の権利侵害を防ぐという同法の目的を達成するためには，現に児童の権利を侵害する行為のみならず，児童を性欲の対象としてとらえる社会的風潮が広がるのを防ぐことにより，将来にわたって児童に対する性的搾取ないし性的虐待を防ぐことが要請されるというべきである。この意味において，同法の規制の趣旨及び目的には，社会的法益の保護も含まれるといえるのであって，所論がいうように，純然たる児童の権利保護のみを目的とするものとみるのは相当でないといわざるを得ない。

このことは，児童ポルノ法の立法過程における議論とも整合的であり，また，現行法7条1項において，自己の性的欲望を満たす目的での児童ポルノの所持が処罰されることとなったこととも整合的である。すなわち，同条1項の目的での児童ポルノの所持罪は，児童ポルノの市場が形成され，そこで児童ポルノが流通することを防止するなどの趣旨で設けられたものであるところ，このような規制は，将来にわたる性的搾取及び性的虐待を防止するという目的を達成するものといえるのに対し，児童の権利保護の観点からは，根拠づけることが困難であるというべきである。同条1項の罪は，国内外における法規制の要請の高まりを受けて，本件行為後の平成26年の法改正で新設され

- 77 -

たものではあるが，上記改正によって児童ポルノ法の趣旨及び目的が変質したと考えるべきではなく，上記改正以前から，もともとあった同法の趣旨及び目的をより効果的に達成するために設けられたものと解すべきである。このように，同法が一種の社会的法益を保護する側面を有するとみることは，児童に対する性的搾取及び性的虐待を防ぐという，同法の本来の目的に沿うものであって，同法3条の趣旨に反するとの所論には理由がない。

ウ　このような観点を踏まえて，改めて前記①の点について検討すると，実在する児童の姿態を描いた画像等が，児童ポルノとしていったん成立した以上，その製造の時点で被写体等となった者が18歳以上になっていたとしても，児童の権利侵害が行われた記録として，児童ポルノとしての性質が失われることはないと解すべきである。のみならず，被写体等となった者が18歳以上となってから，上記のような画像等を製造する行為も，児童を性欲の対象とする風潮を助長し，児童の性的搾取及び性的虐待につながる危険性を有する行為といえるから，この点に関する限り，現に18歳未満である者を被写体等として製造する場合と変わりはないというべきである。

　さらに，前記②の点についても，児童ポルノ法施行以前に実在した児童を描いた場合には，児童ポルノとして児童の権利が侵害されたことはないものの，児童を性欲の対象とする風潮を助長し，児童の性的搾取及び性的虐待につながる危険性を有するという点では，①の場合と同様であるから，やはり，児童ポルノとして処罰の対象となり得ると解すべきである。このような行為を処罰の対象とすることは，前記の児童ポルノ法の目的及び趣旨に沿うものというべきであり，当該画像の製造の時点，あるいは，児童ポルノ法施行の時点で，その被写体が18歳以上であることは，児童ポルノへの該当性を否定する事由となるものではない。

2　罪数に関する主張について
　提供罪の罪数について検討すると，記録によれば，被告人は，平成20年

8月頃，ＣＧ集である「聖少女伝説」を完成させたこと，被告人は，本件ＣＧ集の販売会社に，同ＣＧ集の販売を委託し，そのデータを同社に送信して，同月28日以降，同ＣＧ集がインターネット上で販売されたこと，被告人は「聖少女伝説」をアップロードした後，これを見たインターネットサイトの利用者から，他のモデルの画像のリクエストが多数寄せられたことなどから，その要望に応じて，平成21年11月頃，「聖少女伝説」と同様のＣＧ集である「聖少女伝説２」を完成させたこと，被告人は，同ＣＧ集についても，「聖少女伝説」と同様に，同社に販売を委託したこと，同月27日以降，「聖少女伝説２」がインターネット上で販売されたことが認められる。

　これによれば，被告人は，「聖少女伝説」をアップロードした後，新たに犯意を生じて，上記アップコードの約１年３か月後に，「聖少女伝説２」をアップロードしたといえるから，前者の提供行為と後者の提供行為とは，別個の犯意に基づく，社会通念上別個の行為とみるべきであって，併合罪の関係に立つとみるのが相当である。そうすると，両者の関係が一罪に当たるとの前提に立ち，前者の提供行為について，児童ポルノに該当するものがなく，その提供に当たらないとしながら，主文で無罪を言い渡さなかった原判決には，法令の適用に誤りがあり，これが判決に影響を及ぼすことは明らかである。

○参照条文

児童買春，児童ポルノに係る行為等の規制及び処罰並びに児童の保護等に関する法律２条，７条６項，７項

平成26年法第79号附則２条による改正前の児童買春，児童ポルノに係る行為等の処罰及び児童の保護等に関する法律２条，７条４項，５項

刑法45条

速報番号　3593号

【事　件　名】　詐欺，暴力行為等処罰に関する法律違反被告事件
【事件番号等】　平成28年（う）1342号，平成29年1月31日東京高等裁判所
　　　　　　　　第12刑事部判決，控訴棄却（弁・被，上告）
【控訴申立人】　被告人，弁護人
【第　一　審】　東京地方裁判所

○判示事項

　被告人が，自動車を使用した事業による収入を秘匿して生活保護費を不正受給していた事案において，ガソリン代や駐車場代などの必要経費を収入額から控除せずに不正受給額（詐欺の被害額）を算定した原判決の判断の適否が争われた事案について，被告人の収入額の算定は，生活保護行政上の運用に照らして判断するべきであり，生活保護行政上，被告人には自動車の保有が認められず，自動車の保有を前提とした費用も必要経費と認められないことから，これらを収入額から控除せずに不正受給額を認定した原判決の判断を是認した事例

○判決要旨

　弁護人の所論は，生活保護の収入認定について，詐欺罪の成否が問題となっている以上，通常人でも容易に理解，予測できる一般会計的な判断基準によるべきであり，生活保護行政上の専門的裁量的な判断で収入額を認定することは，罪刑法定主義の明確性の原則に反するし，生活保護手帳によれば，通勤費は必要経費として差し引くのであるから，ガソリン代等は必要経費として認められるべき旨主張するものであるが，本件は，被告人が無収入であることを前提に算出され実際に給付された生活保護費の額と収入があることを前提に正当に支給を受けるべき生活保護費の額の差額をだまし取ったという事案であるから，正当に支給を受けるべき生活保護費の額の認定に際しては，生活保護法及び関連法令に加え，それらに反するとか，それらの趣旨に照らして明らかに不合理であるといった事情がない限り，生活保護行政上の

運用も踏まえて判断するのが相当であり，このように解しても，収入がある
のに，無収入である旨の報告書を提出して，無収入であることを前提に算出
された額の生活保護費の給付を受ける行為が詐欺に該当するか否かは，通常
の判断能力を有する一般人の理解において容易に判別することができるか
ら，罪刑法定主義等に反することはない。

　東京都における自動車の購入，保有に関する生活保護制度の運用は，生活
保護法5条の趣旨に合致するものであって，自動車の保有が認められていな
かった被告人については，自動車の購入，保有を前提にした生活保護費の受
給が認められないから，その点からも，被告人所有の自動車に関する費用は，
正当に支給を受けるべき生活保護費の認定に際して，必要経費として認めら
れない。

〇判決理由

1　本件公訴事実は，被告人が実際に支給を受けた生活保護費の額と，A工
　業及びB総合から得た就労収入（給与・報酬）の存在を前提とした場合に
　正当に支給を受けるべき生活保護費の額の差額を詐取金額とするものであ
　り，原判決も，その範囲内で詐欺罪の成立を認めている。

2　所論は，①生活保護の収入認定について，詐欺罪の成否が問題となって
　いる以上，通常人でも容易に理解，予測できる「一般会計的な判断基準」
　によるべきであって，「生活保護行政上の専門的裁量的判断」で収入認定
　を行うことは，罪刑法定主義の要請である明確性の原則及び法律主義に反
　し，さらには適正手続（憲法31条）に反する，「一般会計的な判断基準」
　によれば，仕事を行う現場までの移動費や事業のために必要な車両購入費
　用等は，当然に必要経費として差し引かれるべきである，②生活保護手帳
　（2012年版）によれば，通勤費は必要経費として差し引くべきこととされ
　ており，被告人が，A工業で稼働した際に支出したガソリン代，高速代は，
　仕事を行う現場までの移動費用で通勤費と何ら異なるものではないから，
　必要経費として認められるべきである，③B総合との関係で，必要経費と
　して認められるか否かは法律判断であって，裁判官がこれを判断すべきで

- 81 -

あるのに，原判決は，経験豊富なケースワーカーが言っていることだから合理的であるなどと説明するのみで，法律家としての判断を放棄している，④上記生活保護手帳によれば，事業用自動車の事業のための利用に伴う燃料費，修理費，車検に要する費用は，事業収入から必要最小限度の額を必要経費として控除して差し支えない，とされており，Ｂ総合に関し，被告人が，配送業務のために支出した車両購入費，車検費用，駐車場代及びガソリン代は，必要経費として認められるべきである旨主張する。

　しかしながら，①について，本件は，被告人が無収入であることを前提に算出され実際に給付された生活保護費の額と，Ａ工業及びＢ総合から得た就労収入があることを前提に算出した場合に正当に支給を受けるべき生活保護費の額の差額をだまし取ったという事案であるから，正当に支給を受けるべき生活保護費の額の認定に際しては，生活保護法及び関連法令の内容に加え，それらに反するとか，それらの趣旨に照らして明らかに不合理であるといった事情がない限り，生活保護行政上の運用も踏まえて判断するのが相当である。所論は，詐欺罪の成否が問題となっている以上，収入認定については，通常人でも容易に理解，予測できる「一般会計的な判断基準」によるべきであると主張するが，収入認定において必要経費の範囲をどのように捉えるかの点だけを，給付の種類や水準その他の点と異なり，生活保護制度の内容や運用とは違う所論指摘の「一般会計的な判断基準」によらなければならないとする理由はない。このように解しても，就労収入があるのに，義務に反してこれを申告しなかったり，無収入である旨の内容虚偽の申告書を提出して，無収入であることを前提に算出された額の生活保護費の給付を受ける行為が詐欺罪に該当するか否かは，通常の判断能力を有する一般人の理解において容易に判別することができるから，罪刑法定主義等に反するとの主張は採用できない。

　②について，被告人がＡ工業から支給された給与には，被告人宅から会社までの通勤費が含まれていたから，仮に，会社から作業現場まで被告人所有の自動車で移動した際に要したガソリン代や高速代を被告人が負担していたとしても，それは通勤費ではなく，Ａ工業の業務遂行に必要な費用

－ 82 －

を被告人が立て替えたものと見るべきであって，原判決の説示するとおり，被告人の就労収入に基づき正当に支給を受けるべき生活保護費の額を認定するに際して考慮される筋合いのものではない（なお，所論が被告人が負担していると指摘する費用の具体的な支出時期，金額，用途等の詳細については，原審記録上，不分明なところがあるから，更に付言しておくに，下記のとおり，被告人については，自動車の購入，保有を前提にした生活保護費の受給が認められないから，その点からも，被告人所有の自動車による移動費用は，正当に支給を受けるべき生活保護費の認定に際して，必要経費として認められない。）。

③について，原判決は，原審証人Ｃの証言により認められる東京都における自動車の購入，保有に関する生活保護制度の運用が，公平性の観点等から極めて合理的なものであると判断した上で，それを基に本件において正当に支給を受けるべき生活保護費の額と詐取金額を認定しているのであるから，受訴裁判所としての職責，判断を放棄している旨の批判は全く当たらない。また，上記の東京都における自動車の購入，保有に関する生活保護制度の運用は，生活保護法５条の趣旨に正しく合致するものであるから，公平性の観点等から極めて合理的なものであるとした原判決の評価は適正であり，その判断に不合理な点はない。

④について，上記のとおり極めて合理的なものと評価することのできる東京都における自動車の購入，保有に関する生活保護制度の運用によれば，新規の生活保護受給開始時点において自動車の保有が認められていなかった被告人については，自動車の購入，保有を前提にした生活保護費を受給することはできず，自動車購入費はもとより自動車所有に係る費用は，いずれも生活保護費認定に際しての必要経費として認められないことになるから（所論指摘の生活保護手帳の記載は，被告人の場合とは異なり，自動車保有が認められるケースについてのものである。），自動車に関する諸経費の控除を認めなかった原判決の説示に誤りはない。

○参照条文

日本国憲法31条

刑法246条

生活保護法4条，5条

速報番号　3594号

【事　件　名】　法人税法違反被告事件
【事件番号等】　平成28年（う）1408号，平成29年2月1日東京高等裁判所
　　　　　　　　第1刑事部判決，控訴棄却（弁・上告）
【控訴申立人】　弁護人
【第　一　審】　東京地方裁判所

○判示事項

　法人税法違反被告事件において，明文の規定がない複数の法人間の共通費
用については，別段の合意がない限り，売上高の比に応じて按分するのが最
も合理的であるとした事例

○判決要旨

　法人の所得金額は，一般に公正妥当と認められる会計処理の基準に従って
計算されるところ，法令や通達上，複数の法人間の共通費用の配賦について
は，明文の規定がない。これは，複数の法人間では，共通費用の負担割合又
は負担額を合意により定めることが可能であり，企業間の明確な事前合意に
基づき，会計処理の基準として用いるものである以上，一般に公正妥当と認
められないものを除き，原則としては企業の会計処理としてこれを認める趣
旨であると解される。

　本件では，各被告会社間で，共通費用の分担について，事前の明確な合意
がなされておらず，個々の費目毎に，その性質に応じた合理的な基準に基づ
き，各被告会社が負担すべき額を計算することは困難である。そして，内国
法人の国内業務と国外業務との間の共通費用の配賦を定めた法人税法基本通

- 84 -

達16－3－12においては，共通費用の配賦につき個々の費目毎にその計算をすることが困難な場合の一種の簡便方法として，全ての共通費用を一括して，売上総利益の額又はその収入金額の比に応じて配分する方法が認められているところ，これは一般に公正妥当と認められる会計処理の基準，取り分け，費用収益対応の原則とも合致するから，本件においても，各被告会社の共通費用の按分は，その売上高の比に応じて行うのが最も合理的である。

○判決理由

論旨は，各被告会社の共通費用の按分方法に関し，売上高の比で按分した原判決の判断は，法的根拠に基づかない，不合理なものである，というのである。

そこで検討すると，原判決は，各被告会社において，①共通費用は，概ね売上高の比に応じて按分負担する旨の黙示の合意があったというべきであり，②実質的に見ても，各被告会社は同じ葬祭業を営み，従業員や業務内容等もおおよそ共通し，売上を得るために生じる費用の額は売上高に比例すると認められ，各被告会社の共通費用の按分は，その売上高の比に応じて行うのが最も合理的であるから，各被告会社の共通費用は，その売上高の比に応じて按分計上すべきであるとしている。

原判決の判断のうち，①の黙示の合意については，原判決は，A組合を通じて共同仕入れした消耗品の一部等について，概ね売上高の比に応じて按分負担する黙示の合意が存在したとの事実を前提としているが，本来，共通費用は，その性質に応じて負担割合が合理的に定まるものであるから，消耗品の一部等についての合意が他の全ての費用に及ぶとする点で，論理則，経験則等に照らして不合理であり，各被告会社間において，共通費用全般の按分方法について，何らかの合意が成立した事実はないと認められる。しかしながら，②の判断及び結論は，相当として是認することができるから，結局，原判決の判断は結論において相当である。

すなわち，法人の所得金額は，一般に公正妥当と認められる会計処理の基準に従って計算される（法人税法22条4項）ところ，法令や通達上，内国法

人の国内業務と国外業務との間の共通費用の配賦（法人税法施行令141条の3第6項，法人税法基本通達16－3－12）や，公益法人等の収益事業とそれ以外の事業との間の共通費用の配賦（法人税法基本通達15－2－5）についての規定は存在するものの，複数の法人間の共通費用の配賦については，明文の規定がない。

　これは，複数の法人間では，共通費用の負担割合又は負担額を合意により定めることが可能であり，個々の費用の性質に応じて，資産の使用割合，従業員の従業割合，資産の帳簿価額の比，収入金額の比その他の基準を合理的に使い分けて厳密に算定することのほか，事務処理の軽減を図るため，会計処理上便宜な概数により負担割合を定め，または，一方の負担額を定め，その余を他方の負担とし，あるいは，費用に応じて負担者を定めるものなどの方法であっても，企業間の明確な事前合意に基づき，会計処理の基準として用いるものである以上，一般に公正妥当と認められないものを除き，原則としては企業の会計処理としてこれを認める趣旨であると解される。しかるに，本件では，各被告会社間で，共通費用の分担について，事前の明確な合意がなされていないのであるから，このような場合，一般に公正妥当と認められる会計処理の基準と合致する計算方法が何かが問題となる。

　この点，所論が指摘するとおり，人件費について，従業員の実労働時間は，これが各被告会社の業務毎に適正に管理され，記録されている限りにおいては，合理的な基準となり得るものであるが，そのような記録がなされていない以上，算定は不可能である。また，共同仕入れした消耗品の一部等について，被告会社Bが7割を，被告会社Cが3割を，それぞれ負担することとして，毎月の業者支払表に計上していたことが認められ，このような処理は，共通費用の存在を前提としたものであるものの，その全体をカバーするものではない。結局，本件においては，個々の費目毎に，その性質に応じた合理的な基準に基づき，各被告会社が負担すべき額を計算することは困難である。

　そして，前記法人税法基本通達16－3－12においては，共通費用の配賦につき個々の費目ごとにその計算をすることが困難な場合の一種の簡便方法として，全ての共通費用を一括して，売上総利益の額又はその収入金額の比に

応じて配分する方法が認められているところ，これは一般に公正妥当と認められる会計処理の基準，取り分け，費用収益対応の原則とも合致するから，本件においても，各被告会社の共通費用の按分は，その売上高の比に応じて行うのが最も合理的である。したがって，各被告会社の共通費用は，その売上高の比に応じて按分計上すべきものであるとした原判決の判断は，結論において相当であり，これを是認することができる。

○参照条文

法人税法22条4項

法人税法施行令141条の3第6項

法人税法基本通達16－3－12

速報番号　3595号

【事　件　名】　覚せい剤取締法違反被告事件

【事件番号等】　平成28年（う）1789号，平成29年2月1日東京高等裁判所

　　　　　　　　第1刑事部判決，原判決破棄・自判（確定）

【控訴申立人】　被告人

【第　一　審】　東京地方裁判所

○判示事項

　刑法の規定による刑の一部の執行猶予判決が言い渡され，その控訴申立期間中に，これと刑法45条後段の併合罪の関係にある別件の実刑判決が確定したことにより，被告人について刑法27条の2第1項の要件該当性がなくなったものの，原判決の言渡し時に違法ではなかった判決が遡って違法とはならないとされた事例

○判決要旨

　被告人は，本件について，原審で刑の一部の執行を猶予する判決の言渡し

- 87 -

を受け，その控訴申立期間中に，（本件と刑法45条後段の併合罪関係にある）別件の実刑判決が確定したが，被告人のみが控訴し，検察官は控訴しなかったことが認められる。原判決宣告時には未だ別件の実刑判決は確定していないのであるから，原判決が，刑法27条の2第1項，27条の3第1項を適用して被告人に対して，その刑の一部の執行を猶予し，その猶予の期間中保護観察に付した点は，法令適用に誤りはないが，実刑判決が確定した段階で，刑法27条の2第1項の要件を満たさないのであるから，検察官としては，上訴することによって，原判決の是正を図る機会があったといわざるを得ない。

　原判決の言渡し時において違法ではなかった裁判が，その後の事情の変化によって遡って違法となる場合があることは否定できないが，異常な事態を是正するためにやむを得ない極例外的な場合に限られているのであって，原判決後，別件の実刑判決が確定したことによって，刑法27条の2第1項の該当性がなくなった場合にまで類推するのは相当ではない。

◯判決理由

　論旨は，原判決宣言後，被告人に対する，別件の覚せい剤取締法違反，道路交通法違反，道路運送車両法違反，自動車損害賠償保障法違反被告事件（以下「別件」という）について，懲役1年8月の実刑判決が確定したため，刑法27条の2第1項により，刑の一部の執行猶予を付した原判決には，判決に影響を及ぼす法令適用の誤りがある，というのである。

　そこで，検討するに，関係各証拠によると，被告人は，別件について，平成27年11月27日東京地方裁判所で懲役1年8月の実刑判決を，平成28年4月27日東京高等裁判所で控訴棄却の判決を，同年9月8日最高裁判所で上告棄却の決定を各受けて，同月13日懲役1年8月の実刑判決が確定したことが認められる。その間，本件について，同月6日原審で刑の一部の執行を猶予する判決の言渡しを受け，その控訴提起期間中に上記別件の実刑判決が確定し，同月16日被告人のみが控訴し，検察官は控訴提起しなかったことが認められる。原判決宣告時には，未だ別件の実刑判決は確定していないのであるから，原判決が，刑法27条の2第1項，27条の3第1項を適用して，被告人に対し

- 88 -

て，その刑の一部の執行を猶予し，その猶予の期間中保護観察に付した点は，法令の適用に誤りはないが，実刑判決が確定した段階で，刑法27条の2第1項の要件を満たさないのであるから，検察官としては，上訴することによって，原判決の是正を図る機会があったといわざるを得ない。

弁護人の論旨は，原判決が刑法27条の2第1項，27条の3第1項を適用して懲役刑の一部の執行を猶予し，その猶予の期間中保護観察に付したことを論難するもので，被告人に不利益な趣旨であるから，不適法といわざるを得ない。

なお，付言するに，原判決の言渡し時において違法ではなかった裁判が，その後の事情の変化によって遡って違法となる場合があることは否定できないが，未決勾留日数の重複算入など（最高裁昭和54年（あ）第1145号同55年1月11日第三小法廷判決，最高裁昭和48年（あ）第834号同年11月9日第二小法廷判決参照），異常な事態を是正するためにやむを得ない極例外的な場合に限られているのであって，原判決後，別件の実刑判決が確定したことによって，刑法27条の2第1項の該当性がなくなった場合にまで類推するのは相当ではない。原判決には，法令適用に誤りはない。

○参照条文

刑法27条の2第1項

○備　考

本件では，別件の実刑判決の確定により，被告人について，刑法27条の2第1項の要件該当性がなくなった上，別件の判決の確定は，本件の第一審判決の控訴申立期間中であり，検察官としては，本件について控訴することによってその是正を図る機会があったところ，控訴しなかったことによって，判例上（全部執行猶予についての必要的取消し事由を定めた同法26条3号について，検察官が上訴の方法により違法に言い渡された執行猶予の判決を是正するみちが閉ざされた場合に，その執行猶予の言渡しを取り消すことができるにすぎない趣旨（上訴是正主義）の規定とするもの（最決昭和56年11月25日等）。同旨の規定である同法27条の4第3号についても妥当すると考え

られる。），一部執行猶予の必要的取消請求権を失うことになってしまうことから，このような事態を解消すべく，検察官においても，事後的な違法による法令適用の誤り又は別件の実刑判決の確定という原判決後の事情の変動を理由として，原判決の破棄を求める主張をしたものである。

　なお，本判決では，原判決後の情状を考慮して刑訴法397条2項により原判決を破棄し，自判して原判決の宣告刑の一部執行猶予部分を全部削る内容の全部実刑判決を言い渡した。

速報番号　3596号

　【事　件　名】　覚せい剤取締法違反被告事件
　【事件番号等】　平成28年（う）1992号，平成29年2月16日東京高等裁判所
　　　　　　　　　第2刑事部判決，原判決破棄・自判（確定）
　【控訴申立人】　検察官，被告人，弁護人
　【第　一　審】　甲府地方裁判所都留支部

○判示事項

　被告人に対して，保護観察付刑の一部執行猶予判決を言い渡すに際し，刑の一部執行猶予の適用条文につき，刑法27条の2第1項3号を適用すべきところ，薬物法3条及び刑法27条の2第1項を適用し，また，一部執行猶予による保護観察の適用条文につき，刑法27条の3第1項を適用すべきところ，薬物法4条1項を適用した原判決には，判決に影響を及ぼすことが明らかな法令の適用の誤りがあるとされた事例

○判決要旨

　刑法上の一部執行猶予では，同法27条の3第1項により，保護観察が裁量的とされているのに対し，薬物法上のそれでは，同法4条により，執行猶予の期間中は保護観察に付することが必要的であるという違いがあるが，仮に，原判決が薬物法4条1項ではなく，正しく法令を適用したとしても，刑法27

- 90 -

条の3第1項を適用して保護観察に付した可能性が高いと思われ，この点の
みをもって判決に影響があるとまではいえない。

　しかしながら，刑法上の一部執行猶予に付された場合と薬物法上の一部執
行猶予に付された場合とでは，一部執行猶予又は保護観察といっても，法的
効果・内容に差がある。すなわち，更生保護法上，特別遵守事項を定めるこ
とが，必要的でないか，原則必要的であるか，特別遵守事項を猶予期間開始
前に取消すことが，「必要」がなくなったと認めるときか，「特に必要」がな
くなったと認めるときに限られるかの差異があり，さらに，実刑の執行中に
仮釈放がなされた場合，その期間中の保護観察に対しても同様の差異がある。

　このように刑法上の一部執行猶予に係る保護観察と薬物法上の一部執行猶
予に係る保護観察とでは，特別遵守事項の設定及び取消しについて要件上の
差異があるから，両者は異なる法的効果を持つところ，両者の区別は，裁判
所がどちらの法令を適用したかによってのみ区別されているのであるから，
法令の適用は主文の内容を補うものといえる。そうすると，本件における法
令の適用の誤りは，判決に影響を及ぼすことは明らかである。

○判決理由

　検察官の論旨は，要するに，原判決は，「被告人を懲役1年6月に処する。
その刑の一部である懲役4月の執行を2年間猶予し，その猶予の期間中被告
人を保護観察に付する。」との主文を言い渡した際，刑の一部執行猶予の適
用条文につき，刑法27条の2第1項3号を適用すべきところ，薬物使用等の
罪を犯した者に対する刑の一部の執行猶予に関する法律3条（以下「薬物法」
という。）及び刑法27条の2第1項を適用し，また，一部執行猶予による保
護観察の適用条文につき，刑法27条の3第1項（裁量）を適用すべきところ，
薬物法4条1項を適用したのは，法令の適用を誤ったものであり，これが判
決に影響を及ぼすことは明らかである，というのである。

1　誤りの有無について

　　そこで記録を調査し，検討するに，原審記録によれば，被告人は，平
成22年6月14日，A地裁で覚せい剤取締法違反の罪により懲役1年4月

に処せられ，平成23年10月３日その刑の執行を受け終わっているから，原判決宣告時である平成28年10月17日の時点では，前に禁錮以上の刑に処せられたことがあっても，その執行を終わった日から５年以内に禁錮以上の刑に処せられたことがない者（刑法27条の２第１項第３号）に当たり，刑の一部の執行を猶予するときは同条項により，保護観察を付するときは同法27条の３第１項によるべきものと解される。以上によれば，原判決に所論が指摘する法令適用の誤りが存することは明らかである。

2　判決の影響について

そこで，この誤りが判決に影響を及ぼすことが明らかであるか否かについて検討する。

(1)　保護観察の要否について

所論は，刑法上の一部執行猶予では，同法27条の３第１項により，保護観察が裁量的とされているのに対し，薬物法上のそれでは，同法４条により，執行猶予の期間中は保護観察に付することが必要的であるとの違いがある，という。しかしながら，一部執行猶予，中でも薬物犯に対するそれの場合は，その猶予の期間中，仮に裁量的な場合でも，保護観察に付することに十分な合理性があり，かつ，実務上もそのように運用されているから，仮に原判決が薬物法４条１項ではなく，正しく法令を適用したとしても，刑法27条の３第１項を適用して保護観察に付した可能性が高いと思われ，この点のみをもって判決に影響があるとまではいえない。

(2)　保護観察の内容上の差異について

しかしながら，刑法上の一部執行猶予に付された場合と薬物法上の一部執行猶予に付された場合とでは，一部執行猶予又は保護観察といっても，以下のとおり，その法的効果・内容に差があることが認められる。

すなわち，刑法上の一部執行猶予に係る保護観察付一部猶予者に対しては，特別遵守事項を定めることができるとされており（更生保護法52条４項），必要的ではない。これに対し，薬物法上の一部執行猶

予に係る保護観察付一部猶予者に対しては，地方更生保護委員会は，規制薬物等の使用を反復する犯罪的傾向を改善するための更生保護法51条2項4号に規定する処遇（いわゆる薬物再乱用防止プログラム）を受けることを特別遵守事項として定めなければならない（同法51条の2第1項。ただし，特に必要とは認められないときは，この限りでない。）とされており，原則必要的であるという違いがある。

　さらに，いったん定められた特別遵守事項を猶予期間開始前に取り消すことについても，刑法上の一部執行猶予に係る保護観察付一部猶予者に対して定められた特別遵守事項は，「必要」がなくなったと認めるときは取り消すものとする（更生保護法53条4項）が，薬物法上の一部執行猶予に係る保護観察付一部猶予者に対して定められた特別遵守事項を取り消すためには，「特に必要」がなくなったと認めるときに限られている（更生保護法51条の2第2項，なお仮釈放前につき第5項後段）。

　差異は，猶予部分のみならず，実刑部分にも及ぶ。すなわち，実刑の執行ロに仮釈放がなされた場合，その期間中の保護観察に対しても，上記猶予部分の保護観察と同様に，刑法上の一部猶予の場合は，特別遵守事項の定めは必要でなく（更生保護法52条2項），取消しも「必要」がなくなったと認めるときにするものとする（同法53条2項）が，薬物法上の一部執行猶予に係る保護観察の場合は，特別遵守事項の定めが必要的であり（更生保護法51条の2第3項），取消しも「特に必要」がなくなったと認めるときにするものとする（同条第5項前段）という違いがある。

　このように，刑法上の一部執行猶予に係る保護観察と薬物法上の一部執行猶予に係る保護観察とでは，「刑の一部の執行を猶予する」，「保護観察に付する」という同じ言葉が使われていても，実刑部分と猶予部分のいずれについても，特別遵守事項の設定及び取消しについて要件上の差異があるから，両者は異なる法的効果を持つものと解される。そして，両者の区別は，法令の適用において，裁判所がどちらの法令

－ 93 －

を適用したかによってのみ区別されているのであるから，法令の適用は主文の内容を補うものともいえる。そうすると，本件における法令適用の誤りは，刑法上の一部執行猶予及び保護観察とは法的効果の異なる，薬物法上の内容，効果を有する刑の一部執行猶予及び保護観察を，本来，被告人に科すことのできない場合であるのに言い渡したという意味で，判決に影響を及ぼすことが明らかである。

　論旨は理由がある。

○参照条文

刑法27条の2，27条の3

薬物使用等の罪を犯した者に対する刑の一部の執行猶予に関する法律（薬物法）3条，4条

更生保護法51条の2，52条，53条

○備　考

求　　　刑　懲役2年6月

原　判　決　懲役1年6月　刑の一部である懲役4月の執行を2年間猶予し，その猶予の期間中，保護観察に付する。

控訴審判決　原判決破棄　懲役1年6月　刑の一部である懲役4月の執行を2年間猶予し，その猶予の期間中，保護観察に付する。

そ　の　他　同種判決　平成28年12月16日高松高裁判決

速報番号　3597号

【事　件　名】　覚せい剤取締法違反被告事件

【事件番号等】　平成28年（う）2017号，平成29年2月16日東京高等裁判所第12刑事部判決，原判決破棄・自判（確定）

【控訴申立人】　検察官

【第　一　審】　横浜地方裁判所

○判示事項

覚せい剤取締法違反被告事件の上告審係属中に再び覚せい剤の使用に及んだ被告人について，同時審判される可能性がないにもかかわらず，上告審係属中の事件との併合の利益を考慮し，検察官の懲役2年6月の求刑を大幅に下回る懲役1年を言い渡した原判決について，本来考慮すべきでない併合の利益を重要視したものであって是認できないとして，原判決を破棄して被告人を懲役2年に処した事例

○判決要旨

原判決は，過去3度にわたり覚せい剤取締法違反の罪で有罪判決を言い渡されたこと及び本件が確定裁判事件の上告期間中のものであること等の事情があるのに，被告人の反省と更生の意欲を有する旨の点を挙げるのみで，宣告刑を懲役1年にとどめていることからすると，量刑判断に当たり，被告人に有利な事情として，併合の利益に関する点を重視したものと解する外はない。

被告人は，確定裁判事件で保釈を許され，その上告審係属中の時点で本件に及んだものであることからすると，本件は，実質的に確定裁判事件と同時審判の可能性がなかったことに加え，被告人は，確定裁判事件について，第1審及び控訴審において，事実関係を争わず，有罪判決を受けていたにもかかわらず，上告審保釈中に本件犯行に及んだものであるから，より強い非難を免れない。

したがって，原判決の判断は，本件被告人については考慮すべきではない併合の利益を被告人の有利な事情として重要視した点において不合理なものであって是認できない。

○判決理由

原判決が，そこに摘示する過去3度の覚せい剤取締法違反の罪による前科というのが，平成13年7月（懲役2年4年間執行猶予，後に執行猶予取消し），平成15年4月（懲役1年10月）及び平成21年9月（懲役5年及び罰金100万円）にそれぞれ言い渡されたものであること及び本件が確定裁判事件の上告

期間中のものであること等の事情があるのに，他に被告人の反省と更生の意欲を有する旨の点を挙げるのみで，宣告刑を懲役1年にとどめていることからすると，原判決は，量刑判断に当たり，被告人に有利な事情として，併合の利益に関する点を重視したものと解する外はないが，この点に関する原判決の判断は是認することができない。

すなわち，原審記録によって，確定裁判事件と本件の関係を具体的に見ると，被告人は，平成28年2月29日，覚せい剤取締法違反の罪（覚せい剤自己使用及び所持）により懲役2年6月に処する旨の一審判決を受け，同年6月14日の控訴棄却判決を経て，同年9月29日に上告棄却決定がなされ，同年10月4日，一審の判決が確定したものであるところ，被告人は，確定裁判事件が起訴された後と第一審判決の宣告後，さらに上告申立て後の三度にわたって保釈を許されていた，その上告審係属中の時点で本件犯行に及んだものである。そうすると，本件は，確定裁判に係る余罪が起訴される前，あるいは同余罪の事件が第一審係属中に敢行された事案とは異なり，実質的に確定裁判事件と同時審判の可能性がなかったことに加え，被告人は，本件と同種事犯による確定裁判事件について，第一審及び控訴審において，事実関係を争わず，有罪判決を受けていたにもかかわらず，その事件が上告審に係属していた保釈中に，酌むべき動機もなく，自らの意思で本件犯行に及んだものなのであるから，より強い非難を免れないと言うべきである。

したがって，併合の利益を考慮した量刑が想定される第一審係属中に犯行に及んだ場合と大きな差異のある刑に処するのは被告人に酷であるとした原判決の判断は，本件被告人については考慮すべきではない併合の利益を被告人に有利な事情として重要視した点において不合理なものであって是認できない。本件における被告人の刑事責任は重く，被告人が，原判決後，反省を深め，改めて，二度と覚せい剤には手を出さない旨決意していることなど，被告人のために酌むべき事情を考慮しても，被告人を懲役1年に処した原判決の量刑は，軽きに失して不当である。

○参照条文

刑法45条

○備　考

【事案の経過】　（事案はいずれも覚せい剤取締法違反）
平成27年11月26日　確定裁判事件の犯行日（使用及び27日時点の所持）
平成28年２月29日　東京地裁判決　懲役２年６月
　　同年３月２日　被告人再保釈（その後，確定まで保釈継続）
　　同年６月14日　東京高裁判決　控訴棄却
　　同年８月４日　本件犯行（使用）
　　同年10月４日　確定裁判事件の上告棄却　確定
　　同年10月18日　横浜地裁判決　懲役１年（求刑懲役２年６月）
　　同年10月31日　検察官控訴申立
※被告人には，平成13年，同15年，同21年に覚せい剤事犯による前科あり。

速報番号　3598号

【事　件　名】　商標法違反被告事件
【事件番号等】　平成28年（う）1319号，平成29年３月10日東京高等裁判所
　　　　　　　　第８刑事部判決，原判決破棄・自判（弁・上告）
【控訴申立人】　弁護人
【第　一　審】　宇都宮地方裁判所

○判示事項

　被告人が，インターネットオークションサイトにおいて，不正に認証を得ることなどにより制限なく使用可能になるソフトウエアに関する広告を内容とする情報に，商標権者であるソフトウエア販売会社が商標登録している登録商標に類似した標章を付して提供し，指定商品又は指定役務に類似する商品について登録商標に類似する商標を使用したという，商標権のみなし侵害の事案について，原判決の認定した「罪となるべき事実」は，構成要件に該

当する主たる事実の摘示を欠いており，理由不備があるとして，破棄自判した事例

○判決要旨

登録商標の保護範囲は，指定商品又は指定役務によって定まるところ（商標法6条，27条，商標法施行令2条，商標法施行規則6条）」，原判決の「罪となるべき事実」は，各登録商標の指定商品又は指定役務の摘示を欠いている。

また，本件の商標権の侵害行為は，被告人が商品に関する広告を内容とする情報に標章を付して提供して登録商標に類似する商標を使用したことを要するところ（商標法2条3項8号，37条1号），原判決の「罪となるべき事実」は，被告人の付した各標章の摘示を欠いている。

以上によれば，原判決の「罪となるべき事実」は，商標権のみなし侵害罪（商標法78条の2，37条1号）の構成要件に該当する主たる事実の摘示を欠いており，理由不備であるといわざるを得ない。

○判決理由

職権をもって調査すると，原判決には，「罪となるべき事実」において，構成要件に該当する主たる事実の摘示が欠けており，理由不備があるといわざるを得ない。

1 原判決の「罪となるべき事実」

被告人は，商標の使用に関して何ら権限がないのに，別紙1ないし4記載のとおり，平成27年2月16日午前5時45分頃から同年3月5日午前7時7分頃までの間，4回にわたり，a市内の被告人方において，インターネットに接続可能な機器を使用して，A社が東京都b区内において管理するオークションサイトのサーバコンピュータの記憶装置に，B社等5法人が指定商品又は指定役務についての商標登録を受けている各商標に類似する商標を掲載した商品に関する広告である出品情報を記憶させて蔵置させ，上記各別紙の「使用期間」欄記載の各期間にわたって，インターネット端末を利用するXら不特定多数の者に閲覧させ，商品に

- 98 -

関する広告を内容とする情報に商標を付して電磁的方法により提供して上記各商標をそれぞれ使用し，もって，上記Ｂ社等５法人の商標権を侵害する行為とみなされる行為を行ったものである。

2　当裁判所の判断

登録商標の保護範囲は，指定商品又は指定役務によって定まるところ（商標法６条，27条，商標法施行令２条，商標法施行規則６条），原判決の「罪となるべき事実」は，各登録商標の指定商品又は指定役務の摘示を欠いている。

また，本件の商標権の侵害行為は，被告人が商品に関する広告を内容とする情報に標章を付して提供して登録商標に類似する商標を使用したことを要するところ（商標法２条３項８号，37条１号），原判決の「罪となるべき事実」は，被告人の付した各標章の摘示を欠いている。

以上によれば，原判決の「罪となるべき事実」は，商標権のみなし侵害罪（商標法78条の２，37条１号）の構成要件に該当する主たる事実の摘示を欠いており，理由不備であるといわざるを得ない。

（罪となるべき事実）

被告人は

第1　商標の使用に関して何ら権限がないのに，平成27年３月５日午前７時７分頃，ａ市内の被告人方において，インターネットに接続可能な機器を使用して，東京都ｂ区内に設置されたＡ社が管理するオークションサイトのサーバコンピュータの記憶装置に，別紙１記載の標章を付して，認証されていないソフトウエアに不正な認証用のコードで認証を得ることなどにより制限なく使用可能な「ＰｈｏｔｏｓｈｏｐＣＣ２０１４」のソフトウエアに関する広告を内容とする情報を記憶・蔵置させ，これをインターネットオークションサイト上に掲載した上，その頃から同日午後１時42分頃までの間，インターネット端末を利用するＹら不特定多数の者に閲覧させるなどして，商品に関する広告を内容とする情報に標章を付して電磁的方法により提供し，別紙１記載のとおりＣ社が商標登録を受けている指定商品に類似する商品について登録商標に類似する商

標を使用し，もってC社の商標権を侵害する行為とみなされる行為を行った

第2　商標の使用に関して何ら権限がないのに，同年2月16日午前5時45分頃，前記被告人方において，インターネットに接続可能な機器を使用して，前記A社が管理するオークションサイトのサーバコンピュータの記憶装置に，別紙2記載の標章を付して，認証されていないソフトウエアに不正な認証用のコードで認証を得ることなどにより制限なく使用可能な「ＳｏｌｉｄＷｏｒｋｓ２０１５」及び「ＳｏｌｉｄＷｏｒｋｓ２０１４」の各ソフトウエアに関する広告を内容とする情報を記憶・蔵置させ，これをインターネットオークションサイト上に掲載した上，その頃から同日午後11時45分頃までの間，インターネット端末を利用するXら不特定多数の者に閲覧させるなどして，商品に関する広告を内容とする情報に標章を付して電磁的方法により提供し，別紙2記載のとおりB社が商標登録を受けている指定役務に類似する商品について登録商標に類似する商標を使用し，もってB社の商標権を侵害する行為とみなされる行為を行った

第3　商標の使用に関して何ら権限がないのに，同年3月1日午後7時21分頃，前記被告人方において，インターネットに接続可能な機器を使用して，前記A社が管理するオークションサイトのサーバコンピュータの記憶装置に，別紙3記載の標章を付して，認証されていないソフトウエアに不正な認証用のコードで認証を得ることなどにより制限なく使用可能な「Ｓｔｕｄｉｏ　Ｏｎｅ　２　Ｐｒｏｆｅｓｓｉｏｎａｌ」及び「Ａｂｌｅｔｏｎ　Ｌｉｖｅ９　Ｓｕｉｔｅ」の各ソフトウエアに関する広告を内容とする情報を記憶・蔵置させ，これをインターネットオークションサイト上に掲載した上，その頃から同月2日午後7時21分頃までの間，インターネット端末を利用する氏名不詳者ら不特定多数の者に閲覧させるなどして，商品に関する広告を内容とする情報に標章を付して電磁的方法により提供し，別紙3記載のとおりD社が商標登録を受けている指定商品に類似する商品及びE社が商標登録を受けている指定商品に

類似する商品について各登録商標に類似する商標を使用し，もってＤ社
　　　及びＥ社の各商標権を侵害する行為とみなされる行為を行った
第４　商標の使用に関して何ら権限がないのに，同月３日午後７時６分頃，
　　　前記被告人方において，インターネットに接続可能な機器を使用して，
　　　前記Ａ社が管理するオークションサイトのサーバコンピュータの記憶装
　　　置に，別紙４記載の標章を付して，認証されていないソフトウエアに不
　　　正な認証用のコードで認証を得ることなどにより制限なく使用可能な
　　　「ＳＩＥＭＥＮＳ　ＮＸ１０」のソフトウエアに関する広告を内容とす
　　　る情報を記憶・蔵置させ，これをインターネットオークションサイト上
　　　に掲載した上，その頃から同月４日午前７時６分頃までの間，インター
　　　ネット端末を利用するＺら不特定多数の者に閲覧させるなどして，商品
　　　に関する広告を内容とする情報に標章を付して電磁的方法により提供
　　　し，別紙４記載のとおりＦ社が商標登録を受けている指定商品に類似す
　　　る商品について登録商標に類似する商標を使用し，もってＦ社の商標権
　　　を侵害する行為とみなされる行為を行った
ものである。

○参照条文
商標法６条，27条，２条３項８号，37条１号，78条の２
商標法施行令２条
商標法施行規則６条

別紙1

原判決

	使用期間	平成27年3月5日午前7時7分頃から同日午後1時42分頃までの間
1	登録商標	**PHOTOSHOP**
	商標登録番号	第4010358号
	商標権者	C社
	閲覧者	Y
2	登録商標	「ＰＨＯＴＯＳＨＯＰ」の標準文字からなる商標
	商標登録番号	第5237917号
	商標権者	C社
	閲覧者	Y

控訴審判決

1	使用した標章	PhotoshopCC201 4用の説明とソフト 本体
2	商標権者	C社
	登録商標	**PHOTOSHOP**
	商標登録番号	第4010358号
	登録日及び 存続期間の更新登録日	平成9年6月13日 平成19年1月23日
	指定商品又は指定役務	第9類　コンピュータ用プログラムを記憶させた磁気テープおよび磁気ディスク

別紙 2

原判決

	使用期間	平成27年 2 月16日午前 5 時45分頃から同日午後11時45分頃までの間
1	登録商標	「ＳＯＬＩＤＷＯＲＫＳ」の標準文字からなる商標
	商標登録番号	第5146931号
	商標権者	Ｂ社
	閲覧者	Ｘ

控訴審判決

1	使用した標章	Solidworks 2015 Premium用とSolidowrks 2014 Premium用の説明とソフト本体。
2	商標権者	Ｂ社
	登録商標	「ＳＯＬＩＤＷＯＲＫＳ」の標準文字
	商標登録番号	第5146931号
	登録日	平成20年 6 月27日
	指定商品又は指定役務	第42類　電子計算機用プログラムの提供

別紙 3

原判決

	使用期間	平成27年3月1日午後7時21分頃から同月2日午前7時21分頃までの間
1	登録商標	Studio One
	商標登録番号	第5745274号
	商標権者	D社
	閲覧者	氏名不詳者
2	登録商標	ableton
	国際登録番号	第1000389号
	商標権者	E社
	閲覧者	氏名不詳者

控訴審判決

1	使用した標章	Studio One 2 Professional用 AbletonLive9Suite用の 説明とソフト本体 おまけつき
2	商標権者	D社
	登録商標	Studio One
	商標登録番号	第5745274号
	登録日	平成27年2月27日
	指定商品又は指定役務	第9類 デジタルオーディオの編集・記録及び製作用のコンピュータソフトウエア,電子応用機械器具及びその部品
3	商標権者	E社
	登録商標	ableton
	国際登録番号	第1000389号
	国際登録年月日 国内登録日	18. 08. 2008（平成20年8月18日） 平成23年2月18日
	指定商品又は 指定役務	9 computer programmes, especially, programmes (software) of all types which are stored and downloadable, particularly music software, software for processing sound, music images, video, MIDI, multimedia games and metadata （第9類 コンピュータプログラム，特に保存されている及びダウンロード可能なあらゆる種類のプログラム（ソフトウェア），に特に音楽用ソフトウエア,音響・音楽・画像・ビデオ・MIDI・マルチメディア・ゲーム及びメタデータの処理用ソフトウエア）

— 104 —

別紙4

原判決

1		使用期間	平成27年3月3日午後7時6分頃から同月4日午前7時6分頃までの間
	登録商標	**SIEMENS**	
	商標登録番号	第4048245号	
	商標権者	F社	
	閲覧者	Z	

控訴審判決

1	使用した標章	SIEMENS NX 10 用の説明と ソフト本体	
2	商標権者	F社	
	登録商標	**SIEMENS**	
	商標登録番号	第4048245号	
	登録日及び 存続期間の更新登録日	平成9年8月22日 平成19年3月13日	
	指定商品又は指定役務	第9類 電子応用機械器具及びその部品	

- 105 -

速報番号　3599号

【事　件　名】	不正競争防止法違反被告事件
【事件番号等】	平成28年（う）974号，平成29年3月21日東京高等裁判所第10刑事部判決，原判決破棄・自判（弁・上告）
【控訴申立人】	弁護人
【第　一　審】	東京地方裁判所立川支部

○判示事項

　高度な管理方法が採用，実践されたといえなくても，秘密情報に接した者が秘密であることが認識できれば，不正競争防止法2条6項の秘密管理性の要件は満たされるとした事例

○判決要旨

　不正競争防止法2条6項が保護されるべき営業秘密に秘密管理性を要件とした趣旨は，営業秘密として保護の対象となる情報とそうでない情報とが明確に区別されていなければ，事業者が保有する情報に接した者にとって，当該情報を使用等することが許されるか否かを予測することが困難となり，その結果，情報の自由な利用を阻害することになるからである。そうすると，管理されている秘密情報であることの客観的認識可能性こそが重要であって，秘密保持のために必要な合理的管理方法がとられていることは，秘密管理性の有無を判断する上で重要な要素となるものではあるが，これを独立の要件とみるのは相当でなく，秘密情報へのアクセス制限等の点において不備があり，大企業としてとるべき相当高度な管理方法が採用，実践されたといえなくても，当該情報に接した者が秘密であることが認識できれば，全体として秘密管理性の要件は満たされていたというべきである。

○判決理由

　不正競争防止法2条6項が保護されるべき営業秘密に秘密管理性を要件とした趣旨は，営業秘密として保護の対象となる情報とそうでない情報とが明

－ 106 －

確に区別されていなければ，事業者が保有する情報に接した者にとって，当該情報を使用等することが許されるか否かを予測することが困難となり，その結果，情報の自由な利用を阻害することになるからである。そうすると，当該情報が秘密として管理されているというためには，当該情報に関して，その保有者が主観的に秘密にしておく意思を有しているだけでなく，当該情報にアクセスした従業員や外部者に，当該情報が秘密であることが十分に認識できるようにされていることが重要であり，そのためには，当該情報にアクセスできる者を制限するなど，保有者が当該情報を合理的な方法で管理していることが必要とされるのである。

この点について，原判決は，②当該情報にアクセスした者につき，それが管理されている秘密情報であると客観的に認識することが可能であることと並んで，①当該情報にアクセスできる者を制限するなど，当該情報の秘密保持のために必要な合理的管理方法がとられていることを秘密管理性の要件とするかのような判示をしている。しかしながら，上記の不正競争防止法の趣旨からすれば，②の客観的認識可能性こそが重要であって，①の点は秘密管理性の有無を判断する上で重要な要素となるものではあるが，②と独立の要件とみるのは相当でない。原判決の判示は，上記のような趣旨にも理解し得るものであるから，誤りであるとはいえない。そうすると，所論がいうように，Ｂ社が，本件顧客情報へのアクセス制限等の点において不備があり，大企業としてとるべき相当高度な管理方法が採用，実践されたといえなくても，当該情報に接した者が秘密であることが認識できれば，全体として秘密管理性の要件は満たされていたというべきである。

これを本件についてみると，原判決が認定するとおり，Ｓ社では，毎年，従業者全員を対象とした情報セキュリティ研修を実施し，個人情報や機密情報の漏えい等をしてはならない旨記載された受講報告書のほか，個人情報及び秘密情報の保秘を誓約する内容の同意書の提出を求めていた上，本件システムの内容及び目的並びにその中の情報の性質等から，本件データベース内に集積される本件顧客情報がＢ社の事業活動に活用される営業戦略上重要な情報であって機密にしなければならない情報であることは容易に認識するこ

- 107 -

とができたといえる。そうすると，後記のとおり，本件顧客情報へのアクセス制限に様々な不備があったとはいえ，一定のアクセス制限の措置がとられていたことを併せ考慮すると，本件において，秘密管理性の要件は満たされていたということができる。したがって，本件顧客情報について，秘密管理性の要件が満たされていたという原判決の判断は，結論において正当である。

○参照条文

不正競争防止法2条6項

速報番号　3600号

【事　件　名】　詐欺未遂，不正作出支払用カード電磁的記録供用，窃盗
　　　　　　　　被告事件
【事件番号等】　平成28年（う）2130号，平成29年3月27日東京高等裁判所
　　　　　　　　第2刑事部判決，控訴棄却（被・上告）
【抗告申立人】　被告人
【第　一　審】　東京地方裁判所

○判示事項

オレオレ詐欺の受け子役の被告人が，控訴審に至って，いわゆるだまされたふり作戦開始後に共謀に加わったから無罪である旨主張したが，本件では事前共謀が認められることに加え，たとえ上記作戦開始後に共謀に加わったとしても，被告人が詐欺未遂の共同正犯者に当たることは免れないと判示した事例

○判決要旨

被害者が詐欺に気づいてだまされたふりをして警察の捜査に協力していたとしても，それが秘された状況で，被告人において，被害者に対して受取権限のある者を装って，現金を受け取ろうとすることは，その具体的事情を一

般人の立場からその常識に従って見た場合に，結果発生の具体的危険性があると判断されるから，詐欺の実行行為に当たるのであって，このような行為を氏名不詳者からの指示に従って行っている以上，被告人が詐欺未遂の共同正犯者に当たることは免れない。

○判決理由

　所論は，被害者は，5月18日午後0時35分頃までには，刑事の指示によりだまされたふりをして詐欺の犯人の逮捕へ協力を開始していたのであり，同日午後2時頃まで警察署で聴取などされていた被告人は，その協力が開始した後に本件詐欺未遂事件に関与したのであって，氏名不詳者らとの間に事前に共謀があったとは認められない，また，被告人は受け子という末端的な立場であり詐欺の核心的部分については何も知らないことから，包括的な共謀も認められない，とする。

　しかし，被告人は，平成28年4月中旬には，詐欺グループの受け子としての役割を担うことになるのを分かっていながら現金の受取行為を続けていたというのであり，氏名不詳者らからの電話の指示に従って荷物を受け取るという行為が，高齢者から金をだまし取る行為に加担するものであることを認識していたといえる。そして，被告人は，このような認識を有しつつ，本件当日，氏名不詳者らからの電話による具体的な指示に従って，a駅及びその駅付近の久月に向かうなどした上，「カワダ」と名乗って，本件被害者から紙袋を受け取っているのであり，氏名不詳者らとの共謀に基づいて本件被害者からの受取行為に及んでいるといえる。

　当審の事実取調べの結果によれば，被告人は，本件当日，午後0時42分頃から午後2時頃までの間，b警察署で別件の窃盗事件の被疑者として取り扱われていたことが認められるが，それより後の時間帯で，a駅や久月に向かうように，カワダと名乗るようになど本件に関する具体的指示を電話で受けることは十分に可能であるから，前記認定を左右するものではない。

　また，被害者が詐欺に気づきだまされたふりをして警察の捜査に協力していたとしても，それが秘された状況で，被告人において，被害者に対して受

－ 109 －

取権限のある者を装って，現金を受け取ろうとすることは，その具体的事情を一般人の立場からその常識に従って見た場合に，結果発生の具体的危険性があると判断されるから，詐欺の実行行為にあたるのであって，このような行為を前記のとおり氏名不詳者からの指示に従って行っている以上，被告人が詐欺未遂の共同正犯者にあたることは免れない。

○参照条文

刑法60条，246条1項，250条

速報番号　3601号

【事　件　名】	危険運転致死，道路交通法違反被告事件
【事件番号等】	平成28年（う）1285号，平成29年4月12日東京高等裁判所第3刑事部判決，控訴棄却（被・弁，上告）
【控訴申立人】	検察官，被告人（一部），弁護人（一部）
【第　一　審】	横浜地方裁判所

○判示事項

事故現場から約300メートル走行した後停車させた危険運転致死，道路交通法違反事件につき，不救護・不申告罪は未だ成立していないとして，道路交通法違反につき無罪とした原審の判断が維持された事例

○判決要旨

人身事故の発生を認識していたと認められ，そこから車を再び発進させたことは救護義務及び報告義務の履行とは相容れないような行動をとったものといえるが，その後短時間のうちに自らの意思で車両を停止していることが認められ，そこから引き返して救護義務や報告義務を果たそうとしていた可能性を否定することはできないので，救護義務違反及び報告義務違反の犯罪が成立したと認定するには合理的疑いが残るとした原判決の判断が経験則等

- 110 -

に照らして不合理であるとまではいえない。

○判決理由

被告人がa交差点で停止したことからすると，遅くともその時点までに，被告人は，被告人車両のフロントガラスにくもの巣状のひび割れが入っていることを認識し，その破損状況等から，人身事故を起こしたと認識したものと推認することができる。そうすると，その時点で救護義務及び報告義務が発生していることを認識したといえ，それにもかかわらず，そこから被告人車両を再び発進させたのであるから，これらの義務の履行と相容れないような行動を取ったものといえる。しかしながら，被告人は，その後短時間のうちに，本件交差点から約300m程度しか離れていない本件停車位置に自らの意思で被告人車両を停止していることが認められ，このことに加え，間もなく被告人が二人連れの男から暴行を受けているところ，被告人車両を停止してから二人連れの男が来るまでの間，連絡が取れるようにして本件交差点に戻ろうと思って携帯電話を探していたとの被告人の原審公判供述が信用できないとはいえないことをも踏まえると，被告人がそこから本件交差点に引き返して救護義務や報告義務を果たそうとしていた可能性を否定することはできない。そうすると，救護義務違反及び報告義務違反の犯罪が成立したと認定するには合理的な疑いが残るとした原判決の判断が経験則等に照らして不合理であるとまではいえない。

検察官は，人身事故を惹起したと認識した被告人が，a交差点で信号待ち停止をしていたにもかかわらず，被害者の救護に向かうなどせず，そこから被告人車両を発進させて約150m進行したのに，救護義務違反及び報告義務違反の成立を認めなかった原判決は，「直ちに車両等の運転を停止して」の解釈適用について，人身事故を惹起した運転者に生じる内心の動揺や混乱を救護義務及び報告義務の履行遅滞を認める正当理由として認めるかのごとき誤った法解釈をしたものであり，判決に影響を及ぼすことが明らかな法令適用の誤りがあるというのである。

しかしながら，救護義務及び報告義務の履行と相容れない行動を取れば，

- 111 -

直ちにそれらの義務に違反する不作為があったものとまではいえないのであって，一定の時間的場所的離隔を生じさせて，これらの義務の履行と相容れない状態にまで至ったことを要するのであって，上記のような経緯や状況であった本件において救護義務及び報告義務違反の成立を否定した原判決の判断に法令解釈の誤りはない。

○参照条文

道路交通法72条1項前段後段

○備　考

本判決は，危険運転致死についての事実誤認等を理由とする弁護人控訴も併せて棄却した。

速報番号　3602号

【事　件　名】	わいせつ物陳列，わいせつ電磁的記録等送信頒布，わいせつ電磁的記録記録媒体頒布被告事件
【事件番号等】	平成28年（う）1100号，平成29年4月13日東京高等裁判所第6刑事部判決，控訴棄却（被・一部上告）
【控訴申立人】	検察官（一部），弁護人（一部）
【第　一　審】	東京地方裁判所

○判示事項

アダルトショップに陳列された女性器を象って制作された造形物のわいせつ性が否定された事例

○判決要旨

本件各造形物に関するわいせつ性の判断は，本件各造形物自体について，それを見る者が視覚等でどのように捉え理解するかということを前提に検討すべきであって，視覚等では理解することができない制作者の意図や作品の

制作過程等は，わいせつ性の判断の基準外に置かれるべきものである。そのような観点から判断すると，本件各造形部は女性器を象って制作された作品とはいえ，その制作過程等を知らされずに，出来上がった本件各造形物を，社会の平均的一般人が見た場合，その着色や装飾，材質等と相まって，これらが女性器であると認識し，あるいは，これらから性的刺激を受けるほど明確に女性器であると認識することは，困難であるというべきである。

　本件各造形物から性的刺激を受けることは考えにくく，芸術性・思想性等による性的刺激の緩和について検討するまでもなく，結局，本件各造形物はわいせつ物とは認められない。

○判決理由

　原判決は，本件各造形物について，概略，①女性器に印象剤をあてがい印象剤が固まったところに石膏を流し込み，石膏が固まった後に着色や装飾などを施して作成されたものであり，②大陰唇，小陰唇，陰核などの各部位が忠実に再現され浮かび上がっていることに加え，いずれも造形物本体の中央に女性器が据えられ，③見る者の情緒や官能に訴えて想像力をかきたてて，実際の女性器を連想させ得るものといえるが，④着色や装飾，材質などを含む形状に照らせば，女性器を象ったものだとしても，一見して人体の一部という印象を与えるものではなく，直ちに実際の女性器を連想させるものとはいえず，⑤性的な刺激を惹起させ得ること自体は否定できないものの，それぞれの性的刺激の程度は限定的なものにとどまり，それだけでわいせつ性を肯定できるほど強いものではないと認められることに加え，⑥一定の芸術性・思想性によって性的刺激が緩和される旨説示する。しかし，この説示は，本件各造形物について，それ自体からは知り得ない制作者の意図ないし制作過程等（上記①）と，それを見る者が視覚等で認識し，あるいは連想する事項（上記③，④）やわいせつ性の判断（上記⑤，⑥）を区別せずに論じたもので，本件各造形物のわいせつ性判断の説明として不適切なものといわざるを得ない。

　すなわち，本件各造形物に関するわいせつ性の判断は，本件各造形物自体

- 113 -

について，それを見る者が視覚等でどのように捉え理解するかということを前提に検討すべきであって，視覚等では理解することができない制作者の意図や作品の制作過程等は，わいせつ性判断の基準外に置かれるべきものである。そのような観点から判断すると，本件各造形物は女性器を象って制作された作品とはいえ，その制作過程等を知らされずに，出来上がった本件各造形物を，社会の平均的一般人が見た場合，その着色や装飾，材質等と相まって，これらが女性器であると認識し，あるいは，これらから性的刺激を受けるほど明確に女性器であると認識することは，困難であるというべきである。

原判決は，本件各造形物の制作過程等をも考慮に入れた結果，また，女性器を象った部分と本件各造形物の全体の形状（着色や装飾，材質等を含む）とを分断して考察した結果，わいせつ性判断の客体の捉え方を誤り，ひいては，わいせつ性判断の過程を誤ったものといわざるを得ない。

しかしながら，既に述べたところからすれば，本件各造形物から性的刺激を受けることは考えにくく，芸術性・思想性等による性的刺激の緩和について検討するまでもなく，結局，本件各造形物はわいせつ物とは認められないから，原判決は結論において正当である。

○参照条文

刑法175条

○備　考

本件と同時に起訴された「被告人の女性器の三次元形状データ」については，控訴審においても，わいせつ性が認められ，前記データをインターネットを利用して頒布したわいせつ電磁的記録等送信頒布罪及び前記データが記録されたＣＤ－Ｒを頒布したわいせつ電磁的記録記録媒体頒布罪については，いずれも，弁護人控訴を棄却し，原判決の有罪が維持された。

速報番号　3603号

【事　件　名】　公衆に著しく迷惑をかける暴力的不良行為等の防止に関
　　　　　　　　する条例（群馬県）違反被告事件
【事件番号等】　平成28年（う）2015号，平成29年5月17日東京高等裁判所
　　　　　　　　第11刑事部判決，原判決破棄・自判（確定）
【控訴申立人】　検察官
【第　一　審】　前橋地方裁判所高崎支部

○判示事項

　強制わいせつ未遂により保護観察付き執行猶予中に痴漢行為をした被告人
を罰金10万円に処した原判決の量刑が不当であるとして破棄したものの，罰
金刑の選択自体は不当といえないとされた事例

○判決要旨

　原判決が被告人を罰金10万円に処したことは，同種犯罪の量刑傾向を逸脱
しており，不当に軽いというほかないから，原判決は破棄を免れないが，犯
行態様等の犯情を総合的に考慮すると，原判決が罰金刑を選択したこと自体
は，量刑の大枠の範囲内のものとして，不当とはいえない。

○判決理由

　被告人には保護観察付き執行猶予の同種前科があるのであるから，本件が
同種犯罪の中でも軽い部類に属するとは到底いえない。そうすると，原判決
が，被告人を，同種犯罪の中でも軽い部類に属する犯罪に課せられる罰金20
万円より，さらに軽い刑である罰金10万円に処したことは，明らかに同種犯
罪の量刑傾向を逸脱しており，不当に軽いというほかなく，原判決は破棄を
免れない。

　しかし，量刑に当たっては，前科が重要な量刑要素になるにしても，それ
は単なる一要素に過ぎないのであるから，犯行態様や犯行の計画性等の，そ
の余の犯情をも総合的に考慮する必要がある。そして，本件の犯行態様を見

ると，本件は，被告人が被害女性の後方を通り抜けざま，極めて短時間，その臀部を着衣の上から触ったというものであり，犯行態様としては軽い部類に属する。また，本件は，偶発的，機会的な犯行という側面が強い。しかも，被告人が，前刑の判決後，本件に至るまでの間に，他に同種犯罪に及んだ形跡はうかがえない。そうすると，本件は痴漢行為の中でも中間的な部類というべきである。そして，これを前提に，量刑傾向を見ると，中間的な部類に属する痴漢犯罪に対する量刑としては，上限に近い罰金額から懲役３，４月（実刑）程度までの刑が考えられるところ，原判決の指摘する被告人に有利な一般情状に加え，被告人が，原判決後，弁護人に示談金を預け，被害弁償の努力をしていることなどを考慮すると，本件に対し，罰金刑を選択すること自体は，量刑の大枠の範囲内のものとして，不当とはいえない。

○参照条文

公衆に著しく迷惑をかける暴力的不良行為等の防止に関する条例（群馬県）10条１項，２条の３第１項１号

速報番号　3604号

【事　件　名】　公職選挙法違反被告事件
【事件番号等】　平成28年（う）1194号，平成29年５月18日東京高等裁判所
　　　　　　　　第４刑事部判決，控訴棄却（弁・上告）
【控訴申立人】　弁護人
【第　一　審】　静岡地方裁判所

○判示事項

公職選挙法221条１項２号にいう「特殊の直接利害関係を利用して誘導したとき」に当たるとされた事例

○判決要旨

- 116 -

一定の選挙が行われると共にこれについての報酬支払の意思表示が行われる事案においては，報酬支払の意思表示と選挙運動の依頼行為が相まって，公職選挙法221条1項2号の利害誘導罪の実行行為である利害誘導罪に該当すると解するのが相当であり，依頼の当初から選挙運動の依頼が確定している場合にはこれに続く報酬支払の意思表示によって利害誘導罪が成立すると解されるところ，本件のように，街頭におけるビラ頒布が依頼されて報酬支払の意思表示がされた後に，頒布の際の呼びかけ文言が決定して当該ビラ頒布行為の選挙運動該当性が確定する場合においても，利害誘導罪は成立する。

○判決理由

本件は，平成27年4月12日執行のA市長選挙（以下「本件選挙」という。）に際し，同選挙に立候補する決意を有していたBの選挙運動者である被告人が，政治団体「元気で明るいAをつくる会」の代表者を含む他の共犯者と共謀の上，Bに当選を得させる目的をもって，いまだ立候補届出のない同年3月上旬から同月12日までの間，A市C区内の同団体事務所等において，Dを介するなどして，Bの選挙運動者であるE株式会社代表取締役Fに対し，同月13日から告示日前日の同月28日までの間に同社の被用者をしてBに当選を得させるため街頭で通行人に「Bが市長選出馬」「Bさんが当選すれば，史上初の女性A市長誕生」等と記されたビラを配りながら「Bです。よろしくお願いします。」と呼び掛けるなどBへの投票の呼び掛け等の選挙運動を依頼し，その報酬として同団体から同社に現金540万4968円を支払う旨の意思表示をし，もって選挙運動者に対し，特殊の直接利害関係を利用して誘導するとともに，立候補届出前の選挙運動をした事案である。

所論（当審弁護人の主張）は，「選挙運動の依頼が行われ，その後に報酬支払の意思表示が行われた事案について利害誘導罪の成立を認めた最高裁判所平成16年12月21日第3小法廷決定を前提とし，これに対し，本件の事実経過は，街頭におけるビラ頒布についてDによるFとの交渉の過程で報酬支払の意思表示が行われた後，本件呼び掛け文言が決まり，DがFに依頼した街頭におけるビラ頒布の選挙運動該当性が確定するに至るという経過を辿って

おり，上記判例の事案との相違に着目し，本件事案において利害誘導罪の成立を認めた原判決は判例違反である」旨主張するものと解される。

しかしながら，上記判例の事案や本件事案のように，一定の選挙運動の依頼がなされると共にこれについての報酬支払の意思表示が行われる事案においては，報酬支払の意思表示と選挙運動の依頼行為が相まって，公職選挙法221条1項2号の利害誘導罪の実行行為である利害誘導行為に該当すると解するのが相当であるところ，このような事案においては，依頼の当初から選挙運動の依頼であることが確定していることが多く，そのような場合にはこれに続く報酬支払の意思表示によって利害誘導罪が成立すると解される。

上記判例は，まさにそのような事案において，当該事案に即して，報酬支払の意思表示が行われた時点で利害誘導罪が成立することを認めたものであって，本件事案のように，街頭におけるビラ頒布行為の依頼が行われ，報酬支払の意思表示がされた後に，ビラ頒布の際の呼び掛け文言が決まり，当該ビラ頒布行為の選挙運動該当性，したがってまたFの選挙運動者該当性が確定するに至った場合において，利害誘導罪の成立を否定する趣旨を含むものとは解されない。

したがって，原判決に所論がいう判例違反はなく，所論は採用できない。

○参照条文

公職選挙法221条1項2号

速報番号　3605号

【事　件　名】　詐欺，詐欺未遂被告事件
【事件番号等】　平成28年（う）2143号，平成29年6月16日東京高等裁判所
　　　　　　　　第3刑事部判決，原判決破棄・自判（確定）
【控訴申立人】　検察官
【第　一　審】　千葉地方裁判所松戸支部

○判示事項

書類を運ぶ仕事だと思っていた旨の弁解がなされた特殊詐欺の受け子の事案において，偽名使用，スーツ着用，高齢者からの茶封筒の受取，割のいい報酬等の間接事実から，受け取るものが現金である旨の認識を含む詐欺の故意を認め，詐欺の故意を否定した原判決を破棄した事例

○判決要旨

被告人は，工務店の従業員でないのに，同工務店の従業員を装って偽名で被害者に対応するよう指示されたことにより，自分を同工務店の従業員であると信じている被害者から物を受け取ることが自分の役回りであると理解した上で，従業員を装って被害者から現金入りの茶封筒を受け取ったものといえる。そうすると，被告人は，電話で指示してきている者らが被害者等に対し，被告人を同工務店の従業員であるとうそを言ってだましていることを知った上で，自らもスーツを着て工務店従業員を装って被害者を信用させる行為を行っていることになり，被告人にも被害者をだましてその茶封筒を受け取ろうとの詐欺の故意があったと認められる。

しかも，原審証拠によって認められる事実を踏まえると，だまして受け取るものは，封筒に入る大きさで，高齢者が，建築業等を営む会社等の従業員との間で，自宅の玄関先で中身を確認することなく受け渡すことができるようなものであり，また，だまして受け取るために，相手から受け取って共犯者らに渡すことをする者に割のいい報酬を支払い，かなりの交通費もかけるほどに財産的価値のあるものということになり，そのようなものとしては現金以外には考えられないから，被告人は，被害者等をだまして受け取るものが現金であると認識していたと推認することができる。

原判決は，被告人が，被害者から茶封筒を受け取るために，被告人に電話で指示してきている者らが被害者等に対しうそを言ってだましていることを知った上で，自らも被害者を信用させる行為を行っている事実を見落としたか，その事実の評価を誤ったものであり，破棄を免れない。

○判決理由

本件詐欺の公訴事実について無罪とした原判決の判断は，詐欺の故意を推認することができる事実を見落としたか，その事実の評価を誤った結果，被告人に詐欺の故意があったと認めるには合理的な疑いが残るとしたもので，経験則等に照らして不合理なものであり，支持することはできない。

　以下，その理由について，弁護人の主張も踏まえて説明する。

　原判決認定のとおり，原審証拠によれば，被害者は，本件当日，A工務店のBを名乗る男から電話で，A工務店のCという者が工事現場からの帰りに現金を受取りに寄ると言われ，さらに，Cが被害者方前に来ていると伝えてきたことから，被害者の夫が，スーツを着て被害者方前にいた被告人に対し「Cさんか」と声を掛け，被告人が近づいてきたので，玄関先で現金300万円の入った茶封筒を被告人に渡したこと，他方で，被告人は，本件当日，被害者の夫からその茶封筒を受け取る前に，番号非通知で電話をかけてきた者から，被害者の姓とその住所のほか，被告人がA工務店のCであり，上司がBであるとして，被害者に対応するよう指示されたこと，また，電話をかけてきた者の指示に従って相手方から物を受け取ってDらに渡すということをするに当たり，スーツを着るよう要求されていたため，本件当日，スーツを着ていたものであることが認められる。

　これらのことからすると，被告人は，A工務店の従業員でないのに，Bなる上司の下で働いているA工務店の従業員を装って偽名で被害者に対応するよう指示されたことにより，自分をA工務店の従業員であるCであると信じている被害者から物を受け取ることが自分の役回りであると理解した上で，被害者の夫から「Cさんか」と声を掛けられて，A工務店の従業員であるCを装って被害者の夫に近づき，被害者の夫から現金入りの茶封筒を受け取ったものといえる。そうすると，被告人は，その茶封筒を受け取るために，電話で指示してきている者らが被害者等に対し被告人をA工務店の従業員であるとうそを言ってだましていることを知った上で，自らもスーツを着て建築業等を営む会社等の従業員を装って被害者の夫を信用させる行為を行っていることになり，被告人にも被害者をだましてその茶封筒を受け取ろうとの詐欺の故意があったと認められる。

－ 120 －

しかも，原審証拠によれば，被告人に茶封筒を渡してきた被害者の夫は，82歳という高齢者であることが認められる。さらに，Dの原審証言によって，被告人と初めて面談した際に1回当たりの報酬が5万円から10万円と説明したと認定することはできないとした原判決の判断が不合理であるとまではいえないとしても，原審証拠によれば，被告人は，電話をかけてきた者の指示に従って相手方から物を受け取ってDらに渡すことをすれば，少なくとも1，2万円の報酬がもらえるものと思っていたことが認められる。また，原判決認定のとおり，Eは，本件当日，被告人と同様のことをするために飛行機で北海道まで行ったものであるが，原審証拠によれば，被告人は，被害者の夫から茶封筒を受け取る前に，このことを知っていたとも認められる。これらのことをも踏まえると，だまして受け取るものは，封筒に入る大きさで，82歳という高齢者が，建築業等を営む会社等の従業員との間で，自宅の玄関先で中身を確認することなく受け渡すことができるようなものであり，また，だまして受け取るために，相手から受け取ってDらに渡すことをする者に割のいい報酬を支払い，かなりの交通費もかけるほどに財産的価値のあるものということになり，そのようなものとしては現金以外には考えられないから，被告人は，被害者等をだまして受け取るものが現金であると認識していたと推認することができる。

　原判決は，上記のとおり，被告人が，本件当日，被害者の夫からその茶封筒を受け取る前に，番号非通知で電話をかけてきた者から，上記のような指示をされたことについて，被害者とA工務店との間における取引等の交渉に基づいてA工務店が被害者から荷物を受け取ることになったが，被害者方に赴ける従業員等がいないため，被告人がそれを代行することになったと理解することも不可能でないと説示するが，被告人は，被害者の夫から茶封筒を受け取るために，被告人に電話で指示してきている者らが被害者等に対しうそを言ってだましていることを知った上で，自らも被害者の夫を信用させる行為を行っている事実を見落としたか，その事実の評価を誤ったものである。

　したがって，被告人には詐欺の故意があったと認められないとした原判決の判断は，経験則等に照らして不合理であり，事実の誤認がある。さらに，

原審証拠によれば，被告人に電話で指示してきている者らが，本件詐欺の公訴事実どおりの欺罔行為を行って被害者から現金300万円をだまし取ったことが認められることをも踏まえると，被告人は，被害者の夫から茶封筒を受け取る前に，被告人に電話で指示してきている者らが被害者等に対しうそを言ってだましていることを察知した上でその指示に従うことにした時点で，被害者から現金をだまし取ることについて，その者らと意思を相通じたといえ，本件詐欺の成立が認められるから，詐欺の故意に関する事実の誤認は，判決に影響することが明らかである。

○参照条文

刑法246条1項，60条

速報番号　3606号

【事　件　名】　有印私文書偽造，同行使，詐欺被告事件
【事件番号等】　平成29年（う）391号，平成29年6月20日東京高等裁判所
　　　　　　　　第4刑事部判決，控訴棄却（被・上告）
【控訴申立人】　被告人
【第　一　審】　千葉地方裁判所木更津支部

○判示事項

他人名義で住民基本台帳カード（以下「住基カード」という。）の交付申請書類を作成・行使し，市役所職員から住基カードをだまし取った事案につき，⑴名義人の承諾を得ていても私文書偽造罪が成立し，⑵住基カードに財物性があるとして詐欺罪が成立するとした事例

○判決要旨

住基カードの交付申請書，照会回答書は，その文書の性質上，作成名義人以外の者がこれらを作成することは許されないものであって，これらの書面

- 122 -

を他人の名義で作成した場合には，あらかじめ名義人の承諾を得ていたとしても，私文書偽造罪が成立する。

住基カードは，それ自体，財産権の対象となり得るものである上，名義を偽って交付を受けた住基カードでも，事実上，正規の住基カードと同様に使用できるから，経済的価値効用を有しており，財物に当たるといえる。

また，住民基本台帳法に規定されている同カード不正受交付についての罰則は，詐欺罪の適用を排除する趣旨ではない。

○判決理由

所論は，文書の作成名義人の承諾があるならば私文書偽造の保護法益である私文書に対する公共の信用が害されることはなく，また，住基カードは，一般旅券や運転免許証とは異なり，一定の立場や資格を証明するものではなく，行政手続をインターネット上で申請するための基盤となるものにすぎず，その目的も利便性の向上や行政事務の効率化にあるにすぎず，マイナンバーカードの発行により交付，再交付，更新ができないことになっており，そのような限定的な機能しか有しない住基カードの交付申請書や照会回答書を，運転免許や旅券の交付申請書と同視して偽造を論じることは不適当である，という。

私文書の作成者が他人の名義を使用して文書を作成することについてその者の承諾を得ている場合，原則として私文書偽造罪が成立しないと解されることは，所論のいうとおりである。しかし，法30条の44は，住民基本台帳に記録されている者は，その者が記録されている住民基本台帳を備える市町村の市町村長に対し，「自己に係る住民基本台帳カード」の交付を求めることができるとし（1項），住基カードの交付を受けようとする者は交付申請書を住所地市町村長に提出し（2項），住所地市町村長はその者に住基カードを交付しなければならない（3項）と定めており，住基カードの交付申請者・受交付者が本人であることを確認するための厳格な手続が定められている（平成27年政令第301号による改正前の住民基本台帳法施行令30条の15，施行規則36条）。これらの法令の趣旨に照らすと，住基カードの交付申請書及

びその交付に関して本人確認を行うための文書である回答書は，その文書の性質上，作成名義人以外の者がこれらを作成することは許されないものであって，これらの書面を他人の名義で作成した場合には，あらかじめその者の承諾を得ていたとしても，私文書偽造罪が成立すると解される。所論は採用の限りではない。

　各詐欺罪についての論旨は，要するに，原判決は，被告人が，Ｍ市役所職員からＳ名義の住基カードの交付を受けた行為（原判示第２）及びＴ市役所職員からＵ名義の住基カードの交付を受けた行為（同第３）について，いずれも詐欺罪が成立するとしているが，住基カードは財物ではないから，同罪は成立しない，というのである。

　そこで，検討する。

　所論は，住基カードが財物ではないとする根拠として，①住基カードそのものには財産的価値がないこと，②名義を偽って作成された住基カードは無効であり，行政サービスを受ける権利も認められず，経済的効用を認める余地はないこと，③法が，偽りその他の手段により住基カードの交付を受けた者に対して，詐欺罪の法定刑に比べて著しく軽微な30万円以下の罰金の刑を定めているのは，住基カードの詐取ないし不正取得について軽く処罰するにとどめ，詐欺罪の適用を排除する趣旨であること，を挙げる。

　①については，住基カードは，それ自体として財産権の対象となり得るものであるにとどまらず，これを利用して行政サービスを享受することができ，また，市町村長その他の市町村の執行機関は，住基カードを，条例の定めるところにより，条例に規定する目的のために利用することができ（法30条の44第12項），その中には社会生活上重要な経済的価値効用を有する性質のものも含まれる可能性があるから，住基カードは財産的な価値を有するものと認められる。

　②については，名義を偽って交付申請し，交付を受けた住基カードであっても，それは財産権の対象となり得る上，ＳやＵの名義の本件各住基カードを使用して同人らの名義で借金をしたという被告人の原審公判供述からも明らかなように，事実上，正規の住基カードと同様に使用できるのであり，経

－ 124 －

済的価値効用を有しているといえる。

③については，前記のとおり住基カードの交付については厳格な手続が定められており，その不正取得行為が詐欺罪に当たる場合，当該行為に対する処罰をあえて軽くする理由はないから，所論の指摘する罰則が詐欺罪の適用を排除する趣旨であるとは解されない。

所論はいずれも採用の限りではなく，本件各住基カードは詐欺罪における財物に当たるといえる。

論旨は理由がない。

○参照条文

平成25年法律第28号による改正前の住民基本台帳法47条（不正受交付に対する罰則）

○備　　考

住民基本台帳カードは平成25年法改正によって，現在は発行されていない。

速報番号　3607号

【事　件　名】　覚せい剤取締法違反被告事件
【事件番号等】　平成29年（う）496号，平成29年6月28日東京高等裁判所
　　　　　　　　第11刑事部判決，原判決破棄・自判（確定）
【控訴申立人】　弁護人
【第　一　審】　さいたま地方裁判所越谷支部

○判示事項

覚せい剤の自己使用等事件につき，強制採尿令状請求の疎明資料である捜査報告書に虚偽の事実を記載して令状裁判官の判断を誤らせた重大な違法があるとして，鑑定書が違法収集証拠として排除され，無罪が宣告された事例

○判決要旨

覚せい剤の前歴のある者が，腕の提示や尿の提出を拒むということは，覚せい剤使用を疑う一つの事情といえなくはない。しかし，これは，嫌疑の有無，程度としては未だ抽象的なものに過ぎないのであり，その他に覚せい剤使用を疑わせる具体的な事情が認められない限り，強制採尿令状を発付するに足る嫌疑があるとはいえないというべきである。そして，本件の場合，被告人の覚せい剤使用を疑う事情としては，覚せい剤の前歴のほか，被告人が腕の提示や尿の提出及び所持品検査を頑なに拒んでいるといった事情しかないのであるから，本件記載（被告人は，「落ち着きがなく，感情の起伏が激しく周囲を異常に警戒する，目の焦点が合わず瞳孔が開いている，頬がやせこけている等の身体的特徴を有し，覚せい剤の薬理作用の影響下にあるものと認められた」旨の記載）のごとき被告人の身体的特徴や挙動といった覚せい剤の薬理作用をうかがわせる事実は，令状発付の判断をするにおいて極めて重要なものとなる事情である。ところが，警察官は，このように重要な事実について，意図的に報告書に事実と異なる本件記載をし，これを本件令状請求の疎明資料として提出しているのであるから，このような行為は，令状請求に関する担当裁判官の判断を大きくゆがめるものである。したがって，他に覚せい剤使用の嫌疑を基礎づける明白な事情が存するなど特段の事情のない本件においては，そのような疎明資料を提出して強制採尿令状の発付を得た捜査手続には，令状主義の精神を没却する重大な違法があるというべきである。

○判決理由

1　本件鑑定書等の証拠能力に関する原判決の判断

⑴　本件鑑定書等の収集に関する事実経過

　　原判決が認定した事実経過は，概ね次のとおりである（平成28年4月28日については日付けの記載を省略する。）。

　ア　甲県乙警察署地域課のA巡査部長（以下「A」という。）及びB巡査（以下「B」という。）は，丙団地内をパトカーで警ら中，午前10時40分頃，同団地9街区5号棟南側ごみ集積所前路上に，荷台に自転

車や洗濯機等を載せた軽トラック（以下「被告人車両」という。）が
エンジンをかけた状態で停められ，被告人がごみ集積所をのぞき込ん
でいるのを認めた。Ａらは，資源ごみ窃盗や自転車盗の疑いを抱き，
パトカーを被告人車両のすぐ後方に停めて降車し，被告人に対し，職
務質問を開始した。被告人は落ち着いた態度で質問に答え，運転免許
証も提示した。その間，Ｂが，前記荷台の自転車につき車体番号から
盗難の有無を照会したが，盗難の届出はなかった。職務質問を実施し
た本件現場は，幅員6.3メートルの市道上であり，その南側には2.7メ
ートルの歩道が設置され，市道北側には市道より一段高く，１メート
ル以上奥まった敷地内に，14.5メートルのごみ集積所がある。

イ　Ｂが被告人の前歴照会をしたところ，平成19年に大麻取締法違反，
平成21年及び26年に覚せい剤取締法違反の犯歴を含む４件の犯歴が判
明した。Ａらは，薬物犯罪の嫌疑を抱き，被告人に対し，持っている
物と車内の物を見せてもらいたいとして所持品検査を求めたが，被告
人は，興奮し，大きな声で拒否した。そこで，Ａらは，さらに薬物犯
罪の嫌疑を強く抱き，被告人に対し，覚せい剤取締法違反及び大麻取
締法違反の犯歴があるので，所持品及び車内を確認させてほしい旨説
明したが，被告人は拒否した。Ａらは，さらに，被告人に対し，腕の
確認を求めたり，採尿のため乙警察署への同行を求めたりしたが，被
告人は拒否した。

ウ　その後，被告人は，丙駅方向に10メートルほど歩いて行ったため，
Ｂは，両手を横に広げ，被告人の進路を遮った。被告人は，渋々被告
人車両に戻ると，運転席ドアを開けて運転席に乗り込み，運転席ドア
を閉めた。

エ　その後，被告人はギアを入れたが，その瞬間，Ｂは，開いていた運
転席ドアの窓から手を差し入れてエンジンを切り，エンジンキーを抜
き取った上，運転席ドアを開けて被告人車両の車体とドアの間に体を
入れた。Ａは，助手席のドアを開け，被告人車両の車体と助手席ドア
の間に体を入れた。被告人がエンジンキーを返すよう求めたところ，

－ 127 －

Bは，これを被告人に返したが，被告人が再度エンジンキーを差し込もうとすると，Bは，エンジンキーの差込口を手で塞いだ。

オ　被告人は，薬物犯罪に関する職務質問の開始後，早い段階で，トイレに行きたいから自宅に帰りたい旨訴えたが，Bは応じなかった。

カ　Bは，被告人がダッシュボードの整理をしている間等以外は，被告人車両のエンジンキーの差込口を手で押さえていた。

キ　Aらは，その後も，被告人に対し，再三，尿の任意提出等を求めたが，被告人が拒否したため，交通整理として何人かの警察官の応援を求めた後，同署薬物銃器対策係に応援を求めた。

ク　午前11時40分頃，薬物銃器対策係長C警部補（以下「C」という。）ほか1名が現場に臨場し，Cは，被告人に対し，腕の確認や尿の任意提出を求めたが，被告人はこれを拒否した。そこで，Cは，午前11時44分頃，被告人に対し，強制採尿令状の請求手続きに入る旨告げた。

ケ　C及びBは，乙警察署に戻り，令状請求の際の疎明資料として添付するための報告書等の作成に取りかかった。Bは，「覚せい剤取締法違反の疑いのある者に対する職務質問の実施とその状況について」と題する捜査報告書（以下「B報告書」という。）を作成し，その中で，被告人に対し，所持品の確認を求めた際，被告人が，突然怒号し，騒ぎ立てる等した旨記載した。Cは，「強制捜査（捜索差押，強制採尿）の必要性について」と題する捜査報告書（以下「本件報告書」という。）を作成し，その中で，被告人は，「落ち着きがなく，感情の起伏が激しく周囲を異常に警戒する，目の焦点が合わず瞳孔が開いている，頬がやせこけている等の身体的特徴を有し，覚せい剤の薬理作用の影響下にあるものと認められた。」旨記載するとともに，（「以下「本件記載」という。），尿の任意提出の求めに対し，被告人は大声を出して拒否した旨記載した。

コ　Bが現場を離れて以降，別の警察官が軽トラックのエンジンキーの差込口を手で塞ぎ続けた。また，被告人は，30分から1時間ほど被告人車両を降りて荷台で作業を行うこともあった。

サ　Cは，被告人の体内にある尿を差し押さえるべき物とする捜索差押許可状等の請求を行うため，丁地方裁判所戊支部に向かい，午後2時33分頃，同支部において同請求が受理された（以下「本件令状請求行為」という。）。その後，Cは，同支部裁判官により発付された捜索差押許可状を携行し，本件現場に向かい，午後3時46分頃，同令状を被告人に呈示した。

シ　被告人が採尿に応じる旨述べたため，Cは，被告人を乙警察署に同行し，午後4時20分頃から午後4時33分頃までの間，同署において，被告人から尿の任意提出を受け，尿中覚せい剤予試験を実施した結果，覚せい剤の陽性反応を呈したため，被告人を緊急逮捕した。

ス　被告人の前記逮捕に引き続く勾留中の5月7日，同月6日付け捜索差押許可状に基づき，被告人の自宅が捜索され，覚せい剤1袋（以下「本件覚せい剤」という。），注射器19本等が押収された。

セ　なお，丙団地内のごみ集積所の整理や清掃作業を行う清掃会社の従業員6名は，同団地9街区5号棟南側ごみ集積所の清掃作業に赴いた際，前記イの場面（被告人が大声で警察官らに答えている場面）を目撃し，その後，前記ウの被告人が被告人車両に乗り込んだ場面を目撃した。前記従業員らは，同所到着後10分程度で清掃作業を終え，その場を離れた。

(2)　証拠能力に関する原判決の判断

　　原判決は，前記事実経過に基づき，概ね次のように判示して，本件鑑定書等の証拠能力を認めた。

ア　被告人は，ごみ集積所前路上に，荷台に自転車等を載せた車両を停め，ごみ集積所をのぞき込んでいたのであるから，Aらが，資源ごみ窃盗や自転車盗等の疑いを抱き，被告人に対して職務質問を開始したのは正当である。そして，この時点では窃盗の嫌疑も完全になくなったものではなく，また，犯歴照会の結果，被告人には，覚せい剤取締法違反の前歴2件，大麻取締法違反の前歴1件があったのであるから，薬物使用の疑いを抱いて所持品検査を求めたことも正当である。

そして，被告人は，所持品の確認を求められると，態度を一変さ
せ，大声を出して所持品の確認を拒否し，その後，腕の確認や尿の
提出も頑なに拒否しているのであるから，Ａらが薬物使用の嫌疑を
更に強く持ったことは正当なものである。したがって，その時点で，
職務質問を継続する必要性が認められたのであるから，被告人が丙
駅方向に歩き出そうとした際，Ｂが何ら有形力を行使しないで被告
人を制止した行為は正当である。また，被告人のトイレに行きたい
旨の訴えに応じなかった点についても，職務質問を継続する必要性
が認められる一方，被告人は，現場を離れるそぶりを示し，その後
はトイレに行きたい旨の訴えをしていないのであるから，違法とま
ではいえない。

イ　しかし，被告人が，被告人車両に乗り込んで発進させようとした際，
Ｂがエンジンキーを抜き取ってこれを取り上げ，さらに，エンジンキ
ーを被告人に返却した後，Ｂ及びＡが運転席ドア及び助手席ドアを開
けてドアと車両との間に体を入れてドアを閉められないようにした
上，Ｂにおいてエンジンキーの差込口を手で塞いで，被告人が被告人
車両でその場を立ち去ることを阻止し，その後，５時間余りにわたっ
て被告人をその場に留め置いた措置は，覚せい剤使用又は所持の嫌疑
が濃厚になっており，職務質問を継続する必要性が認められることを
考慮しても，被告人に対する所持品検査や尿の提出を求めるための説
得行為としてはその限度を超えており，被告人の移動の自由を長時間
にわたり奪った点において，任意捜査として許容される範囲を逸脱し
たものとして違法といわざるを得ない。なお，清掃員らは，被告人車
両の前ではなく敷地内におり，10分程度でその場から離れていること，
現場は幅員6.3メートルの市道上であって歩道も設置されていたこと
から，被告人が同車両を発進させることによって，直ちに具体的な危
険が生じる状況ではなかった。

　もっとも，本件職務質問は適法に開始されたものであり，被告人
を被告人車両内に留め置いた行為も，被告人に対する直接の有形力

－ 130 －

は行使されていない。さらに，被告人は，職務質問の場所に留め置かれている間，車両から降りるなど，行動の自由の制約は必要最小限度のものに留まっている。職務質問開始から1時間程度で令状請求の準備に取りかかっていることに照らせば，警察官らにおいて，当初から長時間の留め置きをする意図があったものとは認められない。以上によれば，本件留め置き行為の違法性の程度は，いまだ令状主義の精神を没却するほどの重大なものではない。

ウ　次に，令状請求手続の違法性について検討すると，被告人の身体的特徴に関するCの供述は信用できないことから，本件報告書中，被告人の身体的特徴に関する記載部分は，事実と認められない。したがって，令状発付の判断資料となる報告書中に事実ではない記載をしたものとして違法である。しかし，B報告書には，前記(1)ア，イ，ウの事実が概ね記載されているところ，これらの各事実により，被告人の覚せい剤使用の嫌疑は十分に認められるから，C作成の前記報告書によって令状裁判官の判断を誤らせたとまでは認められない。以上によれば，Cが前記捜査報告書に事実でない記載をしたことの違法性の程度は，いまだ令状主義の精神を没却するほどの重大なものではないというべきである。

エ　以上によれば，警察官らの措置に違法はあるが，その程度は重大なものではないから，本件各証拠の証拠能力は否定されない。

2　本件鑑定書等の収集に関する事実経過について

(1)　原判決が認定した本件鑑定書等の収集に関する事実経過は，当裁判所も正当としてこれを是認でき，これに対する所論は，原判決が適切に説示するとおり，いずれも理由がない。一方，検察官は，原判決が，職務質問当時，被告人の目がきょろきょろしており，瞳孔が少し開いていたとのC供述の信用性を否定し，Cの作成した本件報告書中の本件記載部分を事実とは認めることはできないとしたことについて，証拠評価を誤っていると主張する。

(2)　本件記載についての当裁判所の判断

－ 131 －

そこで，検討すると，原判決は，Cは，運転席ドアと軽トラックの間に入り，被告人と30センチメートルの至近距離で話をしたところ，被告人の目がきょろきょろしており，瞳孔が少し開いていたため，薬物を使用している可能性が高いと判断した旨供述するが，①当時，天候は雨であり，かつ，被告人は軽トラックの運転席に座り，キャップ型の帽子を被り，眼鏡をしていたのであって，そのような状況の中でペンライト等も使用せずに瞳孔が開いていたか否か確認できるのか非常に疑問である上，②Cは，当時，軽トラックの左前方の団地敷地内に作業服を着たDの職員が二，三名いた旨供述し，E証言，A証言及びB証言により認められる客観的事実と明らかに矛盾する供述をし，さらには，③同日午前11時35分から同日午前11時43分までの間に撮影された職務質問状況の写真にも，Cが運転席ドアと軽トラックの間に入っている状況は撮影されていないことから，Cの供述は到底信用できないとするとともに，Cの作成した本件報告書中の本件記載を事実と認めることはできないとした。

　これに対し，検察官は，①Cは，14年間にわたり薬物事件を担当してきた経験豊富な警察官であり，当時の天候は小雨程度で特段暗くもなく，時刻も正午に近く，一日のうちで最も明るい時間帯であった上，Cは被告人と30センチメートルくらいの距離に近付いて被告人を観察しており，被告人がキャップ型の帽子をかぶって眼鏡をかけていても，十分に被告人の瞳孔を確認することが可能であったから，C供述に疑問をさしはさむ余地はない。②Cの注意は被告人に向けられ，周囲の状況には注意を向けていなかったし，周辺にいた一般人がどういう人か特段重要ではないから，後にAらから現場周辺に作業服を着たD職員がいたと聞いたことで，自分が見た一般人が作業服を着たD職員であったと思い，記憶を混同させたとして不思議ではない。③Cが30センチメートルの距離で職務質問する様子は，写真撮影報告書添付の写真（原審甲2）には撮影されていないが，撮影に使用したカメラの内蔵時計はよく時刻が狂うことがあったから，その撮影時刻は午前11時4

－ 132 －

1分よりも前であった可能性が十分ある上，撮影した警察官は，Ｃと共に現場に臨場し，写真撮影した後，Ｃが職務質問を開始してからは撮影を止め，その背後に立って被告人の様子を注視していた，一方，Ｃは運転席横へ行き，被告人に約30センチメートル程度の距離まで顔を近づけて職務質問を行い，被告人の瞳孔が開いていることなど薬物使用の疑いがあることを確認した上，被告人に令状請求手続きに入ることを告げ，自己の腕時計で，その時刻が午前11時44分であることを確認し，Ａらに伝えたのであるから，写真にＣが被告人に対して職務質問を行う様子が撮影されていないことは，Ｃの供述が信用できないとする根拠にはならない，と主張する。

　しかし，Ｃの前に職務質問をしていたＡは，約１時間にわたり，被告人を説得するなど，近距離から被告人の様子を観察していたが，被告人の目がきょろきょろする，目の焦点が合わず瞳孔が開く，周囲の様子を異常に警戒するといった様子を認めていない。Ａも薬物事犯の職務質問や検挙をかなり経験した警察官である（原審記録179丁の26）。いやしくも職務質問に当たる警察官が，それなりの捜査経験を有しながら，目の焦点が合っていない，周囲を異常に警戒するといった様子や挙動に気付かないとは考え難い。そして，本件令状請求に当たり作成されたＢ報告書を見ても，そこには，単に，被告人は薬物の犯歴を３件有し，所持品及び車両積載物の確認にも頑なに応じないから，覚せい剤等の薬物を所持している可能性があるとの記載があるだけで，Ｂが，被告人に前記のような挙動や特徴を認めたとの記載はない（Ｂ作成の緊急逮捕手続書（当審検３）にもかかる記載はなく，覚せい剤の犯罪経歴があり，所持品検査，身体の確認，任意採尿を頑なに拒否したことから，強制採尿令状を請求するという趣旨が記載されている。）。そして，Ｃが被告人の様子を観察した時間は長くて４分程度に過ぎず，約１時間にわたって被告人を観察していたＡやＢの気づかなかった被告人の特徴を，このような短時間で把握できるか，相当疑問である。しかも，頬がやせこけている等の身体的特徴は，採尿報告書の写真（同

日午後４時20分頃から33分頃撮影）を見ても，痩せてはいるが特段頬がこけているというまでの顔貌ではなく，覚せい剤使用を具体的に疑わせるほどの特徴と認めるには無理がある。

　そうすると，そもそも，被告人の目がきょろきょろする，目の焦点が合わず瞳孔が開く，周囲の状況を異常に警戒するといった状況があったのかについては，相当の疑問があり，検察官指摘の各点を考慮しても，Ｃ供述は直ちに信用できないというべきである。したがって，Ｃが作成した報告書中，被告人の身体的特徴に関する記載部分は事実と認めることができないとした原判決の判断に誤りは認められない。そして，Ｃの薬物犯罪捜査の経験からすれば，本件記載について，誤って事実と異なる認識をするとは考えられないから，意図的に，本件報告書に事実と異なる記載をしたと認められる。

3　本件鑑定書等の証拠能力について

(1)　本件捜査過程の違法性について

　所論は，要するに，本件の職務質問は，警職法２条１項の要件を欠く違法なものである上，本件強制採尿令状は，令状発付の判断に重大な影響を及ぼすような虚偽ないし誇大な記載のある本件報告書に基づき発付された違法なものであるから，本件鑑定書等は違法収集証拠としてその証拠能力が否定されるべきであるというのである。

　そこで検討すると，被告人はごみ集積所をのぞき込んでおり，近くには自転車等を積載した軽トラックが停車していたのであるから，警察官が，被告人の挙動を不審と考え，あるいは，被告人に廃品盗や廃棄物不法投棄の嫌疑があるとして，被告人に対し，職務質問を開始したことが適法であることは明らかである。また，前歴照会の結果，被告人に覚せい剤を含む薬物の前歴４件があるとの回答を得たこと，被告人が軽トラック内の所持品検査を大きな声で明確に拒否したことに照らすと，被告人が違法な薬物を所持し，又は使用しているのではないかと疑い，警察官らが職務質問を継続し，所持品検査や尿の提出に応じるよう被告人を説得したことも適法と認められる。そして，それ

に伴い，被告人が立ち去ろうとした際，立ちふさがるようにして制止したこと，被告人が軽トラックに乗り込みエンジンを始動させようとすると，エンジンを切り，エンジンキーを取り上げたこと，その後，エンジンキーを返還したが，被告人がエンジンを始動できないようエンジンキーの差込口を手で塞いだことについては，任意捜査としての職務質問を行うため停止させる方法として必要かつ相当な行為であったと認められる（交通の危険があったとする検察官の論告等における主張が採用できないことは原判決認定のとおりである。）。しかし，Aらにおいて，被告人に薬物使用を疑わせるような具体的な身体的特徴を見出すことはできず，被告人に対する薬物使用の嫌疑は具体性の乏しいものにとどまり，かつ，被告人が所持品検査や尿の提出については，当初から一貫して明確に拒否していることからすれば，合理的な時間内に任意の協力が得られない以上，職務質問を打ち切り，被告人の留め置きを解消せざるを得ない状況にあったと認められる。そして，職務質問開始から約1時間経過した午前11時40分頃，Cが臨場し，午前11時44分には令状請求に入る旨被告人に伝えているが，その段階で，客観的には，強制採尿に関する捜索差押許可状の請求に必要な覚せい剤使用の嫌疑を基礎づける事情が認められないのは前記のとおりであり，本件においては，令状を呈示するまで，約5時間留め置いているのであるから，被告人に対する嫌疑の程度と留め置いた時間を比較考量すると，このような長時間被告人を留め置いたことは違法といわざるを得ない。

　さらに，本件令状請求行為について検討すると，原判決は，令状発付の判断資料となる捜査報告書中に事実ではない記載をした違法はあるが，他の資料により，被告人の覚せい剤使用の嫌疑は十分認められるとして，これによって令状裁判官の判断を誤らせたとまでは認められないとした。

　確かに，覚せい剤の前歴のある者が，腕の提示や尿の提出を拒むということは，覚せい剤使用を疑う一つの事情といえなくはない。しか

－ 135 －

し，これは，嫌疑の有無，程度としては未だ抽象的なものに過ぎない
のであり，その他に覚せい剤使用を疑わせる具体的な事情が認められ
ない限り，強制採尿令状を発付するに足る嫌疑があるとはいえないと
いうべきである。そして，本件の場合，被告人の覚せい剤使用を疑う
事情としては，覚せい剤の前歴のほか，被告人が腕の提示や尿の提出
及び所持品検査を頑なに拒んでいるといった事情しかないのであるか
ら，本件記載のごとき被告人の身体的特徴や挙動といった覚せい剤の
薬理作用をうかがわせる事実は，令状発付の判断をするにおいて極め
て重要なものとなる事情である。ところが，Cは，このように重要な
事実について，意図的に本件報告書に事実と異なる本件記載をし，こ
れを本件令状請求の疎明資料として提出しているのであるから，この
ような行為は，令状請求に関する担当裁判官の判断を大きくゆがめる
ものである。したがって，他に覚せい剤使用の嫌疑を基礎づける明白
な事情が存するなど特段の事情のない本件においては，そのような疎
明資料を提出して強制採尿令状の発付を得た捜査手続には，令状主義
の精神を没却する重大な違法があるというべきである。

(2) 本件鑑定書等の証拠能力について

　前記事実経過によれば，本件報告書の記載の他に被告人の覚せい剤使
用の嫌疑を具体的に示す的確な証拠はなく，本件令状請求行為について
は，令状主義の精神を没却するほどの重大な違法があり，令状請求をす
る旨被告人に告げた午前11時44分頃から4時間2分後の午後3時46分頃
までの間，その違法な令状請求に基づく令状の執行のために，Aらにお
いて，被告人を留め置き続けていたと認められる。そして，被告人の留
め置きにより，捜索差押許可状を被告人に呈示することが可能となった
というべきである。

　そうすると，被告人を留め置きつつ，本件強制採尿令状の発付を受け
て被告人の尿を押収した一連の手続過程には，令状主義の精神を没却す
る重大な違法があり，そのような違法捜査に基づき採取された尿と密接
に関連する証拠の証拠能力を認めることは，将来の違法捜査抑制の見地

からも相当でないと認められるから，本件尿の鑑定書の証拠能力は否定すべきである。

○参照条文

刑事訴訟法218条1項

日本国憲法35条

速報番号　3608号

【事　件　名】	過失運転致死被告事件
【事件番号等】	平成29年（う）702号，平成29年7月13日東京高等裁判所第10刑事部判決，控訴棄却（弁・上告）
【控訴申立人】	弁護人
【第　一　審】	静岡地方裁判所浜松支部

○判示事項

いわゆる二重轢過による交通死亡事故において，被告人による第1事故の後に第三者による第2事故が介在し，被害者の直接の死因となった傷害が第2事故によるものであり，しかも，被告人が第1事故の後，第2事故の発生を回避するための措置を一応講じたとしても，なお被告人による第1事故と被害者の死亡との間の因果関係は否定されないとされた事例

○判決要旨

所論は，被告人の過失行為には，被害者の死亡という結果を発生させる危険性はなく，被告人の発生させた第1事故の後に第2事故を発生させた第三者（以下「M」という。）の過失行為こそが上記結果の発生に重要で決定的な寄与をしており，かつ，このMの行為は，被告人の行為に誘発されたものではなく，被告人の行為とは無関係のものであるから，被告人の過失行為と被害者の死亡との間には因果関係が認められないと主張するところ，被害者

- 137 -

の直接の死因となった傷害は第2事故という第三者の過失行為が介入したことにより発生したものではあるが，被告人の過失により発生した第1事故によって，被害者は道路の車道上に転倒し，すぐには移動できない程度の傷害を負ったものと認められ，そのような状態に置かれた被害者が，後続車に轢過されるなどして死亡することは十分にあり得ることであるから，被告人の過失行為は，被害者の死亡という結果を発生させる危険性を内包するものであったといえ，また，被告人は，第1事故の後，横臥する被害者の直近に立って両手を左右に振り，後続車による衝突等の事故の発生を回避するための措置を一応講じていたと認められるものの，青信号に従って直進進行して来る後続車の運転者が，被害者と被告人に気付くのが遅れ，被害者に衝突，轢過するということはおよそ想定し難い稀有の事態ではなく，十分にあり得ることであったといえ，被告人の上記行為は，後続車による衝突等の事故やそれによる被害者の死亡という結果を回避するための措置としては不十分であったといわざるを得ず，第2事故の発生とそれによって生じた被害者の死亡という結果は，被告人の過失による第1事故によって生じた危険性が現実化したものというべきであり，よって，被告人の過失と被害者の死亡との間の因果関係は否定されない。

○判決理由

1　本件は，被告人が，普通乗用自動車を運転し，信号機により交通整理が行われている交差点を右折進行するに当たり，前方左右を注視し，交差点右折方向出口に設けられた横断歩道の直近における横断歩行者の有無及びその安全を確認しながら右折進行すべき自動車運転上の注意義務を怠った過失により，横断歩道の直近を横断歩行中の被害者（当時71歳）に気付かず，自車前部を被害者に衝突させて路上に転倒させ，その後進行してきた普通乗用自動車に被害者を轢過させ，よって，被害者に多発損傷の傷害を負わせ，同傷害により死亡させたという，過失運転致死の事案である。

　　本件控訴の趣意は，要するに，被害者の死亡という結果は，被告人が自

- 138 -

車を被害者に衝突させたことに起因するものではなく，後続車が被害者を轢過したことに原因があり，被告人の過失行為と被害者の死亡との間には因果関係がないから，被告人には過失運転致傷罪が成立するにとどまるのに，上記因果関係を認め，過失運転致死罪が成立するとした原判決には，判決に影響を及ぼすことが明らかな事実の誤認及び法令適用の誤りがあるというのである。

2　原判決は，要旨，以下のとおり説示して，被告人に過失運転致死罪の成立を認めた。

(1)　関係証拠によれば，以下の事実が認められる。

　ア　平成28年1月19日午前6時26分頃，被告人は，本件交差点の南側から北進し，本件交差点で停止した後，青信号に従って時速約20kmで右折し，東西に走る片側一車線の国道を東進しようとしたところ，交差点右折方向出口に設けられた横断歩道の数m東側を北から南に向けて横断歩行中の被害者と衝突し，被害者は，横断歩道の東端から7m程度の車道上の中央辺りに倒れた（第1事故）。

　イ　被告人が自車を止めて被害者に声を掛けると，被害者は「大丈夫です。」と答えて，起き上がろうとするような動きをしていた。

　ウ　本件交差点の東西方向の信号機が青信号に変わり，被告人は，東進して来た車を止めようとして，被害者の東側に立ち，両手を頭よりもやや高く上げて，左右に振って合図を送った。

　エ　同日午前6時28分頃，Mの運転する普通乗用自動車が，本件交差点を西方向から青信号に従い時速40ないし50kmで直進してきた。被告人は，前記場所で手を振り続け，M運転車両と接触する直前で身をかわした。被害者は横臥したままであったところ，Mはブレーキを踏まずに被害者に接触し，被害者を轢過してから停止した（第2事故）。

　オ　被害者は，同日午前8時28分，搬送先の病院において死亡した。

(2)　被害者の死体を検案し，解剖した医師による鑑定嘱託回答書等の証拠によれば，被害者の直接の死因となった多発損傷は第2事故により生じたものであると認められる。そして，前記鑑定嘱託回答書や本件事故の

－ 139 －

態様，第1事故直後の被害者の状態等からすれば，第1事故によって被害者が重篤な傷害を負ったとまでは認められないが，すぐには移動できない程度の傷害を負ったと認められる。

(3)　第2事故の現場は国道の車道上であって，本件交差点を青信号に従い走行してきた場合，そのような場所に人がいるとは通常想定しないと考えられること，第2事故は日の出前の時間帯に発生したものであって，周囲は薄暗かったことからすれば，車両を運転して本件交差点を直進して来る者が，前方不注視等の過失により，道路上にいる者と衝突するということは十分あり得るところである。そうすると，被害者を路上に転倒させて横臥させた被告人の過失行為は，その後その直近に立って両腕を頭上で振り合図を送るなどしたとしても，更なる事故を招くおそれの強い危険な行為であるというべきである。加えて，第2事故が，第1事故と同じ場所において，第1事故のわずか2分後に発生したものであることからすれば，第2事故は，第1事故により引き起こされたもの，すなわち，第1事故の危険性が現実化して生じたものというべきである。

(4)　以上のとおり，被害者の直接の死因となった傷害は，第2事故により生じたものであるが，第2事故は，第1事故の危険性が現実化して生じたものであるから，Mの過失行為が介在してはいるものの，第1事故を発生させた被告人の過失行為と被害者の死亡との間には因果関係があると認められる。

3　原判決の上記認定は，論理則，経験則等に照らして不合理な点がなく，被告人の行為と被害者の死亡との因果関係を認めた上記判断も，当裁判所として是認することができる。

　本件において，被告人は，第1事故を起こした後，横臥する被害者の直近に立って両手を左右に振り，後続車による衝突等の事故の発生を回避するための措置を一応講じていたと認められる。しかし，被害者が横臥していた場所は，車道と歩道が区別された片側1車線の国道の道路上であって，通常は人が立っていたり，ましてや横臥していたりするような場所ではないことに加え，本件発生時は日の出前の時間帯であって，周囲は薄暗く，

多くの車両が点灯を余儀なくされるなど，視認状況は良くなかったことなどからすれば，青信号に従って直進進行して来る後続車の運転手が，被害者と被告人に気付くのが遅れ，被害者に衝突，轢過するということはおよそ予想し難い稀有の事態ではなく，十分にあり得ることであったといえる。そして，現に，第2事故が発生し，被害者が死亡していることに照らしても，被告人の上記行為は，後続車による衝突等の事故やそれによる被害者の死亡という結果を回避するための措置としては不十分であったといわざるを得ない。すなわち，仮に，被告人が，第1事故の後，被害者を路外の安全な場所に退避させたのであれば，そのような場所に後続車が突っ込んでくることは社会通念上想定し難いから，このような後続車によって被害者の死亡の結果が生じたとしても，第1事故によって生じた危険性が現実化したものとみることはできない。これに対し，被告人は，第1事故の後，被害者を交通量の多い道路上に横臥させたまま，上記の行為を行っていたのであって，被害者を後続車との衝突等の危険に曝し続けたといえるのであり，被害者の直近に立って両手を左右に振った点は，衝突等の危険を若干低減させる程度のものであったにとどまり，更なる衝突等の防止という結果回避のためには，甚だ不十分であったというべきである。

　他方，Mは，青信号に従って交差点を直進進行するに当たり，前方不注視の過失により，被害者と被告人に直前まで気付かず，ブレーキを踏むことなく自車を被害者に衝突させ，被害者を轢過したものであって，第2事故におけるMの過失の程度は相応に大きいといえ，その程度は被告人の上記行為によって若干加重されるとも考えられる。しかし，第1事故に続いて，上記のような過失による事故が発生することは，決して特異な事態とはいえないから，第2事故の発生とそれによって生じた被害者の死亡という結果は，被告人の過失による第1事故によって生じた危険性が現実化したものというべきである。

　所論が指摘するように，被害者の死亡という結果の発生に重要で決定的な寄与をしたのはMの過失行為であり，また，Mによる前方不注視の過失自体は被告人の行為に誘発されたものではないものの，被害者の死亡が，

－ 141 －

被告人の過失によって生じた危険性が現実化したものと評価し得る以上，被告人の過失と被害者の死亡との間の因果関係は否定されない。

○参照条文

自動車の運転により人を死傷させる行為等の処罰に関する法律5条本文

速報番号　3609号

【事　件　名】　覚せい剤取締法違反被告事件
【事件番号等】　平成29年（う）739号，平成29年7月18日東京高等裁判所
　　　　　　　　第10刑事部判決，原判決破棄・自判（被・上告）
【控訴申立人】　被告人
【第　一　審】　横浜地方裁判所

○判示事項

　覚せい剤の自己使用と所持の罪を犯した被告人に対して，原判決が懲役2年4月の全部実刑に処したのは，刑の一部の執行を猶予しなかった点で裁量を誤ったものであるとして，原判決を破棄した事例

○判決要旨

　被告人は，覚せい剤使用等の罪で3回有罪判決を受け（いずれも本件と累犯関係にある），服役を繰り返したにもかかわらず，最終刑の執行終了から僅か8か月ほどで本件各犯行に及んでいるなどの事情を考慮すると，被告人を懲役2年4月に処した原判決の量刑自体が重すぎて不当であるとはいえないが，被告人が，うつ病と診断され，障害等級1級の認定を受けており，統合失調症との診断も受けていること，被告人が覚せい剤を常用するに至ったのはうつ病の精神症状が改善されると感じたことによるというのであり，本件覚せい剤の使用についても精神症状の影響がうかがわれることから，被告人の覚せい剤への依存を改善し，再犯を防止するためには，その生活全般に

ついて必要な支援を受けさせて，生活と精神症状を安定させる必要がある上，刑事施設における処遇に引き続き，社会内において，更生保護機関の支援と監督を受けながら，覚せい剤への依存を改善するための処遇を行うことが必要不可欠であると認められることを考慮すると，被告人に対しては，施設内処遇に引き続いて，社会内で更生させるため，刑の一部の執行を猶予するのが相当であって，原判決の量刑は，刑の一部の執行を猶予しなかった点で裁量を誤ったものであり，不当であると認められる。

○判決理由

　本件は，覚せい剤の自己使用と覚せい剤約0.744gの所持の事案である。

　被告人は，うつ病に効く薬などといわれて覚せい剤を使用するようになり，覚せい剤と知った後も，うつ病の症状が改善すると感じて，覚せい剤を常用し，覚せい剤の使用等の罪で3回有罪判決を受け，服役を繰り返したにもかかわらず，最終刑の執行終了から僅か8か月ほどで本件各犯行に及んだというのである。覚せい剤を常用するに至った経緯には同情すべき点があるものの，被告人は規範意識が希薄で，覚せい剤に対する親和性，依存性は根深いといわざるを得ない。そうすると，被告人の刑事責任を軽くみることはできず，原審公判において事実を認めて反省の態度を示していること，精神疾患を抱えていること，母親が被告人の更生に協力する意向を明らかにしていることなど，被告人のために酌むべき事情を考慮しても，被告人を懲役2年4月に処した原判決の量刑自体が重すぎて不当であるとはいえない。

　しかしながら，被告人が，うつ病と診断され，障害等級1級の認定を受けており，統合失調症との診断も受けていることからすると，その精神障害自体，支援を要する状況にあるとみられる上，被告人が覚せい剤を常用するに至ったのはうつ病の精神症状が改善されると感じたことによるというものであり，本件覚せい剤の使用についても精神症状の影響がうかがわれることも考慮すると，被告人の覚せい剤への依存を改善し，再犯を防止するためには，その生活全般について必要な支援を受けさせて，生活と精神症状を安定させる必要がある上，刑事施設における処遇に引き続き，社会内において，更生

- 143 -

保護機関の支援と監督を受けながら，覚せい剤への依存を改善するための処遇を行うことが必要不可欠であると認められるところ，被告人の母親にはこのような支援，監督を期待することはできない。被告人は，前刑の執行終了後，覚せい剤依存を治療するために入院し，更生のためのプログラムに参加したにもかかわらず，その内容に不満を感じて参加しなくなり，本件各犯行に及んでおり，この点で刑の一部の執行猶予が相当か，疑問が生じ得るところではある（原判決は，判文をみる限り，被告人に対して刑の一部の執行猶予を付するか否かを検討した形跡がないが，上記の理由から一部執行猶予が相当でないと判断したとも推察することができる。）。しかしながら，このような経緯自体，刑の一部の執行猶予による心理的強制の必要性を裏付けるものと考えられる上，原審公判において，被告人が，これまでの考えを改め，更生プログラムをきちんと受け，自助グループにも参加したいと述べるなど更生への意欲を示していることに照らすと，本件は，刑の一部の執行猶予が相当でない場合には当たらないというべきである。前記のとおり，被告人に対しては，施設内処遇に引き続き，社会内処遇が必要不可欠であることに加え，被告人が更生の意欲を失っていないことを併せ考慮すると，被告人に対しては，施設内処遇に引き続いて，社会内で更生させるため，刑の一部の執行を猶予するのが相当であって，原判決の量刑は，刑の一部の執行を猶予しなかった点で裁量を誤ったものであり，不当であると認められる。論旨は理由がある。

○参照条文

薬物使用等の罪を犯した者に対する刑の一部の執行猶予に関する法律（薬物法）3条

刑法27条の2第1項

速報番号　3610号

【事　件　名】　殺人未遂，覚せい剤取締法違反被告事件
【事件番号等】　平成29年（う）6号，平成29年7月25日東京高等裁判所
　　　　　　　　第2刑事部判決，原判決破棄・自判（確定）
【控訴申立人】　被告人，弁護人
【第　一　審】　東京地方裁判所立川支部

○判示事項

物質誘発性精神障害（覚せい剤精神病及び覚せい剤誘発性パーソナリティ障害）にり患している被告人による殺人未遂の事案について，完全責任能力を認めた原判決を破棄し，心神耗弱を認めた事例

○判決要旨

原判決は，起訴前鑑定を行ったA医師の，被告人は物質誘発性精神障害（覚せい剤精神病及び覚せい剤誘発性パーソナリティ障害）にり患しているものの，被告人の覚せい剤精神病が本件犯行に及ぼした影響の程度は大きくない旨の証言は信用できるとし，完全責任能力が認められるとしたものと解される。

A医師の証言内容は，覚せい剤精神病による妄想は飽くまで動機の端緒を形成しただけであり，妄想の内容も被害者を中心人物とするものではなく，切迫性も薄いとした上で，本件犯行につながっているのは，覚せい剤によって誘発されて拡大した被告人本来の人格に基づくものであるから，覚せい剤精神病の影響は大きくないというものであるが，原判決は，被告人は被害者に対する敵意の原因となり得る事実無根の妄想をいくつも抱いており，本件犯行動機も妄想によるものであり，この妄想は覚せい剤精神病によるものであると認定している。

この原判決の動機の認定自体は関係証拠に沿ったものであって不合理ではない。そうすると，原判決は，本件犯行動機の位置付け及びその内容について，A医師とは異なる認定をしているのであって，それを前提とすれば，被

- 145 -

告人は，正に覚せい剤精神病の症状である被害者に対する敵意の原因となり得る事実無根の妄想という理解不能なものによる動機に基づいて本件犯行を惹起したことになり，原判決が本件犯行動機の原因として認定している妄想は，被害者に対する敵意の原因となり得るという意味では一貫性があり，切迫性に欠けるとも言い難く，本件犯行動機について妄想によるものと認定し，いわば，被告人が被害者を刺したのは，覚せい剤精神病による妄想に基づく行動であるとしながら，妄想の内容が多岐にわたり一貫性がなく，切迫的でないとして，覚せい剤精神病が本件に与えた影響の程度は大きくないとした原判決は，証拠の評価を誤るものであって，不合理であるというほかない。原判決は，覚せい剤精神病の影響の大きさに関して，前提の異なるＡ医師の意見を再検討するなどの慎重な判断を経ぬまま，結論部分に沿う形で，覚せい剤精神病が本件に与えた影響の程度は大きくないとしたとも解されるが，専門家証言の証拠評価としても不合理であるといわざるを得ない。

　すなわち，原判決が重視した犯行後の録音データについて，その証言内容からはＡ医師がこれを再生して聞いたとしているものの，ほとんど重視していない状況がうかがえるのであって，Ａ証言には，十分な資料を踏まえたものと評価することができない部分があるのである。

　そこで，更に検討すると，本件犯行動機は上記のとおり覚せい剤精神病による妄想によるものであり，その内容も被害者に対する敵意の原因となるものであって一貫し，切迫性も否定し難く，その動機は了解できるようなものではないし，本件以前にも覚せい剤精神病による妄想の影響で車のガラスを割るということがあるなど，その症状の程度は最重度ではないものの軽度ではなく，覚せい剤精神病が本件に与えた影響の程度は大きいといわざるを得ないが，被告人本来の人格が全く失われたわけではなく，被告人の感情の起伏が激しく自己中心的な性格が覚せい剤誘発性パーソナリティ障害によって誘発，拡大されて本件犯行への被告人を向かわせた面があり，本件犯行には被告人の人格も寄与しているといえる。そうすると，被告人の是非弁別能力及び行動制御能力は著しく障害されていた疑いはあるものの，これが全く失われていたとはいえない。

○判決理由

1 責任能力についての原判決の認定理由の要旨

原判決は，概ね以下のとおり説示し，被告人には完全責任能力が認められるとする。

(1) 起訴前鑑定を行ったＡ医師は，本件犯行当時，被告人は物質誘発性精神障害（覚せい剤精神病及び覚せい剤誘発性パーソナリティ障害）にり患しており，本件犯行は覚せい剤精神病による妄想が動機の端緒を形成し，覚せい剤誘発性パーソナリティ障害が推進力となって遂行されたものであると証言した。同証言は，医師としての経験，客観的な鑑定資料，被告人との面接結果等の十分な資料を踏まえてなされたものであること，判断過程に不合理な点もないことから，その信用性を肯定できる。

(2) 本件犯行動機は証拠上特定できないが，正常心理において理解可能な動機が見当たらない一方で，犯行後の録音データによれば，被告人は，本件当時，被害者が被告人の交際相手と関係を持った，被害者が被告人の盗聴に加担した，などとの被害者に対する敵意の原因となり得る事実無根の妄想を幾つも抱いていたことが認められ，本件犯行動機も妄想によるものと認められる。そして，この妄想は覚せい剤精神病によるものと認められるから，覚せい剤精神病が本件に一定の影響を及ぼしたことは否定し難い。

(3) もっとも，上記録音データによれば，被告人の妄想の内容は多岐にわたっており一貫性がないこと，また，その内容も切迫的なものとはいい難いこと，被告人は本件犯行後，自分が犯行によって処罰され得ることを理解していると思われる発言をしていることが認められ，これらの事情によれば，被告人は，本件犯行当時，妄想に支配されていたわけではなく，覚せい剤精神病が本件に与えた影響は大きくない。

(4) また，Ａ医師によれば，本件犯行は覚せい剤誘発性パーソナリティ障害が推進力となっているとみられるが，同障害は，もともとの被告人の性格傾向を増幅する形で出現するものとされている。被告人の元交際相

手の証言によると，被告人にはもともと粗暴で自己中心的な性格傾向が
あったこと，本件当時頃にはその性格傾向が増幅されていた状況が認め
られる。そうすると，覚せい剤の影響によるとはいえ，被告人のパーソ
ナリティ障害は，相当程度，被告人のもともとの性格に由来しているの
であるから，被告人の責任能力を考慮するに当たって，同障害の影響を
過大視すべきではない。

(5)　以上によれば，本件においては，覚せい剤精神病及び覚せい剤誘発性
パーソナリティ障害が被告人の本件犯行時の責任能力に影響を与えては
いたものの，その程度は著しいものではなかったといえる。したがって，
被告人には完全責任能力が認められる。

2　当裁判所の判断

しかしながら，被告人には完全責任能力が認められるとした原判決の前
記認定は是認することができない。以下にその理由を示す。

(1)　原判決は，前記1(1)のとおり，A医師の証言は信用できるとし，主と
して同証言に依拠して，被告人の覚せい剤精神病が本件犯行に及ぼした
影響の程度は大きくないと判断をしたものと解される。

そこで，A医師の証言内容についてみると，A医師は覚せい剤精神
病が本件犯行に及ぼした影響に関して，まず，被告人が本件犯行に及
んだ動機につき，正常心理のみでは十分説明できないと思うが，犯行
動機についてはわからないとし，ただ，出発点として覚せい剤精神病
の影響があるとの証言をしている。A医師は，このように本件犯行動
機は不明であるが，その動機の出発点，いわば端緒の部分に覚せい剤
精神病の影響があるとしている。そして，覚せい剤精神病の影響の内
容としては，元妻子が亡くなっているという妄想が影響しているので
はないかと考えた旨証言をしている。A医師は，このような前提のも
とで，覚せい剤精神病による妄想は飽くまで動機の端緒を形成しただ
けであり，妄想の内容も被害者を中心人物とするものではなく，切迫
性も薄いとした上で，本件犯行につながっているのは，覚せい剤によ
って誘発されて拡大した被告人本来の人格に基づくものであると証言

- 148 -

をしている。

　このようにＡ医師の証言は，本件犯行動機を上記のとおり解した上で，本件犯行は覚せい剤に誘発され拡大されたとはいえ，被告人本来の人格に基づくものであるから，覚せい剤精神病の影響は大きくないというものである。

(2)　これに対し，原判決は，前記１(2)のとおり，被告人は被害者に対する敵意の原因となり得る事実無根の妄想を幾つも抱いており，本件犯行動機も妄想によるものであり，この妄想は覚せい剤精神病によるものであると認定している。原判決は，本件犯行後の被告人と被害者との会話内容を録音したデータの内容から本件犯行動機を上記のとおり認定しているが，同会話内容をみると，被告人は，被害者に対して，同人が否定しているにもかかわらず，被告人の交際相手と関係を持ったのではないか，誰が盗聴等をしているのかなどと繰り返し尋ねている。本件犯行後，しかも会話の内容からして左頸部付近を刃物で刺されて大量に出血している被害者を前にしても，このように妄想に基づいて被害者を執拗に問い詰めていることからすると，本件は，その妄想による動機に基づいて行った犯行であると考えられる。原判決が認定する上記の動機自体は関係証拠に沿ったものであって不合理とはいえない。

　このように原判決は，本件犯行動機の位置付け及びその内容について，Ａ医師とは異なる認定をしているのであって，それを前提とすれば，被告人は，正に覚せい剤精神病の症状である被害者に対する敵意の原因となり得る事実無根の妄想という理解不能なものによる動機に基づいて本件犯行を惹起したことになる。そして，原判決が本件犯行動機の原因として認定している妄想は，被害者に対する敵意の原因となり得るという意味では一貫性があるものであって，多岐にわたっているともいい難い。また，被害者が大量に出血している状況においても，なお妄想に基づいて執拗に問い詰めていることからすると，切迫性に欠けるともいい難い。そうすると，本件犯行動機について妄想に

－ 149 －

よるもの認定し，いわば，被告人が被害者を刺したのは，覚せい剤精神病による妄想に基づく行動であるとしながら，妄想の内容が多岐にわたり一貫性がなく，切迫的でないなどとして，覚せい剤精神病が，本件に与えた影響の程度は大きくないとした原判決は，証拠の評価を誤るものであって，不合理であるというほかない。原判決は，覚せい剤精神病の影響の大きさに関して，前提の異なるＡ医師の見解を再検討するなどの慎重な判断を経ぬまま，結論部分に沿う形で，覚せい剤精神病が本件に与えた影響の程度は大きくないとしたとも解されるが，専門家証言の証拠評価としても不合理であるといわざるを得ない。すなわち，原判決が重視した犯行後の録音データについて，その証言内容からはＡ医師がこれを再生して聞いたとしているものの，ほとんど重視していない状況がうかがえるのであって，Ａ証言には，十分な資料を踏まえたものと評価することができない部分があるのである。

(3)　そこで，更に検討すると，本件犯行動機は上記のとおり覚せい剤精神病による妄想によるものである。その妄想の内容も被害者に対する敵意の原因となるものであって一貫しており，切迫性も否定し難い。これが原因となって本件犯行に及んだと考えられる以上，その動機は了解できるようなものではない。被告人は，本件以前にも覚せい剤精神病による妄想の影響で車のガラスを割るということがあるなど，その症状の程度は最重度ではないものの軽度ではなく，このような被告人が，妄想によるものを動機として犯行に及んだのであるから，覚せい剤精神病が本件に与えた影響の程度は大きいといわざるを得ない。

(4)　もっとも，原判決も摘示するとおり，原審甲46によれば，被告人は，本件犯行後，自分が本件犯行によって処罰され得ることを理解していると思われる発言をしており，覚せい剤の精神病の影響により被告人本来の人格が全く失われているわけではない。また，元来被告人は感情の起伏が激しく自己中心的な性格であったところ，このような性格が覚せい剤誘発性パーソナリティ障害によって，誘発，拡大されて本件犯行へと被告人を向かわせた面がある。パーソナリティ障害は，被

－ 150 －

告人の本来の人格が拡大したものであるから，本件犯行には被告人の人格も寄与しているといえる。そうすると，被告人の覚せい剤精神病が本件に与えた影響の程度は大きく，被告人の是非弁別能力及び行動制御能力は著しく障害されていた疑いはあるものの，これが全く失われていたとはいえない。

⑸　以上の次第であり，被告人は，本件犯行当時，心神耗弱状態にあったものであって，被告人について完全責任能力を認めた原判決は，論理則，経験則等に照らし不合理なものであり，その事実誤認は判決に影響を及ぼすことが明らかである。

　　　事実誤認の論旨は，上記の限度で理由がある。

　　　　　○参照条文

刑法199条，39条

　　　　　○備　　　考

　本判決は，被告人が心神耗弱状態にあった旨認定したが，被告人が自ら規制薬物である覚せい剤を常用したことの結果であり，心神耗弱者の行為としてその非難の程度が低下するにしても限度があるなどとして，原判決が懲役7年としたところを，懲役6年と1年減刑するに止めた。

速報番号　3611号

【事　件　名】　公衆に著しく迷惑をかける暴力的不良行為等の防止に関する条例（東京都）違反被告事件

【事件番号等】　平成29年（う）440号，平成29年8月29日東京高等裁判所第10刑事部判決，控訴棄却（確定）

【控訴申立人】　弁護人

【第　一　審】　東京地方裁判所

○判示事項

電車内での痴漢否認事件において，被告人の手指等から被害者の着衣の繊維が検出されなかったとしても不自然とはいえないとして，被告人の犯人性を認めた事例

○判決要旨

鑑定書（原審弁2号証）によれば，被告人の手から被害者のスカートの構成繊維が検出されていないところ，科学警察研究所特任研究官Ｓの論文（以下「Ｓ論文」という。）によれば，被害者のスカートと同種の羊毛70％・ポリエステル30％の混紡の衣類を手で擦過し，手への繊維の移行を調べた実験においては，すべての被験者について，手への繊維の移行が認められているというのであるから，被告人の手から被害者のスカートの繊維と同様の繊維片が検出されなかったことは，被告人が被害者のスカートに触れていないとの合理的な疑いを生じさせる事情であるように思われ，Ｓ論文が，仮に衣類に触れたとしても繊維が検出されないこともあり得るとの結論を示しているからといって，このような合理的疑いが解消されたとはいえない。

しかしながら，Ｓ論文にある上記実験は，痴漢被害の場合の繊維片の移行を想定したものであると記載されているものの，Ｓの当審における証人尋問によれば，同人は，上記実験の際には，衣類を台の上に置いた上，痴漢が触るよりも強い力で約5分間手を左右に動かして擦過し，その直後にリタックシートにより指掌部から採取した繊維片の数を計数したというのである。これによれば，上記実験では，本件被害者が供述するような痴漢被害よりも強い力で長い時間にわたって衣類を手で擦過したことになるから，このような実験において，すべての被験者から構成繊維の指掌部への移行が認められたからといって，同種の衣類を着用した被害者が痴漢被害に遭えば，常に構成繊維が手に移行するといえないことは明らかである。加えて，同人は，衣類を手で擦過して，構成繊維が手に移行したとしても，手の平で物に触れれば，手の平から物に構成繊維が再移行し，手の平から検出される繊維片は大幅に減少する，そのため，構成繊維が時間の経過でどの程度減少するかを確認す

る実験では，手の平で物に触ったり，手を洗ったりしないとの行動制限を設けて実験を行ったと証言しており，これによれば，構成繊維が手の平に移行したとしても，更に手の平で物に触るなどすれば，構成繊維が更に物に再移行して，手の平から検出されなくなることもあり得ると考えられる。

○判決理由

1　本件は，被告人が東京都内A駅から同都内のB駅間を走行中の電車内において，当時17歳の被害者に対し，着衣の上から右手で同人の臀部をなでるなどしたという事案である。本件控訴の趣意は，要するに，被告人は本件犯行の犯人でないのに，犯人であると認定した原判決には，判決に影響を及ぼすことが明らかな事実の誤認があるというのである。

2　原判決は，概ね，以下のとおり説示して，被告人が本件の犯人であると認定した。

⑴　被害者は，要旨次のとおり証言する。

被害者は，制服姿で，背中にリュックを背負って，C駅から電車に乗車したが，電車が同駅を発車してから，スカートの上から臀部の割れ目の上辺りに複数本の指先を突き刺すような感触があった。D駅に着き，少し空間が空いたので，椅子のついたて前に移動したが，その後，再び，臀部に指先を差し込むような感触が続いた。電車がA駅に到着し，同駅を発車してから，臀部を手の平で左右や下から上になでられたり，揉まれたりするような感触になった。被害者は，痴漢であることを確信し，犯人を捕まえようと思い，B駅に到着して，ドアが開く前に，右後方を振り向きながら，右手で，臀部を揉んでいる最中の犯人の手をつかみ，上に上げた。

以上の被害者の証言は，不自然，不合理な点が見られず，殊更被告人を犯人に仕立て上げるように不利益な証言をしているような状況もうかがわれないから，信用できる。

⑵　被害者は，臀部を揉まれている最中に右後方を振り返りながら右手で犯人の手をつかんだというのであるから，痴漢行為や犯人の手を見てい

－ 153 －

なくても，犯人以外の手をつかむとは考え難い。被告人の供述を踏まえても，被害者が誤って被告人の手を取り違えたといった客観的な状況は認められない。被害者は，犯人の手を上からつかんだ時に臀部を触っている手の感触も一緒に下に動き，手をつかんだ際に臀部を触っていた手がなくなったとも証言しており，これらの事実を併せると，被害者がつかんだ手は犯人の手であると認められる。

(3)　被告人は，被害者のやや左側後方に，右肩が被害者のリュックに当たるか当たらないかという距離に立ち，かばんを右手で持ち，左手は右手首を上から押さえるように持っていたと供述し，また，Ｂ駅に到着して，反対側にあるドアに向かって右方向に回るようにして振り向こうとした際に，被害者からかばんを持っていた右手をつかまれ，かばんごと上にあげられたと供述している。しかし，被告人の供述する位置関係や，振り向こうとした際の被害者と被告人の右手の距離等と，被害者が被告人の右手をつかんだこととは整合的でなく，被告人の手をつかんだ時，被告人は左手にかばんを持っていたとする被害者の証言に反しており，検察官による弁解録取の際の供述とも食い違っていて，信用できない。

(4)　原審弁護人は，被告人の手指及び手の平から被害者が着用していたスカートの構成繊維が検出されていない点をもって，被告人が衣類に触れていないことを根拠づけるものであると主張するが，Ｓ作成の論文（原審甲13号証）によれば，仮に衣類に触れたとしても繊維が検出されないことがあり得るから，その主張は採用できない。

3　以上の原判決の認定のうち，(1)から(3)の判断は，経験則，論理則に照らして不自然，不合理な点がなく，当裁判所も是認することができ，(4)については，以下のとおり，原判決の説示が適切とはいい難いものの，当審における事実取調べの結果によれば，その結論は是認することができる。

(1)　所論も指摘するとおり，鑑定書（原審弁２号証）によれば，被告人の手から被害者のスカートの構成繊維が検出されていないところ，Ｓ論文によれば，被害者のスカートと同種の羊毛70％・ポリエステル30％の混紡の衣類を手で擦過し，手への繊維の移行を調べた実験においては，す

－ 154 －

べての被験者について，手への繊維の移行が認められているというのであるから，被告人の手から被害者のスカートの繊維と同様の繊維片が検出されなかったことは，被告人が被害者のスカートに触れていないとの合理的な疑いを生じさせる事情であるように思われ，Ｓ論文が，仮に衣類に触れたとしても繊維が検出されないこともあり得るとの結論を示しているからといって，このような合理的疑いが解消されたとはいえないのであって，原判決の前記2⑷の判断は必ずしも適切であるとはいえない。

⑵　しかしながら，Ｓ論文にある上記実験は，痴漢被害の場合の繊維片の移行を想定したものであると記載されているものの，Ｓの当審における証人尋問によれば，同人は，上記実験の際には，衣類を台の上に置いた上，痴漢が触るよりも強い力で約5分間手を左右に動かして擦過し，その直後にリタックシートにより指掌部から採取した繊維片の数を計数したというのである。これによれば，上記実験では，本件被害者が供述するような痴漢被害よりも強い力で長い時間にわたって衣類を手で擦過したことになるから，このような実験において，すべての被験者から構成繊維の指掌部への移行が認められたからといって，同種の衣類を着用した被害者が痴漢被害に遭えば，常に構成繊維が手に移行するといえないことは明らかである。加えて，同人は，衣類を手で擦過して，構成繊維が手に移行したとしても，手の平で物に触れれば，手の平から物に構成繊維が再移行し，手の平から検出される繊維片は大幅に減少する，そのため，構成繊維が時間の経過でどの程度減少するかを確認する実験では，手の平で物に触ったり，手を洗ったりしないとの行動制限を設けて実験を行ったと証言しており，これによれば，構成繊維が手の平に移行したとしても，更に手の平で物に触るなどすれば，構成繊維が更に物に再移行して，手の平から検出されなくなることもあり得ると考えられる。

⑶　被害者の原審証言に照らすと，被害者が臀部をなでられたり，揉むように触られたりした際，殊更強く擦過されたような状況はうかがえない。また，被害者が痴漢の犯人を捕まえるため被告人の手をつかんだ後の状

－ 155 －

況についても，被害者は，原審公判において，被告人が，自分はかばんを持っていたなどと言って，左手で持っていたかばんを両手に持ち替えていたと証言し，被告人は，当公判廷において，被害者と共に駅員室に行く際には，手でかばんを持ち，警察官が来るまでの10分くらいの間，駅員室で座っていたが，自分の服等に手で触ったりしていたと供述している。

(4) 以上によれば，被告人が被害者のスカートをなでるなどしても，その擦過状況は，格別強いものでなかったと認められるから，被害者のスカートの構成繊維が被告人の手に移行せず，被告人の手からその構成繊維が検出されなかったとしても不自然とはいえず，また，一定程度構成繊維が被告人の手に移行したとしても，被告人が自分のかばんや着衣等に触れることにより，構成繊維が手から他の物に再移行して手から検出されなくなることもあり得ると考えられる。

そうすると，この点についての原判決の判断は，結論において，経験則，論理則に照らして不自然，不合理とはいえず，是認することができる。

○参照条文

公衆に著しく迷惑をかける暴力的不良行為等の防止に関する条例（昭和37年東京都条例第103号）8条1項2号，5条1項1号

速報番号　3612号

【事　件　名】　組織的な犯罪の処罰及び犯罪収益の規制等に関する法律違反被告事件
【事件番号等】　平成29年（う）384号，平成29年9月8日東京高等裁判所第11刑事部判決，原判決破棄・自判（被告人Ａ1につき弁・上告，被告人Ａ2につき確定）

【控訴申立人】　被告人両名
【第　一　審】　千葉地方裁判所

○判示事項

　没収から追徴への変更が刑事訴訟法402条の不利益変更に当たる旨判断された事例

○判決要旨

　本件預金債権の没収に代えて追徴をすることが不利益変更に当たらないかについて，本件預金債権の名義人は，Ｂ社であり，被告人Ａの所有財産ではないから，被告人Ａから追徴することは，被告人Ａにとって不利益であることは明らかである。また，仮に，本件預金債権が実質的に被告人Ａに帰属しているといえるにしても，没収は本件預金債権という特定財産を対象としているのに対し，追徴は被告人Ａの一般財産を対象とするのであり，没収に代えて追徴をすることは，利益はく奪の対象が特定の個別財産から一般財産全体に広がることになるのであるから，たとえ，没収の対象となる金額と追徴額が同額であるとしても，特段の事情のない限り，被告人の不利益になるというべきであり，被告人Ａに没収に代えて追徴を科すことは不利益変更となるから，許されない。

○判決理由

　当裁判所は，自判するにあたって，没収と追徴の裁判をしなかったので，これついて補足する。

　検察官は，本件預金債権は没収することができないのであるから，組織的な犯罪の処罰及び犯罪収益の規制等に関する法律16条2項，1項本文により，その価額281万5936円について，被告人Ａに対して追徴の裁判をすべきであると主張する。

　確かに，当審における事実取調べの結果によれば，本件預金債権についてなされた，①滞納処分による差押えは，原判決後，433万298円が取り立てられ，その残額については差押えが解除されたものの（平成29年4月28日現在，当該預金債権の残高は303万8461円である。），②民事保全法上の仮

差押えについては解除がなく，また，仮差押え債権額（371万9314円）は本件預金債権の残高を超えているので，本件預金債権については，依然として没収の裁判をすることはできない（なお，仮差押債権者であるＣ社の債務者Ｂ社に対する本案訴訟の判決は同年7月8日に確定し，元本371万9314円の支払義務が認められている。）。

　そうすると，没収に代えて追徴をすることは可能なように思われるが，本件においては，検察官は控訴をしていないのであるから，没収に代えて追徴をすることが不利益変更に当たらないかが問題となる。この点，検察官は，没収額と追徴額は同一であり，没収を追徴に変更したからといって，被告人の利害に実質的な変化はないのであるから，刑事訴訟法402条の不利益変更に当たらないと主張する。しかし，本件預金債権の名義人はＢ社であり，被告人Ａの所有財産ではないのであるから，被告人Ａから追徴することは被告人Ａにとって不利益であることは明らかである。これに対し，検察官は，本件預金債権の名義人であるＢ社は被告人Ａが管理，支配している会社であり，本件預金債権も実質的に被告人Ａに帰属しているものと解されるから，没収を追徴に代えても被告人Ａには不利益がない旨主張する。しかし，Ｂ社は法人格を否定できるほど実質のない会社ではないから，本件預金債権が実質的に被告人Ａに帰属しているといえるか疑問がある。仮に，実質的に被告人Ａに帰属しているといえるとしても，没収は本件預金債権という特定財産を対象としているのに対し，追徴は被告人Ａの一般財産を対象とするのであり，没収に代えて追徴をすることは，利益はく奪の対象が特定の個別財産から一般財産全体に広がることになるのであるから，たとえ，没収の対象となる金額と追徴額が同額であるとしても，特段の事情のない限り，被告人の不利益になるというべきである。したがって，被告人Ａに没収に代えて追徴を科すことは，不利益変更となるから，許されない。

　なお，検察官は，最三決昭和30年4月5日刑集9巻4号652頁を引用して，不利益変更に当たらないと主張するが，同判例は，押収されていた被告人所有の現金1万円のうち，その一部である千円札1枚が没収すべきものであったため，1000円の追徴を，千円札1枚の没収に代えた場合であり，被告人に

－ 158 －

不利益にならないことが明らかな場合であるから,本件とは事案を異にする。

　以上によれば，被告人Ａに対して，当該預金債権額の価額の追徴を科すことは刑事訴訟法402条に反し許されない。

○参照条文

　組織的な犯罪の処罰及び犯罪収益の規制等に関する法律13条３項１号，16条２項，１項本文，40条３項，37条１項本文

　刑事訴訟法402条

○備　　考

　原判決で没収の対象となった本件預金債権については，没収保全命令に先行する差押え及び仮差押えがあり，組織的な犯罪の処罰及び犯罪収益の規制等に関する法律40条３項，37条１項本文により，没収の裁判をなし得なかったことから，本判決は，原判決には，没収の基礎たる事実を誤認することによる法令の適用の誤りがあるとして，原判決を破棄し，自判するに当たり，検察官控訴がされていない本事案において，検察官が主張する，没収に代えて追徴を科すことの可否について判断したものである。

　なお，原審においては，没収保全命令に先行する差押え等について検察官は立証していなかったが，本判決は，「当該預金債権について先行差押えがなされていることに関する証拠請求はなかったのであるから，原審が本件預金債権に先行差押え等があることに気付くことが可能であったかは疑問である。その意味で，没収に関する検察官の立証には問題があったというべきであるが，客観的に違法であることが明らかである以上，破棄はやむを得ないと考えられる。」として，破棄している。

速報番号　3613号

【事　件　名】　道路交通法違反被告事件
【事件番号等】　平成29年（う）953号，平成29年９月８日東京高等裁判所

第1刑事部判決，原判決破棄・自判（確定）

【控訴申立人】　検察官
【第　一　審】　静岡地方裁判所

○判示事項

　普通乗用自動車を運転して高速道路を法定の最高速度を104キロメートル超える204キロメートル毎時の速度で進行した被告人を罰金10万円に処した原判決の量刑が不当であるとして破棄し，執行猶予付の懲役刑の判決を言い渡した事例

○判決要旨

　速度超過事犯における量刑は，基本的にその超過の程度によるべきところ，被告人は，制限速度時速100キロメートルを104キロメートルも上回る時速204キロメートルで自動車を運転したものであり，速度超過の程度は著しく，それによって事故を惹起する危険性及び一たび事故を惹起した場合，低速度で進行した場合に比してより重大な結果を惹起する危険性はいずれも極めて高かったことや動機・経緯に酌量の余地が乏しいことなどを前提に，行為責任の観点からその量刑を検討すると，本件は速度超過事犯の中でも相当重い部類に属するといえ，罰金刑を科した原判決の量定は軽すぎるというほかなく，同種事案における量刑傾向から逸脱していることが明らかである。

○判決理由

　速度超過事犯における量刑は，基本的にその超過の程度によるべきところであるが，被告人は，制限速度時速100キロメートルを104キロメートルも上回る時速204キロメートルで自動車を運転したものであり，速度超過の程度は著しく，それによって事故を惹起する危険性及び一たび事故を惹起した場合，低速度で進行した場合に比してより重大な結果を惹起する危険性はいずれも極めて高かったものと解され，本件は，速度超過事犯の中でも相当悪質な犯行というほかない。この点は，速度超過をしたのが高速道路であり，当時の交通量もそれほど多くなかったと思われることを考慮しても変わるものではない。そして，被告人は，本件犯行に及んだ原因について，当初夫と二

－ 160 －

人で夫の実家の法事に出席する予定であったところ，夫の急病のため，急き
ょ被告人一人で法事に出席することになり，また，法事でお茶出しをする係
であり，三男の嫁という立場上，義理の姉らよりも早く夫の実家に到着しな
くてはならないと考えて焦っていたというのであるが，速度超過を正当化す
る事情でないことは明らかで，動機や経緯に酌量の余地は乏しいというほか
ない。また，被告人は，車の性能や早期の比較的閑散とした道路状況のため，
速度超過の程度を明確に認識しておらず，オービスにより速度超過を認識し
て以降は，制限速度を超えないように留意して運転していたともいう。しか
しながら，車の性能や道路状況を考慮しても，104キロメートルもの速度超
過を被告人が全く認識していなかったとは考え難く，相当の高速度で走行し
ている認識はあったはずであり，オービス計測後に注意して運転したとして
も，この点を大きく考慮するのは相当ではない。以上を前提に，行為責任の
観点から被告人の量刑を検討すると，本件は速度超過事犯の中でも相当重い
部類に属するといえ，被告人に対しては懲役刑を科すのが相当であるのに，
被告人に罰金刑を科した原判決の刑の量定は軽過ぎるというほかなく，同種
事案における量刑傾向から逸脱していることが明らかである。原判決は，被
告人に前科がない上，速度超過違反はなく，日常の運転態度に大きな問題点
が見受けられないこと，事実を認めて反省の態度を示していることなども指
摘するが，いずれも一般情状にすぎず，これらを考慮するにしても限度があ
り，結局，従来の量刑傾向を前提とすべきではない事情の存在について，具
体的，説得的にその理由を説明していないというほかない。

○参照条文

道路交通法118条1項1号，22条1項

道路交通法施行令27条1項1号

○備　考

速度違反事案の量刑判断の在り方について参考となると思われる。

速報番号　3614号

【事　件　名】　威力業務妨害被告事件
【事件番号等】　平成29年（う）692号，平成29年9月13日東京高等裁判所
　　　　　　　　第1刑事部判決，控訴棄却（被・上告）
【控訴申立人】　被告人
【第　一　審】　水戸地方裁判所土浦支部

○判示事項

　建築基準法及び都市計画法に違反する建築物に電力を供給しようとして一般電気事業者が行った電灯供給工事を威力を用いて妨害した事案について，当該電灯供給工事は威力業務妨害罪において法的に保護されるべき業務であると判断された事例

○判決要旨

　そもそも，電気事業法は，一般電気事業者に対し，正当な理由なく，電気の供給を拒むことを禁止しているところ，同法と建築基準法及び都市計画法とは立法の趣旨・目的を異にするものであるから，後二者に違反するからといって，電気事業法上，電気供給契約の申込みを拒絶できる同法18条1項（現17条1項）の「正当な理由」に直ちに該当すると解するのは適切ではなく，電力を供給しようとした建物が建築基準法及び都市計画法上の許可を得ていない建築物であるからといって，当該建築物に電力を供給しようとしてA電力B支社が行った本件電灯供給工事が違法になるものではない。本件電灯供給工事は，少なくとも威力を用い，その遂行を妨害する行為から，法的に保護されるべき「業務」であるとした原判決の評価は正当として是認できる。

○判決理由

　弁護人は，A電力B支社（以下「B支社」という。）が本件電柱の設置等によって電力を供給しようとした建物は建築基準法及び都市計画法に反する違反建築物であると指摘し，B支社が実施した本件電灯供給工事は，法的保

- 162 -

護に値する業務ではないのに，威力業務妨害罪の成立を認めた原判決の判断には，法令適用の誤りがあるというのである。

そこで，弁護人の主張を踏まえ，原審記録を調査して検討するが，原判決が適切に判示するように，弁護人の主張はいずれも独自の見解に基づくものにすぎず，本仁電灯供給工事が法的保護に値する業務であることを否定する理由になり得ないのは明らかであり，原判決の判断は論理則，経験則等に照らし，相当であり，法令適用の誤りはない。

B支社が本件電柱の設置等によって電力を供給しようとした建物が建築基準法及び都市計画法の許可を得ていない建築物であることに争いはない。しかしながら，電気事業法18条1項（現17条1項）は，一般電気事業者に対し，正当な理由なく，電気の供給を拒むことを禁止しているところ，この規定は，電気は国民生活及び国民経済に不可欠な基礎エネルギーであって，その供給者が事実上特定の一般電気事業者に限定されているところから，需要者への電気の供給を義務付け，需要者の便益が害されることのないようにしたものと解される。したがって，電気事業者は，需要者から電気供給の申込みがあれば，原則それに応じなければならず，「正当な理由」がある場合に限って，これを拒むことができるのであって，電気事業者において「正当な理由」の有無を積極的に調査する義務を負うとは解されない。そのような解釈に基づき，A電力においてマニュアルが作成され，本件電灯供給工事も，それに従って行われている。そもそも，電気事業法と建築基準法及び都市計画法とは立法の趣旨・目的を異にするものであるから，後二者に違反するからといって，電気事業法上，電気供給契約の申込みを拒絶できる「正当な理由」に直ちに該当すると解するのは適切ではない。以上検討したところから明らかなように，電力を供給しようとした建物が建築基準法及び都市計画法上の許可を得ていない建築物であるからといって，B支社の本件電灯供給工事が違法になるものではないというべきである。

その他，弁護人が種々指摘する点を併せて考えても，本件電灯供給工事は，事実上平穏に行われている業務であり，少なくとも威力を用い，その遂行を妨害する行為から，法的に保護されるべき「業務」であるとした原判決の評

価は正当として是認できる。

○参照条文

刑法234条，233条

電気事業法18条1項（現17条1項）

速報番号　3615号

【事　件　名】　業務上過失致死被告事件

【事件番号等】　平成29年（う）344号，平成29年9月20日東京高等裁判所
　　　　　　　　　第8刑事部判決，原判決破棄・自判（確定）

【控訴申立人】　被告人

【第　一　審】　静岡地方裁判所

○判示事項

業務上過失致死傷罪における注意義務違反の有無を判断するに当たっての
検討事項

○判決要旨

業務上過失致死傷罪における注意義務違反の有無を判断するに当たって
は，一定の社会生活上の地位にあることから要求される注意義務の内容を明
らかにした上，その注意義務に反したかどうかを予見可能性や結果回避可能
性を踏まえて検討しなければならず，特に，本件のようにいわゆる監督過失
を問うような場合においては，監督すべき義務を発生させる根拠やその内容
について具体的に検討することが，そもそもの出発点となる。

舟下り運営会社が海上運送法に基づいて策定した安全管理規程上の運航管
理補助者であり，かつ，船頭主任であったという被告人の立場（詳細は「裁
判理由」参照）に鑑みても，被告人において，①同会社の営業課長であり安
全管理規程上の安全統括管理者兼運航管理者であったAに対し，事故が発生

した流域において噴流等の影響により旅客船が転回しないようにするため，舳乗り船頭と艫乗り船頭が協力して舳先が転回しないようにするための訓練を実施させるとともに，噴流等の影響により旅客船が転回した際の危険回避方法を決定した上で，船頭らにその危険回避方法の訓練を実施させる措置を講ずることを進言する義務があったとはいえないし，②自らがこれらの訓練を実施するなどの措置を講じ，旅客船が噴流等の影響により転回した際に乗客らの生命・身体の安全を確保して死傷者の発生を未然に防止すべき義務があったということもできない。

○判決理由

1　原判決は，被告人が実際に行っていた職務の内容からすると，船頭主任として，船頭全体の運行管理や現場における操船訓練を始めとする運行の安全に関する責任者たる立場にあり，船頭に対する実質的な監督権限があったとして，船頭に対し，適切な操船や状況判断等により安全な運行を確保するための指導・訓練を自ら実施する義務を負っていたとする。しかし，本件においては，船頭主任という立場がいかなる法的義務を生じさせるものかを明らかにする証拠は存在しない。

　　すなわち，被告人が船頭として本件会社と業務委託契約を締結した際，①本件舟下りの舟艇の運行，旅客の輸送，案内，②本件舟下りの乗船場における乗船券の販売，改札及び旅客案内，③収入金の管理及び送金，④建物等の管理（待合所，乗降場及び便所並びに周辺の清掃整備，除草），⑤物品等の販売，⑥その他本件舟下りに係る備品等の一切の管理を受託業務とされていた。しかし，船頭主任として業務委託契約を再契約するに当たっても，受託業務は上記と全く同一であって，そこには，職制上，安全な運航を確保するための指導・訓練を自ら実施する義務があることなどをうかがわせるものは存在せず，また，他の船頭に対して監督権限があることをうかがわせるものも存在しない。確かに，被告人が船頭主任となって，1回乗船当たり5000円から6000円程度の歩合制から，月額20万1000円の月給制に変更されており，これが船頭主任という立場に変わったことに基づ

－ 165 －

くものであったとは言えるものの，この点のみから，その法的な権限や責任の範囲が大きく変わったなどということはできず，船頭養成講座の講師を務めるようになったり，他の船頭と会社との間に立って，船頭たちの要望を会社側に伝え，会社からの指示事項を船頭らに伝えるなどの橋渡し役を果たすことになったという程度であったとしても何の不思議もない。被告人は，船頭主任となって変わったことと言えば，固定給へと変わり，休日がＡから指定されるようになったくらいで，本件会社から船頭主任としての指示を受けたり，船頭主任の役割を聞いたことはなく，前任者からも引き継ぎはなかったというが，上記契約の内容からすると納得のいくものであり，被告人のこの供述を否定することはできない。

　この点について，原判決は，被告人が，船頭の配乗計画を作成して乗船の組合せ等を決定していたこと，船頭の任用についても実質的に一定の権限を有していたこと，船頭らに対して操船や運航の安全に関する指導訓練を引き受けていたことなど，被告人の実際に行っていた職務内容に基づき，船頭主任としての責任や監督権限を肯定している。確かに，被告人は，前任の船頭主任が行っていたことをやっていたとも述べているから，原判決の指摘する被告人の職務の中には船頭主任という立場からなされたものもあったとは思われる。しかし，徒弟制度が引かれているような極めて限られた船頭社会において，技術に優れ，経験豊富な被告人がこのような役割を果たすこと自体は十分にあり得るから，被告人が実際に行っていた事柄が船頭主任の法的権限として導かれるものかどうかは疑問である。船頭の任用に関する被告人の関わりについても同様であり，船頭経験のないＡとの関係で，船頭としての適格性を判断するに当たり，船頭の操船技術について述べるベテラン船頭である被告人の意見が重視されることはある意味で当然であるともいえ，最終的に艫乗り船頭とするか否かはＡが乗船した上で決めている。結局，原判決の指摘する被告人の職務内容は，形の上では船頭主任の立場で行われていたとしても，その実態は，先輩の船頭あるいは船頭の取りまとめ役として事実上行われていたものである可能性が否定できないのであって，このような職務を行っていたことから直ちに，

- 166 -

被告人において，運航の安全に関する責任者たる立場にあったということはできず，船頭に対する実質的な監督権限を有していたということもできない。

以上からすると，船頭主任という立場から，被告人が，船頭に対し，安全な運航を確保するための指導・訓練を自ら実施する義務を負っていたとする原判決の判断は，船頭主任の権限や義務の根拠，その範囲を十分に考慮していない不合理なものであって，首肯することができない。

2　次に，原判決は，被告人が乗船場に勤務する運航管理補助者として，Ａに対して，適宜の対策を考慮して必要な訓練を実施させる措置を講ずることを進言する義務を負っていたとする。この点に関しても，乗船場に勤務する運航管理補助者という立場がいかなる法的義務を生じさせるものかをその設置根拠に基づいて考慮する必要があるが，これが十分に検討されていない。

乗船場に勤務する運航管理補助者について定める本件会社の安全管理規程は，運輸の安全性の向上のための鉄道事業法等の一部を改正する法律（平成18年法律第19号）により，運輸事業者における安全管理体制を構築させるために各事業者に作成・届出が義務付けられたことに基づいて作成されたものである。すなわち，海上運送法10条の3（同法44条）では，一般旅客定期航路事業者は，輸送の安全を確保するための事業の運営の方針に関する事項等を定めた安全管理規程を定め，国土交通大臣に届け出るとともに（同条1項及び2項），輸送の安全を確保するための事業の実施及び管理の方法に関する業務を統括管理させるため，事業運営上の重要な決定に参画する管理的地位にあり，かつ，一定の実務経験等を有する者の中から安全統括管理者を（同条2項4号），輸送の安全を確保するための事業の実施及び管理の体制・方法に関する業務のうち，船舶の運航の管理に係るものを行わせるため，一定の実務経験等を有する者の中から運航管理者を（同条2項5号），それぞれ選任して，その旨を国土交通大臣に届け出なければならないこととされている（同条4項及び5項）。このように，海上運送法10条の3は，一般旅客定期航路事業者が，経営部門を含めた組

－ 167 －

織全体として，輸送の安全を確保するための事業の実施や管理体制の整備等を行うことを目的としたものであるといえ，本件会社の安全管理規程においても，代表取締役社長が，安全管理に関わる事業所の全体的な意図及び方向性を明確に示した安全方針を設定し，事業所内部へ周知するとされている（6条）。しかしながら，本件会社の実態を見ると，代表取締役社長が安全管理規程の存在自体を認識していなかったり，運航管理者を代行する立場にある本社の運航管理補助者が選任されていなかったりするなど，安全管理体制の構築に向けた対策等の検討を組織全体として行っていたことはうかがわれず，そのことも相まって，本件舟下り事業における安全統括管理者，運航管理者，運航管理補助者，それぞれの権限と責任の具体的範囲が本件会社内で共有されておらず，したがって，被告人にもこれが伝えられていない。そのような中，安全管理規程で規定されているところによれば，安全統括管理者は輸送の安全を確保するための管理業務を統括管理する者，運航管理者は船長の職務権限に属する事項以外の船舶の運航の管理に関する統括責任者，運航管理補助者は運航管理者の職務を補佐する者とされている。安全統括管理者が，安全マネジメント態勢（代表取締役社長により，社内で行われる安全管理が，あるべき手順及び方法に沿って確立され，実施され，維持される状態）に必要な手順及び方法を確立し，実施し，維持すること，安全マネジメント態勢の課題又は問題点を把握するために，安全マネジメント態勢の実施状況及び改善の必要性の有無を代表取締役社長に報告し，記録することなどを職務権限としていることからすると（17条），安全な運航を実現する上での阻害要因を検討し，その改善を図る責任を負っていることは明らかである。また，運航管理者においても，船長に対して運航中止の指示をすることができるなど，船舶の運航の管理及び輸送の安全に関する業務全般を統括し，安全管理規程の遵守を確実にしてその実施を図ることなどを職務権限とするとされており（18条），安全管理規程の内容に係る事項に変更が生じたときは遅滞なく規程の変更の発議をしなければならないともされている（20条）から，安全統括管理者より現場に近い立場で，安全な運航を実現する上での阻害要因を

- 168 -

検討し，その改善を図る責任を負っているといえる。しかし，運航管理補助者についてみると，運航管理者の職務を補佐するに過ぎないものである上（2条7号），本件会社に勤務する運航管理補助者と乗船場に勤務する運航管理補助者に分かれ（19条），前者は，本件会社の管理部門に属する者として運航管理者の職務を代行することもあるとされていたものの（13条，19条1項），被告人が就いていた乗船場に勤務する運航管理補助者は，そのような立場になく，乗船場の管理する区域内にある船舶の運航の管理に関して，運航管理者を補佐するとともに運航管理者の指揮を受けて，①陸上における危険物その他旅客の安全を害するおそれのある物品の取扱いに関する作業の実施，②陸上における旅客の乗下船及び船舶の離着岸の際における作業の実施，③陸上施設の点検及び整備，④乗船待ちの旅客に対する遵守事項等の周知を実施するとされていた（19条2項）。このように，乗船場に勤務する運航管理補助者は，旅客の乗下船時の安全を確保するために必要な作業と乗船場において行われる旅客に対する注意喚起等について，運航管理者を補助するものとして位置付けられている。そうすると，この立場から，運航中の安全を確保するために一定の訓練を自ら実施したり，これが必要なことを運航管理者に進言する義務が生じるとは言い難い。

　この点について，検察官は，経営者から現場まで一丸となって安全管理体制を構築することなどを求める運輸安全マネジメント制度下において，運航管理補助者となったことによって，被告人は，安全管理に関して責任を負うべき立場になったという。しかし，経営部門のトップであり，安全管理体制の構築に向けて明確な方針を打ち出す責務のある代表取締役社長はもとより，経営部門と現場とをつなぐ立場で安全管理体制の実現に努めなければならない安全統括管理者及び運航管理者であったAにおいても，安全管理体制の構築に対する意識が極めて薄く，形ばかりの規定の整備を行ったり，名ばかりの責任者を配置しているような状態の中で，これらの本来の法的責任を果たしていない義務者の代わりに，法的規制に関する知識を与えられてもおらず，乗船場の運航管理補助者という，その末端に位置していた被告人が，安全管理に関して責任を負ういわれはないというべ

－ 169 －

きである（このことは在任期間が長期間に及んでいたとしても変わりがない。）。

　以上からすると，乗船場に勤務する運航管理補助者という立場から，被告人が，安全統括管理者兼運航管理者であるAに対し，必要な訓練を実施させる措置を講ずることを進言する義務を負っていたとする原判決の判断は，乗船場に勤務する運航管理補助者の権限や義務の根拠及びその範囲を十分に考慮していない不合理なものであって，首肯することができない。

3　業務上過失致死傷罪における注意義務違反の有無を判断するに当たっては，一定の社会生活上の地位にあることから要求される注意義務の内容を明らかにした上で，その注意義務違反に反したかどうかを予見可能性や結果回避可能性を踏まえて検討しなければならず，特に，本件のようにいわゆる監督責任を問うような場合においては，監督すべき義務を発生させる根拠やその内容について具体的に検討することが，そもそもの出発点となるはずである。しかし，既に述べたような被告人の立場に鑑みると，被告人において，①Aに対し，城下流域において噴流等の影響により旅客船が転回しないようにするため，舳乗り船頭と艫乗り船頭が協力して舳先が転回しないようにするための訓練を実施させるとともに，噴流等の影響により旅客船が転回した際の危険回避方法を決定した上で，船頭らにその危険回避方法の訓練を実施させる措置を講ずることを進言する義務があったとはいえないし，②自らがこれらの訓練を実施するなどの措置を講じ，旅客船が噴流等の影響により転回した際に乗客らの生命・身体の安全を確保して死傷者の発生を未然に防止すべき義務があったともいうことができない。

○参照条文

刑法211条前段

○備　　考

本件は，平成23年8月に発生したT川舟下りにおける旅客船転覆事故に関し，船頭主任として船頭らに操船指導を行う立場にあったとされる者に対す

－ 170 －

る控訴審判決である。舟下り運営会社の営業課長であったA及び転覆した旅客船の舳乗り船頭であった者（なお艫乗り船頭はこの事故の際に死亡）については，いずれも第一審の有罪判決が確定している。

速報番号　3616号

【事　件　名】　覚せい剤取締法違反，関税法違反被告事件
【事件番号等】　平成29年（う）766号，平成29年9月21日東京高等裁判所
　　　　　　　　第10刑事部判決，控訴棄却（被・上告）
【控訴申立人】　被告人
【第　一　審】　東京地方裁判所

○判示事項

　タイ・日本間でライブ・コントロールド・デリバリーが実施された覚せい剤の密輸入事件において，タイ警察による捜査の違法を理由に日本国内で押収された覚せい剤等の証拠能力が争われた事例

○判決要旨

1　所論は，原判決は，タイ警察の捜査が日本の法令上適法であるか否かを判断していないが，最高裁平成7年2月22日大法廷判決（刑集49巻2号1頁）によれば，国際司法共助によって獲得された証拠であっても，それが我が国の刑事裁判上事実認定の証拠とすることができるかどうかは，我が国の刑訴法等の関係法令にのっとって決せられるべきものとされているから，原判決は判例違反を犯していると主張するが，本件覚せい剤は，日本の刑訴法に基づいて適法に押収されているのであり，国際司法共助によって獲得された証拠ではないから，本件は上記最高裁判決とは事案を異にするものであって，原判決に判例違反はない。

2　所論は，本件は，おとり捜査として違法であると主張するが，被告人は，覚せい剤の輸入を断念したことがなく，犯意を継続して本件覚せい剤の輸

－ 171 －

入に至ったと認められるのであるから，本件は，いわゆる犯意創出型のおとり捜査として違法となる場合には当たらない。

3　所論は，被告人が覚せい剤輸入の実行に着手する前に，タイ警察が，押収した覚せい剤を10日間保管し，捜査員をして共犯者の一人に届けさせた行為（以下「本件行為」という。）は，犯行の遂行が不可能となった状況の下で，捜査機関が犯罪の遂行に不可欠な援助行為を行ったものであり，捜査機関の行為と犯罪の結果との物理的因果性が強いから，憲法31条，刑訴法317条に違反して違法であると主張するが，本件行為を含むタイ警察の捜査は，タイの法律に従って行われたものであるから，本件行為が日本の憲法や刑訴法に違反するという問題が生じる余地はない。もっとも，外国で行われた捜査が，日本国憲法及び刑訴法の基本理念である適正手続に著しく反し，それに由来する証拠を証拠として許容することが正義の観念に反するといえる場合には，その証拠の証拠能力を否定する場合もあり得るが，本件はそのような場合にも当たらない。

4　所論は，捜査機関の要請により事情を知った配送業者が犯人の一人である受取人の下に押収した違法薬物を配達する場合に適法と評価されることがあるとしても，タイ警察が共犯者の一人に本件覚せい剤を渡した行為は，捜査機関の行為と犯罪の結果発生との物理的因果性が上記の場合よりも強いから，タイ警察の前記行為は，違法であると評価すべきであると主張するが，そもそもライブ・コントロールド・デリバリー（以下「ＬＣＤ」という。）において許容される捜査手法が上記事例に限られると解すべき根拠はないところ，上記事例においても，捜査機関は荷物に違法薬物が含まれることを探知した上で，これを流通過程に戻しているのであるから，捜査機関の行為がなければ，犯罪の結果が発生しなかったという点では，上記事例と本件行為との間で異なるところがなく，法的評価に有意の差異をもたらすものとはいえない。

5　所論は，麻薬及び向精神薬取締法58条，あへん法45条及び銃砲刀剣類所持等取締法27条の3が，捜査官が許可を受けて麻薬等を譲り受けることを適法としていることの反対解釈として，麻薬等を譲り渡す行為が適法とな

る余地はないのであり，そのような行為によって得られた本件覚せい剤等は，憲法及び刑訴法の精神に照らしても，証拠として許容できないものであると主張するが，所論が指摘する各法令は，一定の条件の下で，捜査員が麻薬等を譲り受けることが適法である旨明文で定めたものにすぎず，ＬＣＤを実施する場合において，捜査員が麻薬等を外形上犯人に譲り渡す行為が禁じられていると解すべき根拠となるものではなく，まして，タイで行われた本件行為の日本国憲法及び刑訴法の理念への適合性を判断する根拠として適切なものとはいえない。

○判決理由

1　本件事案の概要及び控訴の趣意について

⑴　本件は，被告人が，Ａ，Ｂ，Ｃ及びＤらと共謀の上，営利の目的で，タイから羽田空港に到着した航空機により，覚せい剤約11kg（以下「本件覚せい剤」という。）を日本国内に持ち込んで輸入するとともに，関税法上輸入が禁止されている覚せい剤を輸入したという事案である。

⑵　本件控訴の趣意は，タイ警察は，被告人らが輸入しようとした覚せい剤をすり替え，あるいは増量し，これを共犯者に届けることにより本件覚せい剤を輸入させたのであって，本件の捜査には重大な違法があり，これにより得られた本件覚せい剤及びその鑑定書（以下「本件覚せい剤等」という。）には証拠能力がないのに，タイ警察による覚せい剤のすり替え又は増量がなかったと認めた上，本件覚せい剤等の証拠能力を認めて証拠として採用した原裁判所の決定（以下「本件決定」という。）には，判決に影響を及ぼすことが明らかな訴訟手続の法令違反があるなどというのである。

2　訴訟手続の法令違反の主張について

所論は，タイ警察は，被告人らが本件覚せい剤の輸入の実行行為に着手する前に本件覚せい剤を押収し，被告人らが覚せい剤輸入の計画を実現することが不可能となったのに，捜査協力者であるＥを利用して被告人に犯行を継続するよう仕向け，本件覚せい剤を警察の施設内で10日間保管した

後, 警察官が自ら本件の共犯者の一人であるCにこれを届けることにより, 本件犯行を物理的に援助, 助長し, 警察による犯罪の創出につながったのであるから, このような捜査は, 憲法31条, 刑訴法317条に違反する違法なおとり捜査であり, これにより収集された本件覚せい剤等は, 証拠から排除されるべきであると主張する。

3 原判決は, 要旨, 以下のとおり説示して, 本件覚せい剤等の証拠能力を認めた。

(1) 被告人は, 覚せい剤の密売人であるFをタイに同行させ, 本件覚せい剤が入ったボストンバッグがGの部屋に届けられると, 直ちに同室に現れ, Gに購入させた本件キャリーケースにそのボストンバッグを出し入れした上, 本件覚せい剤の梱包を取り外して一部を砕き, Fにその品質を確認させるなどしており, このような行動からすると, 被告人は, 多量の覚せい剤がGの部屋に届けられることを予め知っており, 本件密輸において, 主導的な立場にあったことが推認される。そして, 本件密輸に係る覚せい剤の量が約11kgと多量であることからすれば, これを調達して密売するには, かなりの資金力と密売ルートが必要であり, 本件が組織的な犯行であることが推認される。また, 被告人は, タイ警察の捜査が及んでおり, 摘発される可能性があることを認識したにもかかわらず, 本件覚せい剤をいったんタイの密売組織関係者に返却した後も, 執拗にGを説得して本件覚せい剤の運び役をさせようとし, これを断念するや, 妻であるHにまで運び役をさせているのであって, 被告人にはこのような大きな危険を冒してまで本件覚せい剤を輸入しなければならない事情があったと考えられる。以上によれば, 被告人は, 本件覚せい剤の輸入を断念したことはなく, 犯意を継続していたと認められる。

(2) 本件覚せい剤等の証拠能力についてみると, 各国がどのような捜査手法を採るかは, 各国の法制度によって異なるものであって, 外国の捜査機関が実施する捜査が日本の刑訴法に拘束されるものではない。タイ警察は, タイの法律に従って, 本件覚せい剤を押収して保管し, LCDの一環として, 警察官が本件覚せい剤をCに交付したものである。被告人

は，本件覚せい剤の輸入の犯意を持ち続け，自らの判断に基づいて，本件覚せい剤をHらに日本に密輸入させたのであり，タイ警察が犯罪を創出したとにいえない。そして，日本の警察は，Hらが本件覚せい剤を密輸入したのを受けて，裁判官が発付した令状により本件覚せい剤を差し押さえ，鑑定嘱託をして鑑定書の作成に至ったものである。以上の事情に照らすと，本件覚せい剤等は，日本国憲法及び刑訴法の理念に照らして，証拠として許容できないものとはいえないから，証拠能力があると認められる。

4　以上の原判決の認定及び判断は概ね相当であり，当裁判所も是認することができる。

⑴　所論は，原判決は，タイ警察の捜査が日本の法令上適法であるか否かを判断していないが，最高裁平成7年2月22日大法廷判決（刑集49巻2号1頁）によれば，国際司法共助によって獲得された証拠であっても，それが我が国の刑事裁判上事実認定の証拠とすることができるかどうかは，我が国の刑訴法等の関係法令にのっとって決せられるべきものとされているから，原判決は判例違反を犯していると主張する。

しかし，本件覚せい剤は，日本の刑訴法に基づいて適法に押収されているのであり，国際司法共助によって獲得された証拠ではないから，本件は上記最高裁判決とは事案を異にするものであって，原判決に判例違反はない。

そして，原判決が説示するとおり，タイ警察のタイ国内における捜査は，タイの法律に基づいて行われたものであり，日本の法令が適用されないから，日本の法令上合法か否かという問題は生じず，本件覚せい剤等が，違法収集証拠に該当してその証拠能力が否定されるという問題は生じない。もっとも，外国で行われた捜査が，日本国憲法及び刑訴法の基本理念である適正手続に著しく反し，それに由来する証拠を証拠として許容することが正義の観念に反するといえる場合には，その証拠の証拠能力を否定する場合もあると考えられる。原判決も，同様の観点から検討し，タイ警察の捜査が，日本国憲法及び刑訴法の

－ 175 －

理念に照らして，本件覚せい剤等が証拠として許容できない場合には
当たらないと判断したものと考えられる。このような原判決の判断手
法は相当であり，その結論も，後記のとおり是認することができる。
所論は理由がない。

(2) 所論は，本件は，いわゆるおとり捜査であり，被告人は，情報提供者
であるＥからの執拗な働き掛けにより，覚せい剤輸入の犯意を誘発され
たものであって，Ｃが，Ｈらのパスポートの取得を待たずに，4月8日
に一人でタイへ渡航したのも，Ｅからの強い働き掛けがあったことによ
るものであるから，本件は，おとり捜査として違法であると主張する。

しかし，被告人は，覚せい剤の輸入を断念したことがなく，犯意を
継続して本件覚せい剤の輸入に至ったと認められるのであり，この点
に関する被告人の原審公判供述が信用できないことは，原判決が適切
に説示するとおりである。そうすると，本件は，いわゆる犯意創出型
のおとり捜査として違法となる場合には当たらない。所論が指摘する，
Ｃが先行して一人でタイに渡航したという点についても，タイ側の密
輸組織関係者から，本件覚せい剤を早く引き取って欲しい旨の要請が
あったことはうかがえるものの，タイ警察の要請を受けた情報提供者
の働き掛けがあったことまで推認させるものではない。所論は理由が
ない。

(3) 所論は，被告人が覚せい剤輸入の実行に着手する前に，タイ警察が，
押収した覚せい剤を10日間保管し，捜査員をしてＣに届けさせた行為（以
下，この項において「本件行為」という。）は，犯行の遂行が不可能と
なった状況の下で，捜査機関が犯罪の遂行に不可欠な援助行為を行った
ものであり，捜査機関の行為と犯罪の結果との物理的因果性が強いから，
憲法31条，刑訴法317条に違反して違法であると主張する。

しかし，前記のとおり，本件行為を含むタイ警察の捜査は，タイの
法律に従って行われたものであるから，本件行為が日本の憲法や刑訴
法に違反するという問題が生じる余地はない。

次に，本件行為が日本国憲法や刑訴法の理念に反するものであるか

- 176 -

否かについて検討すると，本件行為については，タイ警察が覚せい剤を保管し，その捜査員がＣにこれを届けなければ，本件覚せい剤輸入を実行することができなかったのであり，このようなタイ警察の捜査手法が，本件犯行を可能にしたという側面があることは否定できない。一般に，ＬＣＤは，薬物犯罪が税関や警察等に発覚した後も，直ちに検挙することなく，十分な監視の下に薬物の運搬を許容し，追跡してその薬物犯罪に関与する人物を特定するために行われるものであるところ，麻薬及び向精神薬の不正取引の防止に関する国際連合条約11条１項は，「締約国は，自国の国内法制の基本原則によって認められる場合には，麻薬の輸入等の犯罪にかかわっている者を特定し，その者に対して法的措置をとるため，相互に合意する協定又は取決めにより，国際的な規模における監視付移転の適当な利用ができるように，可能な範囲で必要な措置をとる。」と定め，ＬＣＤとしていかなる国内法上の法的措置を採るかを，各条約締約国に委ねている。タイ警察は，我が国の警察庁との間で，覚せい剤の密輸の犯罪を犯そうとしている被告人らをＬＣＤにより日本において検挙することに合意し，その目的を遂げるため，タイの2007年麻薬事件手続法８条に基づき，麻薬取締警察本部警視総監から，押収した本件覚せい剤について，管理下に麻薬を所持する又は所持させることの許可を得た上で，本件行為をしたものであり，タイ警察の本件行為は，上記条約の上記条項の趣旨に沿ったものとみることができる。以上によれば，本件行為が，我が国における捜査手法として適法に行い得るか否かはともかく，我が国も締約国となっている同条約の上記条項の趣旨及び目的に鑑みると，日本国憲法及び刑訴法の理念に照らして適正手続に著しく反し許されない行為であるとは到底いえない。

　所論は，捜査機関の要請により事情を知った配送業者が犯人の一人である受取人の許に，押収した違法薬物を配達する場合に，適法と評価されることがあるとしても，タイ警察がＣに本件覚せい剤を渡した行為は，捜査機関の行為と犯罪の結果発生との物理的因果性が上記の

場合よりも強いから，タイ警察の前記行為は，違法であると評価すべきであると主張する。

しかし，そもそもＬＣＤにおいて許容される捜査手法が上記事例に限られると解すべき根拠はないところ，上記事例においても，捜査機関は荷物に違法薬物が含まれることを探知した上で，これを流通過程に戻しているのであるから，捜査機関の行為がなければ，犯罪の結果が発生しなかったという点では，上記事例と本件行為との間で異なるところがなく，法的評価に有意の差異をもたらすものとはいえない。所論の指摘は，本件行為が日本国憲法及び刑訴法の理念に反しないという結論に影響しないというべきである。

さらに，所論は，麻薬及び向精神薬取締法58条，あへん法45条及び銃砲刀剣類所持等取締法27条の３が，捜査官が許可を受けて麻薬等を譲り受けることを適法としていることの反対解釈として，麻薬等を譲り渡す行為が適法となる余地はないのであり，そのような行為によって得られた本件覚せい剤等は，日本国憲法及び刑訴法の精神に照らしても，証拠として許容できないものであると主張する。しかし，所論が指摘する各法令は，一定の条件の下で，捜査員が麻薬等を譲り受けることが適法である旨明文で定めたものにすぎず，ＬＣＤを実施する場合において，捜査員が麻薬等を外形上犯人に譲り渡す行為が，禁じられていると解すべき根拠となるものではなく，まして，タイで行われた本件行為の日本国憲法及び刑訴法の理念への適合性を判断する根拠として適切なものとはいえない。所論は理由がない。

⑷　その他，所論が指摘する点を検討しても，タイ警察の捜査が，日本国憲法及び刑訴法の理念に反することの根拠となるものはない。

○参照条文

覚せい剤取締法41条２項，１項
関税法109条１項，69条の11第１項１号

速報番号　3617号

【事　件　名】　傷害致死被告事件
【事件番号等】　平成28年（う）1209号，平成29年9月26日東京高等裁判所
　　　　　　　　第12刑事部判決，原判決破棄・自判（確定）
【控訴申立人】　弁護人
【第　一　審】　宇都宮地方裁判所

○判示事項

　被告人の暴行後に，被告人による別の行為が介在した事案について，この介在事情は，通常一般的に起こり得ることが想定されるとは言えない性質のものであり，また，被告人自身の行為であるとはいえ，本件暴行とは異質な非難できないものであったとして，本件暴行と被害者の死亡の結果との間の因果関係を否定した事例

○判決要旨

　本件暴行によって生じた腸間膜破裂は，それ自体が死亡の結果をもたらし得るものであるとしても，その段階で死亡するに至るまでの危険性を有するものであったとは認められず，本件暴行後に介在した被告人が被害者の腹部を押したという事情が被害者の死亡に大きく影響していると見るべきところ，この介在事情は，通常一般的に起こり得ることが想定されるとは言えない性質のものであり，また，被告人自身の行為であるとはいえ，本件暴行とは異質な非難できないものであった。そうすると，本件では，本件暴行の有する危険性が被害者の死の結果へ現実化したものとは評価できず，本件暴行と被害者の死亡の結果との間に因果関係を肯定することはできない。

○判決理由

1　被害者の背中を殴打するという行為（本件暴行）により，被害者の腹部が強い力でテーブルの縁に打ち付けられて，死因となる腸間膜破裂の傷害が発生したと認められるかについての原判決の説示は，概ね次のとおりで

ある。

⑴　被害者の遺体を解剖したＡ医師の原審証言（以下「Ａ原審証言」と言う。）によれば，被害者の腸間膜は腸に近い末梢部分が38ｃｍにわたり破裂していること，この腸間膜破裂の部位からすると，破裂部位に強く速い外力が加わって腸間膜破裂が発生したと考えられること，ゆっくりとした外力が加わっても腸管や腸間膜が移動して力が逃げてしまうので，腹部を押すことでは本件部位に腸間膜破裂が生じるとは考えられないことが認められる。

⑵　被害者の体格（身長90ｃｍ）と幼児用椅子の座面からテーブルの縁までの高さ（約18ｃｍ）の位置関係からすると，被害者が幼児用椅子に座った状態であればその腹部の高さはテーブルの縁になると認められること，「押す」とか「なでる」とかではなく，まさに「叩く」という表現が適切な速さで被害者の背中を叩き，その結果，テーブルの上の醤油差しなどが動いたと被告人が供述していること，他方で，被害者の胸部には皮下出血等の打撲による痕跡がなく，胸部を強く打撲した可能性は乏しいことからすると，本件暴行によって被害者の腹部がテーブルの縁に強く打ち付けられたと認められる。

⑶　以上からすると，本件暴行が原因で被害者の腸間膜破裂が生じたと認められる。そして，Ａ原審証言によれば，本件暴行により生じた腸間膜破裂の大きさは確定できないこと，本件暴行後の翌日午前２時頃から被害者が吐き気を催した際に，被告人が被害者の腹部を強く押したことにより，発生していた腸間膜破裂が拡大した可能性があること，しかし，翌日の上記暴行により腸間膜破裂が拡大するためには，その前に生じていた腸間膜破裂が相当程度の大きさである必要があることが認められ，更に，本件暴行後の翌日午前零時頃に一度嘔吐したにもかかわらず午前２時頃にも吐き気を催してこれが続いたという普段の吐き気癖とは異なる状態に被害者があったこと，翌日の暴行直後に被害者の容態・状態が変化した様子は見られず，その後被害者の死亡まで10時間以上が経過していることを併せると，本件暴行により生じた腸間膜破裂の大きさでも

－ 180 －

死亡に至る危険性を十分に有していたと認められる。

　翌日の上記暴行により，既に生じていた腸間膜破裂が拡大したり，出血が促進されたりしたとしても，それらは，本件暴行により生じた死亡に至る危険性を促進させたに過ぎず，翌日の暴行により死の危険性が新たに生じたなどとは言えない。

⑷　したがって，本件暴行により被害者の死因となる腸間膜破裂が発生し，同傷害により被害者が死亡したと認められる。

2　当審の判断

⑴　原審記録を調査し，当審における職権による事実の取調べの結果を併せて検討すると，原判決の上記認定・判断のうち，本件暴行により被害者が腹部をテーブルの縁に打ち付けられた結果，被害者に腸間膜破裂の傷害が生じたとする点は是認できるものの，本件暴行と被害者の死亡との間に因果関係を肯定した点には，論理則，経験則等に照らして不合理な誤りがあるといわざるを得ない。以下，順次検討する。

⑵　本件暴行により被害者がテーブルの縁に打ち付けられた部位について

　まず，所論は，本件暴行により，被害者が腹部をテーブルの縁に打ち付けられたとの証明はないと主張する。

　しかしながら，被告人は，原審公判廷において，被害者の食事の際の姿勢が悪く，被害者がテーブルから離れて座っていたので，前へ出ろと言って被害者の体を前に押し出すように背中を叩いた旨を供述するとともに，テーブルの縁に被害者の腹か胸のどちらかが当たっていると思うと供述しており，本件暴行により被害者の胸部か腹部がテーブルの縁に打ち付けられたことを認めているところ，被害者の体格や被害者が座っていた椅子とテーブルの縁の位置関係からすれば，本件暴行により，被害者の腹部がテーブルの縁に打ち付けられたとしても，何ら不自然，不合理ではない。また，A原審証言においては，胸部を打撲した場合は，骨と打撲部位に挟まれて皮下出血が生じやすいところ，被害者の胸部には皮下出血が認められなかったとされており，その信用性は高いから，胸部を打撲した可能性は相当低いとみるべきで

－ 181 －

ある。更に，Ａ原審証言並びに当審において職権により事実の取調べを行ったＢ医師作成の鑑定書（職３号証）及び同人の証言（以下，併せて「Ｂ当審鑑定」と言う。）のいずれにおいても，本件における被害者の腸間膜破裂は腹部に力が加わったことよるものであるとの趣旨が述べられている。

そうすると，本件暴行により被害者の腹部がテーブルの縁に打ち付けられたとすることに合理的疑いはなく，この点の原判決の認定，判断に不合理な誤りは認められない。所論は，テーブルの縁に打ち付けられたのが被害者の胸部である可能性があると言うが，上記の証拠関係に照らすと，抽象的な可能性を指摘するに止まるものと言う外はない。

(3)　本件暴行により被害者に腸間膜破裂の傷害が生じたか否かについて

次に，所論は，仮に，被害者の腹部がテーブルの縁に打ち付けられたとしても，腸間膜破裂を生じるほどの強さではなく，本件暴行により被害者に腸間膜破裂の傷害が生じたとの証明はないと主張する。

この点，原判決は，上記のとおり，被害者の腹部がテーブルの縁に強く打ち付けられたと認められることから，本件暴行が原因で被害者の腸間膜破裂が生じたと認められると説示するのみで，それ以上に本件暴行により腸間膜破裂が生じたとする具体的根拠を示していない。また，所論が指摘するように，「押す」とか「なでる」とかではなく「叩く」という表現が適切な速さで被告人が被害者の背中を叩き，その結果，テーブルの上の醤油差しなどが動いたとしても，経験則上，そこから直ちに，被告人が腸間膜破裂の傷害が生じ得るほどの強さで被害者を叩いたことになるとは言い難い。

しかしながら，本件では，死亡した時点で，被害者が腸間膜破裂の傷害を負っていたことは明らかであるところ，関係証拠によれば，被告人が本件暴行の数時間後に被害者の腹部を押した行為によって初めて腸間膜破裂が生じたものではないと認められ，他方，被告人の本件暴行により被害者の腹部がテーブルの縁に打ち付けられたことによっ

－ 182 －

て腸間膜破裂が生じたことは否定されず，かつ，本件暴行以外に腸間膜破裂を生じさせた原因となり得る事情が窺えないのであるから，本件暴行により被害者の腹部がテーブルの縁に打ち付けられたことによって被害者に腸間膜破裂が生じたものと認めることに合理的な疑いは残らない。

　すなわち，まず，関係証拠に照らして，より具体的に検討すると，本件暴行から被害者が病院に搬送されるまでの経過は，次のとおりであったものと認められる。

ア　被告人は，平成27年5月16日午後9時30分頃，当時の被告人方居室内で，被害者及び被害者の姉に夕食を用意して食べさせていた際に，本件暴行に及んだ。

イ　1時間くらいして食事を終えた後，被害者は，被害者の姉と一緒に布団に入ってビデオを見ていたが，同月17日に日付が変わった午前零時頃から「おえ，おえ。」と言ってえずき始め，吐いては休むことを繰り返した。

ウ　同日午前2時30分頃，被害者が再びえずいたので，被告人は，吐くのを助けるために，始めは手を使って10回くらい被害者の腹部を押し，その後，両膝を使って被害者を挟み込む形で5回くらい腹部を押した。

エ　同日午前2時40分頃，被告人の当時の内妻が仕事を終えて帰宅し，被告人及び内妻はそれぞれ就寝した。

オ　同日午前7時頃か同8時頃，被告人及び内妻は，被害者がえずいたり吐いたりしていたことから目が覚めた。

カ　被害者はその後再び眠ったが，同日午前11時頃，バナナやスポーツドリンクを与えたところ，被害者はそれを吐いた。

キ　その後，内妻が，被害者が動かなくなって意識を失っていることに気付き，被告人は，直ちに被害者を自分の車に乗せて運転し，同日午後零時52分頃，被害者を病院に搬送した。

そして，ウ記載の被告人が被害者の腹部を押した行為によって初めて

－ 183 －

腸間膜破裂が生じたか否かについて，Ａ原審証言は，被害者に生じた腸間膜破裂の部位は，後腹膜に近い部分ではなく，かなり腸管に近い末梢の部分であるところ，腹部を押すようなゆっくりとした力が加わったときは，腸管が動いて力が逃げてしまうから，腸管に近い末梢の部分が破裂することは考えにくいとしており，Ｂ当審鑑定も，被害者の腹部を押した上記行為によって，死因に繋がる腸間膜破裂，すなわち挫滅を伴う腸間膜破裂が生じる可能性はないという内容となっている。この点に関するＡ原審証言及びＢ当審鑑定の信用性を疑うべき理由はないから，被害者の腸間膜破裂は，被告人が本件暴行の約５時間後に被害者の腹部を押した行為によって初めて生じたものではないと認められる。

　他方，本件暴行により，腸間膜破裂が生じた可能性について見ると，Ａ原審証言によれば，腸間膜破裂は一般的に外力の強さと外力の加わった速さが影響して生じるところ，被害者に生じた腸間膜破裂の部位が，上記のとおり腸管にかなり近い末梢の部位であることからすると，かなり強く速い力が加わったと考えられ，被害者の腸間膜破裂は，腹部に鈍体が強く作用したことによって生じたもので，被告人が被害者の背中を叩いて腹部がテーブルの縁にぶつかったことによって生じた可能性が高いとされている。これに対し，Ｂ当審鑑定は，腸間膜破裂を起こす原因は，腹部に加わった外力であり，限局的な加速度を有する力が前腹壁に加わり，その部位と脊柱との間に腸管が挟み込まれ，強い力によって腸間膜の破裂に繋がるものであることを前提として，被害者の腸間膜破裂には，腸管の挫滅を伴う部分があるところ，テーブルの縁は，被害者の座っていた椅子の直ぐ前にあるから，この縁と背中側から加わった外力で限局的な加速度を有する外力にするためには，かなりの勢いをもって前腹壁を強くテーブルにぶつける必要があり，被告人が，犯行再現ビデオ（原審甲24号証に添付されたＤＶＤ）において再現しているような勢いで，単に被害者の背中を叩き，被害者の座っていた椅子から前腹壁を被害者の前にあったテーブルの縁に打ち付けただけの外力では，挫滅を伴う腸間膜破裂が生じる可能性は低く，ないとは言えない程度であるとしている。しかし，同時に，Ｂ当審鑑定は，

被告人が再現しているよりも勢いよく手で背中を叩いた場合には，挫滅を伴う腸間膜破裂が生じる可能性はあるとしているところ，上記犯行再現ビデオが撮影された際に，被告人が，自身の行った暴行について，多少なりとも態様を弱く再現することは十分考えられるところであるから，結局，B当審鑑定は，本件暴行によって被害者に挫滅を伴う腸間膜破裂が生じたことと矛盾するものではない。

更に，本件暴行から被害者が病院に搬送されるまでの上記の経過は，関係証拠上明らかで，当事者間に争いがなく，被告人も原審公判廷において繰り返し供述しているところであって，特段疑いを差し挟むべき点は見当たらないものであるが，その内容を見ると，本件暴行以外に，腸間膜破裂を生じさせ得るような強くて速い外力が被害者の腹部に加わったことを窺わせる事情は認められない。

これらのことからすると，本件暴行により被害者の腹部がテーブルの縁に打ち付けられた結果，被害者に腸間膜破裂の傷害が生じたものと認められ，この点の原判決の認定，判断には，その結論において，不合理な誤りは認められない。

(4) 本件暴行の認定に関するその他の主張について

ア　ところで，本件暴行に関して，当審弁護人は，当審における弁論において，本件暴行は，食事中の被害者の姿勢を正すため，被害者の背中を，痣や皮下出血が生じない程度の力で，利き手でない左手の手の平で叩いたもので，しつけとして違法性阻却事由である正当行為に当たると主張した。この点は，原審においては，争点として扱われていた事項ではあるが，当審においては，控訴趣意書提出期限内には全くその旨の主張はなく，かつ，内容的にも，提出済みの控訴趣意書の内容を敷衍し補充する限度を超えた新たな主張であるから不適法である。しかしながら，所論に鑑み，職権で調査するに，たとえ，被告人に被害者の食事中の姿勢を正す目的があったとしても，上記のとおり，被告人は，当時わずか2歳7か月の幼児である被害者の背中を前に押し出すような態様で，その腹部をテーブルの縁に打ち付けさせ，挫滅を

－ 185 －

伴う腸間膜破裂を生じさせるほど強く叩いたことが認められるのであるから，このような暴行の内容・程度からすれば，原判決が，本件暴行は，しつけとしての相当な範囲を逸脱し，正当行為に当たらないと判断したことに誤りはない。

イ　また，当審弁護人は，当審における弁論において，原判決が本件暴行を認定したことに関して，被告人の自白以外にそれを裏付ける補強証拠はないから補強法則に反するとも主張した。この点も，上記正当行為に関する主張と同様の理由により不適法であるが，所論に鑑み，職権で調査するに，原審の審理においては，被害者の負傷状況及び死因等に関する統合捜査報告書（原審甲25号証）及びA証人が取り調べられており，原判決が「証拠」の項にこれらの証拠を挙示しているところ，これらの証拠は，本件暴行に関する被告人の自白の真実性を担保するに足りる内容のものであるから，原判決には，当審弁護人の主張する補強法則違反は存しない。

(5)　本件暴行と被害者の死亡との間の因果関係の有無について

更に，所論は，本件暴行により被害者の腹部がテーブルの縁に打ち付けられて，何らかの腸間膜破裂が生じたとしても，それのみで被害者が死亡した危険性が十分にあるとは言えず，その後，さらに被告人が被害者の腹部を押すという異常な介在行為を行ったことによって，被害者に38ｃｍの腸間膜破裂が生じて出血性ショックに至ったものであるから，本件暴行と被害者の死亡との間に因果関係は認められないと主張する。

この点，原判決は，上記のとおり，本件暴行により生じた腸間膜破裂の大きさでも死亡に至る危険性を十分に有していたと認定し，その理由として，①本件暴行により生じた腸間膜破裂が相当程度の大きさであると認められること，②本件暴行後の被害者が吐き気を催した状態が普段の癖とは異なる状態にあったこと，③被告人が被害者の腹部を押した行為の直後に被害者の容体・状態には変化した様子が見られず，その後被害者の死亡まで10時間以上が経過していることの３点を指摘している。しかしながら，①については，「相当程度の大きさ」がどのようなものを指しているのか

が不明確であって，その大きさの腸間膜破裂により死亡に至る危険性の有無や程度が判然としない。おそらくこの部分の説示は，Ａ原審証言において，最初の破裂がある程度の大きさ，すなわちミリ単位ではなくセンチ単位の大きさであった可能性が高いとされていることに依拠していると思われるが，たとえセンチ単位の破裂があったとしても，経験則上，それが直ちに死亡するに至るまでの危険性を有するか否かは明らかではない。②については，そもそも本件暴行後に被害者が吐き気を催した状態が普段の癖と異なっていたと断定するのに十分な証拠上の根拠が存するかどうかに加え，たとえ被害者が普段吐き気を催した時と異なる症状を呈していたとしても，そこから腸間膜破裂が生じていること以上に腸間膜破裂の程度が具体的に窺われるとするのは，経験則に照らして飛躍があると言わざるを得ない。③については，被告人が被害者の腹部を押した行為が死亡の結果に与えた影響が小さいことを窺わせる事情として指摘しているものと思われるが，そもそも本件暴行の直後にも被害者の容体に変化は認められず，本件暴行から被害者の死亡までに17時間以上経過しているのであるから，その指摘の点を根拠に，本件暴行と上記の被害者の腹部を押した行為を比較した場合に，後者の方が死亡の結果に与えた影響がより小さいと直ちには認められない。そうすると，原判決は，本件暴行により生じた腸間膜破裂の大きさでも死亡に至る危険性を十分に有していたと認めた点について，合理的な理由を示しているとは言い難い。

　かえって，この点に関するＡ原審証言の内容を見ると，本件暴行から死亡まで17時間という長い経過をたどっていることからすると，じわじわと出血し，あるいは止血と出血を繰り返していたと考えられ，また，本件暴行により生じた腸間膜破裂が，その後，腹部を押した行為によって広がり，それが更に多量の出血を誘発した可能性は否定できないところ，最初に生じた破裂をそのまま放置すれば死亡に至った可能性がある一方で，そのまま放置しても止血して治ったということも可能性としては否定できず，本件暴行により腸間膜破裂が生じた時点で死の危険が生じていたかどうかは明言できないと言うのである。そうすると，原判決の上記認定は，

Ａ原審証言の内容と乖離するもので，医学的専門的知見による裏付けを欠くものと言わざるを得ず，他に本件暴行により生じた腸間膜破裂によって被害者が死亡する危険性を適切に判断する根拠になり得る証拠が存しない原審の証拠関係に照らして，既に不合理である。

　加えて，Ｂ当審鑑定は，被害者が死亡するに至った機序について，腹部に加わった鈍体による強い打撲又は圧迫により，腸間膜の破裂が生じ，これから持続的あるいは断続的に続く出血により，出血性ショックに陥り，死亡したものと判断されるとした上で，最初に長さ38ｃｍの大破裂が生じていたとすると，その時点で一次性ショックに陥っていたと考えられるが，そのような経過はないから，その点は否定されること，当初の破裂は，挫滅の認められる周囲で，長くても数ｃｍ程度，５，６ｃｍぐらいまでのものと考えられること，被害者の腹部を押した行為，すなわち腹部を繰り返し圧迫したことによって，挫滅を伴う腸間膜破裂を増悪させた可能性が高く，その結果，長さ38ｃｍに及ぶ大きな破裂に繋がったと考えられること，破裂した創口が38ｃｍに広がらなかった場合に死亡したかどうか，あるいは最初の５，６ｃｍの破裂で死亡したかどうかは分からないこと，最初の５，６ｃｍの破裂であっても，被害者に生じた腸間膜破裂は挫滅を伴っているので，出血が長時間にわたって続き，出血多量によって死亡する可能性はあるが，他方，被害者は防御力の強い小児であるから，止血あるいはそれに対応しようという防御機構がかなり働くことからすると，死亡する可能性の程度について一概に言うのは難しいことを内容としているが，このＢ当審鑑定は，医学的専門的知見に基づいており，十分に合理性，妥当性を有するものである。そうすると，Ｂ当審鑑定は，当初発生した挫滅を伴う腸間膜破裂が死因に繋がった腸間膜破裂であるとするものの，当初発生した長くて５，６ｃｍの破裂の状態のままで被害者が死亡するに至ったかどうかは明らかでなく，防御機構が働いて死亡しなかったこともあり得るとするのであるから，これによっても，本件暴行により生じた当初の腸間膜破裂が死亡に至るまでの危険性を有していたとは断定できないことになる。

結局，本件では，本件暴行により生じた当初の腸間膜破裂については，それだけで死亡に至るまでの危険性を有していたと確実に認定することはできない。上記のとおり，Ａ原審証言及びＢ当審鑑定においては，いずれも被告人が被害者の腹部を繰り返し押した行為が，本件暴行により既に生じていた腸間膜破裂を増悪させて大きな破裂となり，被害者に出血性ショックを引き起こした可能性が高いとされており，これらが医学的専門的知見に基づくもので，信用性に格別疑いがないことと，上記のとおり，このときの腹部を押す行為が多数回にわたっており，原審記録中の再現状況等によれば相当の力を込めたものであったと推認されること等を基に，刑事裁判における事実認定に関する諸原則を踏まえて判断すれば，本件暴行から被害者の死亡に至る経緯は，本件暴行により，被害者はそれ自体で死亡に至るまでの危険性があるとは認められない腸間膜破裂の傷害を負ったが，その後に被告人が被害者の腹部を押したことによって，腸間膜破裂の程度が増悪して，創口が38ｃｍに及ぶ高度な破裂となり，出血性ショックを招いて被害者が死亡するに至ったものであると認定すべきであり，それを前提に因果関係の存否を判断することになる。そして，身体の内部で腸間膜破裂が生じている者が吐き気を催すことはあり得るとしても（Ｂ当審鑑定），それに対して周囲の者がその腹部を本件において被告人が行ったように繰り返し押すなどということは，通常一般的に起こり得ることが想定される事態とは言えない。また，被害者の腹部を押した行為は，被告人自身が行ったものではあるが，関係証拠によれば，被害者に日頃から吐き気を催す癖があったことを知っていた被告人が，本件暴行から約５時間後の時点で，被害者がえずいたり，吐いたりしていたことから，吐くのを助ける目的で行ったものであり，かつ，本件暴行からこの時点までの被害者の状況等に照らして，このとき，被告人には，本件暴行により被害者に腸間膜破裂が生じていたこと等は思いもよらなかったものであったと認められ，相当性を超える方法や力を用いたものとは認められないから，被告人が被害者の腹部を繰り返し押した行為は，本件暴行とは異質な刑事的な責任非難の対象にはならないものであったと言うべきである（原判決は，こ

－ 189 －

の腹部を押した行為を「暴行」と表現しているが，「不法な」有形力の行使という意味を込めているのであれば，同調できない。）。

　以上述べたとおり，本件暴行によって生じた腸間膜破裂は，それ自体が死亡の結果をもたらし得るものであるとしても，その段階で死亡するに至るまでの危険性を有するものであったとは認められず，本件暴行後に介在した被告人が被害者の腹部を押したという事情が被害者の死亡に大きく影響していると見るべきところ，この介在事情は，通常一般的に起こり得ることが想定されるとは言えない性質のものであり，また，被告人自身の行為であるとはいえ，本件暴行とは異質な非難できないものであった。そうすると，本件では，本件暴行の有する危険性が被害者の死の結果へ現実化したものとは評価できず，本件暴行と被害者の死亡の結果との間に因果関係を肯定することはできない。本件暴行と被害者の死亡の結果との間に因果関係を肯定した原判決の認定，判断は，論理則，経験則等に反する不合理なものであると言わざるを得ない。

○参照条文
刑法204条，205条
○備　　考
　傷害致死罪を適用して懲役6年を言い渡した原判決を破棄して傷害罪を適用した上，懲役2年を言い渡した。

速報番号　3618号

【事　件　名】　覚せい剤取締法違反被告事件
【事件番号等】　平成29年（う）1088号，平成29年10月11日東京高等裁判所
　　　　　　　　第5刑事部判決，原判決破棄・自判（確定）
【控訴申立人】　弁護人
【第　一　審】　千葉地方裁判所

○判示事項

覚せい剤の自己使用に及んだ被告人につき，刑の一部の執行を猶予しなかった原判決は，裁量を誤ったものであり，不当であるとした事例

○判決要旨

薬物使用等の罪を犯した者に対する刑の一部の執行猶予に関する法律（以下「薬物法」という。）による刑の一部執行猶予制度は，犯情の軽重及び犯人の境遇その他の情状を考慮して，刑事施設における処遇に引き続き社会内において規制薬物等に対する依存の改善に資する処遇を実施することが，再び犯罪をすることを防ぐために必要かつ相当であると認められるときに刑の一部の執行を猶予することができるとする制度であるところ，その制度趣旨等に照らし，上記必要性の判断は，主として，①仮釈放では実現し難い比較的長期の処遇期間を確保することにより可能となる有用な社会内処遇方法が想定できるかという観点から，上記相当性の判断は，②上記①で想定された社会内処遇方法が，被告人の更生意欲，環境等に鑑み，どの程度実効的に実施できるかという観点から，それぞれ検討するのが相当である。

これを本件についてみると，必要性の点については，一般的，類型的に施設内処遇後に相応の期間の社会内処遇を行うことが再犯防止，改善更生のために必要かつ有用ということができ，相当性の点についても，被告人の更生意欲及び更生環境のいずれの面からみても，施設内処遇に続き，社会内処遇を実効的に実施できる見込みがあり，相当性が認められる。

○判決理由

1　本件は，被告人が，千葉県内の路上に駐車中の自動車内で覚せい剤を含有する水溶液を自己の身体に注射して，覚せい剤を使用した，という事案である。

　原判決は，被告人は，覚せい剤の薬理作用を求めて安易に本件犯行に及んでおり，動機や経緯に特段酌むべき点はない，累犯前科を含め，昭和56年以降覚せい剤取締法違反による前科7件を有し，うち6件は服役しており，平成26年3月に前刑の執行を終了したが，懲りずにまた本件犯行に及

んだというのであって，覚せい剤との親和性，依存性は相当根深いものが
あるなどと指摘し，被告人の刑事責任は相当に重いとした。

2　原判決が量刑の理由として説示するところは，概ね相当であり，被告人
を懲役2年10月に処した量刑についても，実刑を選択した点及び刑期の点
を含め，それ自体重すぎて不当であるとはいえない。しかし，被告人に対
しては，施設内処遇に引き続いて，社会内で更生させるため，刑の一部の
執行を猶予するのが相当であると認められるから，原判決の量刑は，刑の
一部の執行を猶予しなかった点において裁量を誤ったものであり，不当で
あるといわざるを得ない。

　すなわち，薬物法による刑の一部執行猶予制度は，犯情の軽重及び犯人
の境遇その他の事情を考慮して，刑事施設における処遇に引き続き社会内
において規制薬物等に対する依存の改善に資する処遇を実施することが，
再び犯罪をすることを防ぐために必要かつ相当であると認められるときに
刑の一部の執行を猶予することができるとする制度であるところ，その制
度趣旨等に照らし，上記必要性の判断は，主として，①仮釈放では実現し
がたい比較的長期の処遇期間を確保することにより可能となる有用な社会
内処遇方法が想定できるかという観点から，上記相当性の判断は，②上記
①で想定された社会内処遇方法が，被告人の更生意欲，環境等に鑑み，ど
の程度実効的に実施できるかという観点から，それぞれ検討するのが相当
である。

　これを本件についてみると，必要性の点については，薬物使用等の罪を
犯した者の薬物への傾向性を改善し，薬物の誘惑のあり得る社会内におい
てもこれを維持，強化することがその再犯防止，改善更生のための課題で
あり，そのための保護観察所の処遇プログラムが存在するほか，医療機関
への通院や薬物依存克服のための民間の自助団体への入通所等，有用な社
会内処遇方法が想定されるから，一般的，類型的に施設内処遇後に相応の
期間の社会内処遇を行うことが再犯防止，改善更生のために必要かつ有用
ということができる。

　次に，相当性の点をみると，原審関係証拠によれば，被告人は，逮捕後，

- 192 -

一貫して本件事実を素直に認め，施設内の処遇プログラムの受講に向けた積極的な意欲を示すとともに，覚せい剤への依存を克服すべく専門的な治療を受ける旨の意向をも示し，現に専門医療機関に入院するなど，これを実際の行動に移していること，暴力団関係者との関係を断ち，実弟と同居し，その監督に服するとともに，会社を営む知人の下で真面目に働きたい旨述べるなどして更生の意欲を示していること，実弟及び上記知人も被告人と同居し，あるいは，被告人を雇用して，被告人の更生に協力する旨の意向を示していることなどの事実が認められる。これらの事情を総合すると，本件については，被告人の更生の意欲及び更生環境のいずれの面からみても，施設内処遇に続き，社会内処遇を実効的に実施できる見込みがあり，前記相当性が認められるというべきである。

3　これに対し，原判決は，原審弁護人から，被告人の更生意欲や更生環境に関する上記と同旨の事実を指摘し，刑の一部の執行を猶予すべき旨の主張があったにもかかわらず，原審弁護人の指摘する事実を刑期の量定において考慮するにとどまり，刑の一部の執行猶予の適否について言及することもないままに全部実刑を選択している。原判決が，一部執行猶予の要件を欠くと判断したのか，あるいは，要件判断をしなかったのかは必ずしも明らかではないが，いずれにせよ，原判決の量刑は，刑の一部の執行猶予の要件が認められるべき典型的な事案ともいうべき本件において，これを適用せず，全部実刑を選択した点において，裁量を逸脱し，不当であるといわざるを得ず，破棄を免れない。

　さらに，当審における事実取調べの結果によれば，被告人は，原判決後も，約2か月間にわたり前記専門医療機関に入院した後，医師から覚せい剤を使用する可能性は低下したとの診断を受けて退院したこと，その後も通院治療を継続していることなどの事実が認められ，これらの事実を併せ考慮すれば刑の一部の執行猶予の要件を満たすことは一層明らかになったというべきである。

○参照条文

薬物使用等の罪を犯した者に対する刑の一部の執行猶予に関する法律（薬物法）3条，4条1項
刑法27条の2第1項

○備　　考

破棄自判　懲役2年10月　その刑の一部である6月の執行を2年間猶予，猶予の期間中保護観察に付す

速報番号　3619号

【事　件　名】　覚せい剤取締法違反被告事件
【事件番号等】　平成29年（う）1196号，平成29年11月1日東京高等裁判所
　　　　　　　　第8刑事部判決，原判決破棄・自判（確定）
【控訴申立人】　検察官
【第　一　審】　東京地方裁判所

○判示事項

　被告人において，犯行後，自発的に入院して薬物依存症からの回復プログラムを受けたことなどをもって，刑の一部執行猶予が付された場合に想定される保護観察中のプログラムを先取りしていると評価し，大幅に軽減した刑を宣告した原判決の量刑判断は，刑の一部執行猶予の制度趣旨を誤解したものであるとして，破棄・自判した事例

○判決要旨

　原判決が，被告人において一審の保釈中，自発的に入院して薬物依存症からの回復プログラムを受け，社会復帰後も再入院をする意向を示していることをもって，刑の一部執行猶予が付された場合に想定される保護観察中のプログラムを先取りしていると評価し，刑の一部執行猶予を付した場合に猶予部分として想定できる期間内で刑期を短縮するとした点は，刑の一部執行猶

- 194 -

予制度導入の趣旨を正解しないものと言わざるを得ず，是認できない。

○判決理由

　原判決が，被告人において一審の保釈中，自発的に入院して薬物依存症からの回復プログラムを受け，社会復帰後も再入院をする意向を示していることをもって，刑の一部執行猶予が付された場合に想定される保護観察中のプログラムを先取りしていると評価し，刑の一部執行猶予を付した場合に猶予部分として想定できる期間内で刑期を短縮するとした点は，以下のとおり是認できない。

　すなわち，一部執行猶予の場合には，実刑部分の執行終了後に執行猶予が取り消されることもあり得るという条件で，定められた猶予期間を社会内で過ごし，その多くは保護観察を受けつつ改善更生を図ることが想定され，その結果，刑の一部執行猶予の言渡しを取り消されることなくその猶予期間を経過した場合にはその実刑部分を刑期とすることとし，刑期が短縮される効果をもたらすことになっている。そうすると，刑の宣告前に自発的に薬物依存治療プログラムを受けたことは再犯の防止という見地からは相応に評価すべきことは当然ではあるものの，これを一定期間服役した後に行われることが想定される一部執行猶予制度での保護観察と同等に見ることはできない。

　また，一部執行猶予制度の導入は，刑の言渡しについて新たな選択肢を設けるものであって，犯罪をした者の刑事責任に見合った量刑を行うことに変わりがなく，従来よりも刑を重くするものでも，軽くするものでもないと解されている。したがって，その制度導入後においても，刑はあくまでその犯情を中心としたいわゆる行為責任を基礎としてその枠内で定められることは従前と変わりはなく，一部の刑の執行を猶予する場合においても，犯情を中心とした刑事責任に見合った刑として宣告刑が定められ，再犯防止の必要性，相当性の観点からそのうちの一部の刑の執行を社会内での生活や保護観察によって代替するものと理解されるべきである。

　そうすると，原判決は，再犯防止に向けた事後的措置を理由に，従来の基準から想定される刑から大幅に軽減した刑を宣告することをもって刑の一部

執行猶予制度を導入した法の趣旨にも合致するとした点において，同制度導入の趣旨を正解しないものと言わざるを得ない。

○参照条文

刑法27条の2，27条の3第1項，27条の7

○備　　考

なお，控訴審は，「原判決は，本件が前刑による薬物再乱用防止プログラムを受講中の再犯であることに鑑みると一部執行猶予は相当ではない旨判断しているが，被告人に関しては前刑の執行猶予の取消しに伴う服役も予想される中，なお，更生環境の調整が図られ，被告人自身のプログラム受講に対する意識の改善も進行しつつあり，一定期間経過後には当該プログラム受講に関する相当性が整うことが十分期待でき，薬物依存の特性からみて，早期の1度のつまずきで再犯防止のプログラムに適さないという評価はできず，保護観察所と被告人が受診予定の医療機関とが連携して更生に向けた援助，指導をすることも可能であることからすれば，本件は一部執行猶予になじまない事案ということはできない。」旨判示し，「被告人を懲役1年2月に処する。その刑の一部である懲役4月の執行を2年間猶予し，その猶予期間中被告人を保護観察に付する。」旨の主文を言渡した（原判決は検察官の懲役2年の求刑に対し，懲役10月に処していた。）。

速報番号　3620号

【事　件　名】　所得税法違反被告事件
【事件番号等】　平成29年（う）1006号，平成29年11月1日東京高等裁判所
　　　　　　　　第1刑事部判決，控訴棄却（弁・上告）
【控訴申立人】　弁護人
【第　一　審】　東京地方裁判所

〇判示事項

被告人が自己の著作物を電子辞書及び携帯電話に搭載するための電子データ化や加工（仕様変換）に要した費用の支出は，繰延資産に該当し，所要の償却期間により償却される必要があることから，原判決認定の所得額から減額されるべきとの弁護人の主張を排斥し，繰延資産該当性を否定した事例

〇判決要旨

1　開業費該当性に関し，仕様の異なる電子辞書，携帯電話に搭載するごとにそれぞれの独自の仕様に合わせることは，「新たな事業の開始」ではなく，そのために支払われた費用（以下「本件費用」という。）は，事業を開始した後に支出したものであって，「事業を開始するまでの間に」（所得税法施行令7条1項1号）支出する費用に該当しない。
2　開発費該当性に関し，開発費は，繰延資産の一つであるから，既に代価の支払いが完了し，これに対応する役務の提供を受けたにもかかわらず，その効果が将来にわたって発生すると予想される費用である必要があるところ，被告人が本件費用を支出して役務の提供を受けたことにより直接的に収益が生じる訳ではないから，本件費用は開発費に当たらない。
3　所得税法施行令7条1項3号ホ該当性に関し，本件費用の支出によって，「収益」である著作権使用料収入が発生するという「効果」が生ずるという直接的な対価関係は認められず，本件費用の支出は，自己が便益を受けるために支出する費用に当たらない。

〇判決理由

繰延資産該当性について

弁護人は，本件費用の支出は繰延資産に該当し，60か月の償却期間により償却される必要がある結果，原判決認定の所得額から減額されることになるのであるから，原判決には法令の適用に誤りがあってその誤りが判決に影響を及ぼすことが明らかである，と主張する。

1　開業費について

　　原判決は，被告人が執筆した書籍等を電子データ化して電子辞書等に

搭載して当該書籍等に係る著作権の二次使用に係る著作権使用料収入を得る事業が新たな事業である，と考えたとしても，同事業が開始されたのは，平成14年ないし同15年であり，開業準備のために特別に支出した費用があるのであれば，平成15年に支払われた当該支出のみがこれに当たる余地を残すにすぎない，そして，被告人は，平成23年分及び平成24年分の各所得については確定申告をせず，平成25年分の確定申告においても，本件費用の支出について任意の償却金額として記載していないのであるから，任意償却（所得税法施行令137条3項）を論ずる余地はなく，既に支出から60か月の均等償却期間が経過したことが明らかな本件においては，繰延資産として扱う余地はない，とする。

原判決の上記判断は，論理則，経験則等に照らして不合理な点はなく，法令の適用にも誤りはない。

これに対して，弁護人は，被告人の書籍等の電子データを電子辞書等に搭載するために必要な仕様は，電子辞書，携帯電話ごとに異なっており，被告人はその独自の仕様に合わせるために，平成20年まで多額の費用を負担していたのであるから，平成20年までに負担した費用は，開業準備のために支出した特別の費用であり開業費に該当するのであり，平成15年の支出のみが開業費に該当する余地があるとした原判決は，法令の適用を誤っている，と主張する。

しかしながら，開業費とは，「事業所得等を生ずべき事業を開始するまでの間に開業準備のために特別に支出する費用」である（所得税法施行令7条1項1号）ところ，仕様の異なる電子辞書，携帯電話に搭載するごとにそれぞれの独自の仕様に合わせることは「新たな事業の開始」ではなく，平成15年に支払われたもの以外は，事業を開始した後に支出したものであって，「事業を開始するまでの間に」支出する費用に該当しない。

原判決に法令適用の誤りはなく，弁護人の主張は採用できない。

2　開発費について

原判決は，電子データ化の内容は，既に書籍化していた著作を既存の

－ 198 －

技術を用いて電子データ化するためのもの，あるいは，同電子データを既存の技術を用いて電子辞書等に適合するよう加工するためのものであって，新たな技術若しくは新たな経営組織の採用，資源の開発又は市場の開拓のために特別に支出する費用でないと目されることから，開発費に当たらないことは明らかである，とする。

原判決の上記判断は，論理則，経験則等に照らして不合理な点はなく，法令の適用にも誤りはない。

これに対して，弁護人は，被告人は，著作物のデータ化，音声化，電子辞書・携帯電話用データへの仕様変換等の新たな技術を採用して本件費用を支出したのであるし，被告人が本件費用を支出したのは，著作物を電子辞書，携帯電話に搭載するという新たな市場を開拓するためであるから，本件費用は開発費に該当するのであり，原判決は法令の適用を誤っている，と主張する。

しかしながら，開発費は，繰延資産のひとつであるから，既に代価の支払が完了し，これに対応する役務の提供を受けたにもかかわらず，その効果が将来にわたって発生すると予想される費用である必要がある。本件費用は，弁護人の主張によっても，自己の著作物を電子辞書等に搭載して二次使用に係る著作権使用料収入を得るための電子データ化等に必要な費用であって，収益が生じるのは，費用を支出し，役務の提供を受けて電子データ化したものを取得したことによるのではなく，電子データ化されたものが電子辞書等に搭載されて販売されるからであり，役務の提供を受けたことにより直接的に収益が生じる訳ではない。したがって，本件費用は，そもそも繰延資産には当たらないから，開発費にも当たらないことは明らかである。

これと同趣旨と解される原判決に法令適用の誤りはなく，弁護人の主張は採用できない。

3　自己が便宜を受けるために支出する費用について

原判決は，被告人が支払った旨主張する支出は，米国業者に対して電子データを作成した対価及びソフト会社等が当該電子データを電子辞書

－ 199 －

等に適合するように加工した対価の各支払にすぎないから，被告人が支出の相手方等から支出の日以降1年以上にわたって便益を受けられるとは認められないので，将来の便宜享受の対価としての性質を有するものには当たらず，所得税法施行令7条1項3号イないしホの該当性も欠く，とする。

　原判決の上記判断は，論理則，経験則等に照らして不合理な点はなく，法令の適用にも誤りはない。

　これに対して弁護人は，所得税法施行令7条1項3号ホが「自己が便益を受けるために支出する費用で支出の効果がその支出の日以後1年以上に及ぶもの」を繰延資産に該当するとしているところ，東京地方裁判所平成16年6月30日判決が，「支出の効果」とは，費用収益対応の原則における「収益」の発生を意味するものであって，「支出の効果がその支出の日以後1年以上に及ぶもの」というのは，費用収益対応の原則の下，当該費用の支出が1年以上に及ぶ継続的な収益を発生される性質を有するものをいうと解するのが相当である，と判示していることに依拠して，同号ホの「支出の効果」とは，収入の発生を意味するのであって，支出の相手方から受ける便益を意味しているのではないとした上で，被告人は，本件費用を支出して，著作物を電子辞書や携帯電話に搭載して二次使用させることにより，電子辞書会社及び携帯電話会社から1年以上にわたり著作権使用料を得ることができたのであるから，本件費用の支出は，所得税法施行令7条1項3号ホの繰延資産に該当するのであり，原判決は法令の適用を誤っている，と主張する。

　しかしながら，2開発費のところで示したとおり，本件費用に繰延資産性は認められないが，弁護人の主張を踏まえ，さらに検討する。弁護人が援用する裁判例の事案においては，委託料を支出してソフトウェア開発のために役務の提供を受け，役務の提供による成果物であるソフトウェアが完成・納入されれば，このソフトウェアを販売，賃貸等の形態により利用することによって継続的な「収益」を発生させることができるから，ソフトウェア開発のために委託料という「費用を支出」するこ

とによって，委託による役務の提供の成果物であるソフトウェアの販売等による「収益」が得られるという「効果」が発生するという対価関係が認められる。これに対し，本件においては，被告人が，米国業者が電子データを作成したり，ソフト会社等が当該電子データを電子辞書等に適合するように加工したりすることについて，その対価を支払っても，それだけでは著作権使用料は発生せず，著作権使用料は，電子辞書等のメーカーが，米国業者が作成した電子データや当該電子データを電子辞書等に適合するように加工した製品を利用して商品化し，販売することによって生じるものであり，電子データ化や電子辞書等に適合するための加工作業に対する「支出」によって，「収益」である著作権使用料収入が発生するという「効果」が発生するという直接的な対価関係は認められない。したがって，本件費用の支出は，自己が便益を受けるために支出する費用に当たらない。

○参照条文

所得税法 2 条 1 項20号，50条

所得税法施行令 7 条 1 項，137条

○備　考

繰延資産該当性を否定した判断として参考となると思われる。

速報番号　3621号

【事　件　名】　住居侵入，強盗致傷被告事件
【事件番号等】　平成29年（う）651号，平成29年11月 2 日東京高等裁判所
　　　　　　　　第 4 刑事部判決，原判決破棄・差戻し（確定）
【控訴申立人】　被告人
【第　一　審】　東京地方裁判所

○判示事項

防犯ビデオ画像による異同識別のための顔貌等の鑑定について，その手法が合理的であり具体的な分析も信用できるとした原判決の理由付けは不十分であって，審理不尽の違法があるとして，破棄差戻した事例

○判決要旨

本件の証拠構造上，犯人と被告人の同一性に関する最も重要な証拠であると認められる本件鑑定の科学的原理やその理論的正当性，更に具体的な分析内容の客観性・信頼性に関する判断材料が不十分であることからすると，原審としては，本件鑑定及び鑑定人証言の信用性を判断するために，検察官に対してその信用性に関して釈明を求めたり，必要な証拠調べを実施したりして，専門的な知見を得る必要があったにもかかわらず，それらの措置を講じなかった原審の手続には審理不尽の違法がある。

○判決理由

原判決は，Y証言は信用できないとする原審弁護人の主張を排斥し，Y証言によれば，犯人と被告人との間に，顔及び身体並びに着衣の類似点が認められ，また，身長も合致し，さらに，両者の間に矛盾点は認められず，とりわけ，おでこの中心，眉間と眉周り，頬骨及び鼻下の4か所に突出が認められ，その4点の突出の位置及び大きさがそろって一致していることなどの固有性の高い特徴が複数で一致することに加え，多数の点を検討しても矛盾点が認められないこと自体が，人の顔の比較という点からすると，同一人物である可能性を相当程度高めるものといえ，その他身長，着衣の類似点等をも考慮すると，犯人と被告人は，相当に似ているといえると説示した上，その余の被告人と犯人の同一性を肯定する方向に働く事情について検討し，これらの事情に照らすと，被告人が本件の犯人であることは，常識に照らして間違いないということができると説示する。

Y鑑定及びY証言は，原判決において，防犯カメラに映った人物の同一性を裏付ける証拠として採用されているほか，原判決も自認するとおり，被告人と犯人の同一性の認定に当たり，最も重要な証拠であると評価されている

ことが認められる。

　Y鑑定及びY証言にそのような証拠価値を認めるについては，Y鑑定の科学的原理やその理論的正当性を解明するとともに，Y鑑定の証拠価値やY証言の信用性を判断することが可能となるよう，Y鑑定の正確性や，これを裏付ける事情等を明らかにすることが必要不可欠であると考えられるのであって，このような作業が行われなければ，そもそもY鑑定やY証言の証拠価値を明らかにすることはできないというべきである。

　検討の対象とすべきなのは，Y鑑定が，異同識別の目的で，このような客観的な画像データ（これを分析評価しようとする誰にとっても，同一の科学的データ）をどのような方法によって分析し，その結果得られた２次的なデータをどのような方法によって評価して異同識別の結論を得ているかという点である。これらの分析方法・評価方法が，刑事裁判においてどの程度の的確性・有用性を有するものとして取り扱うのが相当であるのかについては，このような分析方法・評価方法が，どの程度の客観性・信頼性を備えているか否かによって判断すべきであると考えられる。換言すれば，鑑定資料は客観的な画像データなのであるから，前記のような分析・評価において，誰が行っても同一の結果がもたらされるような客観的な分析方法（結果の正しさについて検証可能な分析方法）が採用されており，かつ，そのような方法により得られた分析結果についての評価方法が，主観的なものではなく，客観的にみて信頼できるということになれば，そこで用いられた分析方法・評価方法は，客観性・信頼性を備えていることになろう。

　Y鑑定の中心をなす被告人と犯人についての「顔と身体の異同識別」の部分を取り上げて，「鑑定内容の説明」及びY証言により，その原理や具体的な鑑定内容について検討したところによれば，原判決が，Y鑑定の採用した手法は合理的であるとし，具体的な分析についても信用できるものであると判断した点に関する理由付けは不十分といわざるを得ず，その手法が合理的なものかどうか，更に具体的な分析が信頼できるものであるかどうかについては，更に解明することが必要である。

　原審としては，Y鑑定及びY証言の信用性を判断するために，検察官に対

－ 203 －

してその信用性に関して釈明を求めたり，必要な証拠調べを実施したりして，専門的な知見を得る必要があったというべきである。したがって，それらの措置を講じなかった原審の手続には，審理不尽の違法があり，その点が判決に影響を及ぼす蓋然性があることを直ちに否定することはできないといわざるを得ない。

Ｙ鑑定の科学的原理やその理論的正当性，更に具体的な分析内容の客観性・信頼性を明らかにするためには，当審において，検察官に対して釈明を求めたり，Ｙ証人を再度尋問したりするほか，必要に応じて他の専門家を尋問するなどの必要な証拠調べを実施することも可能である。しかしながら，判決に至るためには，その結果を踏まえてＹ鑑定を再評価し，その証拠価値を見極めた上で，原審において当事者が攻撃防御の対象とした，被告人と犯人の同一性に関するその余の積極・消極両方向の間接事実の証拠価値を併せて検討することになることが想定される。そうすると，本件が裁判員裁判事件であることも考慮すると，本件については，原審に差し戻すのが相当である。

○参照条文

刑法130条前段，240条前段

速報番号　3622号

【事　件　名】　詐欺未遂被告事件
【事件番号等】　平成29年（う）1276号，平成29年11月7日東京高等裁判所
　　　　　　　　第2刑事部判決，控訴棄却（確定）
【控訴申立人】　弁護人
【第　一　審】　東京地方裁判所

○判示事項

いわゆるだまされたふり作戦が実施された特殊詐欺事案において，被害者に電話をかけただまし役の行為は，詐欺の結果発生の現実的危険性はないか

ら詐欺行為ではないという弁護人の主張を排斥して，詐欺の実行行為性を認めた事例

○判決要旨

未遂犯は具体的危険犯であり，その危険性の判断は，行為者の行為の危険性についての純粋に物理的な判断ではなく，一般人の立場からする判断であるから，行為者が認識し，あるいは想定した具体的事情を基礎として，一般人がその行為経過を観察し，結果発生の危険性を判断すべきものである。そうすると，その事情の中には，行為者がおよそ知り得ない事情であるだまされたふり作戦のようなものは含まれない。そして，本件の具体的事情を一般人の立場から見た場合に結果発生の危険性があるということができ，だまし役の行為について，詐欺の実行行為性を認めることができると説示した原判決の判断に不合理なところはない。

○判決理由

原判決は，だまし役が被害者に対し，平成28年10月18日午前11時以降，被害者の息子を装って複数回にわたり電話をかけ，至急現金が必要であるなどとうそを言って現金525万円を要求した行為が，客観的には財産的処分行為に向けられた欺罔行為であることは明らかであるとする。そして，原判決は，原審弁護人による，同月18日午前11時以降のだまし役の電話の時点では，既にだまされたふり作戦が開始されていたから，財物の交付という詐欺の結果発生の現実的危険がなく，詐欺未遂の実行行為に該当しない旨の主張に対し，詐欺の実行行為該当性については，いわゆる不能犯の判断基準に従い，行為当時，その場に置かれた一般人が認識し得た事情及び行為者が特に認識していた事情を基礎として，詐欺既遂の結果発生の現実的危険の有無を判断すべきであるとして，本件でだまされたふり作戦が行われていた事実は，だまし役を含む氏名不詳の共犯者らは認識していなかったし，この事実は，詐欺既遂の結果発生の現実的危険の有無の判断に当たって基礎事情とすることはできず，だまし役の行為について，詐欺の実行行為を認めることができるとする。

これに対し，所論は，未遂犯として処罰すべき法益侵害の危険性があった
か否かの判断には，犯人側の状況とともに，それに対応する被害者側の状況
をも観察し得る一般人を想定すべきであり，そのような一般人としては，だ
まされたふり作戦が行われている事実を認識できるのであって，詐欺結果発
生の現実的危険性はない，という。

しかし，未遂犯は具体的危険犯であり，その危険性の判断は，行為者の行
為の危険性についての純粋に物理的な判断ではなく，一般人の立場からする
判断であるから，行為者が認識し，あるいは想定した具体的事情を基礎とし
て，一般人がその行為経過を観察し，結果発生の危険性を判断すべきもので
ある。そうすると，その事情の中には，行為者がおよそ知り得ない事情であ
るだまされたふり作戦のようなものは含まれない。そして，本件の具体的事
情を一般人の立場から見た場合に結果発生の危険性があるということがで
き，だまし役の行為について，詐欺の実行行為性を認めることができると説
示した原判決の判断に不合理なところはない。

○参照条文

刑法60条，246条１項，250条

○備　　考

関連する裁判例

　平成28年９月12日福岡地方裁判所判決

　平成29年５月31日福岡高等裁判所判決（上記福岡地裁判決控訴審）

　平成29年３月27日東京高等裁判所判決

速報番号　　3623号

【事　件　名】　覚せい剤取締法違反，医薬品，医療機器等の品質，有効
　　　　　　　　性及び安全性の確保等に関する法律違反被告事件
【事件番号等】　平成29年（う）1456号，平成29年11月８日東京高等裁判所

第1刑事部判決，控訴棄却（確定）

【控訴申立人】　被告人
【第　一　審】　東京地方裁判所

○判示事項

　覚せい剤と指定薬物の混合物の所持につき，覚せい剤取締法違反の罪と医薬品，医療機器等の品質，有効性及び安全性の確保等に関する法律違反の罪が成立し，観念的競合となる。

○判決要旨

　原判決は，罪となるべき事実のうち，覚せい剤及び指定薬物の混合物の所持につき，法解釈上，覚せい剤取締法違反罪のみが成立すると判断しているが，その判断の根拠には理由がなく，混合物に含有されている指定薬物所持の点について，医薬品，医療機器等の品質，有効性及び安全性の確保等に関する法律違反罪が別途成立する。

　混合物の所持については，1個の行為が両罪の罪名に触れる場合，1罪として重い覚せい剤取締法違反罪の刑で処断することになる。

○判決理由

　原判決は，罪となるべき事実のうち，覚せい剤及び指定薬物の混合物の所持につき，法解釈上，覚せい剤取締法違反罪のみが成立すると判断しているが，その判断の根拠には理由がなく，混合物に含有されている指定薬物所持の点について，医薬品，医療機器等の品質，有効性及び安全性の確保等に関する法律違反罪が別途成立すると解するのが相当である。もっとも，混合物の所持については，1個の行為が両罪の罪名に触れる場合で，1罪として重い覚せい剤取締法違反罪の刑で処断することになるから，結局，処断刑の範囲に影響しない。また，覚せい剤及び指定薬物の混合物の没収について，覚せい剤取締法41条の8第1項本文に加えて，刑法19条1項1号，2項本文も適用する必要があるが，本件混合物の全体が覚せい剤取締法による必要的没収の対象となるとの結論に影響しない。

○参照条文

覚せい剤取締法2条1項1号，3号，41条の2第1項，2項

　　医薬品，医療機器等の品質，有効性及び安全性の確保等に関する法律2条
15項，76条の4

速報番号　3624号

【事　件　名】　詐欺，詐欺未遂，神奈川県迷惑行為防止条例違反被告事
　　　　　　　　　件
【事件番号等】　平成29年（う）912号，平成29年11月10日東京高等裁判所
　　　　　　　　　第8刑事部判決，原判決破棄・自判（被・弁，上告）
【控訴申立人】　被告人
【第　一　審】　横浜地方裁判所横須賀支部

〇判示事項

　　特殊詐欺の受け子を騙されたふり作戦により逮捕した事案について，不能
犯との主張を排斥し，欺罔行為及び共謀を認めた事例

〇判決要旨

　　特殊詐欺の現金受取役について不能犯が成立するかの判断にあたっては，
原則的には行為時の一般的，客観的事情を基礎とすべきであって，オレオレ
詐欺に詳しい銀行員等の認識を基礎とすべきではなく，疑いを抱いた銀行員
から通報を受けた警察官が受取役を逮捕すべく待機し，現金交付の現実的可
能性がなかったというような当該事案における個別的な事情をも基礎に結果
発生の危険性を判断すべきものではない。

〇判決理由

　　原判決は，原判示第5の被害者は，氏名不詳者らによる欺罔を信じて，平
成28年10月25日午後1時30分頃，M銀行Z支店に現金を引き出しに行ったと
ころ，同銀行の担当者が機転を利かせて警察に連絡するとともに，被害者に

同人の息子に確認させるなどした結果，オレオレ詐欺であることが判明し，遅くとも同日午後2時20分頃までには警察のいわゆる騙されたふり作戦に協力することになったところ，被告人は，同日午後2時44分にX駅で乗車券を購入してY駅に向かい，同駅到着後にAから被害者宅に向かうよう指示され，同日午後3時27分に同駅で乗車券を購入してZ駅に向かい，被害者方先路上で被害者と接触した，との事実を認めている。そして，Aから被告人が詐欺の指示を受けた時点では被害者が詐欺であることに気付き，警察の騙されたふり作戦に協力していたとはいえるが，未だ被告人が法律事務所の使いであると被害者に告げるという欺罔行為も予定されており，欺罔行為は完了していないといえる。次に，被告人がAにより被害者から現金を受け取るよう指示された時点において，不能犯となって共謀が成立しないのかについて検討すると，その場におかれた一般通常人が認識し得た事情及び行為者が特に認識していた事情を基礎として当該行為の危険性の有無を判断すべきであって，そうすると，被告人や一般通常人にとって，上記の事実はおよそ認識し得なかったといえるから，詐欺の結果発生の危険性はあったものと評価すべきであって，不能犯とはならないから，詐欺の共謀が成立する，と説示している。

　原判決のこの判断に不合理な点はなく，原判決の説示するとおり，いわゆるオレオレ詐欺について，その電話による欺罔行為が金品の交付に至る危険性のある行為である以上は，たまたま現金を渡す前に被害者が詐欺であることに気付いたとしても，その時点でその後の実行行為等の可罰性が失われるということはできず，その後の役割を分担した者が，被害者が詐欺であることに気付いた時点よりも後に犯行に加担したとしても，共犯の成立が妨げられるものではなく，原判決の判断は当裁判所も正当として首肯できる。

　これに対し，所論は，①氏名不詳者が電話で欺罔行為をした時点で被害者は欺罔されていて既に原判示第5における欺罔行為が終了しており，その後に被告人が荷物を取りに行ったにすぎないから，欺罔行為はなく，共謀もない，②不能犯かどうかの判断には，詐欺の疑いを抱いた銀行員などの一般人が認識していた事情や複数の警察官が被害者宅に行ったこと等の事実をも付

け加えるべきであり，そうすると，被告人が被害者と接触したとしても，その場に複数名の警察官がいたのであるから詐欺の結果発生に至る危険性はなかったと解され，本件詐欺未遂は不能犯というべきである，という。

しかしながら，①については，原判決も述べるように，本件のような詐欺においては，氏名不詳者による欺罔行為のみで完了すると解すべきではなく，現金受取役が現場に赴き法律事務所の使いと名乗ることも，また，そのような言辞を用いなくとも，受取りに出向いて服装や名乗る氏名から氏名不詳者が派遣した事務員であるかのように被害者に思わせる行為も，欺罔行為の一部であると解すべきである上，そもそも被害者から金品の交付を受ける行為も実行行為の一部であるから，所論は採用できない。

また，②については，原判決は，外形的には実行行為が続いているにもかかわらず，ある時点以降の行為は可罰性が失われ，犯罪行為を組成しないと判断すべきか否かの問題であるから，不能犯の基準を用いて判断すべきものとしていると解されるところ，その原判決の判断は誤りであるとはいえない。そして，その判断にあたっては，原則的には行為時の一般的，客観的事情を基礎とすべきであって，オレオレ詐欺に詳しい銀行員等の認識を基礎とすべきではなく（当該被害者のように騙される者もいるという程度の危険性があれば足りる。），疑いを抱いた銀行員から通報を受けた警察官が現金受取役を逮捕すべく待機し，現金交付の現実的可能性がなかったというような，当該事案における個別的な事情をも基礎に結果発生の危険性を判断すべきものではないから，所論はその前提において採用できない。

以上のとおりであるから，原判示第5について，不能犯との主張を排斥し，欺罔行為及び共謀を認めて，詐欺未遂の共同正犯が成立するとした原判決の判断に誤りはない。

○参照条文

刑法60条，250条，246条1項

速報番号　3625号

【事　件　名】	詐欺，窃盗，詐欺未遂被告事件
【事件番号等】	平成29年（う）726号，平成29年11月17日東京高等裁判所 第5刑事部判決，原判決破棄・自判（検・弁，上告）
【控訴申立人】	検察官，弁護人
【第　一　審】	千葉地方裁判所

○判示事項

1　スーパーインポーズ法によって行われた画像による顔貌鑑定の信用性を肯定した事例

2　第一審判決が起訴に係る公訴事実の存在を認めるに足りる証拠がないとして，被告人に対し，無罪を言い渡した場合に，控訴審において何ら事実の取調べをすることなく，訴訟記録及び第一審裁判所において取り調べた証拠のみによって，直ちに公訴事実の存在を確定し有罪の判決をすることができるとして，原判決を破棄し有罪の自判をした事例

○判決要旨

1　顔貌鑑定の信用性を検討するに当たっては，いかなる手法に基づき，いかなる証拠で同一性識別に関する結論を導いているのかについて十分に吟味した上で，その合理性や信用性を判断する必要があるところ，スーパーインポーズ法によって行われた画像による本件顔貌鑑定は，多数の特徴の類似性や内容，程度等に照らせば，個別の特徴の本人固有性の程度や出現頻度に関する統計的確率等を考慮していないことを踏まえても，防犯カメラ映像に映った犯人と被告人とは「同一人と考えられる。」との結論部分を含めて十分に信用することができるというべきであり，また，仮にそこまでいえないとしても，少なくとも，重ね合わせ画像，つなぎ合わせ画像について，顔の輪郭等の7項目についていずれも類似している一方，別人と判断するに有効な形態学的相違点が見つからないとした専門的知見に基づく分析，評価の限度において，十分に信用することができる。

2　第一審判決が起訴に係る公訴事実の存在を認めるに足りる証拠がないとして，被告人に対し，無罪を言い渡した場合に，控訴審において自ら事実の取調べをすることなく，訴訟記録及び第一審裁判所において取り調べた証拠のみによって，直ちに公訴事実の存在を確定し有罪の判決をすることは，刑訴法400条ただし書の許さないところとするのが最高裁判所の判例であるが，現在の刑訴法の仕組みと実務を前提に考えた場合，第一審の無罪判決に対する検察官控訴について，判例が意図する被告人の権利の保護を図る上では，具体的な事案に即したより実質的な考慮が必要と思われ，不必要で不合理な控訴審における形式的な事実の取調べか，事件の差戻しにより現在の刑訴法の仕組みに抵触するような審理のやり直しを求め，また訴訟の遅延をもたらす判例の解釈は，今日においては，その正当性に疑問がある。控訴審においては一切事実の取調べをしていないが，本件は，訴訟記録及び原裁判所において取り調べた証拠によって，直ちに判決をすることができるものと認められるから，刑訴法397条1項，382条により原判決を破棄し，同法400条ただし書によって，当審において更に有罪の判決をする。

○判決理由

1　顔貌鑑定について

　　原判決は，Ｓ鑑定が，個別の特徴の本人固有性の程度や出現頻度に関する統計的確率等を考慮することなく行われていることを根拠に，その識別力は犯人と被告人とが同一人である可能性が高いとはいえるものの，被告人と容姿が似た別の人物が各犯行を行った可能性を否定できないと判断している。

　　しかし，原判決の上記判断は，顔貌鑑定の性質，Ｓ鑑定の具体的な手法や内容等を的確に踏まえたものとはいえず，論理則，経験則等に反し，不合理であるといわざるを得ず，是認することはできない。以下，その理由を補足して説明する。

　　Ｓ鑑定は，画像による顔貌鑑定のうちのスーパーインポーズ法と呼ば

れる手法によるもので，防犯カメラに映った犯人の3つの異なる角度の顔貌の画像と被告人の頭顔部の形状データから作成した三次元モデルとを，コンピュータ上で大きさや向きの調整を行った上，重ね合わせたり，縦横に輪切りした2つの写真をつなぎ合わせたりして比較する手法によって両者の異同識別をした顔貌鑑定の経過及び結果を記したものである。上記比較の結果，顔の輪郭，額の頭髪の生え際の輪郭，眉の走向，眼瞼裂の走向，外鼻の鼻尖・鼻翼・鼻背の形状，口唇の上下赤唇縁の厚さや口裂線の走向，耳介の側方への張り出しや耳輪から耳垂に至る形状の7項目についていずれも類似していることが観察できる一方，別人と判断するに有効な形態学的相違点が見つからなかったので，犯人と被告人は同一人と考えられるとの結論を導いている。S鑑定及びS証言の立証趣旨は，いずれも「防犯カメラ映像に映っている人物と被告人が同一人物と考えられること等」とされており，同立証趣旨や上記内容に照らし，これらの証拠も犯人と被告人との同一性に関する直接証拠あるいはこれに準じる証拠であるとみるのが相当である。

　ところで，人の顔貌は，千差万別であって，顔や頭部の大きさや形，個々のつくりの大きさ，形状，向きやその位置関係等の特徴も様々である。他方，成長期にある場合などを除き，特定の人物のそれらの特徴は，経年的に多少は変化するにしても，短期間に大幅に変化することは考え難い。したがって，犯人とされる者の画像と被告人との間で，顔貌に関する複数の特徴が一致していれば，その一致する特徴の数が多いほど，それらが同一人物である可能性が累積的に高まるといえ，反対に明らかに矛盾する特徴が一つでもあれば，同一人物ではない可能性が飛躍的に高まるといえる。これらは，専門的な形態学的知見を待つまでもなく，常識的に明らかといえる。

　画像による顔貌鑑定は，以上を基礎として，形態学的検査，計測学的検査，スーパーインポーズ法などにより行われるところ，このうち形態学的検査や計測学的検査の場合には，それぞれの手法に基づき，顔貌の特徴や数値の類似性を検討した上で，特徴の出現頻度や数値の分布状況等の統

計学的なデータを補助的に用いることもあろうが，既に判示したような手法であるスーパーインポーズ法の場合には，その性質上，統計的なデータを補助的に用いることにはなじみにくいものと考えられる。

顔貌鑑定の信用性を検討するに当たっては，いかなる手法に基づき，いかなる根拠で同一性識別に関する結論を導いているのかについて十分に吟味した上で，その合理性や信頼性を判断する必要がある。

以上を踏まえて，Ｓ鑑定についてみると，同鑑定で採用した手法の性質に照らせば，個別の特徴の本人固有性の程度や出現頻度に関する統計的確率等を踏まえなければ，同一人物であるかどうかに関する識別結果の信用性が左右されるものとはいえず，原判決の前記判断は，そもそも前提に疑問があるものといわなければならない。Ｓ鑑定において顔貌を比較する前提として行われた，被告人の顔貌の三次元モデルを撮影し，その画像と防犯カメラ映像に映った犯人の顔貌とをコンピュータ上で重ね合わせるなどした過程は，顔貌鑑定に関する専門的な知見や経験に基づき，専用の機材，ソフトウェア等を用いて的確に行われていると認められる。そして，その結果作成された３つの角度による重ね合わせ画像，つなぎ合わせ画像を見れば，全ての角度による全ての画像について，顔全体の輪郭や額の頭髪の生え際の輪郭はもとより，目，鼻，口，耳，眉毛等の個々のつくりの位置，大きさ，形状等に至るまでが，単に類似しているというレベルを超えて，完全なまでに一致している一方で，相互に矛盾する特徴が見当たらないことは，一目瞭然である。これほどまでに多くの顔貌の特徴がことごとく一致している以上，Ｓによる分析，評価を待つまでもなく，常識に照らし，防犯カメラ映像に映った犯人と被告人とが，同一人物である可能性が極めて高いといえることは明らかである。

そして，Ｓ鑑定は，専門的知見を有しない一般人でも視覚により知覚，認識することのできる上記のような類似性を，顔貌鑑定や形態学等に関する専門的な知見に基づき，着目すべき項目ごとに分析，言語化した上，これを総合評価して，防犯カメラ映像に映った犯人と被告人とは「同一人と考えられる。」との結論を導いたものであると認められ，その具体的な記

載内容や結論を導く過程にも疑義を差し挟むべき点は見当たらない。

　以上によれば，Ｓ鑑定については，上記のような多数の特徴の類似性の内容，程度等に照らせば，個別の特徴の本人固有性の程度や出現頻度に関する統計的確率等を考慮していないことを踏まえても，上記結論部分を含めて十分に信用することができるというべきであり，また，仮にそこまでいえないとしても，少なくとも，上記各重ね合わせ画像，つなぎ合わせ画像について，上記７項目についていずれも類似している一方，別人と判断するに有効な形態学的相違点が見つからないとした専門的な知見に基づく分析，評価の限度において，十分に信用することができ，防犯カメラ映像に映った犯人と被告人が同一人物である可能性が極めて高いと認めることができる。

2　自判の可否について

⑴　そこで，次に，事件を原裁判所に差し戻すか，それとも自判するかという点について検討すると，第一審判決が起訴にかかる公訴事実の存在を認めるに足りる証明がないとして，被告人に対し，無罪を言い渡した場合に，控訴審において自ら何ら事実の取調べをすることなく，訴訟記録及び第一審裁判所において取り調べた証拠のみによって，直ちに公訴事実の存在を確定し有罪の判決をすることは，刑訴法400条ただし書の許さないところとするのが最高裁判所の判例（最大判昭和31年７月18日・刑集10巻７号1147頁，最大判同年９月26日・刑集10巻9号1391頁。以下，両者を合わせて「判例」という。）である。

⑵　判例に抵触することなく自判するため，当審で事実の取調べを行うことについて検討すると，検察官は，当審において，各詐欺の事実を立証するため，原判決後に作成されたＮ及び居酒屋の店長の各検察官調書や原審段階で作成されていたＳ鑑定とは別の専門家による画像鑑定書等書証15点，証拠物１点，証人３名（検察官調書の供述者２名，画像鑑定書の作成者）について新たに事実取調べの請求をしたが，そのうち，証拠とすることに同意があった３通の書証（防犯カメラ映像を記録したＤＶＤ－Ｒの任意提出書，領置調書，防犯カメラ映像を記録

したＣＤ－Ｒ添付の捜査報告書）については，いずれも第一審の弁論終結前に取調べを請求することができなかったやむを得ない事由が認められず，その他の書証はいずれも不同意で，証拠物（防犯カメラ映像を記録したＤＶＤ－Ｒ）については上記やむを得ない事由が認められず，証人３名についてはいずれも必要性も上記やむを得ない事由も認められないものである。また，弁護人は，上記画像鑑定書ないしその作成者の証人尋問が採用される場合には，その反証を行うとの意向も示したが，これらが却下された場合には，原審で取り調べられたＳ鑑定に関するものを含め反証は行わないと述べた。

このような中で，判例に抵触しないために当審で事実の取調べを行うとすれば，上記３名の証人のいずれかを採用して証人尋問を行い，画像鑑定書の作成者を採用する場合には，これに対する弁護人の反証としての証人尋問を行うことが考えられる。しかし，これは，期日間整理手続が行われ，整理された争点に関し，当事者により厳選された証拠に基づく審理が行われ，期日間整理手続が終わった後には，やむを得ない事由によって請求することができなかったものを除き，新たな証拠を請求することが許されないこととなっている原審の審理経過を踏まえ，当審において，原審記録に基づいて原判決の事実認定が論理則，経験則等に照らして不合理と判断したにもかかわらず，必要性も第一審の弁論終結前に取調べを請求することができなかったやむを得ない事由も認められない証拠を採用するという不合理なことになる。しかも，それらの証拠は，原審における検察官の立証に屋上屋を重ねるものであり，既に判示したとおり訴訟記録及び第一審裁判所において取り調べた証拠によって原判決に事実誤認を認める当審が，検察官の請求する上記証拠を直接に取り調べることによって，被告人の権利，利益の保護につながるとは考えられない。他方，被告人は，原審において，被告事件に対する陳述をした以外には，黙秘権を行使していて，当審においても，弁護人から被告人質問の請求は行われておらず，判例に抵触することを回避するために職権で被告人質問を実施すること

が，被告人の権利，利益の保護に資するとは考えられない。ちなみに，起訴前国選弁護の制度が整備され，取調べの録音録画も実施されている現在，捜査及び公判を通じ，黙秘権を行使するという方針が，被告人，弁護人により採られることは，今後も増えていくことが予想される。

(3)　そうすると，以上のような当審における必要性のない不合理な審理を避けつつ，判例に抵触しないために取るべき次なる方法は，事件を原裁判所に差し戻すことであるが，差戻し前第一審の期日間整理手続による新たな証拠請求の制限が残る以上，事件の差戻しは，当審における不合理を原裁判所にそのまま持ち越すことにすぎない。しかも，差戻し後の第一審は，判断の面でも，本判決で示された判断に拘束されることとなるし，被告人，弁護人の前記応訴態度に照らせば，量刑に関する主張，立証が新たに行われるとも考え難い。このような中で，事件を原裁判所に差し戻すことは，手続を遅延させることにしかならないものと考えられる。

(4)　また，判例が指摘する直接主義，口頭弁論主義との関係についても，判例に付された反対意見が指摘するように，控訴審が直接に事実の取調べを行わないままに自判をしたとしても，実質的にみて，被告人の権利，利益の保護において問題を生ずるものとは考えられないし，裁判員裁判制度の導入を契機に，控訴審による原判決の審査について，事後審制の趣旨がより一層徹底され，控訴審は，原判決に事実誤認があるとして破棄する場合には，原判決の認定が論理則，経験則等に照らして不合理であることを具体的に指摘しなければならないこととされているところであり，それだけ第一審の判断が尊重されるものとなっている。判例において念頭に置かれている心証比較説に基づき，原審記録をみるだけで控訴審が第一審の判決を破棄することの不当性という前提（最三小判昭和29年6月8日・刑集8巻6号821頁の小林俊三裁判官の少数意見参照）は，今日では失われているといえる。

　　　要するに，起訴前国選弁護制度，公判前整理手続，裁判員裁判制度

が導入され，取調べの録音録画が行われている現在，刑訴法の仕組み及び運用は大きく変更されているにもかかわらず，判例に従い，控訴審が第一審の無罪判決を破棄するときには，事件を第一審に差し戻す場合を除き，一律に控訴審において自らの事実の取調べを行う必要があるとする解釈を維持することは，今日の刑訴法の仕組み及び運用との間に不整合を生じ，控訴審の手続に混乱と遅延をもたらし，被告人の権利を保護するという実質もなく，むしろ，その利益に反する結果を招く場合もあるものと考えられる。

　判例が出された今から60年以上前の時期から，今日に至るまでに刑訴法の制度及びその運用が大きく変わっていることは明らかであり，少なくとも現在の刑訴法の仕組みと実務を前提に考えた場合，第一審の無罪判決に対する検察官控訴について，判例が意図する被告人の権利の保護を図る上では，具体的な事案に即したより実質的な考慮が必要と思われ，不必要で不合理な控訴審における形式的な事実の取調べか，事件の差戻しにより現在の刑訴法の仕組みに抵触するような審理のやり直しを求め，また訴訟の遅延をもたらす刑訴法400条ただし書に関する判例の解釈は，今日においては，その正当性に疑問があるものと思料する。

(5)　以上のとおり，当審においては一切事実の取調べをしていないが，本件は，訴訟記録及び原裁判所において取り調べた証拠によって，直ちに判決をすることができるものと認められるから，刑訴法397条1項，382条により原判決を破棄し，同法400条ただし書によって，当審において更に判決をする。

○参照条文

刑事訴訟法400条ただし書

○備　考

本判決は，事実取調べの要否と自判の可否に関する最高裁判所の判例と相反する判断を含むものであり，検察官及び弁護人のいずれもが上告している。

最高裁判所の判断が注目されるところである。

また，スーパーインポーズ法を用いた画像による顔貌鑑定についてその具体的な手法等を踏まえて信用性を肯定した事例として参考となると思われる。

速報番号　3626号

【事　件　名】　強盗殺人，強盗強姦未遂被告事件
【事件番号等】　平成29年（う）1261号，平成29年12月1日東京高等裁判所
　　　　　　　　第11刑事部判決，控訴棄却（被・上告）
【控訴申立人】　被告人
【第　一　審】　東京地方裁判所
　　　　　　○判示事項

　当初から被害者の死亡直後に姦淫する意思であった場合でも，強姦罪が成立するとした事例
　　　　　　○判決要旨

　弁護人は，強姦罪の保護法益は「人」の性的自由であり，「人」が死亡した以上はその保護法益がなくなるのであるから，当初から被害者の殺害後に死体を姦淫する意思であった場合は，強姦罪は成立しないと主張するが，被害者の死亡と時間的場所的に接着した段階においては，被害者の性的自由はいまだ保護されていると解されるから，当初から被害者の死亡直後に姦淫する意思であった場合でも，強姦罪が成立すると解すべきである。なぜなら，殺害後に姦淫する意思であったとはいえ，被害者を姦淫するために暴行を加えているのであるから，生存中に姦淫する意思で暴行を加えた場合と別異に解する理由がない上，「人」が死亡した以上はその保護法益がなくなると解すると，強姦目的で暴行を加えて姦淫しても，死亡したと誤解していた場合は，生存中に姦淫されても強姦罪が成立しないこととなり，不合理だからで

- 219 -

ある。

○判決理由

　所論は，原判決は，原判示の罪となるべき事実を認定し，被告人の行為は強盗殺人罪と強盗強姦未遂罪に該当するとしているが，強姦罪の保護法益は「人」の性的自由であり，「人」が死亡した以上はその保護法益はなくなるのであるから，被害者の生存中にこれを姦淫しようとしたが，その前に死亡させてしまったので死体を姦淫したという場合はともかく，当初より，被害者の殺害後に死体を姦淫する意思であった場合は，死体損壊罪として論ずべきであるから，被告人には，死体損壊罪が成立し，強盗強姦未遂罪は成立しないと主張する。

　確かに，被告人が，被害者の首を両手で絞め付け，心臓の鼓動音を聞くなどしてその死亡を確認した後，姦淫行為に着手していることからすると，被告人は，当初から，被害者を殺害した後に姦淫行為に及ぶ意思であったと認められるが，被害者の死亡と時間的場所的に接着した段階においては，被害者の性的自由はいまだ保護されていると解されるから，当初から，被害者の死亡直後に姦淫する意思であった場合でも，強盗強姦未遂罪が成立すると解すべきである。なぜなら，殺害後に姦淫する意思であったとはいえ，被害者を姦淫するために暴行を加えているのであるから，生存中に姦淫する意思で暴行を加えた場合と別異に解する理由がない上，所論のように「人」が死亡した以上はその保護法益はなくなると解すると，強姦目的で暴行を加えて姦淫しても，死亡したと誤解していた場合は，生存中に姦淫されても強姦既遂罪が成立しないこととなり，不合理だからである（最判昭和36年8月17日・刑集15巻7号1244頁参照）。

　法令適用の誤りの論旨は理由がない。

○参照条文

刑法243条，241条前段

速報番号　3627号

【事　件　名】　覚せい剤取締法違反被告事件
【事件番号等】　平成23年（う）2288号，平成29年12月8日東京高等裁判所
　　　　　　　　第1刑事部判決，公訴棄却（確定）
【控訴申立人】　被告人
【第　一　審】　横浜地方裁判所

○判示事項

　覚せい剤自己使用被告事件の控訴審において，被告人の訴訟能力欠如を理由に公訴棄却の判決がなされた事例

○判決要旨

1　被告人は，覚せい剤取締法違反により有罪とした原判決に対して控訴を申し立てた後，留置施設内で自殺を図り，入院して治療を受けるなどしたものの，低酸素脳症後遺症が生じ，その間，控訴審裁判所による勾留の執行停止・取消し，更には公判手続の停止に至っていた。

2　控訴審裁判所が依頼した鑑定医による精神鑑定によれば，被告人は，低酸素脳症による高次脳機能障害の影響により，弁護人等の適切な援助を受けたとしても，自分が刑事被告人の立場にあることを理解し，刑事被告人としての防御権を行使することは困難であり，現時点において訴訟能力が欠けていると認められ，また，今後も，訴訟能力が認められる精神状態に至る程度に高次脳機能障害が回復する見込みもなく，公判手続を再開できる状態に至る可能性はないものと認められる。

3　控訴審においては，検察官が公訴を取り消す余地がないことを考慮しても，被告人に訴訟能力がないために公判手続が停止された後，訴訟能力の回復の見込みがなく公判手続の再開の可能性がないと判断される場合，形式的に訴訟が係属しているにすぎない状態のまま公判手続の停止を続けることは刑訴法の予定するところではなく，裁判所は，訴訟手続を打ち切る裁判をすることができると解され，刑訴法338条4号に準じて，判決で公

－ 221 －

訴を棄却するのが相当である。

○判決理由

1　本件公訴事実の要旨は，被告人は，法定の除外事由がないのに，平成23年5月中旬頃から同月25日までの間に，東京都内又はその周辺において，覚せい剤であるフェニルメチルアミノプロパン又はその塩類若干量を自己の身体に摂取し，もって覚せい剤を使用した，というものである。

2　被告人は，上記覚せい剤取締法違反の事実により，平成23年6月21日に起訴され，同年8月25日の第1回公判期日の罪状認否で，「覚せい剤を自分では使用していません」と述べ，事実を争った。横浜地方裁判所は，証拠調べ等の審理を経て，同年11月28日の第4回公判期日において，被告人に対し，「被告人を懲役1年6月に処する。未決勾留日数中100日をその刑に算入する」との有罪判決を言い渡し，被告人は，同月29日，控訴した。被告人は，同年12月18日，拘置支所で，自殺を図り，心肺停止蘇生後，意識障害及びけいれん発作を伴う低酸素脳症を発症し，大学法人附属市民総合医療センターに入院して治療を受け，平成24年3月21日，病院に転院した。この間，当裁判所は，同年1月18日，被告人の勾留の執行を停止し，数次の期間延長を行っている。上記病院の担当医師は，同年4月の時点で，被告人が，低酸素脳症後遺症により，左上下肢が麻痺し，歩行はできない，低酸素脳症の症状は固定しており，一部神経細胞の再生により意識は回復したものの，これ以上の細胞再生は望めない，意識は清明であり，簡単な会話は可能であるが，高度に高次脳機能障害を有した状態であるなどと述べていた。同年10月2日，被告人の状態を踏まえ，当裁判所は，被告人の勾留を取り消した。その後，平成25年1月17日，被告人は，病院を退院して施設に入居したが，当裁判所は，検察官及び控訴審で選任した国選弁護人の意見を聴き，退院時の医師の所見（低酸素脳症後遺障害等の症状があり，退院時の病状は，前頭葉機能障害著しく，思考能力は3ないし5歳児程度で，左不全まひのため，車椅子での座位保持のみ可で，自力による移動不能の状態であり，低酸素脳症後遺障害について，ほぼ回復の見込みな

－ 222 －

し）を踏まえ，同年２月14日，被告人が心神喪失の状態にあると認め，公判手続を停止する旨決定した。その後，被告人の症状が改善しないまま経過したことから，公判手続は再開されていない。

3　当裁判所の判断

(1)　当裁判所が鑑定を依頼した大学病院教授Ａ医師の精神鑑定書によれば，被告人の現在の精神症状等は以下のとおりと認められる。

　　すなわち，現在，被告人は，低酸素脳症による高次脳機能障害の影響により，日常の動作に介護が必要であるほか，その精神機能は非常に低調であり，中等度より重篤な知的障害の範囲に該当し，共感性・想像力・内省力といった内的生活・現実検討力・社会性・衝動のコントロールの欠如に加えて，見当識，記憶，注意力，遂行機能，注意・概念の転換，柔軟性の欠如が認められ，その状態像は重度である。医師との面接や心理検査における質問に対する応答は，表面的で，簡単な回答に終始するほか，質問の意図を理解できず，的外れな回答をしたり，十分検討せずに回答をあきらめたりする。また，自分が覚せい剤の使用により逮捕・勾留され，裁判を受けたこと，勾留中自殺を図ったことなどの記憶が失われているほか，自己の現在の状況を理解することもできていない。そして，低酸素脳症による高次脳機能障害は，他の要因による高次脳機能障害に比較して重症であり，改善も困難である。さらに，頭部ＭＲＩ検査所見において，脳実質全体の著明萎縮が認められるが，広汎性脳損傷例は長期予後において機能獲得が困難であり，重度の運動障害を呈すると言われており，今後の改善はないと思われる。

(2)　まず，Ａ医師が，その学識，経歴に照らし，精神鑑定の鑑定人として十分な資質を備えていることは明らかである。そして，鑑定における診察方法や採用した諸検査の内容，鑑定の前提資料の選択は，いずれも妥当であり，それらの結果から結論を導く過程にも特に問題は見当たらない。また，鑑定が依拠する医学的知見も，特異なものとは解されない。したがって，Ａ医師の鑑定結果は十分信頼できる。上記鑑定

によれば，被告人は，低酸素脳症による高次脳機能障害の影響により，弁護人等の適切な援助を受けたとしても，自分が刑事被告人の立場にあることを理解し，刑事被告人としての防御権を行使することは困難であり，現時点において訴訟能力が欠けていると認められる。また，今後も，訴訟能力が認められる精神状態に至る程度に高次脳機能障害が回復する見込みもなく，公判手続を再開できる状態に至る可能性はないものと認められる。そして，控訴審においては，検察官が公訴を取り消す余地がないこと（刑訴法257条参照）を考慮しても，被告人に訴訟能力がないために公判手続が停止された後，訴訟能力の回復の見込みがなく公判手続の再開の可能性がないと判断される場合，形式的に訴訟が係属しているにすぎない状態のまま公判手続の停止を続けることは刑訴法の予定するところではなく，裁判所は，訴訟手続を打ち切る裁判をすることができると解され，その形式については，刑訴法338条4号に準じて，判決で公訴を棄却するのが相当である（最高裁平成27年（あ）1856号同28年12月19日第一小法廷判決参照）。

　よって，刑訴法404条により同法338条4号を準用し，本件公訴を棄却することとして，主文のとおり判決する。

○参照条文

刑事訴訟法338条4号

速報番号　3628号

【事　件　名】　覚せい剤取締法違反被告事件
【事件番号等】　平成29年（う）1308号，平成29年12月15日東京高等裁判所
　　　　　　　　第5刑事部判決，原判決破棄・自判（被・上告）
【控訴申立人】　検察官
【第　一　審】　さいたま地方裁判所越谷支部

○判示事項

覚せい剤取締法違反の同種前科の執行猶予期間満了約2年後に再犯を犯した被告人に対して，保護観察付きの全部執行猶予とした原判決を破棄し，一部執行猶予付きの実刑判決に処した事例

○判決要旨

犯情の点を検討すると，本件は，覚せい剤自己使用2件の事案である上，被告人は，覚せい剤取締法違反（自己使用）により有罪判決（懲役1年6月，執行猶予3年）を受けたにもかかわらず，執行猶予期間満了から約2年で，自らの意思により覚せい剤を使用し，その後，別件で自宅を捜索された際，覚せい剤使用の嫌疑をかけられて尿を任意提出したことから，いずれ逮捕されるとの不安等から自暴自棄となり，密売人から覚せい剤を入手した上，任意提出から約12日後に更に使用するという経緯で，本件各犯行に及んでいるのであって，被告人は，有罪判決を受け，あるいは，捜査機関に覚せい剤使用の具体的な嫌疑をかけられたことにより規範に直面し，反対動機を形成することを強く期待されながら，自らの意思で規範を乗り越えて本件各犯行に及んだという意味において，強い責任非難を免れず，同種事案の量刑傾向をみても，執行猶予付きの同種前科1犯を有する者が執行猶予期間満了後3年以内に覚せい剤の使用の犯行に及んだ場合，その大半が実刑に処せられており，特に，覚せい剤使用2件の事案の場合には，その傾向が一層顕著であるから，本件は，その犯情に基づく行為責任の重さの観点からも，同種事案の量刑傾向の観点からも，原則的に，実刑相当の事案であるというべきであって，原判決が「実刑も十分に考慮し得る事案」であるとした点は是認できず，被告人のために斟酌すべき一般情状を併せ考慮しても，全部執行猶予とすべき特別の事情があるとは到底いえないから，原判決の量刑は軽すぎて不当である。

○判決理由

本件は，被告人が，①平成29年2月下旬から同年3月13日までの間及び②同月24日頃に，それぞれ覚せい剤を自己使用した，という事案である。

原判決は，まず，被告人は，平成24年2月23日に覚せい剤取締法違反（使用1件）により有罪判決（懲役1年6月，執行猶予3年）を受けたにもかかわらず，同判決の確定から約5年，執行猶予期間満了から約2年で手持ちの現金に余裕があるとか，逮捕される不安を消したいなどという動機から安易にも本件各犯行に及んでおり，覚せい剤に対する依存性，親和性が深刻と認められると指摘した。

　次いで，原判決は，被告人は，本件各犯行を認め，覚せい剤の使用歴を含めて詳細に供述し，覚せい剤依存から脱却する意思を述べていること，前科は昭和60年の毒物及び劇物取締法違反の罪並びに平成11年の業務上過失傷害の罪によるもの（いずれも罰金刑）のほかは，上記有罪判決のみで，それ以外は基本的に真面目に仕事をして家族の生活を支えており，薬物依存のほかに深刻な犯罪傾向は認められない，妻と長男が原審公判廷に出廷して今後の監督を誓い，特に妻は，薬物依存の脱却を支援する民間団体に連絡をしてその支援を受ける用意をしていること，養育すべき未成年の子があることなど，被告人のために斟酌すべき事情も認められるとした。

　その上で，原判決は，同種犯行により有罪判決を受けながらなおも本件各犯行に及んでいること，同判決確定やその執行猶予期間満了から本件各犯行までの期間等に照らせば，本件は実刑も十分に考慮し得る事案であるが，同種前科は上記有罪判決の1犯のみであること，少なくともその執行猶予期間中は覚せい剤を使用した形跡は認められないことのほか，上記被告人のために斟酌すべき事情にも鑑みると，本件について被告人を直ちに矯正施設に収容するよりも，保護観察の指導監督の下において，自己の責任を自覚させるとともに，相当の長期間薬物依存から脱却のための訓練等を行って更生させることが相当であるとして，被告人を前示の執行猶予付き懲役刑に処したものである。

　原判決の上記量刑判断は，本件各犯行の実態を十分に踏まえたものとはいえず，その行為責任の評価を誤ったといわざるを得ない上，同種事案の量刑傾向と比較しても全部執行猶予を付した点で軽きに失するというべきであり，破棄を免れない。以下，検察官の所論も踏まえつつ，敷衍して説明する。

まず，犯情の点を検討すると，本件は，覚せい剤使用２件の事案である上，これら犯行に至る経緯をみると，次のような事情が認められる。すなわち，被告人は，同種覚せい剤使用事案により，執行猶予付きの有罪判決を受け，覚せい剤を再び使用することを思いとどまるべき機会を与えられながら，その執行猶予期間満了後わずか約２年で，自らの意思により本件各犯行に及んだものである。しかも，原審関係証拠によれば，被告人は，平成29年２月下旬から同年３月13日までの間に，原判示第１の使用に及んだこと，同日別件で自宅を捜索された際，覚せい剤使用の嫌疑をかけられて，尿を任意提出したこと，このため，いずれ逮捕されるであろうと不安になり，二，三日後には，勤務先に送惑を掛けないように辞職を申し出たこと，しかし，逮捕されることへの不安等から自暴自棄となり，密売人から覚せい剤を入手した上，同月24日頃，これを使用し，原判示第２の使用に及んだことが認められる。同種前科の執行猶予期間満了後，犯行に至るまでの期間やその経緯に関する上記各事情に照らせば，被告人は，有罪判決を受け，あるいは，捜査機関に覚せい剤使用の具体的な嫌疑をかけられたことにより規範に直面し，反対動機を形成することを強く期待されながら，自らの意思で規範を乗り越えて本件各犯行に及んだという意味において，強い責任非難を免れないというべきである。そして，以上の犯情を踏まえた行為責任の重さに照らせば，本件は，原則的には，実刑相当の事案であるというべきである。

　また，同種事案の量刑傾向をみても，執行猶予付きの同種前科１犯を有する者が，執行猶予期間満了後３年以内に覚せい剤の使用の犯行に及んだ場合，その大半が実刑に処せられており，特に，覚せい剤使用２件の事案の場合には，その傾向が一層顕著であるといえる。

　以上によれば，本件は，その犯情に基づく行為責任の重さの観点からも，同種事案の量刑傾向の観点からも，原則的に，実刑相当の事案であるというべきであって，原判決が，「実刑も十分に考慮し得る事案」であるとした点は是認できない。

　次いで，一般情状を検討すると，原判決の指摘するとおり，被告人は，本件各犯行を認め，覚せい剤依存から脱却する意思を述べていること，妻と長

男が原審公判廷に出廷して今後の監督を誓い，特に，妻は，薬物依存の脱却を支援する民間団体の支援を受ける用意をしていること，養育すべき未成年の子があることなどの事情も認められる。しかし，これらの事情は，いずれも被告人の反省，更生意欲あるいは更生環境に関する一般情状であって，これを考慮し得る程度にも自ずと限りがあり，これら事情を併せ考慮しても，本件について，刑の全部の執行を猶予すべき特別の事由があるとはいえない。なお，原判決は，上記同種前科以外には，異種罰金前科が２件あるのみで，薬物依存のほかに深刻な犯罪傾向は認められないことを被告人のために斟酌すべき事情として挙示している。しかし，古い異種罰金前科があるものの，薬物依存のほかに深刻な犯罪傾向がないとの事情は，薬物犯罪である本件において，被告人の更生可能性等を左右するまでの事情とはいい難く，これを被告人のために斟酌すべきものとした原判決の判断は是認できない。

　結局のところ，本件は，その行為責任の重さや同種事案の量刑傾向に照らし，原則的に実刑が相当な事案である上，被告人のために斟酌すべき一般情状を併せ考慮しても，全部執行猶予とすべき特別の事由があるとは到底いえないから，原判決の量刑は，軽すぎて不当であることに帰する。

　検察官の論旨は理由がある。

　以上のとおり，原判決は破棄を免れず，本件は，実刑を選択すべき事案であるので，次に，刑の一部執行猶予の適否について検討する。

　まず，再犯防止のための必要性については，覚せい剤使用事犯については，保護観察所の処遇プログラムが存在するほか，医療機関への通院や薬物依存克服のための民間の自助団体への入通所等，有用な社会内処遇方法が想定されるから，これを肯定することができる。

　また，再犯防止のための相当性について検討すると，原審関係証拠によれば，被告人は，本件各犯行を認め，覚せい剤依存から脱却する意思を述べていること，妻と長男が原審公判廷に出廷して今後の活躍を誓っていることなどの事情が認められるほか，当審における事実取調べの結果によれば，原判決後の事情として，被告人は，平成29年７月下旬以降，薬物依存克服のための自助団体に頻回に通所しているほか，同年８月から専門医療機関への通院

も始めていること，被告人の妻及び長男も上記自助団体の家族プログラムに出席するなどし，今後も引き続き更生に協力したい旨述べていることなどの事情が認められる。そして，これらの事情を総合すると，本件については，被告人の更生の意欲及び更生環境のいずれの面からみても，施設内処遇に続き，社会内処遇を実効的に実施できる見込みがあり，前記相当性が認められるというべきである。

　以上によれば，本件については，被告人を実刑に処した上，その刑の一部の執行を猶予するのが相当であるというべきである。

○参照条文
刑法27条の2第1項，27条の3第1項

速報番号　3629号

【事　件　名】	銃砲刀剣類所持等取締法違反，覚せい剤取締法違反，国際的な協力の下に規制薬物に係る不正行為を助長する行為等の防止を図るための麻薬及び向精神薬取締法等の特例等に関する法律違反被告事件
【事件番号等】	平成29年（う）1282号，平成29年12月19日東京高等裁判所第2刑事部判決，控訴棄却（被・上告）
【控訴申立人】	被告人
【第　一　審】	千葉地方裁判所

○判示事項
同一の日時・場所における覚せい剤の営利目的所持とけん銃及び実包の所持につき，併合罪とした事例

○判決要旨
所持とは物に対する支配を法的に評価したものであるから，その所持を禁

じた法の趣旨に従い，対象物の性質，所持目的が異なるときは原則として別個の所持と考えるべきところ，覚せい剤については，薬理的作用を有するもので，組織的密売の商品として保管していたのに対し，けん銃及び実包については，人を殺傷するための道具であり，暴力団組長である被告人が長期にわたって組織防衛等のために所持していたものであって，これら対象物の性質，所持目的の違いに照らすと，覚せい剤の所持とけん銃等の所持は，別個の所持とみるのが相当であり，併合罪の関係にある。

○判決理由

　原判決は，覚せい剤所持のほかに，回転弾倉式けん銃１丁をこれに適合するけん銃実包20発と共に保管して所持したという事実を認定し，覚せい剤の営利目的所持と麻薬特例法違反は包括一罪としつつ，覚せい剤の営利目的所持とけん銃及び実包の所持は併合罪と判断している。論旨は，要するに，これら覚せい剤の営利目的所持とけん銃及び実包の所持は，同一の場所，同一日時における所持であり，種類の異なる物品であっても所持は一個であるから，観念的競合として処理すべきであり，覚せい剤の営利目的所持と麻薬特例法違反が包括一罪である以上，本件全体が包括一罪になると解すべきである，というのである。

　しかしながら，所持とは物に対する支配を法的に評価したものであるから，その所持を禁じた法の趣旨に従い，対象物の性質，所持目的が異なるときは原則として別個の所持と考えるべきである。そして，本件についてみると，覚せい剤については，薬理的作用を有するもので，被告人がＡとＢとの組織的密売の商品として保管していたのに対し，けん銃及び実包については，人を殺傷するための道具であり，暴力団組長である被告人が長期にわたって組織防衛等のために所持していたものとうかがわれ，これら対象物の性質，所持目的の違いに照らすと，本件覚せい剤と本件けん銃及び実包では別個の所持が成立するとみるのが相当である。確かに，本件覚せい剤の一部と本件けん銃等は同一の手提げ袋に入っていたものではあるが，そうであっても，覚せい剤はチャック付きポリ袋に入れられた上で茶封筒に保管されていたので

あって，他の覚せい剤は全く別の青色手提げバッグに入っていたのであり，保管状況も一個の行為といえるほど全く同一であったわけではない。

そうすると，物の性質や所持目的が異なることを理由に併合罪と判断した原判決に誤りはない。

○参照条文

刑法45条前段，47条本文

銃砲刀剣類所持等取締法31条の３第２項，１項前段，３条１項

覚せい剤取締法41条の２第２項

国際的な協力の下に規制薬物に係る不正行為を助長する行為等の防止を図るための麻薬及び向精神薬取締法等の特例等に関する法律５条４号

速報番号　3630号

【事　件　名】　覚せい剤取締法違反被告事件
【事件番号等】　平成29年（う）1607号，平成29年12月20日東京高等裁判所
　　　　　　　　第５刑事部判決，原判決破棄・自判（確定）
【控訴申立人】　被告人
【第　一　審】　前橋地方裁判所

○判示事項

覚せい剤の自己使用と所持の罪を犯した被告人に対し，原判決が全部実刑に処したのは，刑の一部の執行を猶予しなかった点で裁量を誤ったものであるとして，原判決を破棄・自判した事例

○判決要旨

覚せい剤取締法違反等により平成29年２月に執行猶予付き判決を受けた被告人が，その約２か月後に，覚せい剤を使用し，また，知人と共謀して覚せい剤約0.21グラムを所持したのに対し，同居する姉の監督を期待できること，

被告人自身も，周囲の覚せい剤関係者との接触を断つと誓うなどして，その更生意欲を有していると認められること，被告人に対し，保護観察所が実施する薬物乱用防止プログラムの実施が可能と認められることなどを考慮すると，被告人には刑の一部の執行を猶予する必要性及び相当性が認められる。

○判決理由

　被告人は，平成29年2月の前刑判決後，仕事を求めて知人の自動車工場に行くようになり，その際に同人や従業員が覚せい剤を使用するのを目撃し，同人らに勧められて自分も使用するようになって，同年4月に本件各犯行に及んだことが認められ，その間，被告人と同居していた同人の姉は，被告人が覚せい剤を使用していることに気付かなかったことが認められる。しかしながら，被告人の姉が，原審公判において，今から思い返してみると，被告人がおかしな動作をするなど，覚せい剤を使用していたのかなと思い当たることがある旨供述していることに照らすと，当時は覚せい剤に関する知識が十分でなかったために実効的な監督ができなかったと考えられるし，今後について，再び被告人と同居して病院に入院させたりダルクを利用したりして被告人を監督する旨述べ，既にダルクには電話連絡を取って準備を進めているというのである。さらに，今後被告人が覚せい剤を使用しているのではないかと感じることがあれば，警察や病院に突き出す覚悟もあるとも述べている。また，被告人も家族の指導監督に従う旨供述している。これらの事情を踏まえると，被告人の姉の監督能力が低いとはいえず，一定程度期待することができる。

　また，原判決が被告人の生活状況のどのような点を問題視したのか明らかではないが，前述したとおり，被告人の周囲に共犯者ら覚せい剤関係者がいることが認められる。しかしながら，被告人は，覚せい剤使用者と認識して同人らと接触するようになったものではなく，今後は同人らとは距離を置く旨も述べている。また，被告人と暴力団等とのつながりも認められず，ほかに被告人の更生意欲に疑問を抱かせるような事情も認められない。そうすると，今後の被告人の生活状況に関して，特に更生を妨げるような事情は認め

られず，被告人の更生意欲が乏しいともいえない。

　なお，原審公判及び当審公判は，ポルトガル語の通訳を介して行われ，捜査段階の取調べにおいても同様であって，被告人の日本語能力がやや難があることは否定し難い。被告人について刑の一部の執行を猶予した場合には，施設内処遇に代わる社会内処遇として保護観察に付し，保護観察所による薬物再乱用防止プログラムを受講させるのが相当であるところ，当審における事実取調べの結果によれば，同プログラムは日本語を理解できない者をその実施対象者から除外していることが認められる。しかしながら，被告人は，漢字の読み書きや法律用語，医学用語等の専門用語の理解等に難があるほかは，特段問題はなく，日本語による日常会話にも特に不自由をしていないことが認められる，そうすると，同プログラムの教育課程を完全に実施することには困難な面があるとしても，受講者同士のディスカッションなど，被告人の日本語能力を前提にしても実施できる範囲で教育課程を実施することは可能と考えられ，簡易薬物検出検査と併せ同プログラムを受ける機会を与えることが，被告人の再犯防止に必要かつ相当であると認められる。

　以上検討したところからすれば，被告人には刑の一部の執行を猶予する必要性及び相当性が認められ，原判決はその評価を誤ったものといわざるを得ず，破棄を免れない。

○参照条文
刑法27条の2第1項，27条の3第1項

速報番号　3631号

【事　件　名】　児童買春，児童ポルノに係る行為等の規制及び処罰並びに児童の保護等に関する法律違反被告事件
【事件番号等】　平成29年（う）1814号，平成29年12月22日東京高等裁判所第8刑事部判決，原判決破棄・自判（確定）

【控訴申立人】　弁護人
【第　一　審】　宇都宮簡易裁判所
○判示事項
　前科・前歴のない者による児童買春事案の量刑
○判決要旨
　前科・前歴のない者による被害児童が一人のみの児童買春の事案において罰金刑を科する場合には，おおむね罰金50万円とする一般的な量刑傾向が認められるところ，本件では，そのような量刑傾向を大幅に超えた刑を科すべき合理的な理由はなく，また，児童買春は，処罰の必要性や非難の強さが地域によって異なる犯罪とは言い難いことなどからすると，罰金100万円を科した原判決は，量刑傾向を大幅に超えて裁量の幅を逸脱した量刑をしたものといわざるを得ない。
○判決理由
　本件は，対価を支払い当時16歳の被害児童を買春したという事案であるところ，本件控訴の趣意は，控訴趣意書に記載されたとおりであり，論旨は，要するに，被告人を罰金100万円に処した原判決の量刑は重すぎて不当である，というのである。

　所論は，被害児童が一人の場合は概ね罰金50万円とする量刑傾向がうかがえ，原判決の量刑は量刑傾向から外れており，本件では被告人に前科・前歴がなく，反省の態度を示していることなどから，同種事案の中で重い部類と位置付ける根拠もないという。

　そこで，検討すると，前科・前歴のない者による被害児童が一人のみの児童買春の事案で罰金刑を科する場合には，所論のいうような一般的な量刑傾向が認められるところ，本件はSNSで被害児童の方から援助交際を求めていた事案であり，児童買春の中で特に悪質な犯行態様であると目される要素はなく，被告人には常習性もうかがわれない。原判決は，被告人が自己の性欲を満たすために被害児童の思慮の浅さを利用したとか，規範意識に問題があるなどと説示するが,それは児童買春に共通して当てはまることであって,

- 234 -

被告人に同年代の娘がいるとの原判決の指摘も特に刑を重くすることを正当化するものとはいえない。原判決は，同種事案の量刑傾向を踏まえるとしながらも，その一般的な量刑傾向からすると2倍程度になる多額の罰金刑を相当とする具体的，説得的な根拠を示しておらず，本件記録を検討してもそのような根拠を見出すことはできない。

　ところで，原審検察官の求刑は原判決と同額の罰金刑であり，略式命令も同額であることからすれば，原判決はその求刑を正当なものとして認めたことがうかがわれる。そうであるとすれば，原審検察官の求刑がその庁の求刑基準から外れたものであったのか，そもそもその庁の求刑基準が他の地域のそれとは異なっていたのかのいずれかになるが，仮に後者であるとしても，児童買春は，ＳＮＳや出会い系サイト等の通信手段を利用して買春の約束をして行為に及ぶというのがその典型であり，被害児童と買春をする者の居住地域が離れていることも少なくなく，買春の場所と居住地との関係も区々であって，処罰の必要性や非難の強さが地域によって異なる犯罪とは言い難く，事件を捜査する機関の所在地いかんにより罰金額に2倍もの開きが生じることの合理性を説明することは困難である。

　そうすると，原判決は，一般的な量刑傾向についての誤った認識を前提としたものか，あるいはそうでなくとも合理的理由がなく量刑傾向を大幅に超えて裁量の幅を逸脱した量刑をしたものといわざるを得ず，いずれにせよ，科刑の公平の観点からすれば，原判決の量刑は重すぎて不当であり，破棄を免れない。

○参照条文

　児童買春，児童ポルノに係る行為等の規制及び処罰並びに児童の保護等に関する法律4条，2条2項

大阪高等裁判所

速報番号　平成29年1号

【事　件　名】　軽犯罪法違反被告事件
【事件番号等】　平成28年（う）938号，平成29年2月7日大阪高等裁判所
　　　　　　　　第1刑事部判決，原判決破棄・自判（弁・上告）
【控訴申立人】　検察官
【第　一　審】　大阪簡易裁判所

○判示事項

　被告人が立ち小便した場所が，「公衆の集合する場所」には当たらないが，「街路」には当たるとし，被告人を無罪とした原判決を職権で破棄し，自判した事例

○判決要旨

　被告人が立ち小便をした場所は，市内の道路に面して建っている9階建てのテナントビルの付属駐輪場（自転車約15台が駐輪可能）であり，同ビルに入居するオフィス従業員のほか，同ビルに用事のある者が一時的に駐輪する場所であり，同ビル非常口から同駐輪場を抜けて，そのまま道路に出られる構造にあるところ，原判決は，本件駐輪場について，軽犯罪法1条26号の「公衆の集合する場所」に該当しないとして，無罪を言い渡したことから，検察官控訴に及んだものである。

　検察官は，①本件駐輪場は同ビルと一体となって「公衆の集合する場所」である，②本件駐輪場は，同ビルのポーチと一体化して「公衆の集合する場所」である，③本件駐輪場のみをもってしても，「公衆の集合する場所」に該当する，④本件駐輪場は，北側が側溝をはさんで段差や柵，塀もなく，道路に面しており，同道路を徒歩又は自転車で立ち入る可能性があるから，同法同条同号の「街路」に該当すると主張したのに対し，控訴裁判所は，

- 237 -

同ビルに入居している各テナント事務所部分が当然に，「公衆の集合する場所」に当たるとは考えられない，本件駐輪場は，同ビルを利用する者が自転車を出し入れするために一時的に立ち入ったり，出入口に向かう人等が通過したりするにすぎない場所であって，たまたま，一時的に多数の者が居合わせることがありうるとしても，それが通常の利用形態とは考えられないなどとして，前記①ないし③については，いずれも理由がないとしながら，前記④については，前記のような周辺道路との接続状態やその利用形態から，「街路」に該当すると判示した上で，控訴審において，検察官に対し，「街路又は公衆の集合する場所」との予備的訴因の追加的変更を促し，これを許可した上で，職権により，本件駐輪場につき「街路」に当たると判断した。

○参照条文

軽犯罪法1条26号

刑事訴訟法397条1項，379条，400条ただし書

○参考事項

本件では，当初，起訴検察官が，「街路」の訴因で略式請求に及んだところ，裁判官は，「街路」に当たらないとして略式不適法としたため正式裁判となったもので，原審検察官は，「公衆の集合する場所」に訴因変更していた経緯がある。

速報番号　平成29年2号

【事　件　名】　常習賭博，賭博開張図利幇助被告事件

【事件番号等】　平成28年(う)1144号，平成29年2月9日大阪高等裁判所

　　　　　　　　第1刑事部判決，控訴棄却（確定）

【控訴申立人】　弁護人

【第　一　審】　大阪地方裁判所

- 238 -

○判示事項

賭博場開張図利罪の成立要件

○判決要旨

賭博場開張図利罪が成立するためには，賭博場を開張する必要があるが，ここでいう賭博場は，必ずしも，現実にそこで賭博行為が展開される特定の場所のみを指すのではなく，各所に所在する賭客から申込みを受け，これを集計して，勝敗を決する野球賭博のような賭博にあっては，申込みを受け，結果を集計して整理し，勝者に支払うべき金員等を集計し，これに従って金員を支払う部署が整備され，その全体が賭博場と評価できるような場合は，申込みを受け集計をする者の所在地，賭客の居所等を含んだその全体が，1つの場所として，賭博場を構成すると見るのが相当である。

○参照条文

刑法186条2項

○参考事項

本件は，賭博場開張図利罪の正犯者が，（LINE）と称する携帯電話用アプリケーションソフトを使用して，賭客から賭金の申込みを受ける方法により，賭博場を開張した際に，被告人が，賭金の集金及び配当の手交などの役割をして幇助した事案である。

弁護人は，「賭博場開張図利罪が成立するためには，必ずしも賭博者を一定の場所に集合させることを要しない」としながらも，「野球賭博の事案について，ある場所に電話，帳面，プロ野球日程表等を備え付け，同所で電話により賭客の申込みを受け，あるいは同所外で受けた賭客の申込みを集計して整理し，勝者に支払うべき賭金やその中から支払うべき寺銭を集計し，寺銭を徴収する等の方法によって行われた場合であっても，当該場所を本拠として野球賭博が行われたと評価でき，賭博場開張の場所が欠如するものではない。」と判示した昭和48年2月28日最高裁第二小法廷決定（刑集27巻1号68頁）を引用して，本件では，賭博を行うための一定の場所ないし賭博のための一定の場所的設備に欠けているから賭博場開張図利罪は

- 239 -

成立しないと主張した。

　本判決は，賭博場について，「必ずしも，現実にそこで賭博行為が展開される特定の場所のみを指すのではなく，申込みを受け集計をする者の所在地，賭客の居所等を含んだ全体を１つの場所として，賭博場を構成するとして，賭博場の要件に欠けるところはない。」と判示した。

　なお，賭博場の成立要件については，つとに，平成27年10月28日福岡地裁判決（判例秘書Ｌ07050553号）において，胴元と賭客の間で携帯電話機による電子メールを利用した野球賭博に関して，胴元と賭客の仲介役を果たした被告人について，「電子空間」は賭博場とは認められないとして，賭博開張図利幇助罪は成立しないが，賭客（常習者）の常習賭博幇助罪が成立するとの判決が出されている。その中で，検察官の「携帯電話機等の普及により通信手段が格段に進歩している現代社会にあっては，賭客側のみならず，胴元側にあっても特定の場所に集まることは必要がなく，特定の本拠がなければ賭博場の開張ができないものではないから，刑法186条２項の賭博場とは，賭博が行われるために設定される場や空間のことをいうと理解すべきであり，本件のような携帯電話機等を用いて行われる賭博についても，胴元側の居所と賭客側の居所を含めた空間的な場所及びそれらが携帯電話機で結ばれた電子空間全体が賭博場にあたる。」旨の主張に対し，裁判所は，「そのような解釈は，刑法186条２項の文言から通常理解されるところと大きくかけ離れた，実質的には，胴元と賭客が存在しさえすれば直ちに賭博場開張図利罪が成立することを認めるものにほかならず，採用できない（刑法186条２項が古典的な賭博を念頭に置いた規定で，移動可能な電子通信機器が発達した現代の賭博の実情に適合していない面があることは確かであるが，立法を経ずに解釈によって場所的要素を伴わない賭博主宰行為に処罰を拡大することは許されない）。」と判示した。

　これに対し，本判決では，前記のとおり，「賭博場の意味をそのように解することは，言葉の可能な意味の範囲内にあり，一般人の客観的予測可能性を奪うものではないと解される。」として，条文の解釈の範囲内であると

判示している。

　なお，前記福岡地裁判決の事例は，被告人が，賭客の申込みを伝達した相手（氏名不詳者）が，賭博の主宰者なのか否かすら不明な事案であり，事実関係の解明度合いが擬律に影響したと見るべき余地はある。

速報番号　平成29年3号

　【事　件　名】　傷害被告事件
　【事件番号等】　平成28年（う）1201号，平成29年3月14日大阪高等裁判所
　　　　　　　　　第1刑事部判決，原判決破棄・差戻し（確定）
　【控訴申立人】　被告人
　【第　一　審】　大阪地方裁判所

○判示事項

　被告人と被害者2名との間で，本件の経過等重要な情状事実について争いがある傷害事案において，原審弁護人が，被害者2名の検察官調書計2通及びこれに沿う内容の目撃者検察官調書1通について，信用性を争うに止めて同意した結果，原審裁判所が各検察官調書を採用して証拠調べを終えた上，各検察官調書の信用性を肯定して被告人の弁解を排斥し，争点につき，被害者らの供述に沿った認定をした点に，訴訟手続の法令違反があるとして，職権で破棄差戻した事例

○判決要旨

　原審第1回公判における罪状認否において，被告人は，公訴事実は間違いない旨述べ，原審弁護人も，被告人と同意見である旨述べた。原審検察官は，同期日において，被害者2名の検察官調書計2通及び目撃者の検察官調書1通等の書証を証拠請求し，弁護人は「同意，ただし信用性を争う。」との証拠意見を述べ，原審裁判所は，同期日において，各調書を採用し，取り調べた。原審第2回公判における被告人供述の内容は，上記各調書と

多くの点で対立するものであったが，原審裁判所は，被告人質問等終了後，被告人に対し，上記各調書に対する証拠意見を確認せず，被害者2名の証人尋問もすることなく結審し，各調書が信用できる一方，被告人供述は信用できない旨判示した。

しかし，最初に殴りかかったのは，被告人か被害者かなど重要な犯情事実について被告人と被害者の供述が食い違っており，被害者両名の供述は，反対尋問等によって信用性を吟味する必要があった。

被害者両名の各調書の内容には曖昧な点や不自然不合理な点はないし，これら各調書の信用性を容易に突き崩せるような確実な客観証拠もない。

本件の場合，原審第1回公判期日に証拠調べが開始されるまでは，被告人の具体的弁解は全く分からなかったのだから，原審裁判所が，被害者等の各調書を採用したのはやむを得なかったが，原審第2回公判で被告人質問が行われて被告人の言い分が明らかとなったのであるから，原審裁判所としては，被害者らの各調書について，弁護人の「同意，ただし，信用性を争う。」旨の意見が，被告人の真意に沿うものであったか確認しない限り，被害者らの各調書を証拠排除するべきであった。弁護人の証拠意見は，被告人の主張を無にするものであるから，原審裁判所がこのような措置をとることなく，被害者らの各調書を事実認定の用に供したのは違法であり，この違法が判決に影響を及ぼすことは明らかである。

○参照条文

刑事訴訟法326条

○参考事項

同旨の判例は，東京高裁平成17年2月16日判決等があり，裁判所の確立した判例であって，本判決もこれに沿ったものである。

名古屋高等裁判所

速報番号　781号

【事　件　名】　公務執行妨害，傷害被告事件
【事件番号等】　平成28年（う）66号，平成29年2月16日名古屋高等裁判所
　　　　　　　　金沢支部第2部判決，原判決破棄・差戻し（確定）
【控訴申立人】　被告人
【第　一　審】　金沢地方裁判所

○判示事項

　公判廷における被告人の身体の不拘束について例外を定めた刑事訴訟法28
7条1項ただし書の規定が適用されるのは，当該公判期日の公判廷において
現実に被告人が暴力を振い又は逃亡を企てた場合に限られるとした事例

○判決要旨

　刑訴法287条1項ただし書を適用して，公判廷において被告人の身体を拘
束したまま審理を行えるのは，当該期日の公判廷において現実に被告人が暴
力を振い又は逃亡を企てた場合に限ると解するのが相当であり，その要件を
満たさないにもかかわらず，被告人の身体を拘束したまま開廷して審理を進
行した原審の訴訟手続は，同項本文に違反し，判決にいたる手続過程におい
て重大な違法があるから，それにより原判決自体が無効になるというほかな
い。また，そのような重大な違法状態の下でなされた判決宣告は，それ自体
が無効というべきであって，この点においても，原審の訴訟手続に判決に影
響を及ぼすことが明らかな訴訟手続の法令違反がある（破棄・差戻し）。

○判決理由

1　原審第1回及び第2回各公判期日について
⑴　被告人は，付き添いの刑事収容施設の刑務官に対し，原審第1回公判

期日にあっては，着席後，左腕で殴りかかり，原審第2回公判期日にあっては，体当たりをしようとしたので，原審裁判官は被告人に退廷を命じ，同刑務官らが被告人を法廷外に退去させた後，いずれも被告人が在廷しないまま，原審第1回公判期日にあっては，起訴状朗読がなされ，原審弁護人は被告事件について意見は留保したものの，証拠調べの手続を行うことには同意し，検察官による冒頭陳述と証拠調請求が行われ，原審第2回公判期日にあっては，原審弁護人は被告事件についての意見及び検察官の証拠調べ請求に対する意見をいずれも留保する旨述べ，さらに，今後の進行について，原審弁護人は次回期日において被告人が退廷となった場合に証人尋問を行う予定であることは了承した旨，検察官は次回期日に被告人が退廷となった場合に証人尋問を行うべく証人を在廷させる準備をする旨，それぞれ釈明したことが認められる。

(2) 原審裁判官が，各公判期日において，裁判所法71条2項に基づき，法廷警察権の行使として被告人に退廷を命じたことは，適法であり，刑訴法288条2項に定める，法廷の秩序を維持するための相当な処分に該当する。その上で，刑訴法341条によれば，このような場合には，被告人が在廷しないままで判決をすることができると定めていることからすれば，その前提となる審理についても，被告人が在廷しないまま行うことができると解するのが相当である。そうすると，被告人が在廷しないまま，原審裁判所が審理を進めたことに刑訴法286条違反はない。

(3) したがって，原審第1回及び第2回各公判期日における訴訟手続の法令違反をいう論旨には理由がない。

2 原審第3回及び第4回各公判期日について

(1) 原審裁判官は，原審第3回公判期日の冒頭で被告人の身体を拘束したまま開廷する旨の宣言をしていることから，この時点で同公判期日は開廷されたと解するほかない。その上で，原審裁判官は，被告人に対し，当該公判期日において暴れないと約束できるかを尋ね，被告人が黙秘するのを確認するや，刑訴法287条1項ただし書により，被告人の身体を拘束したまま審理を継続することを改めて明らかにし，これに対する弁

護人の異議を退けたところ，被告人が付き添いの刑事収容施設の刑務官に体当たりをしようとしたので，被告人に退廷を命じ，同刑務官らが被告人を法廷外に退去させた後，被告人が在廷しないまま，検察官請求の証人の尋問，書証及び証拠物の取調べが行われた上で，検察官及び弁護人が意見を述べ結審した。

　原審裁判官は，原審第4回公判期日の冒頭で被告人の身体を拘束したまま開廷する旨の宣言をしていることから，前同様に，この時点で原審第4回公判期日は開廷されたと解するほかない。その上で，原審裁判官は，それまでの公判期日において被告人が刑務官らに体当たりしようとするなどしたことに鑑み，被告人の身体拘束を継続する旨改めて明らかにした上で，被告人に対し判決を言い渡した。

(2)　刑訴法287条1項は，その本文において，公判廷において被告人の身体を拘束してはならないと定めている。これは，刑事訴訟手続における一方の当事者である被告人の身体を公判廷で拘束することで生じる心理面での影響により，被告人が公判廷で十分な防御活動を行えないおそれがあることから，原則として，公判廷における被告人の身体の不拘束を定めることで，その自由な防御活動を保障し，手続の公正を期そうとする趣旨と解される。もっとも，同条項ただし書は，被告人が公判廷で暴力を振い又は逃亡を企てた場合は，法廷警察権に基づき，その身体を拘束することを，例外的に認めているが，上記の刑訴法287条1項本文の趣旨に鑑みれば，手続の公正を疑われることのないよう，同条項ただし書を適用して，公判廷において被告人の身体を拘束したまま審理を行えるのは，当該期日の公判廷において現実に被告人が暴力を振い又は逃亡を企てた場合に限ると解するのが相当である。

　これを本件についてみると，原審第3回及び第4回公判期日のいずれにおいても，原審裁判官は，被告人が暴力を振い又は逃亡を企てたと評価し得るような挙動をいまだ行っていないにもかかわらず，冒頭から被告人の身体を拘束したまま開廷しているのであるが，上記のような刑訴法287条1項の趣旨に照らせば，これが，同条項ただし書に定める要件

を満たしていると解することはできない。

(3)　前記違法は，刑訴法287条1項の趣旨に鑑みて，重大な違法というほかない。そうすると，原審第3回公判期日においては，開廷後，身体拘束下にあった被告人が，刑務官に暴行を加えようとしたことで，退廷を命じられ法廷から退去しているところ，その退廷命令自体は，前記1(2)で説示したのと同様，違法とはいえず，この点において，刑訴法286条違反をいう弁護人の論旨には理由がないとしても，なお，職権により判断するに，上記のとおり，原審第3回公判期日の冒頭から被告人の身柄を拘束したまま審理を進行したことは刑訴法287条1項に違反し，その結果，原審の訴訟手続には，判決にいたる手続過程において，その公正が疑われる重大な違法があるから，それにより原判決自体が無効になるというほかなく，原審の訴訟手続には判決に影響を及ぼすことが明らかな法令違反がある。また，原審第4回公判期日においては，そのような重大な違法状態の下でなされた判決宣告は，それ自体が無効というべきであって，この点においても，原審の訴訟手続に判決に影響を及ぼすことが明らかな訴訟手続の法令違反がある。

○参照条文

刑事訴訟法287条1項本文・ただし書

○参考事項

被告人が退廷を命じられたときに，被告人不在のまま公判審理を行うことができることについては，最高裁昭和50年9月11日第1小法廷決定・裁判集刑事197号317頁，最高裁昭和53年6月28日第1小法廷決定・裁判集刑事210号375頁参照。

広島高等裁判所

速報番号　平成29年1号

【事　件　名】　詐欺未遂，覚せい剤取締法違反被告事件
【事件番号等】　平成29年（う）51号，平成29年7月18日広島高等裁判所
　　　　　　　　第1部判決，原判決破棄・自判（被・上告）
【控訴申立人】　被告人，検察官
【第　一　審】　広島地方裁判所尾道支部

○判示事項

　詐欺への加担の認識を否認した空室利用による現金送付型特殊詐欺の受け子の事案において，空室利用等の間接事実から，詐欺の故意を否定した原判決を破棄した事例

○判決要旨

1　原判決の前提となった事実関係

　　原判決の判断の前提となった事実関係は，おおむね次のようなものである（なお，特に断らない限り，日付は，平成28年を指す。）。

⑴　氏名不詳者は，9月13日午前9時頃から，被害者にうその電話を掛けて一旦錯誤に陥らせたが，午後1時頃，被害者が郵便局で500万円を引き出そうとした際，不審に思った郵便局員が警察に通報し，臨場した警察官が被害者に事情聴取した結果，被害者はだまされていたことに気付いた。警察は，被害者にだまされたふり作戦に協力してもらい，引き続き氏名不詳者の指示に応じるふりをしてもらうことで，犯人の検挙を目指すこととした。被害者は，氏名不詳者からの要求を受けて，現金に偽装した紙片を，カイロ30個入りと表示された空き箱に収めてガムテープで封をし（以下「本件荷物」という。），午後3時34分頃，コンビニエン

- 247 -

スストアからa市b区所在のcビル（以下「本件ビル」という。）d号室A宛てに宅急便で発送した。被害者は，氏名不詳者からの指示に従い，本件荷物に貼付する伝票のご依頼主の住所氏名はお届け先と同じ，品名は生活雑貨（石けん），配達希望日は翌14日午後零時から午後2時までとした。

(2)　9月14日午前10時30分頃から，本件ビル周辺に警察官が張り込んでいると，午前11時12分頃以降，本件ビル付近で男性2名が乗車している不審車両や見張り役と思われる不審な男が確認された。本件ビルd号室の表札を掲示すべき箇所には緑色のテープが貼られ，「A」と手書きされており，室内の状態は一見して居住者がいないと分かる空き部屋であった。

(3)　同日午後零時15分頃から17分頃までの間に，配達員に仮装した警察官が本件荷物を持って本件ビルd号室を訪れると，まだ暑い季節であったのに，被告人が手袋を着用した状態で玄関口に現れ，配送伝票に「A」と署名して本件荷物を受け取って玄関ドアを内側から施錠し，アームロックをかけた。別の警察官が，午後零時21分頃，同室内に呼びかけ，呼び鈴を鳴らしたところ，被告人は，本件荷物を室内に残したまま，3月に両足や右肘を骨折していたにもかかわらず，玄関の反対側にある出窓から柵をつかんで室外に出て，地表に飛び降り逃走しようとしたが，約10分後に準現行犯逮捕された。午後零時18分頃，警察官が本件ビルの様子をうかがっていた前記不審男性に声をかけたが，同男性は，警察官の制止を振り切って前記不審車両に乗車して逃走した。

(4)　被告人が逃走時に所持していた携帯電話のアドレス帳に登録されていた電話番号は「Bさん」と「Cさん」の2件のみであり，記録されていた発着信履歴はいずれかの番号との間のものであった。前記(1)のうその電話に先立つ9月12日にB，Cの順で各1回通話した履歴が認められるほか，Cとの間で，翌13日に21回，翌14日の本件荷物受取の前後である午前11時19分頃，午後零時17分頃及び午後零時19分（ないし20分）頃に3回通話した履歴が残されている。

2 原判決の概要

原判決は，前記1⑴ないし⑶の事実に加え，被告人が，捜査段階及び公判で，荷物を受け取ることにより，暴力団関係者と思われる人物に対する20万円（ないし25万円）の損害賠償債務の全部又は一部を免除してもらえる約束になっていたと供述しており，単に荷物を受け取るだけという労務に比してはるかに多額の経済的利益を得られると認識していた旨指摘している。そして，これらを併せ考えると，被告人は，本件荷物の受取行為が何らかの犯罪に関与するものであることを未必的に認識していたと認められると判断している。

続いて，原判決は，この「何らかの犯罪」に詐欺が含まれるかについて検討を加え，要旨，次のとおり説示している。

被告人は捜査公判を通じて特殊詐欺の受け子役を務めていた認識はなかったと供述し，故意や共謀を一貫して否認している。初期供述（逮捕翌日の警察官に対する供述調書）においても，本件荷物の中身ははっきり分からず，覚せい剤等ではないかと想像していた，詐欺の被害金品が入った荷物だとは知らなかったと述べている。本件に関与することとなった経緯，受取直後の状況等に関する被告人の供述には不自然な部分や変遷等があり，信用性が高いとはいえないが，犯行の概要を知らされないまま受け子役を果たす結果になったという点では一貫している。詐欺グループが，受け子が検挙されることでグループの全貌が順次解明されるリスクを低減させるために，それまでグループとは接点を有していなかった被告人に，犯行の概要を知らせることなく受け子役を果たさせようと考えていたとしても不自然ではない。したがって，被告人の供述内容を直ちに排斥することはできない。

そこで，他の証拠を検討すると，本件荷物の性状自体からは現金が在中していることを推知することはできない。被告人が所持していた携帯電話にB・Cとのメール等によるやり取りや会話の内容が残されているわけではない。見張り役をはじめ，被告人以外で本件に関与した者は検挙されておらず，これらの者の供述も得られていない。

結局，被告人の供述内容からは詐欺の故意を認めることはできず，仮に
被告人供述の信用性を全面的に否定してその余の証拠を検討しても，被告
人に詐欺の故意があったとは認め難い。また，荷物の受取行為が何らかの
犯罪に関係すると考えられる状況にある場合でも，荷物を受け取ることで
関与し得る犯罪としては種々のものが考えられるから，直ちに当該犯罪が
特殊詐欺の受け子であるとの経験則が存在しているということもできな
い。したがって，詐欺の故意及び共謀は認定できない。

3　原判決に対する検討

　これらの原判断のうち，被告人が本件受領行為が犯罪に該当する可能性
を認識していたとする点に誤りはない。これに対し，被告人が未必的に認
識していた犯罪の中に詐欺は含まれていなかったとして，故意及び共謀を
否定した点は，論理則，経験則等に照らして不合理であり，是認できない。
以下，詳述する。

　前記1⑴ないし⑷の動かし難い事実関係によれば，被告人が，氏名不詳
者から，空き部屋である本件ビルd号室に待機し，そこに居住しているか
のように見せかけたAなる人物になりすまして送付されてきた荷物を受け
取るよう指示されていた事実は容易に推認できる。このような特異な態様
での受取指示自体，本来であれば送付先への配達ができずに終わるはずの
荷物について，配送業者を欺いてこれを取得するとともに，現実の受領者
の特定を困難ならしめるものである。そして，被告人が本件荷物の受取時
に手袋を着用していたのは，氏名不詳者からその旨指示されたか，自ら考
えたかのいずれであっても，指紋等受領者の特定につながる証跡を残さな
いための行動であり，被告人が本件受領行為が法に触れる可能性を認識し
ていたことを示すものにほかならない。受領後間もなくして本件ビルd号
室を訪れた私服警察官が身分を明かす前に，負傷する危険を顧みず即座に
逃走している点も，違法性の認識の表れとみることができる。このように，
前記事実関係のみからも，被告人が本件受領行為が犯罪に該当する可能性
を認識し，その犯罪の嫌疑による検挙を想定していたことは明らかである。

　加えて，この犯罪の中に詐欺が含まれている可能性を排斥するような特

－ 250 －

段の事情は見当たらない。むしろ，被告人としては，前記の受取指示の内容や受取場所の状況等から，発送者が，Ａなる者が同室に住んでいると誤信して荷物を送付し，自分はその誤信に乗じて荷物を受け取ろうとしているのではないか，すなわち，発送者がだまされて荷物を送ってきているのではないかとの疑いを抱いてしかるべきであったといえる。被告人が捜査段階で供述していたように，被告人の当時の認識の中に本件荷物の中身が違法薬物である可能性も排斥されていなかったかもしれないが，そうであると確信できるような客観的な状況があった訳ではなく，この点は，詐欺の故意を認める妨げとなるものではない。原判決の説示するとおり，一般的に荷物を受け取ることで関与し得る犯罪としては種々のものが考えられるとしても，前記事実関係のような状況下では，経験則上，その犯罪の中で想定しやすいものの一つが詐欺であるといえる上，詐欺である可能性を積極的に排除する特段の事情はなかったのであるから，他の犯罪の可能性も考えられるからといって詐欺の未必的認識がなかったことにはならない。

（中略）原判決や弁護人が指摘する本件荷物の性状についても，現金が在中していることが積極的に推知できるとまではいえないにしても，その疑いを払拭する事情ではない。なお，仮に弁護人が主張するように被告人が本件荷物の中身をあえて知ろうとせず，関与している犯罪行為の内容について突き詰めて考えていなかったとしても，詐欺の故意があったとの評価は妨げられない。

○参照条文

刑法246条1項，250条，60条

○参考事項

宅配便を利用した現金送付型特殊詐欺の受け子の故意に関しては，「何らかの犯罪に関与していることの認識があれば，特段の事情のない限り，その犯罪の中に詐欺が含まれているので，前記認識以外に『詐欺に関与しているかもしれない認識』までは必要ない。」という考え方の判決があり（福岡高

裁平成28年12月20日判決・判例タイムズ1439号119頁及び仙台高裁平成29年
8月29日判決・捜査公判支援システム公判参考事例参照），本判決も，同様
の考え方に基づくものである。なお，本判決は，いわゆるだまされたふり作
戦が開始された後の関与について名古屋高裁平成28年9月21日判決等と同様
に，不能犯における判断手法を用いて詐欺未遂の実行共同正犯が成立する旨
判示しているが，この点は省略した。

福岡高等裁判所

速報番号　1527号

【事　件　名】　覚せい剤取締法違反被告事件
【事件番号等】　平成29年（う）59号，平成29年4月28日福岡高等裁判所
　　　　　　　　第3刑事部判決，控訴棄却（被・上告）
【控訴申立人】　被告人
【第　一　審】　福岡地方裁判所

○判示事項

　職務質問終了後，採尿令状の発付を受けて執行するまでの約6時間半にわたり，多数の警察官と警察車両を動員して被告人を追尾するなどしたことに違法はないとして原判決を是認した事例

○判決要旨

1　複数台のタクシーを乗り継ぐなどして移動する被告人を，約6時間半にわたり複数の警察官が追跡したとしても，この間の行動は被告人が自ら選択したもので，何ら意思に反した留め置き等がなされたわけではないから，一連の追跡について行動の自由を侵害する違法な捜査とみることはできない。

2　警察官が被告人の乗車するタクシーを停止させた行為は，タクシーが僅かであれ速度超過をしたことによるものであるし，複数の薬物前科を有し，現に違法薬物を使用している嫌疑の濃厚な被告人が職務質問を強く拒否してタクシーに乗り込み，外部からは車内の状況を覚知できないのであるから，通常の交通取締等とは異なる基準で一時的な停車を求めたとしても違法とか不当などという余地はない。

○判決理由

- 253 -

1　前提として被告人に対する捜査経過を確認すると，福岡県警察の警察官
　　らが，平成28年4月20日午後10時51分頃，a市b区の路上で被告人に対す
　　る職務質問を開始し，所持品検査をすると共に尿の任意提出を求めたが，
　　これを拒まれて午後11時35分頃，説得を断念し，これ以降は，採尿令状の
　　発付を受けて執行するまでの間，被告人を追跡しつつ行動を確認する方針
　　に転換したこと，被告人は職務質問を受けた地点から徒歩で移動を始め，
　　自宅アパートに立ち寄った後の午後11時53分頃，通りかかったタクシーA
　　に乗車してa市c区方面に向かったこと，追跡中の警察官らが速度違反を
　　理由に同車を停止させると，被告人はタクシーBに移ってd市e村まで移
　　動し，以後も知人の車両やタクシーC，Dに乗り換えたこと，警察官らは
　　その都度運転手に速度遵守等を求めながら各車を追跡したこと，採尿令状
　　は翌21日午前3時10分に請求書が裁判所当直で受け付けられ，同日早朝に
　　発付されたこと，警察官らは，同日午前6時4分頃に高速道路のパーキン
　　グエリア内で被告人に採尿令状を提示して病院に連行したこと，以上の事
　　実が認められる。
2　所論は，これらの捜査手続には，職務質問から採尿までの間に被告人を
　　追尾して行動の自由を奪った点において令状主義の精神を没却する重大な
　　違法があると主張する。所論は，多数の警察官と警察車両を動員した上で
　　被告人を長時間追尾したことがその行動の自由を奪っており，事実上の強
　　制捜査として重大な違法性を有するというのである。
3　よって検討すると，本件では，上掲のとおり，複数台のタクシーを乗り
　　継ぐなどして移動する被告人を，約6時間半にわたり複数の警察官が追跡
　　したという経緯がある。しかし，この間の行動は被告人が自ら選択したも
　　ので，何ら意思に反した留め置き等がなされたわけではないから，一連の
　　追跡について行動の自由を侵害する違法な捜査とみることはできない。
　　　所論は，警察官が被告人の前に立ちはだかったり，タクシーを停止させ
　　たりしたことを問題視するところ，そのような局面があったことは認めら
　　れるが，被告人が車道に飛び出そうとしたり，タクシーが僅かであれ速度
　　超過をしたりしたことによるものであるし，複数の薬物前科を有し，現に

- 254 -

違法薬物を使用している嫌疑の濃厚な被告人が職務質問を強く拒否してタクシーに乗り込み，外部からは車内の状況を覚知できないのであるから，通常の交通取締等とは異なる基準で一時的な停車を求めたとしても違法とか不当などという余地はないというべきである。また，所論は，被告人が逃亡する虞れは消滅しており，一度自宅に戻し，改めて訪問すれば足りたとも主張するが，上記の立場にある被告人が，職務質問も尿の提出も拒絶して行き先を告げずに自動車で移動している以上，被告人を追跡してその所在を継続的に把握する必要性はむしろ高かったといえるから，この観点からも問題はみられない。他に所論が指摘する点を逐一検討しても，警察官らによる一連の追跡に違法な要素は認められない。

○参照条文

覚せい剤取締法41条の3第1項1号，19条

刑事訴訟法218条1項

速報番号　1528号

【事　件　名】　詐欺未遂被告事件
【事件番号等】　平成28年（う）451号，平成29年5月31日福岡高等裁判所
　　　　　　　　第3刑事部判決，原判決破棄・自判（弁・上告）
【控訴申立人】　検察官
【第　一　審】　福岡地方裁判所

○判示事項

被害者が「騙されたふり作戦」に協力して模擬現金を発送した後に犯行に加担した「受け子」について，欺罔行為と「受け子」の荷物の受領との間には因果関係が認められないとした上，詐欺罪の結果発生の危険性の判断に際して，「犯人側の状況と共に，それに対応する被害者側の状況をも観察し得る一般人」の認識内容を基礎とするという独自の判断基準を設けて，被告人

が詐欺罪の結果発生の危険性に寄与したとはいえないとして無罪を言い渡した原判決を破棄し，いわゆる承継的共同正犯としての詐欺罪の成立を肯定し，未遂犯として処罰すべき法益侵害の危険性の有無の判断につき，当該行為時点でその場に置かれた一般人が認識し得た事情と行為者が特に認識していた事情とを基礎とすべきであるとしてこれを肯定して，詐欺未遂罪の共同正犯が成立するとした事例

○判決要旨

1　財物交付の部分のみに関与した被告人につき，いわゆる承継的共同正犯として詐欺罪の成立を認め得るかについてみると，先行する欺罔行為とあいまって，財産的損害の発生に寄与し得ることは明らかである。また，詐欺罪における本質的な保護法益は個人の財産であって，欺罔行為はこれを直接侵害するものではなく，錯誤に陥った者から財物の交付を受ける点に，同罪の法益侵害性があるというべきである。そうすると，欺罔行為の終了後，財物交付の部分のみに関与した者についても，本質的法益の侵害について因果性を有する以上，詐欺罪の共犯と認めてよいし，その役割の重要度等に照らせば正犯性も肯定できる。

2　未遂犯として処罰すべき法益侵害の危険性があったかの判断に際しては，当該行為時点でその場に置かれた一般人が認識し得た事情と，行為者が特に認識していた事情とを基礎とすべきであり，この点における危険性の判定は規範的観点から行われるものであるから，一般人が，その認識し得た事情に基づけば結果発生の不安感を抱くであろう場合には，法益侵害の危険性があるとして未遂犯の当罰性を肯定してよく，敢えて被害者固有の事情まで観察し得るとの条件を付加する必然性は認められない。そうすると，本件で「騙されたふり作戦」が行われていることは一般人において認識し得ず，被告人ないし本件共犯者も認識していなかったから，これを法益侵害の危険性の判断に際しての基礎とすることは許されず，被告人が本件荷物を受領した行為を外形的に観察すれば，詐欺の既遂に至る現実的危険性があったということができる。

○判決理由

1　原審及び当審における弁護人の主張は，本件欺罔行為の以後についてみても被告人に詐欺の故意はなく，本件共犯者との共謀もないという趣旨と解されるので，先にこの点を確認すると，被告人は，後難を恐れて名前を明らかにできない知人の依頼により，空き部屋に送られてくる荷物を偽名で受領し，それを上記知人に渡すという役割を引き受けて報酬を約束され，現に本件受領場所において偽名で本件荷物を受領したものである。かかる特異な依頼内容等に照らせば，被告人は，それが詐欺の被害金を受け取る役割である可能性を十分認識していたと認められるから，少なくとも未必的な故意に欠けるところはなく，受領の時点では本件共犯者との共謀が成立していたことも認定できる。

2　他方，本件では，被告人と本件共犯者との共謀が最終の欺罔行為に先立って成立していたことを認めるだけの証拠はないから，被告人は，詐欺罪における構成要件該当事実のうち財物交付の部分のみに関与したという前提で犯罪の成否を検討せざるを得ない。

　　したがって，問題は，①財物交付の部分のみに関与した被告人につき，いわゆる承継的共同正犯として詐欺罪の成立を認め得るか，②認め得るとして，「騙されたふり作戦」が実行されたことが同罪の成否に影響するか，の2点ということになる。

3　まず，①の点についてみると，このような時期・方法による加担であっても，先行する欺罔行為とあいまって，財産的損害の発生に寄与し得ることは明らかである。また，詐欺罪における本質的な保護法益は個人の財産であって，欺罔行為はこれを直接侵害するものではなく，錯誤に陥った者から財物の交付を受ける点に，同罪の法益侵害性があるというべきである。そうすると，欺罔行為の終了後，財物交付の部分のみに関与した者についても，本質的法益の侵害について因果性を有する以上，詐欺罪の共犯と認めてよいし，その役割の重要度等に照らせば正犯性も肯定できる。

　　次に②の点をみる。原判決は，被害者が詐欺を見破って「騙されたふり

－ 257 －

作戦」に協力した結果，本件欺罔行為と被告人による本件荷物の受領との間には因果関係が認められず，被告人が詐欺罪の結果発生の危険性に寄与したとはいえなくなるから，同罪は成立しないという。そして，その危険性を判断するに際しては，「犯人側の状況と共に，それに対応する被害者側の状況をも観察し得る一般人」を想定した上，そのような一般人の認識内容を基礎とするという判断基準を設けるのである。

しかし，この危険性に関する原判決の判断は是認することができない。本件では，被告人が加担した段階において，法益侵害に至る現実的危険性があったといえるか，換言すれば，未遂犯として処罰すべき法益侵害の危険性があったか否かが問題とされるところ，その判断に際しては，当該行為時点でその場に置かれた一般人が認識し得た事情と，行為者が特に認識していた事情とを基礎とすべきである。この点における危険性の判定は規範的観点から行われるものであるから，一般人が，その認識し得た事情に基づけば結果発生の不安感を抱くであろう場合には，法益侵害の危険性があるとして未遂犯の当罰性を肯定してよく，敢えて被害者固有の事情まで観察し得るとの条件を付加する必然性は認められない。

そうすると，本件で「騙されたふり作戦」が行われていることは一般人において認識し得ず，被告人ないし本件共犯者も認識していなかったから，これを法益侵害の危険性の判断に際しての基礎とすることは許されない。被告人が本件荷物を受領した行為を外形的に観察すれば，詐欺の既遂に至る現実的危険性があったということができる。そして，被告人に詐欺の故意，本件共犯者との共謀及び正犯性が認められることはいずれも前記のとおりであり，被告人については詐欺未遂罪の共同正犯が成立する。これを認めなかった原判決には判決に影響を及ぼすことの明らかな事実誤認があり，破棄を免れない。

○参照条文
刑法246条 1 項，250条，60条

○参考事項

なお，本件と同様に，いわゆる「騙されたふり作戦」が開始された後に加担した「受け子」に詐欺未遂の共同正犯が成立するとした判決として，平成28年９月21日及び同年11月９日宣告の名古屋高等裁判所刑事第２部における各判決，同年12月20日宣告の福岡高等裁判所第３刑事部における判決，平成29年３月27日宣告の東京高等裁判所第２刑事部における判決がある。

速報番号　1529号

【事　件　名】　殺人，覚せい剤取締法違反被告事件
【事件番号等】　平成29年（う）82号，平成29年７月７日福岡高等裁判所
　　　　　　　　第３刑事部判決，控訴棄却（被・上告）
【控訴申立人】　被告人
【第　一　審】　熊本地方裁判所

○判示事項

生後３か月の乳児に覚せい剤若干量を口から投与して身体に摂取させて覚せい剤中毒による循環障害等により死亡させた事案につき，覚せい剤の致死量に関する知識がなかった等の弁護人の主張を排斥し，被告人の殺意を認定した事例

○判決要旨

覚せい剤は，人体に重大な害悪があるとして分量に関わらずその使用等が法律で禁止されている危険な薬物で，用法や用量の次第では成人も容易に死亡するものである上に，乳幼児は成人に比べ薬物の影響を非常に強く受けることも明らかである。これらは社会常識に属するから，僅かであれ乳児に覚せい剤を摂取させることを認識していれば，殺意に欠けるところはないといえる。

○判決理由

　覚せい剤は，人体に重大な害悪があるとして分量に関わらずその使用等が法律で禁止されている危険な薬物で，用法や用量の次第では成人も容易に死亡するものである上に，乳幼児は成人に比べ薬物の影響を非常に強く受けることも明らかである。これらは社会常識に属するから，僅かであれ乳児に覚せい剤を摂取させることを認識していれば，殺意に欠けるところはないといえる。被告人は当然この点を認識していたから，原判決が殺人の故意を認めたことは至極正当である。

　弁護人は，被告人には覚せい剤の致死量に関する知識がなかったというが，別段危険性の認識を妨げるものではない。被告人は自らも頻繁に覚せい剤を使っており，成人が微量を摂取しても薬理効果があることを身を以て理解していたから，むしろ一般人以上に，被害者が死に至る現実的な可能性を認識していたものと考えられる。

　また，弁護人は，被告人が本件以前から被害者に覚せい剤を与えたことが何回もあったとすれば，本件でも被害者は死ぬことはないと考えた筈であるとも主張する。しかし，以前にも被害者に覚せい剤を摂取させたことがあったにせよ，それにより乳児に対する安全な用法等を確立したわけでは勿論なく，たまたま死亡しなかったに過ぎないし，そのことは被告人も当然に承知している筈であるから，かかる経緯が故意を阻却することもないというべきである。この他弁護人の主張する，被告人が被害者の世話をしていたこと，被害者の母であるＡを金づるとして利用していたこと等も，故意の認定に影響するものではない。

○参照条文

刑法199条
覚せい剤取締法41条の３第１項１号，19条

速報番号　1530号

【事　件　名】　現住建造物等放火，殺人被告事件
【事件番号等】　平成29年（う）89号，平成29年7月20日福岡高等裁判所
　　　　　　　　第1刑事部判決，控訴棄却（被・上告）
【控訴申立人】　弁護人
【第　一　審】　大分地方裁判所

○判示事項

　火災原因を特定することができず，被告人が犯人性を否認する放火殺人事件において，複数の間接事実を丁寧に積み上げ，自然発火の可能性を否定して，犯人性を肯定した事例

○判決要旨

　本件においては，被告人が，本件火災の発生に相当接着した時間帯に本件居宅にいた上，その当時，金策に方途が尽きた状態であり，本件火災前には，インターネットで火災や生命保険，火災保険に関する情報を検索し，本件火災後には，実母及び実妹を被保険者とする生命保険に多大な関心を示していたことが認められ，自己の関与を否定する被告人の原審供述は不合理なものということができる。これらを総合すると，被告人が本件火災とそれに伴う実母及び実妹の死亡に関与している高い蓋然性が認められ，他方で，本件火災が，実母，実妹による失火を含む電気火災による自然発火の可能性が低いことを併せ考慮すると，本件火災は被告人が原因を作ったものであり，それは実母及び実妹を殺害して保険金を取得することにあったと認定することができる。

　第三者が本件居宅に侵入して放火に及んだり，第三者による失火で本件火災が発生したりしたというのは，抽象的な可能性をいうものにすぎない。そのような可能性によって，証拠から認定できる間接事実から高い蓋然性をもって推認できる事実が否定されるものではない。

　被告人が犯人ではないとしたならば，被告人が，深夜にもかかわらず，実

母に金銭トラブルを相談するため，本件居宅を訪れた理由，訪問に先立って火災や生命保険，火災保険の情報を検索し，本件火災後実弟らに保険金の分配について持ちかけた理由，本件火災の近くにいたのに疑いの目を向けられないような行動をとった理由が，いずれも合理的に説明できない。本件では，間接事実中に被告人が犯人でないとしたならば合理的に説明できない事実関係が含まれているということができる。

○判決理由

　論旨は，本件火災原因は判定できないし，実母，実妹による失火や第三者の放火の可能性も否定できないから，本件火災の原因が放火であり，その犯人が被告人であると認めた原判決には，判決に影響を及ぼすことが明らかな事実の誤認がある，というのである。

　そこで記録を調査して検討すると，被告人が本件居宅に放火して実母及び実妹を殺害したものと認定した原判決に，論理則，経験則に反するところはなく，原判示の事実を認定した原判決には，判決に影響を及ぼすことが明らかな事実の誤認は存しない。以下，その理由を説明する。

1　前提となる事実

　　原判決挙示の証拠によれば，以下の事実が認められる。

⑴　本件火災は，遅くとも平成26年12月19日（以下「本件当日」という。）午前４時10分頃には，本件居宅１階東側にある居間（以下「本件居間」という。）の東側出窓から炎が出る状態となり，その後，119番通報で駆け付けた消防隊の消火活動により，午前６時10分頃には鎮火した。

⑵　本件火災によって本件居宅は全焼したところ，本件当日午前６時15分頃，実妹の遺体が，本件当日午後３時20分頃，実母の遺体がそれぞれ発見された。両名の遺体を司法解剖した結果，いずれの死因も焼死であり，両名の死亡時刻はいずれも午前４時30分頃と推定された。

⑶　大分県警察科学捜査研究所における工学担当のＡは，原審公判において，鎮火後に本件居宅の焼損状況を実際に見分した結果，本件火災の出火場所は，本件居間の東側出窓に隣接して置かれたソファーの前付近で

- 262 -

ある旨供述している。Aは，本件居宅各部分の焼損の程度を比較した上，床面の焼損状況の激しさから，出火場所を特定したものであり，その手法は合理的である上，元警視庁科学捜査研究所職員であるBの原審供述，消防庁消防大学校消防研究センター所属のCから本件火災現場の写真等に基づいて聴取した結果等とも一致し，市消防本部職員であるDの原審供述とも矛盾するものではない。本件火災の出火場所は，本件居間の東側出窓に隣接して置かれたソファーの前付近ということができる。

2 出火時刻頃における被告人の行動

被告人は，原審公判において，本件火災が発生したときの行動経過につき，次のとおり供述している。すなわち，被告人は，平成26年11月20日頃から，福岡県内の当時の勤務先の寮に住んでおり，実母及び実妹の住む実家である大分県内の本件居宅まで移動するには，自動車で1時間程度を要したところ，本件当日は，午前2時30分前後，寮の近くのガソリンスタンドで給油した後，自動車を運転して本件居宅に向かった。午前3時30分頃，本件居宅の近くにあるパチンコ店の駐車場に自動車を停め，5分ほど歩いて本件居宅に到着し，その中に入った。しばらくしてから，本件居宅を出て，歩いて自動車を停めている上記駐車場に戻り，すぐ運転を開始して，甲交差点に向かった。甲交差点に設置された防犯カメラに午前4時15分頃撮影された交差点を右折していく自動車の映像は，自分の運転していた自動車であると思う，というのである。

さらに，警察官による実験結果によると，上記パチンコ店の駐車場から本件居宅までの徒歩による所要時間は5分から6分，同駐車場から甲交差点までの自動車の走行による所要時間は1分から2分であったことが認められる。大分県警察科学捜査研究所における工学担当のEの原審供述によると，甲交差点に設置された防犯カメラの映像を解析したところ，本件当日午前4時15分に甲交差点を右折走行した自動車と被告人運転車両の特徴は，細部に至るまで一致していたというのである。これらを併せみると，被告人は，勤務先の寮から自動車を運転して，午前3時35分頃，本件居宅に到着し，午前4時5分過ぎ頃まで本件居宅内に滞在していたということ

ができる。そうすると，被告人は本件火災の発生に相当接着した時間帯に本件居宅内にいたことになる。

　所論は，被告人は，遅くとも午前３時40分頃には，本件居宅に立ち入り，本件居宅を出たのは，午前３時50分から午前３時55分頃であり，午前４時15分頃，甲交差点の防犯カメラの映像に，被告人の自動車が映っているとしても，それは実母に相談する内容を整理するため，本件居宅周辺をグルグル回っていた途中の可能性もあるから，被告人は本件火災の時刻に本件居宅にはいなかった，という。

　しかし，本件火災の発生時刻を正確に特定することはできないのであり，被告人が本件火災の発生に相当接着した時間帯に本件居宅内にいたことに変わりはない。被告人が，原審公判において，本件火災の発生に相当接着した時間帯に本件居宅にいた旨供述しているのは，前記のとおり，当時居住していた寮の近くのガソリンスタンドで給油した時刻，甲交差点に設置された防犯カメラで右折走行する被告人車両が撮影された時刻という，客観的な証拠から，それに合わせた供述をせざるを得なかったからである。これに対して，被告人が，原審公判において，本件居宅にいたのは10分経つか経たないくらいであった旨供述し，本件居宅から出てからは，自動車で移動しながら，実母にどのように相談しようか考えていた旨供述しているのは，いずれも裏付ける証拠がない。そうすると，被告人の原審供述によって，被告人が本件火災の発生に相当接着した時間帯に本件居宅内にいたことが，被告人を本件現住建造物等放火の犯人と認定する上での間接事実に位置付けられなくなるものではない。

3　本件火災前の被告人の生活状況

　原判決挙示の証拠によれば，本件火災前，被告人は次のような状況に置かれていたものと認められる。

⑴　被告人は，パチンコスロットに金銭を浪費する性癖があり，自分の収入の範囲内で生活できず，借金をするようになったことから，実母に自己の給料振込口座を管理されていたが，実母にたびたび金員を無心し，祖母から現金を盗むこともあった。さらに，被告人は，実母が，給料振

込口座に振り込まれた毎月の給料から，本件居宅のローンの返済額のうち被告人が負担するべき金額を差し引いていたところ，平成26年夏かそれ以前に，自由に使える金員を多くしたいと考え，本件居宅を売却するよう提案し，実母や実弟らの反対にあっている。

(2)　被告人は，平成26年10月頃，当時勤務していたパチンコ店において，同僚のF及びGから現金合計３万3000円を盗み，それが発覚して，同年11月13日までに返済すること，返済できないと１日1000円を支払うことなどを約束した。しかし，被告人は，上記期限までに返済できず，期限を同年12月15日まで延長してもらい，消費者金融から５万円を借り入れ，実妹の５万円を盗んだが，それらもギャンブルに費消したため，結局は返済できなかった。被告人は，Fらから，警察に届け出るとか，実家に押し掛けるなどと言われて，返済を迫られていた上，実妹から盗んだ５万円についても，実母と実妹から金員を得るための働き先や支払いの期限を定めて返済を求められていた。

4　本件火災の発生前後における被告人の関心を示す言動

原判決挙示の証拠によれば，本件火災の発生前後において，被告人は，次のような言動をしていることが認められる。

(1)　実母は，実母又は実妹を被保険者とし，保険金額が1700万円，6346万7000円の各生命保険に加入しており，本件居宅については，保険金額2700万円の火災保険契約が締結されるなどしていたところ，被告人の携帯電話機を解析した結果，被告人が，本件当日，自己の携帯電話を用いて，次のとおり，インターネットサイトを検索又は閲覧していたことが明らかになった。すなわち，午前２時２分頃「深夜の火災発見確率」との語句で検索し，午前２時21分頃「火災保険と生命保険を比較してみる」旨のサイトを閲覧し，午前２時38分頃「生命保険に火災死亡は含まれる？」との語句で検索し，午前３時14分頃「住宅火災で助かる確率」との語句で検索している。そして，被告人は，原審公判において，実母や実妹の加入していた保険の詳細は知らなかったとしながら，乙生命の保険に入っていることは知っていた旨供述しているから，少なくとも実母又は実

妹を被保険者とする生命保険契約が締結されていることは知っていたということができる。

(2) 被告人は，本件当日未明，実弟から，本件居宅が火事である旨の連絡を受け，本件居宅の近くにいたにもかかわらず，勤務先の寮から本件居宅に向かうなどと嘘をつき，本件居宅から自動車で10分ほどの距離にあるところで，約40分間時間を潰してから，本件居宅に向かっている。実弟の原審供述によると，その後，被告人は，本件居宅付近の実弟がいるところに現れ，消火活動を見ながら，実弟に「保険の取り分は6対4やな」と話しかけたが，実弟は，実母も実妹も見付かっていないのに，それどころではないと怒って取り合わなかった，というのである。さらに，被告人は，本件当日の本件火災後の夜，実弟の妻の運転する自動車で勤務先の寮との間を往復した際にも，同女に対し，保険の手続のことを持ちかけ，実弟には子どももいるから，被告人4割，実弟6割にしようと提案し，同女が即答できずにいると，さらに被告人3割，実弟7割としようなどと提案している。

なお，被告人は，原審公判において，本件火災の現場において，実弟に保険金の分配について持ちかけたような記憶はない旨供述するが，そのような特異な事象について，実弟が誤って記憶している可能性はないというほかなく，実弟が，実兄のそのような発言について，虚偽供述をしている根拠も見出せない。

5 被告人の弁解の信用性

以上のとおり，被告人は，本件火災の発生に相当接着した時間帯に本件居宅内にいた上，金員に窮して他人の現金を盗んだため，返済を求められており，そのための金策にも方途が尽きた状態であった上，本件火災前には，インターネットで火災や生命保険，火災保険に関する情報を検索している上，本件火災後には，実母及び実妹を被保険者とする生命保険金に多大な関心を示していたことが認められる。これらの事情を総合すると，本件火災が発生して，本件居宅が焼損し，その結果実母と実妹が死亡したことに，被告人が関与している高い蓋然性が認められる。

これに対して，被告人は，原審公判において，本件火災に自分が関与していることを否定して，次のとおり供述している。すなわち，本件当日の午前零時を過ぎた深夜，実母にＦ及びＧとの金銭トラブルを相談しようと思い付き，勤務先の寮から自動車を運転して，本件居宅に向かった。自動車を運転しながら，本件居宅が火災になるとＦらから返済を求められなくなるのではないかと考えて，インターネットでそれに関連する情報を検索したが，本件居宅に火を点ける気持ちはなかった。いつもは本件居宅の駐車場に自動車を停めるが，歩きながら実母に相談する内容を整理しようと考えて，少し離れたパチンコ屋の駐車場に自動車を停めた。合い鍵で本件居宅に入り，２階で就寝中の実母の顔を見て，相談する内容をまとめ直そうと思い直して，本件居宅から出た。相談する内容をまとめるため，付近を回って自動車を運転していたところ，実弟が電話で本件火災を知らせてきた。実弟には，近くにいたことで疑われたら怖いと思って，勤務先の寮から本件居宅の現場に向かうと嘘をついた，というのである。

　しかしながら，そもそも，自身の非違行為に起因する金銭トラブルであるのに，深夜に思い付いて実家まで赴き，就寝中の実母を起こしてそのことを相談しようと考えること自体が，極めて不自然である。相談する内容も，返済するための金員がないので，肩代わりして欲しいということ以外には考えられないのであるから，実母から叱責されるのを恐れていたにしても，相談内容をまとめるのに時間を要するとはいえない。そうであるのに，自動車を本件居宅から離れたところに停めたり，本件居宅に入りながら実母に相談するのを躊躇したりするのは，別の意図を推測させる。被告人が本件火災の発生に相当接着した時間帯に本件居宅内にいて，その直前にインターネットで火災や生命保険，火災保険に関する情報を検索していながら，そのような検索と本件火災に格別の関連がないというのも，容易に受け入れ難いところである。そして，被告人は，本件火災に関与していないのであれば，本件火災が人為的なものではなく，自然発火によるものと受け取ったはずであるのに，実弟から連絡を受けて，自分が疑われることを恐れたというのに至っては，不自然極まりないというほかない。

被告人の原審供述は、相当に不合理なものであり、そのことは、本件火災と実母及び実妹の死亡に被告人が関与している高い蓋然性を支えるものといわざるを得ない。

6 自然発火等による出火の可能性

本件火災が、人為的なものではなく、実母、実妹による失火を含めた自然発火による可能性が高ければ、本件火災と実母及び実妹の死亡に被告人が関与している高い蓋然性に合理的な疑いを容れるということができる。そこで、原審で取り調べられた証拠を検討すると、次のとおり、本件火災が自然発火による可能性は低いということができる。

(1) 本件火災の出火場所である本件居間の東側出窓に隣接して置かれたソファーの前には、自然発火の可能性があった物として、1本の電線から複数のコンセントを通じて複数の電線に分岐させる機能を持つテーブルタップ、電気カーペット及び電気コタツがあった。

(2) Bは、原審公判において、上記電気製品が自然発火し、いわゆる電気火災が生じた可能性につき、次のとおり供述している。すなわち、本件居間の出火場所近くで燃え残っていた電気コードにはショート痕があったが、そこから出火したとすると、周辺の焼損状況と整合しないことから、それは火災によって電線が燃えたためショートが起きた溶解痕と考えられる。また、燃え残った電気コタツのヒーター部に異常はなく、電気カーペットの構造に照らすとそのヒーター線から出火する可能性もないから、これら製品の本体部分から出火した可能性は否定できる。本件居間に存在した電気製品の推定消費電力からすると、テーブルタップ等のコンセントにおける接触不良箇所から出火した可能性もなく、そのほか、通電の不具合によって出火した可能性もない、というのである。

Bの原審供述を検討すると、次の理由から、これに依拠して、本件居間から電気火災により自然発火し本件火災が発生した可能性は極めて低いということができる。すなわち、自然発火の可能性があるとすれば、まず本件居間の出火場所付近にあった電気コードのショート痕に着目すべきところ、周囲の焼損状況から、そこは出火場所とはいえないとする

Bの原審供述には合理性がある。Aは，原審公判において，実際に見た本件居間の現場の状況から，上記ショート痕から出火したのでは矛盾がある旨供述しており，弁護人請求証人であるDも，原審公判において，上記ショート痕から出火したのではないということに，強い異論は示していない。そのほか，本件居間内には，電気火災による自然発火を示す痕跡が残されていた形跡はうかがえない。また，実弟及び実弟の妻の各原審供述によると，実母は，丁寧に電気製品を使用しており，電気カーペットを使うときには，電気コタツの電源スイッチは切っており，テーブルタップも埃が付かないように気を付けていた，というのである。Bの原審供述は，テーブルタップ，電気カーペット，電気コタツが通常の用法で使用されていたことを前提として，その場合に電気火災になる可能性を否定しているところ，本件においては，その前提は十分に満たされていたことになる。

(3)　所論は，①Bは，裁判所が依頼した中立公平な鑑定人ではなく，原審公判において，失火の痕跡がないことから失火の可能性がない旨供述するなど，捜査機関に協力する偏頗な立場であると判断せざるを得ない，②Bは，本件居間の現場を見たり，燃焼実験をしたりもしていないが，Aは，本件居間の現場を見て，燃焼実験も行って，本件火災の原因は不明であるとしており，D及びCも，電気火災の可能性は否定できないとしているから，Bの原審供述に依拠する事実認定には合理的な疑いが残る，という。

　　しかしながら，①については，Bは，原審公判において，電気火災が生じるあらゆる可能性を説明した上，本件居間内の電気製品にそれを当てはめた結果を供述しているにすぎない。その供述は，本件において，電気火災の可能性が低いと理解できるようなものにとどまり，捜査機関の立場に立って，事実関係や結論を断定するようなものではない。また，Bは，原審公判において，失火の痕跡はない旨供述しているが，失火の可能性がないという結論めいた供述をしているわけではない。Bが捜査機関に協力する偏頗な立場にあったとはいえない。

②については，Ａは，原審公判において，出火場所付近に火災原因の痕跡が見付からなかったため，出火原因は不明と結論した旨を供述するものにすぎない。Ｄは，原審公判において，Ｃは，警察官の作成した聴取結果の報告書において，本件居間の焼損状況が激しく，電気火災をうかがわせる痕跡を確認できないため，電気火災の可能性があるという積極的な判断には至らないという趣旨を述べているものと理解できる。Ａ及びＤの各原審供述，Ｃからの聴取結果は，いずれも電気火災の可能性を否定するＢの原審供述と矛盾するものではなく，Ｂは電気火災のあらゆる可能性と本件居間にあった電気製品の構造と特性に触れた検討をしているのに対して，Ａ，Ｄ及びＣはそこまで立ち入った検討をしていないにすぎない。

　さらに，所論は，原判決が認定した火災機序，出火場所，出火時刻は，大分県警察及び大分県警察科学捜査研究所が行った燃焼実験結果と整合しない，という。しかし，本件火災の原因を具体的に認定することはできないから，出火場所が明らかであったとしても，本件火災の原因すなわち出火場所からの出火の態様は不明というほかない。そうすると，出火の態様によって，周囲の焼損状況，延焼に要する時間は異なってくるはずであるから，原判決の認定が燃焼実験結果と異なるのは，燃焼実験で前提とされた出火の態様が，実際とは異なっていたことを意味するものにすぎず，電気火災による自然発火の可能性を示すものではない。

7　結論

(1)　以上からすると，本件においては，被告人が，本件火災の発生に相当接着した時間帯に本件居宅にいた上，その当時，金策に方途が尽きた状態であり，本件火災前には，インターネットで火災や生命保険，火災保険に関する情報を検索し，本件火災後には，実母及び実妹を被保険者とする生命保険に多大な関心を示していたことが認められ，自己の関与を否定する被告人の原審供述は不合理なものということができる。これらを総合すると，被告人が本件火災とそれに伴う実母及び実妹の死亡に関与している高い蓋然性が認められ，他方で，本件火災が，実母，実妹に

－ 270 －

よる失火を含む電気火災による自然発火の可能性が低いことを併せ考慮すると，本件火災は被告人が原因を作ったものであり，それは実母及び実妹を殺害して保険金を取得することにあったと認定することができる。

(2)　所論は，①原判決は，本件居宅に第三者の侵入が容易でないことから，第三者による失火及び放火の可能性を否定しているが，玄関，勝手口及び屋内倉庫の出入口が施錠されていたとしても，ガラス窓を破って侵入することは困難ではなく，窓の施錠状況も不明であるから，第三者による失火及び放火の可能性は否定できない，②出火場所付近に，失火につながる痕跡が残っていなかったことから，失火がなかったとは推認できないし，実母が，被告人の物音で目を覚まし，用事を済ませて再び就寝した可能性も否定できず，実母が終始就寝中であったとはいえないから，実母らの失火の可能性を否定できない，という。

　　しかし，①については，被告人が，実母及び実妹を殺害するため，本件居宅に放火したことは，証拠から認められる間接事実から，かなり高い蓋然性をもって，それを肯定することができる。それに対して，第三者が本件居宅に侵入して放火に及んだり，第三者による失火で本件火災が発生したりしたというのは，抽象的な可能性をいうものにすぎない。そのような可能性によって，証拠から認定できる間接事実から高い蓋然性をもって推認できる事実が否定されるものではない。

　　②については，被告人が本件火災の原因を作出したことは，接着した時間帯に本件居宅におり，火を放つ動機があったことから，高い蓋然性をもって肯定できる。それに対して，実母，実妹の失火によって本件火災が生じたというのは，具体的な根拠に基づくものではなく，抽象的な可能性をいうものにすぎない。そのような可能性によって，高い蓋然性をもって認められる被告人が本件火災の原因を作出したことが否定されるものではない。

　　さらに，所論は，刑事裁判における有罪の認定に当たっては，直接証拠がない場合，間接事実中に被告人が犯人でないとしたならば合理的に

－ 271 －

説明できない事実関係が含まれていることを要するところ，本件ではそのような事実関係が含まれていない，という。

しかし，被告人が犯人ではないとしたならば，被告人が，深夜にもかかわらず，実母に金銭トラブルを相談するため，本件居宅を訪れた理由，訪問に先立って火災や生命保険，火災保険の情報を検索し，本件火災後実弟らに保険金の分配について持ちかけた理由，本件火災の近くにいたのに疑いの目を向けられないような行動をとった理由が，いずれも合理的に説明できない。本件では，間接事実中に被告人が犯人でないとしたならば合理的に説明できない事実関係が含まれているということができる。

その他，所論に鑑み記録を精査検討しても，原判決の認定した事実には，判決に影響を及ぼすことが明らかな事実の誤認があるとは認められない。

論旨は理由がない。

○参照条文

刑法108条，199条

速報番号　1531号

【事　件　名】　過失運転致死被告事件
【事件番号等】　平成29年（う）15号，平成29年9月7日福岡高等裁判所
　　　　　　　　宮崎支部判決，原判決破棄・自判（弁・上告）
【控訴申立人】　検察官
【第　一　審】　鹿児島簡易裁判所

○判示事項

普通自動二輪車を運転して片側三車線の第二車両通行帯から第一車両通行帯に車線変更するに際し，自車を第一車両通行帯を進行してきた被害者車両

- 272 -

の右前方約0.7メートルに接近させたため，被害者をして，衝突を回避する運転操作を余儀なくさせ，路外の防護柵に衝突するに至らしめて死亡させた事案につき，被害者が異常速度（時速約93キロメートルないし時速約108キロメートル）で走行してきたことは予測できなかったなどとして信頼の原則を適用して被告人の過失を否定した1審判決を破棄し，車線変更する際の後方確認義務違反の過失を認定し，罰金刑を言い渡した事例

○判決要旨

車線変更に際しての後方確認義務は尽くされているなどとして被告人の過失を否定した原審の判断には，過失を構成する注意義務及びその前提となる事実を誤認し，道路交通法規の解釈を誤り，信頼の原則を誤って適用したという事実誤認及び法令適用の誤りがある。

○判決理由

被告人は，本件車線変更をするに際して，左後方約28.6メートルという比較的近距離に被告人と同一の方向に向けて走行する被害者車両が存在したのだから，そのまま車線変更を行えば，被害者車両の進行を妨げる危険性があったものと認められる。被告人は，このような状況において被害者車両の存在を確認したのだから，あらかじめ車線変更の合図をし，同車の動静を注視し，その安全を確認しながら進路変更を開始すべき自動車運転上の注意義務があったといえる。被告人は，被害者車両の動静を注視すれば，被害者車両が相当な高速度で接近してくることを容易に認識し得たものといえる。それにもかかわらず，被告人は，被害者車両が本件異常速度で走行していることに気付くことができない程度に左後方を一瞥するのみで，それ以上に被害者車両の動静を確認することがなかったのであるから，車線変更するに際しての後方確認義務を尽くしたとはいえず，動静注視義務違反の過失が認められる。また，被告人は，あらかじめ車線変更の合図をすることもなく，わずか約1秒後に，車線変更の合図と同時に本件車線変更を開始した結果，その約1秒後に，第一車両通行帯を直進進行中の被害者車両と約0.7メートルの地点まで急接近し，これにより被害者に本件衝突回避措置を余儀なくさせて本

件事故を惹起しているのだから，合図履行義務違反の過失が認められる。

　道路交通法の規程によれば，進路変更をする被告人としては，変更後の進路と同一の進路を後方から進行してくる被害者車両の速度又は方向を急に変更させることとなるおそれがないことを確認した後でなければ，進路変更を行うことは許されないというべきである。被告人は，比較的近距離に被害者車両の存在を確認したのだから，本件車線変更により被害者車両の速度又は方向を急に変更させることになるおそれがないことを確認するため，被害者車両の動静を注視すべき道路交通法上の義務があったといえるばかりでなく，そのような確認義務を怠って進路変更をすれば，被害者車両を危険にさらし，事故を引き起こす危険性があるから，被害者車両の動静を注視すべき自動車運転上の注意義務がある。被告人は，現に被害者車両が比較的近距離に存在することを確認していることを前提として，車線変更に当たりその動静を注視すべき義務を課されるのであり，動静注視義務を尽くしさえすれば，被害者車両が本件異常速度で走行していることを目で見て確認できるのであるから，被害者車両の速度の予測が問題となる場面ではなく，信頼の原則が働く余地はない。

　道路交通法26条の2第2項は，被告人に対し，被害者に衝突回避措置を取らせるような方法による車線変更を禁止しているのであり，被害者は，進路右前方を進行する被告人車両が何ら合図もなく突然車線変更してくることはないだろうと信頼して直進走行して差し支えないのであって，それにもかかわらず，被告人が何ら合図もなく突然車線変更することにより被害者に予期せぬ衝突回避措置を余儀なくさせることは，交通の危険を生じさせる危険な運転行為というべきである。この理は，被害者車両が指定最高速度を超過した高速度で走行している場合も同様であって，被告人としては，被害者車両が現に高速度で走行していることを認識し，あるいは認識すべきであった以上，その走行速度を前提として，車線変更により後続車の走行を妨げないようにすべき道路交通法上の義務があり，さらにはそのような運転行為により自動車事故を発生させないようにすべき自動車運転上の注意義務があるといえる。仮に被害者が時速約80キロメートルで走行していたとしても，被告人

－ 274 －

が本件車線変更を開始してから約7秒後には被害者車両が被告人車両と衝突するのだから，被害者は短時間で何らかの衝突回避措置を余儀なくされ，交通事故の危険が生じるのであり，仮にその危険が現実化して事故が発生したならばその責任を被告人が負うべきは当然であるから，被害者に衝突回避措置を取らせるような方法による車線変更をした以上，合図履行をしなかった場合の衝突回避措置の危険性が合図履行をした場合に比較して大きく増大しないからといって，本件事故との因果関係が否定されることはなく，過失を否定する根拠にはならない。道路交通法53条1項，3項，同法施行令21条1項は，車両が，同一方向に進行しながら進路を左方に変えるときは，その行為をしようとする時の3秒前のときに左側の方向指示器を操作する方法で合図を行わなければならない旨規定しており，これは，変更後の進路と同一の進路を後方から進行してくる車両に対し，進路変更を行うことを予告することにより，進路を変更する車両の動向に注意を払い，その動向に応じて適宜速度を調節するなどの安全確保のための措置を講じることができるように注意を喚起して，交通の危険が発生することを防止する趣旨を含むものと解されるから，このような合図履行義務に違反し，合図と同時に進路変更を開始し，約1秒後に被害者車両と約0.7メートルの位置まで急接近したという本件事実経過を前提とすれば，被告人の合図履行義務違反により，被害者が突然車線変更してきた被告人車両との衝突を回避するため本件衝突回避措置を取らざるを得ない状況に陥り，これにより本件事故が発生していることが明らかであって，過失が否定されることはない。

　被害者車両としても，第二車両通行帯を走行する先行車が自車線への進路変更をするような挙動を示した場合には，事故を回避するために，従前の指定最高速度を大幅に超過する速度から減速するなどして，進路変更に伴って事故が生じることを回避すべき自動車運転上の注意義務があるとはいえるが，だからといって，被告人車両が被害者車両の進行を妨げて車線変更してよいということにはならないから，この意味において，第一車両通行帯を後方から直進進行してきた被害者車両は，第二車両通行帯から第一車両通行帯へ車線変更しようとする被告人車両に対し優先通行権を有することが明らか

であり，ましてや時速約80キロメートルを超える高速度で走行している場合に限っては被害者車両に優先して被告人車両が車線変更できるなどという危険極まりない結論には何ら合理性が認められず，そのように解すべき法令上の根拠も存しない。確かに被害者の速度違反の程度は大きく，本件事故の発生には被害者の過失も相当程度寄与していることは否定し難いが，被害者の過失が大きいことを理由に，被告人の過失が否定されることにはならない。

　原判決は，動静注視義務の前提となる事実を誤認し，動静注視義務の内容を不当に限定した結果，一瞥程度の後方確認をもって動静注視義務を尽くしたものと評価し，かつ，被告人が合図履行義務に違反していることを認めながら，被害者の過失が大きいからといって，被告人の過失を過小評価したものであり，このような誤った前提に基づいて，本件の事実関係及びそれに基づく注意義務の内容を誤認し，本件の事実関係及び関係する道路交通法規を前提とすれば本来適用する余地のない信頼の原則を誤って適用した結果，被告人の合図履行義務違反及び動静注視義務違反の過失を否定したものといわざるを得ない。

　よって，原判決には，過失を構成する注意義務及びその前提となる事実を誤認し，道路交通法規の解釈を誤り，信頼の原則を誤って適用したという事実誤認及び法令適用の誤りがあるといわざるを得ず，これが結論に影響を及ぼすことが明らかである。

○参照条文
　道路交通法26条の2第1項，2項，53条1項，3項
　道路交通法施行令21条1項

○参考事項
　福岡高等裁判所宮崎支部は，原判決（無罪）を破棄した上，当初の求刑どおり，罰金20万円を言い渡した。

速報番号　1532号

【事　件　名】　恐喝未遂（予備的訴因強要未遂）被告事件
【事件番号等】　平成29年（う）172号，平成29年9月1日福岡高等裁判所
　　　　　　　　第3刑事部判決，原判決破棄・自判（弁・上告）
【控訴申立人】　被告人
【第　一　審】　熊本地方裁判所

○判示事項

　恐喝未遂事案において，①訴因変更を経ずに公訴事実記載の脅迫文言及び現金要求文言と相当異なる各文言を認定した原判決に，訴因逸脱認定はないとしつつも，②訴因変更をしなかったことに訴訟手続の法令違反があるとして原判決を破棄した上で，③第1審においてあえて検察官が訴因変更を請求しなかった場合でも，控訴審で訴因変更が許されると判断した事例

○判決要旨

1　公訴事実記載の訴因及び原審認定事実は，いずれも，被告人が同一日に被害者を脅して現金の交付を要求したという同一の場面を取り上げたものであり，公訴事実の同一性が認められる範囲にあるといえるから，審判の請求を受けない事件について判決をした違法はなく，訴因逸脱認定はない。
2　公訴事実記載の訴因と原審認定事実とは相当程度異なっている上，公訴事実記載の訴因では，明確な脅迫文言及び現金要求文言が列挙されているのに対し，原審認定事実は，危害を加えることをほのめかして暗に現金交付を要求したというもので質的な違いも認められ，原審裁判所が検察官に訴因変更の予定を確認したにもかかわらず訴因変更請求が行われなかった経緯にも鑑みれば，検察官は，暗に脅迫して現金を要求したとの構成を否定していたと考えられることなどから，かかる構成の事実を認定するためには予め訴因変更手続を経るか，少なくともその構成が訴追意思に含まれることを検察官に釈明させて争点を顕在化しておくべきであり，それらの措置を採らなかった原審の訴訟手続には法令違反がある。

- 277 -

3 前記のような経過に鑑みれば，当審における訴因変更は時機を逸しているとも考えられるが，訴因変更を認めても証拠関係が変動するものではなく，被告人に新たな負担をもたらすことはないし，審理が著しく遅延するともいえないから，これを許可することが相当である。

○判決理由

当初の公訴事実は，要旨，被告人が，平成27年9月3日，被害者に対し，「150万払ってもらえんですか。Vさんにも責任あっとですよ。払わんなら，どがんでんでくっとですよ。警察行っても20日勾留で出てくるけん。熊本におられんごとなるですよ。」「今度来っときは，どがんすっか分からんけんな。」などと語気鋭く申し向けて現金の交付を要求し，同人の生命，身体等に危害を加えかねない気勢を示して脅迫したが，同人が警察に届け出たために目的を遂げなかったとする恐喝未遂として構成されていた（以下「訴因①」と表記する。）。

原判決は恐喝未遂罪の成立を認めて被告人を有罪としたが，その「罪となるべき事実」としては，被告人が「自分の立場も考えてほしい。いつまでもバカのふりはできない。自分はずっと待っているが，そのことに対して何もない。」などと強い語調で述べて暗に150万円の交付を要求した，という内容の認定がなされていた（以下「原審認定事実」と表記する。）。

本件控訴の趣意は，原審認定事実では訴因①と全く異なる脅迫文言が認定されているため，原判決は訴因逸脱認定をしたものであるし，原審では訴因変更を経ずに異なる脅迫文言が認定されて防御の機会が奪われており，この点が訴訟手続の法令違反にも該当するというのである。

訴因①及び原審認定事実は，いずれも，被告人が平成27年9月3日に被害者を脅して現金の交付を要求したという同一の場面を取り上げたものであり，公訴事実の同一性が認められる範囲にあるといえるから，審判の請求を受けない事件について判決をした違法（刑訴法378条3号）があるものではなく，訴因逸脱認定をいう主張は採用できない。

しかしながら，原判決も自ら言及するとおり，訴因①と原審認定事実の文

言とは相当程度異なったものとなっていて，互いに重なり合う箇所がほとんどない。また，訴因①では，文言自体から脅迫ないし現金要求の趣旨であることが明確な発言が列挙されているのに対して，原審認定事実の挙示する発言は婉曲的で，脅迫等の意図を直ちに看取できるものではなく，「暗に」現金交付を要求したとか，危害を加えることを「ほのめかして」脅迫したなどと評価されているから，両者の間には質的な違いも認められる。

　弁護人は，被告人が平成27年9月3日の被害者との会話を録音したとする記録（以下「本件録音」という。この中には，訴因①の文言が含まれていない。）を証拠請求したところ，原審裁判所は検察官に訴因変更の予定を確認し，検察官も脅迫文言につき変更を検討している旨回答していたが，訴因①における脅迫文言の変更はなされなかった。その上で検察官は，本件録音に事件当日の会話が一部始終収録されているものではなく，録音されていない場面で訴因①の脅迫があったとする主張を展開していたのである。かかる経緯に照らせば，検察官は飽くまでも明示的表現による脅迫がなされたことを主張していたのであり，本件録音中の発言（原審認定事実の挙示する文言もここから採取されたものである。）によって暗に金銭を要求したとの構成は，むしろ否定していたとみることがより自然と思われる。

　そうすると，原判決が本件録音中にある婉曲的な発言を取り上げて恐喝未遂罪の成立を認めるのであれば，予め訴因変更手続を経るか，少なくともその構成が訴追意思に含まれることを検察官に釈明させて争点を顕在化しておくことが，被告人の防御権を保障する見地から必要であったというべきである。

　然るに原審は，訴因変更手続を経ないばかりか，争点を顕在化させる措置も特段採らないまま原審認定事実を認定したのであるから，その訴訟手続には法令違反があるといわざるを得ず，これが判決に影響を及ぼすことも明らかである。この点を指摘する論旨には理由があり，原判決は，その他の論旨につき判断するまでもなく破棄を免れない。

　そこで刑訴法397条1項，379条によって原判決を破棄し，同法400条ただし書を適用して，当審で新たに変更を許可した訴因（以下「訴因②」と表記

する。）につき，次のとおり判決する。

（中略）

　なお，弁護人は当審における訴因②への変更について反対の意見を述べるところ，上述の審理経過に照らすと，時機を逸したとする指摘には頷ける面がある。しかし，この訴因変更を認めても証拠関係が変動するものではなく，被告人に新たな負担をもたらすことはないし，審理が著しく遅延するともいえないから，これを許可することが相当と判断した次第である。

○参照条文

刑事訴訟法312条，378条3号，379条，397条1項，400条ただし書

○参考事項

　本件恐喝未遂の公訴事実は，被害者供述に基づいた明示の脅迫文言，現金要求文言で構成されていたが，犯行時の録音データが弁護人から証拠請求され，同データには公訴事実記載の脅迫文言等が残っていなかったことなどから，裁判所が検察官に対し，訴因変更の予定等を確認したものの，検察官は，予備的訴因として強要未遂を追加するのみで，主位的訴因である恐喝未遂については訴因変更を行わなかった。原判決は，前記データから認められる被告人の発言を基に，暗に脅迫して現金を要求したとの構成で恐喝未遂を認定したものである。

速報番号　1533号

【事　件　名】	道路交通法違反被告事件
【事件番号等】	平成29年（う）212号，平成29年9月29日福岡高等裁判所第2刑事部判決，原判決破棄・自判（確定）
【控訴申立人】	弁護人
【第　一　審】	福岡地方裁判所小倉支部

○判示事項

懲役刑の一部執行猶予とした原判決は，懲役刑の全部実刑と全部執行猶予の中間刑として一部執行猶予を用いたもので，刑法27条の2第1項の解釈適用を誤ったものであるとして，原判決を破棄した事例

○判決要旨

刑の一部の執行を猶予する場合であっても，被告人の刑事責任から決せられる刑はあくまで猶予部分を含めた全体であり，また，再犯防止のため必要かつ相当であることがその本質的な要件といえる。したがって，刑の一部執行猶予を実刑と全部執行猶予との中間刑として用いることは許されない。原判決は，刑の一部執行猶予を実刑と全部執行猶予との中間刑として用いたものであって，刑の一部執行猶予に関する法令の解釈適用を誤っており，かつ，その誤りは判決に影響を及ぼすことが明らかであるから，破棄を免れない。

○判決理由

原判決は「法令の適用」において，刑の一部執行猶予につき刑法27条の2第1項を適用している。ところで，同条同項に規定された刑の一部執行猶予は，実刑を前提にした上で，施設内処遇と社会内処遇を連携させることで特別予防を図る，自由刑の処遇方法に関する選択肢の一つとして理解されるべきものである。刑の一部の執行を猶予する場合であっても，被告人の刑事責任から決せられる刑はあくまで猶予部分を含めた全体であり，また，再犯防止のため必要かつ相当であることがその本質的な要件といえる。したがって，刑の一部執行猶予を実刑と全部執行猶予との中間刑として用いることは許されない。

しかるに，原判決は，刑の一部執行猶予を付するに当たり，その「量刑の理由」3項末尾から4項冒頭にかけて，「本件は，刑の執行を全部猶予するのが相当な事案であるとは認められない。被告人に対する刑として，実刑を選択するのはやむを得ない。」との説示につなげて，「もっとも，本件に現れた一切の事情を考慮すると，被告人を全部実刑に処すのはいささか酷であるとの心証は否めない。」と，全部実刑に処するのが重い旨説示している。同

項の最後に，「被告人の再犯防止等の観点からも，被告人に対しては，刑の一部の執行を猶予するのが必要かつ相当と考える。」と説示していることを踏まえても，先の説示からは，原判決が中間刑的な考慮に基づき一部執行猶予を用いたと解するほかない。原判決の主文において，実刑部分，猶予部分がそれぞれわずか4月と2月という短期で，かつ，執行猶予に保護観察を付していないことを考慮すれば，施設内処遇と社会内処遇との有効な連携，猶予取消しの心理的規制による再犯防止は，いずれもその実効性に乏しいから，原判決が，実質的に特別予防の観点から一部執行猶予を用いたと解することはできない。

　したがって，原判決は，刑の一部執行猶予を実刑と全部執行猶予との中間刑として用いたものであって，刑の一部執行猶予に関する法令の解釈適用を誤っており，かつ，その誤りは判決に影響を及ぼすことが明らかであるから，破棄を免れない。

○参照条文

刑法27条の2第1項

○参考事項

　刑の一部執行猶予の趣旨を明示した上，懲役刑の全部実刑と全部執行猶予の中間刑としての一部執行猶予を用いた原判決を法令適用の誤りとして破棄した初の高裁判決と思料する。

速報番号　1534号

【事　件　名】　ストーカー行為等の規制等に関する法律違反被告事件
【事件番号等】　平成29年（う）175号，平成29年9月22日福岡高等裁判所
　　　　　　　　第3刑事部判決，原判決破棄・自判（弁・上告）
【控訴申立人】　検察官，被告人
【第　一　審】　熊本地方裁判所

○判示事項

①別居中の妻及びその交際相手に対するストーカー行為については，不貞調査としての目的の範囲内の行為であれば，恋愛や怨恨の感情を伴っていても，ストーカー行為等の規制等に関する法律（以下「ストーカー規制法」という。）2条1項にいう「特定の者に対する恋愛感情その他の好意の感情又はそれが満たされなかったことに対する怨恨の感情を充足する目的」は認められないとした原判決の判断は是認できない，②上記妻及び交際相手の自動車にＧＰＳ機器を取り付けたり，その住居等付近をビデオカメラで撮影した行為は，ストーカー規制法2条1項1号の「見張り」に該当するとした事例

○判決要旨

①別居中の配偶者間においては，不貞調査の際の行為に，事実上，2条の目的が認定できる例が多いといえるにしても，ストーカー行為に該当するか否かは，ストーカー規制法違反の罪の他の成立要件によって絞りをかけられているのであるから，不貞調査目的の行為であるか否か，その目的の範囲内の行為であるか否かを，殊更に考慮する必要はないといえる。不貞調査の目的の有無や，その範囲内の行為とみるか否かを検討し，その結果が2条の目的の存否を当然に左右するかのような理解は誤りであり，行為態様等から2条の目的が否定される場合や，その他のストーカー規制法所定のいずれかの要件を欠く場合には，ストーカー規制法違反の罪に該当しないとすれば足りる。このことは，対象者が，行為者に対して不貞行為を理由に損害賠償義務を負う立場であるか否かによって変わるものではなく，行為者が，対象者に対して，ストーカー規制法に該当する態様で，不貞行為の調査をしたり，不貞関係解消を働きかけたり，慰謝料請求をしたりする行動に出た場合，行為者は，正当行為として違法性が阻却されるような特殊な事情がある場合は格別，ストーカー規制法による処罰を免れないというべきである。不貞調査として目的の範囲内の行為については，恋愛や怨恨の感情を伴っていても，2条の目的は認められないとする原判決の判断は，是認できない。

②ストーカー規制法は，2条1項2号で「監視していると思わせるような」

行為をも処罰対象にしていることからすると，電子機器を用いた「監視」といえれば，直ちに同項1号の「見張り」に該当しないという解釈が適切であるとはいえない。「見張り」は，構成要件上，対象者の住居，勤務先，学校その他その通常所在する場所（以下「住居等」という。）付近で行われることが予定されており，必ずしもそれが要素とはならない「監視」と完全に重なり合うものではないが，監視のための電子機器等の取り付け又は設置が，対象者の住居等付近において行われれば時間的には短い場合が多いものの，文字どおり見張りをしたと解されるし，また，構成要件上，被害者が「見張り」行為の対象に置かれていることを直接，同時的に知る必要はないというべきであるから，本件で用いられたGPS機器及びビデオカメラは，得られた情報を後の時点で認識するという特徴があるものの，それが「見張り」に該当しないとの解釈は採り得ない。

○判決理由

1　証拠により認定できる事実経過

(1)　被告人と甲は，平成18年に婚姻し，2人の子をもうけたが，平成25年10月から別居しており，その後，被告人は，面会交流時の子の言動から，甲が男性と交際していることを疑った。

(2)　被告人は，平成27年10月23日頃から同年12月5日頃までの間，甲方の駐車場で4回，後記A駐車場で1回の前後5回にわたり，甲が使用する自動車にGPS機器を取り付けては回収することを行い（事実1，原判決で有罪認定された事実はその旨も併記する。以下同じ。），その過程で，甲と乙がB市所在のアパート「A」で会っていることを把握し，同年12月6日頃から同月28日までの間，Aの駐車場にビデオカメラを設置しては回収することを前後8回にわたり行い（そのうち4回が事実2），また，同月6日頃，乙が使用する自動車にGPS機器を取り付けて，同月19日頃，回収し，乙の勤務先や自宅の概ねの場所を把握した（事実3）。

(3)　被告人は，同月22日，乙の勤務先付近にビデオカメラを設置して回収し，記録された映像を確認し（事実4），乙の勤務先を把握し，同月28

日，Ａ駐車場で，甲が使用する自動車のドアガラスに「告　今度から職場迄の通勤距離は丁度30ｋｍになりますね　調査オリジナルデータは会社と友人宅にも分けて保管してますので私のＰＣを破壊しても無駄です　夫」という紙片を貼付して，了知させ（事実５，原判示第１の１として有罪認定），乙が使用する自動車のドアガラスに「告　Ｃ社九州勤務お疲れ様です　甲さんとはもうお別れですから責任取って下さいね　Ｐ．Ｓダノビングショップのスタッフって口が軽いよね　夫」という紙片を貼付して了知させた（事実６，原判示第２の１として有罪認定）。

(4)　被告人は，同日午後11時頃，甲が使用する携帯電話機に「彼を見捨てるのですね。張り紙を剥がす動画を先程見ました。親切に甲さんの分まで剥がしてくれた彼を見殺しにするのですね。先月の三連休には一緒にＤ公園に泊まった間柄なのに関係ない。ですか。先ほどの録音聞かせたら泣くだろうね。そうそう，私にすぐさま連絡入れるように伝えてください。さもないと職場に内容証明が行きます。」という電子メールを送信して，了知させた（事実７，原判示第１の２として有罪認定）。そして，被告人は，翌29日，甲方東側路上に行き，甲方の様子をうかがい（事実８），同日午後３時過ぎ頃，甲が使用する携帯電話機に，甲方で見た事項，すなわち「二時半にＥから軽貨物が役目を終えて出て行きましたね。」という電子メールを送信して，了知させた（事実９，原判示第１の３として有罪認定）。

(5)　そして，被告人は，平成28年１月４日，乙方北側駐車場において，同所に駐車中の乙が使用する自動車に「家族や職場に知られず穏便に済ませたいなら連絡下さい。ＸＸＸ－ＸＸＸＸ－ＸＸＸＸ」と記載した紙片を貼付して，了知させ（事実10，原判示第２の２として有罪認定），また，乙方付近にビデオカメラを設置して回収し，記録された映像を確認した（事実11）。

2　①（2条の目的）について

　　ストーカー行為は，対象者に不安を覚えさせるとともに，行為がエスカレートして凶悪犯罪に発展し，対象者の身体，自由又は名誉に危害を与え

る恐れがある行為であり，ストーカー規制法の目的は，こうした凶悪犯罪等を未然に防止し，国民が安全で平穏に暮らせる状態を確保することにある。別居中の配偶者間においては，不貞調査の際の行為に，事実上，2条の目的が認定できる例が多いといえるにしても，ストーカー行為に該当するか否かは，ストーカー規制法違反の罪の他の成立要件によって絞りをかけられているのであるから，不貞調査目的の行為であるか否か，その目的の範囲内の行為であるか否かを，殊更に考慮する必要はないといえる。不貞調査の目的の有無や，その範囲内の行為とみるか否かを検討し，その結果が2条の目的の存否を当然に左右するかのような理解は誤りであり，行為態様等から2条の目的が否定される場合や，その他のストーカー規制法所定のいずれかの要件を欠く場合には，ストーカー規制法違反の罪に該当しないとすれば足りる。このことは，対象者が，行為者に対して不貞行為を理由に損害賠償義務を負う立場であるか否かによって変わるものではなく，行為者が，対象者に対して，ストーカー規制法に該当する態様で，不貞行為の調査をしたり，不貞関係解消を働きかけたり，慰謝料請求をしたりする行動に出た場合，行為者は，正当行為として違法性が阻却されるような特殊な事情がある場合は格別，ストーカー規制法による処罰を免れないというべきである。不貞調査として目的の範囲内の行為については，恋愛や怨恨の感情を伴っていても，2条の目的は認められないとする原判決の判断は是認できない。

そこで，更に検討するに，前記認定事実からすると，被告人は，甲の交際相手の存在を疑い，その事実を確認しようとし，甲と乙の交際を知った後は，その交際の解消を求めたり，乙に対する慰謝料請求を行ったりする目的があったことは認められるが，それらの目的と，2条の目的とは両立し得る。そして，別居中の妻やその交際相手に対してであっても，事実1及び3にあるような，およそ対象者の自動車に勝手にGPS機器を取り付けて，その情報を得ることは，その両者の交際に関する事項とは無関係な情報も含めて，無差別かつ網羅的な対象者の行動把握であり，その行為態様からして，もっぱら不貞調査，不貞関係の解消要求又は慰謝料請求の目

的にとどまる行為であることが明らかともいえないから，当然に２条の目的が否定されるべきものではない（なお，違法性が阻却されるような正当行為であるということもできない。）。ストーカー規制法所定の２条の目的の行為といえるかは，当該行為の態様のみならず，前後の行動等の事情を考慮して判断するのが相当である。事実２，４及び11にあるような，対象者の住居等の付近にビデオカメラを設置して，その行動を把握することも同様である。

本件においては，前記認定事実にある一連の事実経過からすると，被告人は，甲及び乙に対し，上記のＧＰＳ機器の取付回収や，ビデオカメラの設置・録画を通じて得た情報を用いて，同人らがそれぞれ使用している自動車に貼り紙をしたり，甲にメールを送信したりして，単に不貞関係の解消を求めるのではなく，そのために必要とはいえない甲の通勤距離や（事実５），乙の勤務先，同人が利用するダイビングショップを知っていること（事実６），貼り紙を剥がす動画を見たこと（事実７），甲方に赴き，軽貨物車の動きを見たこと（事実９）など，監視していると思わせるような事項を告げたり，乙が使用する自動車に貼り紙をして，義務のないことを要求したりする行為（事実10）に及んでいる。

こうした本件の事実関係のもとでは，一連の行為である上記の事実１ないし４，８及び11についても，２条の目的があると推認することができる。そして，後述するとおり，それらの行為は，ストーカー規制法２条１項１号の「見張り」行為に該当するし，行為の性質上，身体の安全，住居等の平穏若しくは名誉が害され，又は行動の自由が著しく害される不安を覚えさせるような方法（ストーカー規制法２条２項）によるものであることも優に認定できる。

原判決が，事実１ないし４，８及び11について，有罪認定しなかった点は，不貞調査目的があり，その目的の範囲内の行為については，２条の目的があってもストーカー規制法の適用がないという法令の解釈をしたものか，あるいは，恋愛や怨恨の感情を伴っていても，それは２条の目的とは異質のものであるという事実認定をしたものか，必ずしも明確ではないが，

２条の目的が認められないとした原判決の判断は，少なくとも事実を誤認しており，それが判決に影響を及ぼすことが明らかである。検察官の論旨には理由がある。

3　②（ＧＰＳ機器等の取付けが「見張り」といえるか）について

　　弁護人は，事実１ないし４及び11については，機器を用いた監視行為として，同法２条１項１号の「見張り」に該当しないというが（前記判決要旨のとおり。），それが「見張り」に該当しないとの解釈は採り得ない。

○参照条文

ストーカー行為等の規制等に関する法律２条１項１号，18条

○参考事項

　別居中の配偶者とその交際相手の自動車にＧＰＳ機器を取り付けたり，その住居等付近をビデオカメラで撮影したりした行為がストーカー規制法２条１項１号の「見張り」に該当すると判断した初の高裁判決と思料する。

速報番号　1535号

【事　件　名】　殺人被告事件
【事件番号等】　平成29年（う）15号，平成29年10月19日福岡高等裁判所
　　　　　　　　那覇支部判決，控訴棄却（弁・上告）
【控訴申立人】　弁護人
【第　一　審】　那覇地方裁判所

○判示事項

　軽度精神発達遅滞でありうつ病に罹患している被告人が実子２人を道連れに自殺しようとして入水し，実子２人を溺水させて殺害した殺人事件において，被告人が犯行時，心神耗弱だったとの原審鑑定人の意見を採用せず，完全責任能力を肯定した事例

○判決要旨

原審鑑定人は，被告人が拡大自殺を企図したことにつき，現実に即した相応の根拠があると考えられるにもかかわらず，子らに対する根拠のない独断やとらわれなどうつ病の影響による認知のゆがみが原因となっている旨断定的に述べ，また，被告人が他者に対する一定の配慮をすることや友人との交流を継続することができていたことにつき，うつ病に罹患しているかどうかを問わず責任感の強い人に当てはまる行動と考えられるにもかかわらず，うつ病に罹患した者に特徴的な行動であるかのように被告人の行動を捉えるなど，うつ病の強い影響が及んでいるとの見立てに沿うように被告人の行動を評価する姿勢がうかがわれ，このような姿勢に照らすと，原審鑑定人の意見のうち，少なくとも，被告人のうつ病が心理学的要素に与えた影響の有無及び程度に関する部分については問題があるといわざるを得ず，採用することはできない。

○判決理由

1　原判決は，被告人が本件犯行当時，軽度精神発達遅滞及びうつ病に罹患し，中等度うつ病エピソードを呈する状態にあった可能性は否定できないとしながらも，要旨，次のとおり説示して，被告人は完全責任能力を有していたものと判断している。

(1)　動機の了解可能性について

被告人が，平成26年10月に母親が亡くなってから，次姉や弟ら同居する家族全体の金銭管理等を担うようになったことに加え，金銭管理等に関して親族から指摘や指導を受けることが大きな負担になっていた点や，そのような負担から逃避するために拡大自殺という方法を選択した点については，現実的な葛藤が動機の根源にあるものの，拡大自殺を企図する事情としては若干の飛躍があり，被告人の軽度精神発達遅滞に起因する対処能力の低さや，うつ病による悲観的な認知が動機形成過程や動機に一定程度影響していたものと考えられる。もっとも，日常生活において負担感を募らせ，衝動的に拡大自殺に至ったという経緯や動機自

体は，被告人が親族からの働きかけを負担と感じており，当時置かれていた家庭環境等によれば子らの養育に関して頼れる人物もいなかった点も踏まえると，異常性をうかがわせるほどのものではなく，およそ了解困難であるとはいえない。

(2) 衝動性について

　本件は突発的で衝動的な犯行であったものと認められ，軽度精神発達遅滞に伴う衝動性の発露又はうつ病による衝動性の亢進が影響している可能性は否定できない。しかし，被告人は拡大自殺を決意してからも，海の深場と浅場を行ったり来たりするなど犯行を躊躇していた様子がうかがわれる。また，被告人は捜査段階において犯行態様等について詳細な供述をしており，犯行前後における記憶の欠落も見受けられない点は，衝動性が著しく亢進して周囲の状況を認識できなくなるような状況ではなかったことを示している。被告人の病状の程度は，他者に対する一定の配慮をすることや友人との交流を継続することができていたもので，日常生活に大きな支障を来していたとまではいえず，衝動性が著しく亢進するような状況にあったとは考えにくい。そうすると，被告人は強い衝動性に支配されるような状態にはなかったものと認められる。

(3) 犯行後の行動について

　被告人は，本件犯行後，子らを陸に上げ，携帯電話で110番通報を試みたり，付近にいたビーチスタッフに救助を求めたりするなどしており，この時点での現状認識には特に問題がなかったことがうかがわれる。また，被告人は，ビーチスタッフや警察官に対し，子らが溺れたなどと嘘の説明をしていたもので，自己の行為の意味を認識した上で，罪責を免れようとする態度を示していたことが認められる。これらの被告人の犯行後の行動は，当該時点において，自己の行為の意味を認識し，善悪の判断をすることができたことを裏付けている。そして，本件犯行の前後において記憶の断絶があったような事情も認められないことからすれば，犯行時においても，自己の行為の意味を認識し，善悪の判断をすることができる状況にあったものと認められる。

－ 290 －

(4)　総合評価

　　以上を踏まえると，本件犯行当時，被告人の善悪を判断する能力には特段の問題は認められず，自己の行動を制御する能力に一定の低下は見受けられるものの，著しい程度には至っていなかったと認められる。

2　このような原判決の判断は，論理則，経験則等に照らして不合理であるとまではいえず，是認することができる。

(1)　所論は，原判決が指摘するような精神的負担は，一般的に考えて，母親が子らを道連れに自殺する動機になり得るほどのものではないから，そのような負担から逃れたくて拡大自殺を図ったという本件の動機を了解することは著しく困難であって，犯行動機はうつ病に影響されたものというべきであるという。

　　しかし，被告人は，両親を亡くし，夫もおらず，長男の父親である交際相手には妻がいるような状態であって，被告人には満足に庇護し又は支えてくれる存在がいなかったことからすれば，自ら次姉や弟らとの生活や親族との関係を好転させることは困難であり，将来を悲観的に捉えざるを得ない状況にあったと認められる。こうした被告人が置かれた環境等からすれば，被告人が将来を悲観して拡大自殺を企図したことは，うつ病による悲観的な認知が一定程度影響した可能性があり得るにしても，精神障害の存在を前提としなければ説明がつかないほどの了解困難なものであるとはいえない。

　　なお，この点に関し，原審鑑定人は，被告人が拡大自殺を企図したことにつき，子らに対する根拠のない独断やとらわれなどうつ病の影響による認知のゆがみが原因になっている旨を供述する。しかし，犯行当時，被告人が，きょうだいや親族に子らの養育を委ねることができる環境にあったとは認められず，被告人が，当時4歳の長女と当時10か月の長男を残して自殺すれば子らが幸せに生きていくのは難しいと悲観的に考えて拡大自殺を企図するのは，現実に即した相応の根拠があると考えられる。したがって，これをうつ病の影響による根拠のない独断やとらわれなどと断定する原審鑑定人の上記供述には疑問がある。

⑵　所論は，①被告人が海の深場と浅場を行ったり来たりするなどしたのは，衝動性の指標に合致する，②記憶の欠落がないことと衝動性の亢進とは基本的に関係がない，③うつ病の症状には日ごとの変動や日内変動があるから，他者に対する一定の配慮をすることができた時があるからといって，衝動性亢進を否定する理由にはならないと主張する。

　しかし，①被告人が海の深場と浅場を行ったり来たりしたことは，思いつきによる行動と評価すべきものではなく，死という結果を発生させることへのためらいから出たものとみるのが適切である。また，②記憶の欠落があれば，それが精神障害の影響による病的なものかどうかを問題にする余地が出てくるのであるから，記憶の欠落の有無は責任能力の判断と無関係とはいえないところ，被告人が捜査段階で犯行を決意する前後の状況や犯行状況について詳細に供述しており記憶の欠落が見られない本件においては，被告人が，軽度精神発達遅滞であり，うつ病に罹患しているにしても，記憶の形成や保持に影響を及ぼすほどのものではなかったということができる。同様に，③被告人が，他者に対する一定の配慮をすることや友人との交流を継続することができていたことも，被告人が，軽度精神発達遅滞で，うつ病に罹患しており，かつ，うつ病の症状には日ごとの変動や日内変動があるにしても，日常生活に大きな支障を来すほどのものではなかったことを表しているということができる。

　なお，被告人が他者に対する一定の配慮をすることや友人との交流を継続することができていた点について，原審鑑定人は，「友人だとかに元気なメールというか，普段と変わりないようなメールを送ったりだとか，相手によって言葉を調節したり，他者との関係を積極的に維持しようとしたりした，責任感も強いので，自分が恋人と会ってるさなかでも，お母さんや子供の病院受診の手はずを整えるために尽くすと，こういうことは，うつのかたならではではかなというふうに考えられます。」などと供述する。しかし，被告人のこれらの行動は，うつ病に罹患しているかどうかに関わらず，責任感の強い人に当てはまると考えられる。そうす

ると，被告人がうつ病に罹患していることと矛盾しない，あるいは，うつ病に罹患している被告人の行動として説明することができるというにとどまらず，「うつのかたならではかな」などとうつ病に罹患した者に特徴的な行動であるかのように捉えることには疑問があるというべきである。

(3) 所論は，①被告人に病識はなく，精神障害による免責可能性を全く認識していなかったこと，②被告人は内向的でおとなしい性格であり，粗暴性は全くなく，本件犯行はこのような被告人の元来ないし平素の人格とは異質であること，③拡大自殺を図るという行為自体は合目的的であるが，被告人は，陸に上がった状態になるとすぐに子らを救助しようとしており，衝動的で一貫性に欠けることなどを指摘し，被告人の精神障害が本件犯行に与えた影響は重大であったというべきであるという。

しかし，①被告人が犯行当時に精神障害による免責の可能性を認識していなかったからといって，その事実のみから，直ちに弁識能力や制御能力が低下していたと判断することはできない。また，②被告人の長姉らの供述等によれば，うつ病を発症する前の被告人は内向的でおとなしい性格であったと認められ，うつ病発症後も基本的に変化はなかったとうかがわれるが，前記のとおり，被告人が将来を悲観して拡大自殺を企図したことは，現実に即した相応の根拠があるのであって，軽度精神発達遅滞でうつ病に罹患していることを前提としなければ説明がつかないほどの了解困難なものであるとはいえないこと，入水自殺という方法は粗暴な性格とのみ親和的なものではないといえることからすれば，本件犯行が，被告人の元来ないし平素の人格と異質であるとまではいえない。③被告人が陸に上がると子らを救助する行動に出たとしても，前記のとおり被告人が衝動的に拡大自殺を決意した後も死という結果を発生させることを躊躇していたことを踏まえると，死亡結果の発生に対する被告人の意欲が強かったとまではいえないから，死にきれず陸に上がると直ぐに子らを救助する行動に出ても不自然であるとはいえない。所論は採用できない。

－ 293 －

(4) 所論は，原審鑑定人の意見を採用し得ない合理的な事情は存在しないのであるから，その意見を十分尊重して判断すれば，精神の障害が本件犯行に与えた影響は大きく，弁識能力は十分ではなく，制御能力は著しく低下していたとの結論に達することは明らかであるという（弁護人は，被告人が心神耗弱の状態にあったとの原審鑑定人の意見を採用し得ない合理的な事情が認められないにもかかわらず，これを採用せず被告人に完全責任能力があると認めた原判決には，最高裁判例（最高裁平成20年4月25日第二小法廷判決）に沿った事実認定を行っていない点で，判決に影響を及ぼすことが明らかな訴訟手続の法令違反があるとも主張するが，その実質は事実誤認の主張であると解される。）。

　　しかし，原審鑑定人は，被告人が拡大自殺を企図したことにつき，現実に即した相応の根拠があると考えられるにもかかわらず，子らに対する根拠のない独断やとらわれなどうつ病の影響による認知のゆがみが原因になっている旨を断定的に述べ，また，被告人が他者に対する一定の配慮をすることや友人との交流を継続することができていたことにつき，うつ病に罹患しているかどうかを問わず責任感の強い人に当てはまる行動と考えられるにもかかわらず，うつ病に罹患した者に特徴的な行動であるかのように捉えるなど，うつ病の強い影響が及んでいるとの見立てに沿うように被告人の行動を評価する姿勢がうかがわれ，このような姿勢に照らすと，原審鑑定人の意見のうち，少なくとも，被告人のうつ病が心理学的要素に与えた影響の有無及び程度に関する部分については問題があるといわざるを得ず，採用することはできない。

○参照条文

刑法199条，39条

速報番号　1536号

【事　件　名】　偽造公記号使用，威力業務妨害被告事件
【事件番号等】　平成29年(う)222号，平成29年9月14日福岡高等裁判所
　　　　　　　　第1刑事部判決，控訴棄却（確定）
【控訴申立人】　被告人
【第　一　審】　熊本地方裁判所

○判示事項

　実刑判決に対し，弁護人が，被告人の病気治療等を理由に早期の社会復帰の必要性を主張して刑の一部執行猶予を求めたところ，刑の一部の執行猶予制度は，執行猶予取消しによる心理的強制の下での社会内処遇を実施して再犯防止と改善更生を図るための制度であり，更生環境を整えるためのものではないとして，控訴を棄却した事例

○判決要旨

　弁護人は，脳梗塞を患う母親の介護の必要があること，被告人自身もうつ病等を患っており，治療の必要があることなどを理由に刑の一部の執行猶予を求めるが，刑の一部の執行猶予制度は，執行を猶予された残存刑期の執行猶予期間中，執行猶予の取消しによる心理的強制の下での社会内処遇を実施することによって，再犯防止と改善更生を図ることを趣旨とする制度であり，被告人の病気を治療するなどの更生環境を整えるためのものではない。本件各犯行の罪質や内容に加え，本件の事情に照らすと，被告人に対しては，刑の一部の執行を猶予することが再犯防止と改善更生に資するとはいえない。

○判決理由

　本件控訴の趣意は，被告人を懲役1年2月に処した原判決の量刑は重すぎて不当であり，刑期を軽減した上，その刑の一部の執行を猶予するべきである，というのである。

　そこで記録を調査し，当審における事実取調べの結果を併せて検討すると，

- 295 -

本件は次のとおりの事案である。①被告人は，a市内のコンビニエンススト
ア店員らに対し，偽造した「警視庁」等と記載された公務所の記号を真正な
もののように装って呈示して使用した（原判示第1）。②被告人は，自分の
スマートフォンからインターネットを介して，大分県b郡c町のホームペー
ジ内に，同町で活動している吹奏楽団の練習をやめさせなければ，右翼の特
攻隊を送り，無差別に殺す，爆発物をしかけると入力して送信した。その結
果，c町役場職員に警戒態勢の検討等を余儀なくさせて，同役場の正常な業
務の遂行に支障を生じさせ，威力を用いて業務を妨害した（原判示第2）。

　被告人が，平成28年8月，強制わいせつ等の罪により懲役2年，3年間保
護観察付執行猶予に処せられたのに，その執行猶予期間中本件各犯行に及ん
でいることも併せて考慮すると，被告人の刑事責任を軽くみることはできな
い。

　所論は，原判示第2の犯行は，楽団の活動を妨害することが主たる目的で，
c町役場に対する積極的害意又は確定的故意を持って及んだわけではないの
に，原判決がその点につき十分に考慮していないのは不当である，という。
しかし，被告人が地方公共団体のホームページに原判示第2のような書き込
みをした場合の反響を十分考えなかったとすれば，軽率というほかない。c
町の担当者には，書き込みをした真意までも推し量れる余地はないのであり，
反響を考えることなく，怒りに任せて短絡的に犯行に及んだ経緯や動機には，
被告人の幼稚さや視野の狭さが現れている。被告人にc町役場の業務に対す
る影響の認識が乏しかったことを有利に考慮する余地はない。

　他方において，原判示第1は，比較的軽微な犯行であり，好ましくない結
末は招いていない上，被告人は，各罪を認めて反省の態度を示し，原判決後
は，c町に対し謝罪文を送付するなど，更に反省を深めている。さらには，
被告人が難病を患っていること，兵庫県内に住む兄が被告人の更生に協力す
る意向を示していること，同居している介護が必要な母親がいることなど，
所論指摘の点を含め被告人のために酌むべき諸事情もある。これらに加え，
本判決の確定により上記執行猶予が取り消され，その刑をも併せて務めなけ
ればならない立場にあることに照らしても，原判決の量刑は，刑期の点も含

めて，重すぎて不当であるとはいえない。

　所論は，脳梗塞を患う母親の介護をできるのは被告人しかいない上，被告人自身も難病やうつ病を患っているから，今後の生活の立て直しや再犯の防止には，被告人自身の病気の十分な治療が必要であり，刑事施設内では十分な治療は望めないことからすると，刑の一部執行猶予による早期の社会復帰が必要である，という。

　しかし，そもそも刑の一部の執行猶予制度は，執行を猶予された残存刑期の執行猶予期間中，執行猶予の取消しによる心理的強制の下での社会内処遇を実施することによって，再犯防止と改善更生を図ることを趣旨とする制度であり，被告人の病気を治療するなどの更生環境を整えるためのものではない。本件各犯行の罪質や内容に加え，被告人がこれらの犯行に至った経緯に照らすと，被告人に対しては，残存刑期の執行猶予期間中，心理的強制の下で社会内処遇を実施することが，再犯防止と改善更生に資するとはいえない。被告人の刑の一部の執行を猶予しなかった原判断は，裁量を逸脱した不当なものではない。

○参照条文

刑法27条の2

速報番号　1537号

【事　件　名】　殺人被告事件
【事件番号等】　平成29年（う）238号，平成29年11月14日福岡高等裁判所
　　　　　　　　第1刑事部判決，原判決破棄・差戻し（確定）
【控訴申立人】　被告人
【第　一　審】　福岡地方裁判所小倉支部

○判示事項

責任能力の有無等が争点となった事案につき，原審が犯行の経緯等を供述

した被告人の検面調書の取調べ請求を却下し，他にこれに代わる証拠がない
ことなどを指摘しつつ，責任能力の前提となる犯行に至る経緯及び被告人の
精神状態が犯行に及ぼした影響について十分な審理を尽くしていないとし
て，破棄差し戻した事例

○判決要旨

　原審では，被告人の精神鑑定を行った医師の「被告人が罹患していた統合
失調症等が犯行に与えた影響は著しいものではない。」旨の証言により，被
告人の完全責任能力が認定されているものの，①同医師が鑑定の根拠の一つ
とした事実経緯を記載する被告人検面調書の取調べ請求を却下しており，検
面供述と公判供述の信用性が十分吟味されていない上，これに代わる証拠も
ないまま罪となるべき事実において，事実経緯を認定していること，②同医
師の尋問の対象が，被告人の責任能力の有無及び程度に限定されており，被
告人の精神障害が本件に多少なりとも影響していたかという観点からは，尋
問がされていなかったことなどから，被告人の責任能力の前提となる犯行に
至る経緯及び被告人の精神状態が犯行に及ぼした影響について，十分な審理
を尽くしておらず，これらの審理不尽が，少なくとも量刑判断の前提になる
犯行当時の被告人の精神状態の判断に影響を及ぼすことは明らかであり，原
判決には，判決に影響を及ぼすことが明らかな訴訟手続の法令違反がある。

○判決理由

1　本件の争点及び原判決の判断について
⑴　本件公訴事実の要旨は，「被告人は，実姉方において，被害者に対し，
　殺意をもって，包丁で，右胸部を突き刺し，その結果，被害者を右胸部
　刺創に基づく出血性ショックにより死亡させて殺害した」というもので
　ある。
⑵　原審では，前記公訴事実について，被告人は殺意がなかったと主張し，
　弁護人は，被告人の殺意と責任能力を争ったところ，原判決は，（罪と
　なるべき事実）の項において，本件の経緯及び動機を「被害者と些細な
　ことで口論となり，同人から顔面を殴られるなどしたことに腹を立て」

と認定した上，被告人が殺意及び責任能力のいずれも有していたと認定して，検察官の求刑どおり，被告人を懲役15年に処した。

　被告人は，原審公判において，死亡した過去に交際していた女性と親族の伯父の怨霊が乗り移ったことから本件犯行に至った旨供述していたところ，原判決は，おおむね次のとおり説示して，被告人の責任能力を肯定し，量刑判断を示している。

ア　責任能力を肯定した理由は，次のとおりである。

(ア)　原審において被告人の精神鑑定をした医師（以下「鑑定医」という。）の鑑定意見によれば，①被告人は，犯行当時，統合失調症，非社会性パーソナリティ障害等に罹患していたが，統合失調症の病的体験等の精神病的過程が介在して犯行が行われた蓋然性は低く，「怨霊に操られた」という被告人の思いは，事後的に生じた妄想追想に基づくものである，②仮に被告人が犯行時に「怨霊に操られた」と思っていたとしても，人格を圧倒するほど怨霊に体を動かされているという確実な実感はなく，被告人の行動を支配していたとはいえないし，病勢期の幻覚，妄想とは深刻さも異なるから，犯行への影響は著しいものではない，というのである。

(イ)　被告人が統合失調症等に罹患していたとの鑑定医の供述は十分に信用できるところ，被告人の統合失調症の犯行への影響の有無，程度について検討すると，関係証拠によれば，被告人は，犯行の直前に被害者と口論となり，被害者から顔面を手で殴られるなどして激高し，とっさに被害者に対する殺意を抱いたものと認められ，犯行の動機は現実的葛藤に基づくものであり，被告人が述べる病的体験を抜きにすると理解が難しいものではない。

　犯行の直前及び直後における被告人の言動をみると，正常な精神状態にあり，自己の行為の意味や違法性も十分認識していたと認められる。犯行時及び犯行前後の被告人の行動状況等を見ても，被告人の病状が悪化し，幻覚，妄想が活発化するなどして自己の置かれた状況や周囲の状況を認識できないような精神状態にあったとは認

められない。

　被告人は，捜査段階において，弁護人や簡易鑑定の医師に対しても，元交際相手の怨霊に操られていたなどと一切供述していない上，自ら精神鑑定の実施を申し出ていながら，その後の簡易鑑定においても，担当の医師にその旨を述べておらず，供述経過の不自然性は否めない。

(ｳ)　被告人の統合失調症と犯行との関連性は乏しいとの鑑定医の鑑定意見は，本件の事実関係や被告人の供述経過とも整合的であり，十分に信用することができ，犯行時，被告人の是非善悪の判断能力やその判断に従って行動する能力が失われていなかったことはもとより，著しく低下してもいなかったと認められる。

イ　被告人に対する量刑判断の理由は，次のとおりである。

　犯行の直前，被告人が，被害者と口論となり，被害者から顔面を手で殴られるなどしたため，被害者に立腹したこと自体は理解できなくはないが，両名の間に深刻な問題は見出せないし，被害者の暴行の程度も軽微なものにとどまり，通常のけんかの域を出ていないことを考慮すると，被害者に犯行を誘発するような落ち度は認められない。犯行は，誠に短絡的で粗暴な犯行といわざるを得ず，強い非難に値する。なお，本件当時，被告人は統合失調症等に罹患していたが，犯行との関連性は乏しく，被告人に対する非難可能性の程度を大きく減少させる事情とはいえない。

2　裁判所の判断

　しかしながら，記録を調査して検討すると，原審は，被告人の責任能力の前提となる犯行に至る経緯及び被告人の精神状態が犯行に及ぼした影響について，十分な審理を尽くしておらず，これらの審理不尽が，少なくとも量刑判断の前提になる犯行当時の被告人の精神状態の判断に影響を及ぼすことは明らかであるから，原判決には，判決に影響を及ぼすことが明らかな訴訟手続の法令違反がある。以下その理由を説明する。

(1)　犯行に至る経緯について

ア　被告人は，最終刑の執行を受け終わってから，住居が定まるまで実姉方に居候することになり，実姉及びその交際相手である被害者と生活し，就寝時は，被害者及び実姉が寝るベッド付近からハシゴを昇った場所にあるロフトで寝ていたところ，実姉は，原審公判において，次のとおり供述している。

　　被告人は，犯行当日の午前零時頃，ロフトで携帯電話をいじって，寝ようとせず，実姉と被害者が早く寝るように言うと，台所から本件包丁を持ち出して，死ぬなどと言いながら，自分の首に突きつけるなどしたが，実姉がロフトに上がるように促すと，本件包丁を台所に戻して，ロフトに上がった。

　　実姉は，同日午前４時45分頃，物音がして目を覚ますと，台所の方から，被害者が「お前表出れ」と言い，被告人が「出ちゃるわ」と言うのが聞こえ，けんかになると思って，台所に行くと，被害者が血を流して倒れており，その横に本件包丁があった。実姉は，被害者を抱きかかえてベッドに移動させようとして，尻餅をついたところ，被告人が後方から被害者の顔面を１回蹴ってきた，というのである。

イ　これに対して，被告人は，原審公判において，次のとおり供述している。

　　犯行当日，元交際相手の怨霊に操られて，包丁を持ち出して，自分の首を刺そうとした記憶がある。その後，ロフトに上がったが，電気を消さなかったため，寝られないという被害者と口論になり，被害者から「表に出ろ」と言われ，そのとき元交際相手の怨霊が自分の胸の中に入ってきたような違和感がし，怒りはすっと冷め，無心状態になった。そうして，本件包丁で被害者を刺し，被害者を刺すと，被害者から顔面を４回殴られた。怨霊が乗り移るときには，無心状態になり，魂がつぶされ，気持ちまで失われたようになる，というのである。

ウ　鑑定医は，原審公判において，鑑定人として，次のように鑑定している。

　　被告人は，被害者に出て行けと言われたことを発端に口論が生じ，

それがエスカレートして，被害者に殴られたことで包丁を持ち出すなど，収拾が付かなくなり，犯行に発展したとみられる。被告人が被害者を刺すに至るまでの一連の推移には連続性があり，動機にも現実的な出来事が明らかに存在し，統合失調症等の病的体験に導かれているような突飛な色彩が見出されない。怨霊に操られたという思いは，事後的に生じたもので，犯行を妄想に結び付けて意味付けし直したものであり，精神医学上の妄想追想ということができる，というのである。

エ　しかし，原判決が（罪となるべき事実）の項で認定する被告人が包丁で刺す前に被害者から顔面を殴られた事実，さらには，鑑定医のいう，被告人が，被害者に出て行けと言われたことを発端に口論が生じ，それがエスカレートして，被害者に殴られたことで包丁を持ち出した，という事実は，原審で取り調べられた証拠からは認められない。公判前整理手続の経緯をみると，この事実は，検察官作成の証明予定事実記載書にあり，弁護人も積極的に争っておらず，被告人の検察官調書に録取されている事実のようであるが，被告人の検察官調書は，検察官が取調べ請求し，同意されたにもかかわらず，原審はそれを却下している。そうすると，口論がエスカレートして収拾が付かなくなり犯行に発展したという，一連の推移に連続性があることを示す事実は，原審で取り調べられた証拠からは認められないことになる。

　しかも，実姉の原審供述によると，被告人と被害者は友達で昔は仲が良く，犯行前日も被害者の提案で被告人の出所祝いのためカラオケに赴いたというのであり，そのことも併せみると，鑑定医がいうように，被告人が，被害者から挑発されたとしても，包丁を持ち出して被害者を刺し，さらに，実姉から抱えられている刺された被害者の顔面を蹴るというのは，いささか唐突で不自然の感を拭うことができない。被告人の検察官調書が取り調べられたとしても，その検察官調書の供述から，直ちに被告人が被害者と口論してから被害者を刺すまでの推移に連続性があると結論付けられるかには，大いに疑問が残る。

　被告人の検察官調書によって鑑定医のいう事実が認められるとして

も，原審は，原審公判において，被告人に対し，検察官調書でそのような供述をした理由の説明を求めるなど，これと異なった事実を供述する被告人の原審供述と対比して，検察官調書の信用性を判断し，犯行に至るまでの被告人と被害者とのやりとりについて，当時の被告人の精神状態が明らかにできるような審理をするべきであった。

(2) 被告人の精神障害と犯行との関連性について

ア 原審で取り調べられた各証拠によると，被告人が次のような言動をしていた事実が認められる。

(ｱ) 被告人は，犯行の8日前，元交際相手Yの住むアパート居室を訪ね，Yがいなかったことから，大声でお経を唱えており，被告人は，原審公判において，Yに会えるように般若心経を唱えたと供述している。

その後，被告人は，同日から2日程度の間Y方に泊まっていたところ，翌日Yの亡母の戒名が汚いと言って，亡母らの写真を飾った付近の壁を拳で叩いて壊した上，包丁を持ち出し，被告人自身の腹に当てて刺すふりをした。被告人は，原審公判において，風呂から出てコタツに入っていると，Yが，形見と言って，死んだ人の遺品の服を肩にかけてきたので，嫌な気分になって，壁を叩いたと供述している。

(ｲ) 被告人は，犯行前日，出所したことを祝ってもらうため，被害者，実姉その他の実姉の親族とカラオケに赴き，飲酒してカラオケを歌いながら，その間終始泣いており，その後，実姉方に戻って，前記のとおり，犯行の4，5時間前，被害者と口論の末に包丁を持ち出し，自分の首に包丁を突きつけている。

イ 原判決の説示するとおり，被告人は，犯行の直前，被害者から「表に出ろ」と言われたのに対し，「出ちゃるわ」と言い返すなどして，状況を十分理解していると受け取れるやり取りをし，犯行後には，「こんなんなるんよ」と反省の言葉を述べ，「兄ちゃんごめんね」などと謝罪しており，自分の行った行為の意味，影響は十分理解していたも

のと受け取れる。また，被告人は，原審公判において，捜査段階でした供述は，被害者に対する不満を述べることに終始しており，怨霊に操られていたことには触れていなかったことを自認している。

　　そうすると，被告人が怨霊に操られて本件を行ったというのが，妄想追想であるという鑑定医の鑑定は，十分な合理的理由に基づくものであり，被告人の責任能力が著しく減退していた可能性も低いということはできる。

ウ　原判決は，鑑定医の鑑定意見を，精神病的過程が介在して犯行に及んだ蓋然性は低く，被告人の統合失調症と犯行の関連性は乏しいと要約し，それを前提に，本件には統合失調症等の被告人の病的な精神症状による影響が全くないという前提で，懲役15年という検察官の求刑に従った量刑判断をしたものと受け取ることができる。そして，被告人が，格別の精神的な病的因子の影響もないのに，居候先で深夜まで起きていたことを注意され，それに端を発して被害者を包丁で刺したとすれば，動機及び態様に酌量する余地は乏しいということもできる。

　　しかし，被告人の犯行前の言動をみると，繰り返して原因もなく自殺を企図するような行動をとり，実際に生起している事象にそれ以上の意味付けをしていることがうかがえるのであり，怨霊が乗り移るということが妄想追想であれば，それは統合失調症の影響に基づくものであるから，前記の被告人の奇異な言動に，統合失調症等の病的な精神症状が介在していないとはいい切れないのである。そうであるのに，原審では，鑑定医に対する尋問の対象は，被告人が怨霊に操られたということの意味や被告人の責任能力の有無に限定され，統合失調症等の被告人の精神障害が本件に多少なりとも影響していたかどうかという観点からは，尋問がされていない。鑑定医も，病勢期の症状とは深刻さが違うなどとして，被告人の是非善悪の判断能力やその判断に従って行動する能力が著しく低下してはいなかったとしているだけで，いくばくか低下していたかどうかは明言していない。本件の特質に照らすと，犯行に至った被告人の精神状態を責任能力の有無の観点から

- 304 -

だけで割り切って判断するのでは，到底適正な量刑判断ができるとは
いえず，少なくとも懲役15年という検察官の求刑にそのまま従った量
刑判断を正当なものとすることはできない。

　これらの事情に照らすと，原審においては，犯行に至るまでの被告
人と被害者とのやりとりについて，当時の被告人の精神状態が明らか
にできるような審理をした上，そのような犯行に至る経緯に，前記の
被告人の奇異な言動をも加えて，それらに基づいて，被告人の統合失
調症等の精神障害が本件に多少なりとも影響していなかったかについ
て，精神医学の専門家に意見を求めるべきであったというべきである。
これらの点について，原審には審理不尽があるというほかない。

○参照条文

刑事訴訟法397条1項，379条，400条本文

仙台高等裁判所

速報番号　平成29年1号

【事　件　名】　詐欺未遂，詐欺被告事件
【事件番号等】　平成29年（う）39号，平成29年6月1日仙台高等裁判所
　　　　　　　　第1刑事部判決，控訴棄却（確定）
【控訴申立人】　被告人
【第　一　審】　仙台地方裁判所

○判示事項

　いわゆる騙された振り作戦の開始後に共謀に加わり，偽名を名乗るなどして仮想札束を受領した「受け子」の行為について，不能犯における判断手法を用いて当該行為の結果発生の危険性を判断し，実行行為性を肯定した事例

○判決要旨

1　原判決は，被害者が最初の騙しの電話を受けて間もなく詐欺であることを看破して警察に相談し，その後いわゆる騙されたふり作戦が実施されたこと，被告人が被害者を装った警察官から紙袋に入った仮装札束を受け取ったことなどの事実を認定した上で，実行行為性を検討するに当たっては，行為者の視点から一般人が認識し得る事情及び行為者が特に認識していた事情を基礎とすべきであるところ，本件では，一般人を基準として判断すれば，十分に詐欺の結果発生の現実的危険性を有する行為であるといえ，被告人の加担した行為は詐欺の実行行為性に欠けるところがない，そして，被告人の役割の重要性，報酬目的で関与したこと，被告人も詐欺であることを十分認識していたと認められることによれば，共謀も正犯性もいずれも認められる，として，事実認定の過程を説示している。この原判決の説明は，・・・概ね相当として是認できる。

－ 307 －

2　所論は，原判決は実行行為性を検討するに当たり前記のとおりの判断方法を用いたが，そのような判断方法によるべきではなく，承継的共同正犯の視点で検討すべきであり，本件では，被害者は氏名不詳者の欺罔行為によっても錯誤に陥っておらず，紙袋の交付は欺罔行為に起因する錯誤に基づくものではないから，詐欺罪の成立に必要な因果関係が切断されていることは明白であり，被告人が紙袋を受け取った行為は詐欺罪の構成要件に該当する実行行為ではない，したがって，詐欺未遂は成立しないと主張する。

　そこで，検討すると，・・・7月21日午前9時50分頃には被害者から通報を受けた警察官が被害者方に臨場して騙されたふり作戦が始まっていることから，被告人が同日午前11時頃に氏名不詳者から受け子の仕事の電話を受けた時点では既に結果発生が不可能となっているところ，結果発生が不可能となった後に被告人と共犯者との間で共謀が成立し，しかも被告人が受領した紙袋の中には現金が入っていなかったことからすると，被告人の行為は詐欺罪における実行行為性を欠いており，未遂犯としての責任すら負わないのではないかということが問題となる。

　この点，未遂犯としての可罰性の有無を決するに当たっては，結果発生が不可能な場合に未遂犯として処罰すべきか否かを分ける機能を有する不能犯における判断手法を採用して，一般人が認識し得た事情及び行為者が特に認識していた事情を基礎として，当該行為の危険性を判断するのが相当であり，所論が主張する判断手法は採り得ない。

　本件においては，被害者が警察に相談して騙されたふりをしたという事実は，被告人が認識していなかったことはもとより，一般人が認識し得たともいえないから，この事実は基礎事情から除外して判断することになる。そうすると，被告人が偽名を名乗るなどして被害者から現金を受け取ろうとしていることになり，被告人の行為には結果発生の危険性が認められるから，実行行為性を肯定することができる。

　したがって，詐欺未遂が成立することは明らかである。

○参照条文

刑法246条1項，250条，60条

○備　考

1　本件においては，詐欺未遂罪の成否のみならず，併せて起訴されている詐欺罪の共同正犯の成否についても幇助犯である旨の主張がなされて争われており，本判決はこれについても判示しているが，この点は省略した。

2　なお，いわゆる騙された振り作戦が開始された後，現金受取・運搬の依頼を受けて模擬現金を受け取った者についての未遂犯の成否について判断した高等裁判所判決は，これまでに，平成28年9月21日宣告及び同年11月9日宣告の名古屋高等裁判所刑事第2部の各判決，同年12月20日宣告の福岡高等裁判所第3刑事部判決，平成29年3月27日宣告の東京高等裁判所第2刑事部判決，同年5月31日宣告の福岡高等裁判所第3刑事部判決などがあるが，いずれも，不能犯における判断手法を用いて判断すべき旨判示している。

速報番号　平成29年2号

【事　件　名】　詐欺，詐欺未遂，窃盗被告事件
【事件番号等】　平成28年（う）208号，平成29年8月29日仙台高等裁判所第1刑事部判決，検察官控訴分につき原判決破棄・自判（被・弁，上告）
【控訴申立人】　検察官，被告人
【第　一　審】　青森地方裁判所八戸支部

○判示事項

宅配便を利用した特殊詐欺事案において，①受け子の詐欺の故意は，特段の事情がない限り，荷物が犯罪に関わる物である可能性の認識があれば

足りる，②騙されたふり作戦の開始後に共犯関係に入った者の犯罪の成否
は，共犯関係に入った時点を基準に不能犯の場合と同様に判断すべきであ
るとした事例

○判決要旨

1　受け子の詐欺の故意について

　　宅配便を利用した特殊詐欺については，その被害が報道されるなどし
　て，社会的に注意が喚起されていることに加え，銃器や法禁物を宅配便
　で送付する場合，その物自体から違法性が顕著で輸送途中に摘発される
　可能性がある上，発送者も違法行為に関与する以上発送段階から何らか
　の偽装工作が必要となるのに対し，詐欺の被害品は，その物自体からは
　違法性が明らかではなく，発送者が偽装する必要もないから，宅配便等
　による送付にはよりなじみやすく，法禁物の送付等の犯罪行為と比較し，
　詐欺に関してのみ特別な認識が必要であると解するのは相当ではなく，
　宅配便等を用いた犯罪として一般的に想起しうる犯罪には詐欺も含まれ
　ると解するべきであり，荷物が犯罪に関わる物である可能性の認識があ
　れば，特段の事情がない限り，詐欺の被害品である可能性の認識もあっ
　たと評価するのが社会通念上相当である。

2　騙されたふり作戦の可罰性について

　　客観的にみれば，被告人が指示役との意を通じた時点では詐欺の結果
　発生が後発的に不能となっていたということができるが，結果発生が不
　可能となった後に共犯関係に入った者の犯罪の成否は，不能犯と未遂犯
　とを画する場合と同様に解し，共犯関係に入った時点で結果発生の現実
　的危険性があるか否かを，一般人が認識し得た事情及び行為者が特に認
　識していた事情を基礎として判断すべきである。

○判決理由

1　受け子の詐欺の故意について

　注）原判決は，詐欺の故意が認められるためには，㋐受取荷物が犯罪に
　　　関わる物であるかも知れないことの認識では足りず，さらに，㋑「荷

物の中身が詐欺に係る現金であるかも知れないと当然に認識していた
こと」が必要であるという前提に立ち，被告人が，①平成28年4月5
日に受け子として荷物を受け取った事件（以下「詐欺既遂事件」とい
う）では詐欺の故意はなく，②同月15日に騙されたふり作戦により荷
物を受け取った事件（以下「詐欺未遂事件」という）では詐欺の故意
があったとしたので，検察官は詐欺既遂事件について，被告人に故意
がある旨主張し，弁護人は詐欺未遂事件について，被告人に詐欺の故
意はなく不能犯である旨主張し，それぞれ控訴した。

ア　原判決は，詐欺の故意が認められるためには，⑦受取荷物が犯罪に
関わる物であるかも知れないことの認識では足りず，さらに，④「荷
物の中身が詐欺に係る現金であるかも知れないと当然に認識していた
こと」が必要であるとした上で，本件（詐欺既遂事件）では⑦は認め
られるものの④を認めるには証拠不十分であるとして，未必的な故意
すら認められないとしている。しかし，そもそも，宅配便を利用した
特殊詐欺の被害が多発して報道されるなどし，社会的に注意が喚起さ
れていることに加え，銃器や覚せい剤等の法禁物を宅配便で送付する
場合，その物自体から違法性が顕著であって輸送途中で摘発される可
能性がある上，発送者も違法行為に関与する以上発送段階から何らか
の偽装工作が必要になるのに対し，詐欺の被害品は，その物自体から
は違法性が明らかでなく，発送者が偽装する必要もないのであるから，
宅配便等による送付にはよりなじみやすいとも考えられる。そうする
と，法禁物の送付等が犯罪行為に比較して，詐欺に関してのみ特別な
認識が必要であると解するのは相当でなく，宅配便等を用いた犯罪と
して一般的に想起し得る犯罪には詐欺も含まれると解すべきである。

　したがって，本件のような受取につき，荷物が犯罪に関わる物であ
る可能性の認識があれば，特段の事情がない限り，詐欺の被害品であ
る可能性の認識もあったと評価するのが社会通念上相当である。原判
決が，⑦に加えて④が必要であるとし，しかも，④について，「現金」

であるかもしれないと「当然に」認識していたことが必要であるとした上で，被告人が法禁物の可能性を認識し得たとしながら詐欺の被害品である可能性は認識し得なかったなどとした点は，論理則，経験則に違背するものといわざるを得ない。

イ　そこで，この点も踏まえて改めて検討すると，5日の受取（詐欺既遂事件）は，指示役の指示で，自らと無関係な（荷物の配達先である）マンションに赴き，付近の路上で配達員に声を掛けてAを名乗り荷物を受領するという，正当な社会経済活動では想定し難い特異な態様で行われていること，以前にも同様の受取を行い，荷物を付近で待機する第三者に渡し，1万円又は8000円の報酬を受け取っていることからすれば，被告人は，指示役らが被告人に報酬を支払ってでも当該荷物の受領主体を隠蔽しようとしていることを認識しており，受取荷物が犯罪に関わる物である可能性を認識していたものと推認できる。この部分に関する原判決の認定は概ね是認できる。

　　そして，指示役からは清掃の仕事だと言われていた，受け取った荷物は清掃用具だと思っていたなどという被告人の供述は，実際に清掃の仕事を依頼されたことがなかった上，本件のような態様で清掃用具を複数回受領する合理的根拠も見出し難いことからすれば，およそ信用できないことは原判決が説示するとおりであり，当審における同旨の供述も信用できない。その他，法禁物の受領等，詐欺以外の犯罪に関するものであると合理的に信じていたなどの事情も窺われない。

　　さらに，故意の存在に合理的疑いを差し挟む根拠として原判決が挙げた①被害者から被害品を直接受け取る場合と比較して，被害者との接点がないので詐欺に思い至る契機に乏しかった，②詐欺の全容を知らされずに唯々諾々と指示に従っており，（荷物の配達先である）マンションの居室が空室で，Aが実在しないことを認識しておらず，組織性を窺わせる事情を見出すことが困難であった，③受取が2回目で，いずれの受取も成功しており，荷物の中身を詮索する事情に乏しかっ

- 312 -

た，④当然に1万円又は8000円の報酬が受け取れるとは考えていなかったという事情について検討すると，①については，被害者と直に接することが詐欺の可能性を認識するのに不可欠とはいえない，②については，全容を知らされず指示に従っていたとしても詐欺の可能性を認識し得る上，荷物の宛先の実態を含めた組織性の認識が詐欺の可能性の認識に必須なものではない，③については，受取に失敗しなければ詐欺に思い至らないとはいえない，④については，本件のような荷物の受取で報酬を得ること自体が特異なことであり，その額を意識していなければ詐欺の可能性を認識し得なかったとはいえない。したがって，これらの事情は，いずれも詐欺の可能性を排除する事情とはいえない。

　　　したがって，5日の受取（詐欺既遂事件）について，詐欺の可能性の認識を排除するような特段の事情は見当たらない。

ウ　弁護人は，宅配便を用いた詐欺が社会的に周知されているのであれば，かかる詐欺の被害もなくなるはずであるから，宅配便を用いた犯罪として一般的に想起される犯罪に詐欺が含まれるとはいえない，などと主張する。

　　　しかし，被告人は，指示役の指示で，自らと無関係な場所で，他人の名前を名乗って荷物を受領するという，正当な社会経済活動とは評価し難い事情を了解して受取を行っているのに対し，詐欺の被害者は，正当な社会経済活動の一環であるかのように騙されて現金の送付行為に及んでいるのであるから，依然として同種詐欺の被害がなくならないことが，被告人が5日の受取（詐欺既遂事件）につき詐欺を含む何らかの犯罪に関するものであると認識し得たことを妨げる事情とはならない。

2　騙されたふり作戦の可罰性について

　　被告人はそれまで受取を繰り返していたものの，同様の行為を続けることについて指示役らとの間で事前に意思を通じていたとまではいえず，

事前の包括的な共謀があったとまでは認定できない。したがって，15日当日の受取指示（詐欺未遂事件）をもって共謀の意思連絡行為とみざるを得ないが，それより前の（4月）13日には「騙されたふり作戦」が開始されて本件荷物が発送されていたのであるから，客観的にみれば，被告人が指示役と意を通じた時点では詐欺の結果発生が後発的に不能となっていたということができる。

そして，本件のように，結果発生が不可能になった後に共犯関係に入った者の犯罪の成否は，不能犯と未遂犯とを画する場合と同様に解し，共犯関係に入った時点で結果発生の現実的危険性があるか否かを，一般人が認識し得た事情（被害者側，犯人側のいずれの立場でもなく，特別の情報を持ち合わせていない外部の者が外形的に経過を観察したことによって認識できる事情）及び行為者が特に認識していた事情を基礎として判断すべきである。

本件の事実関係に照らしてみると，被害者が警察に相談して騙されたふりをしながら仮想現金入りの荷物を発送したという事実は，一般人が外形的観察によって認識し得る事情とはいえないし，被告人がこれを認識していなかったことも明らかであるから，詐欺の結果発生の現実的危険の有無の判断に当たっての基礎事情とすることはできない。そうすると，被告人が指示役から指示を受けた時点でも詐欺の現実的危険は存在し，その時点で指示役と意思を通じたことは原判決が判示するとおりであるから，重要な役割を果たしたものとして正犯性も認められる。したがって，被告人には本件詐欺未遂について共謀共同正犯が成立する。

○参照条文

刑法246条1項，250条，60条

○備　考

受け子の詐欺の故意については，平成28年12月20日，福岡高等裁判所第3刑事部において，本件と同様の判決が言い渡されており，また，騙されたふり作戦の可罰性については，平成28年9月21日及び同年11月9日，い

ずれも名古屋高等裁判所刑事第2部において，本件と同様の判決が言い渡
されている。

札幌高等裁判所

速報番号　通巻184号

【事　件　名】　過失運転致死アルコール等影響発覚免脱，道路交通法違
　　　　　　　　反被告事件
【事件番号等】　平成28年(う)191号，平成29年1月26日札幌高等裁判所
　　　　　　　　刑事部判決，控訴棄却（弁・上告）
【控訴申立人】　被告人
【第　一　審】　札幌地方裁判所小樽支部

○判示事項

　自動車の運転により人を死傷させる行為等の処罰に関する法律第4条（過
失運転致死アルコール等影響発覚免脱）の「その運転の時のアルコール又は
薬物の影響の有無又は程度が発覚することを免れる目的で，更にアルコール
又は薬物を摂取すること，その場を離れて身体に保有するアルコール又は薬
物の濃度を減少させることその他その影響の有無又は程度が発覚することを
免れるべき行為」の解釈について

○判決要旨

　過失運転致死アルコール等発覚影響免脱罪における「更にアルコール又は
薬物を摂取する」という追い飲み行為と，「その場を離れて身体に保有する
アルコール又は薬物の濃度を減少させる」という立ち去り行為は，運転時の
アルコールなどの影響に関する重要な証拠収集を妨げる当罰性の高い典型的
な実行行為として規定されているものであり，前者がより作為性が強く当罰
性の高い行為であるとしても，後者について，必ずしも前者に匹敵する程度
の当罰性を求める趣旨とは解されないというべきである。そして，後者の立
ち去り行為は，作為犯に該当するが，事故現場から離れれば直ちにそれに該

- 317 -

当するものでなく，救護義務違反の罪を犯し，危険運転致死罪の適用を免れて逃げ得を図ろうとする者の出現を防止し，刑事司法作用を保護するという立法趣旨等に照らすと，まず，①客観的な行為として，その場から離れた後に一定程度の時間が経過して摂取した物質の濃度に変化をもたらすなど，運転時の当該物質の影響の有無又は程度の立証に支障を生じさせかねない程度のものであることが必要というべきである。また，②「その運転の時のアルコール又は薬物の影響の有無又は程度が発覚することを免れる目的」という免脱目的について，例えば急病を患う家族を救護するなど，専ら摂取した物質の影響の発覚を免れることと異なる目的でその場を離れるような当罰性に欠ける場合を処罰対象から除外する趣旨の下に規定されたものであり，そのような場合でない限り，①のような立ち去り行為に伴い，摂取した物質の濃度等が低減する旨の認識を備えていることで足りるものと解するのが相当である。

○判決理由一部要旨

1　原判決は，罪となるべき事実第1として，被告人が平成28年3月16日午前0時4分頃，普通乗用自動車（以下「本件自動車」という。）を運転し，北海道小樽市内の信号機により交通整理の行われている交差点（以下「本件交差点」という。）を，同市緑方面から国道5号方面に向かい直進するに当たり，運転開始前に飲んだ酒の影響により，前方注視及び運転操作に支障がある状態で同車を運転した上，携帯電話機の操作に気を取られる余り，対面信号機の表示に留意せず，その赤色灯火表示を看過して，漫然と時速50ないし60キロメートル前後で進行した過失により，同交差点入口に設けられた横断歩道を左方から青色信号に従って横断歩行中のVを前方約5メートルの地点に迫って認めたが，急制動の措置を講じる間もなく，同人に対し，自車の右前部を衝突させてボンネットに跳ね上げた上，フロントガラスに衝突させて路上に落下させた結果，収容先の病院で5時間余り後に同人を右側頭部打撲等に基づく頭蓋内損傷により死亡するに至らせたのに，事故直後から同日午前6時30分頃までの間，上記運転時のアルコー

- 318 -

ルの影響の有無又は程度が発覚することを免れる目的（以下「免脱目的」という。）で，事故現場から逃走して同市内所在のW方で過ごし，上記影響の発覚を免れるべき行為をしたとの事実を認定し，過失運転致死アルコール等影響発覚免脱罪（以下「本罪」という。）の成立を肯認している。

　これに対する本件控訴の趣意の論旨は，事実誤認及び法令適用の誤りの主張であり，免脱目的に係る所論は，本罪における発覚免脱に係る実行行為の典型的な場合として，「更にアルコール又は薬物を摂取する」という追い飲み行為と，「その場を離れて身体に保有するアルコール又は薬物の濃度を減少させる」という立ち去り行為が規定されている。しかし，後者の行為は，前者と異なり外形自体から当罰性を判断することが困難であり，処罰範囲が過度に広範になることを防止すべきである。そこで，両者が並列的に規定されたことからも，後者の行為について，前者に匹敵する当罰性を備えたものに限定する必要があるが，そのために，免脱目的について，前者の行為に匹敵する程度に身体に保有するアルコールなどの濃度という重要な証拠収集を妨げる積極的な目的を要すると解すべきである。そして，被告人は，本件交差点を離れてから，午前6時30分頃W方で起床するまで，初めての人身事故で動揺した状態になったにすぎず，上記のような積極的な目的があったといえないから，被告人について免脱目的を肯認できない，というのである。

2　しかし

ア　アルコールや薬物の影響により正常な運転が困難な状態で自動車を走行させて人を死亡させた者について，法定刑が上限を懲役20年とする危険運転致死罪が適用されるのに対し，そのような状態で人を死亡させたのに，運転者が逃走するなどしてアルコールなどによる影響の程度を立証できない場合，自動車運転過失致死罪と道路交通法上の救護義務違反の罪が成立するにとどまるため，上限を懲役15年として処断せざるを得ないこととなる。そこで，本罪は，救護義務違反の罪を犯し，危険運転致死傷罪の適用を免れて逃げ得を図ろうとする者の出現を防止し，刑事司法作用を保護する観点から，アルコールなどの影響により走行中に正

常な運転に支障が生じるおそれがある状態で自動車を運転し，過失により人を死傷させる行為をした上，更に同様の物質を摂取したり，その場を離れてその濃度を減少させたりするなど，既に摂取したアルコールなどの影響に関する証拠収集を妨げる作為的な行為が行われた当罰性の高い場合を想定し，その適正な処罰を可能にするために制定されたものと解される。このように追い飲み行為と立ち去り行為は，運転時のアルコールなどの影響に関する重要な証拠収集を妨げる当罰性の高い典型的な実行行為として規定されているものであり，前者がより作為性が強く当罰性の高い行為であるとしても，後者について，必ずしも前者に匹敵する程度の当罰性を求める趣旨とは解されないというべきである。そして，後者の立ち去り行為は，作為犯に該当するが，事故現場から離れれば直ちにそれに該当するものでなく，上記立法趣旨等に照らすと，まず，①客観的な行為として，その場から離れた後に一定程度の時間が経過して摂取した物質の濃度に変化をもたらすなど，運転時の当該物質の影響の有無又は程度の立証に支障を生じさせかねない程度のものであることが必要というべきである。また，②免脱目的について，例えば急病を患う家族を救護するなど，専ら摂取した物質の影響の発覚を免れることと異なる目的でその場を離れるような当罰性に欠ける場合を処罰対象から除外する趣旨の下に規定されたものであり，そのような場合でない限り，①のような立ち去り行為に伴い，摂取した物質の濃度等が低減する旨の認識を備えていることで足りるものと解するのが相当である。所論は，前記のように，処罰範囲が過度に広範になることを防止する必要から，立ち去り行為について，追い飲み行為に匹敵する当罰性を要求し，証拠収集を妨げる積極的な目的が必要というのである。しかし，当裁判所の解釈が過度に広範な処罰を回避するとともに，立法趣旨に適うものであるのに対し，所論の見解は，本罪の適用範囲を限定し過ぎ，上記立法趣旨を没却する結果を招きかねないというべきであり，採用できない。

イ　そして，被告人は，本件事故に至るまでの約４時間にわたり断続的に飲酒した直後に本件自動車を運転して本件事故を引き起こしたのに，そ

の場から逃走し，その途中に同車の破損状態を確認するなどした上，Ｗと合流した後，翌午前６時30分頃に至るまでＷ方居室にとどまるなど，客観的に，摂取したアルコールの影響の有無や程度の発覚を免れるべき行為に及んだことは明らかである。また，被告人は，Ｗの依頼によりＷの出迎えに赴く途中に本件事故を起こしたにすぎず，上記の逃走後も本件事故の経緯や状況を十分に認識していたのに，緊急に対処すべき格別の用向きがなかったと認められる。したがって，被告人は，上記影響の有無等の発覚を免れることと全く別の目的でその場を離れたものでないと認められるから，被告人について免脱目的を肯認した原判断について，不合理な点は認められない。所論は結局，免脱目的に関し，独自の解釈に基づいて事実誤認を主張するものであって，前提を欠くというべきである。

○参照条文

自動車の運転により人を死傷させる行為等の処罰に関する法律４条

○参考事項

本判決が判示する過失運転致死アルコール等影響発覚免脱罪に関する解釈は，同旨のものが公刊物（株式会社ぎょうせい「法律のひろば67号（平成26年10月号）」17～19頁）に掲載されており，原判決も同公刊物と同旨の解釈をしているが，本法は平成26年５月20日から施行されたばかりで，本罪に関する解釈を示した判例が公刊物に見当たらないことから，執務の参考になり得ると思料したものである。

速報番号　通巻185号

【事　件　名】　窃盗被告事件
【事件番号等】　平成25年（う）148号，平成29年３月14日札幌高等裁判所
　　　　　　　　刑事部判決，公訴棄却（確定）

【控訴申立人】　被告人
【第　一　審】　苫小牧簡易裁判所
○判示事項
　控訴審段階で被告人に訴訟能力がないとして公判手続が停止され，その後，被告人の病状が不可逆的に悪化し，訴訟能力の回復見込みがないとされた場合には，刑訴法338条４号を準用して公訴を棄却し，訴訟手続を打ち切るのが相当であるとされた事例。
○判決要旨
　本件は，５件の窃盗（万引き４件，置き引き１件）につき，平成25年７月29日，保護観察付き執行猶予の有罪判決を受けたが，責任能力を争って控訴中に，かねてからり患していた前頭側頭型認知症が悪化して同年８月12日に精神科の病院に入院し，同年11月19日，被告人には訴訟能力が欠けるとして公判手続が停止されていた事案である。
　その後，検察官及び弁護人が定期的に被告人の入院先に病状照会を行っていたが，平成29年２月３日付けの回答書等により，被告人の病状は不可逆的に悪化しており，他者との意思疎通も困難な状態で，回復見込みがないとの診断結果に至った。
　本判決は，先に最高裁判所平成28年12月19日第一小法廷判決が一審段階で被告人が訴訟能力を失って公判手続が停止され，公判再開の目処が立たないまま，起訴から約17年を経過した事案につき，「被告人に訴訟能力がないために公判手続が停止された後，訴訟能力の回復の見込みがなく公判手続の再開の可能性がないと判断される場合，裁判所は，刑訴法338条４号に準じて，判決で公訴を棄却することができると解するのが相当である。」と判断したところを踏襲し，控訴審段階においても，被告人の訴訟能力の回復見込みがない場合には，刑訴法338条４号を準用し，判決により公訴を棄却し，訴訟手続を打ち切ることが相当であるとした。
○判決理由
１　被告人の主治医による回答書等の資料によれば，被告人の現在に至るま

での精神症状は，①平成25年8月から病院の精神科に入院したまま現在に至っているところ，間もなく他害行為に及んだことなどから閉鎖病棟に収容され，依然として前頭側頭型認知症を患い，排泄行為の管理ができないほか，摂食行為も認識できない可能性があるなど，日常生活全般について介助を要する状態にある上，認知機能障害が進行しているため，他者の話しかけに気付くことがあるものの，発語することはまれであり，場にそぐわない表情を浮かべるなど，他者と意思内容を伝達して交換することが不可能な状態にある。そして，②被告人の患う前頭側頭型認知症は，現在の医療で改善や完治することの見込めない疾病であり，時間の経過につれて著しい認知機能障害が不可逆的に進行する精神障害であると理解されている。

2　以上のような症状に照らし，被告人は，前頭側頭型認知症による認知機能障害のため，現時点で訴訟能力が欠けているだけでなく，今後も症状が改善する見込みがなく，公判手続を再開できる状態に至る可能性はないものと認められる.

したがって，本件は，もはや形式的に訴訟が係属しているにすぎない状態のまま公判手続が停止された状況にあるといわざるを得ないから，現時点で刑訴法338条4号を準用して本件公訴を棄却し，訴訟手続を打ち切ることが相当というべきである（平成28年12月19日最高裁判所第一小法廷判決・裁判所時報1666号27頁参照）。

○参照条文

刑事訴訟法338条4号

○参考事項

控訴審段階に至って被告人が訴訟能力を欠くに至った場合，控訴審においては，第一審の判決があるまでは検察官が公訴を取り消すことができるとした刑訴法257条のような条文は存在せず，刑訴法上，検察官は公訴取消しの権限を有していないのであるから，被告人の訴訟能力の回復見込みがない場合に，検察官が当事者として能動的に関与する方策はない。

本判決は，控訴審段階においても，刑訴法338条4号を準用して公訴棄却判決が可能であるとした初の高裁判決であり，執務上の参考になると思われるため紹介した次第である。

速報番号　通巻186号

【事　件　名】　危険運転致死傷，道路交通法違反被告事件（予備的訴因・被告人Ａ１につき過失運転致死傷，被告人Ａ２につき過失運転致死，道路交通法違反）
【事件番号等】　平成29年（う）１号，平成29年４月14日札幌高等裁判所刑事部判決，控訴棄却（Ａ１につき確定，Ａ２につき被・上告）
【控訴申立人】　被告人両名
【第　一　審】　札幌地方裁判所

○判示事項

仲間と一緒に飲酒後，２台の車両で，互いの走行速度を意識し，自動車で競争する意思の下で，時速100キロメートルを超える速度で赤色信号で交差点内に進入したことにより，被害車両に衝突するなどし，同車乗車の４名を死亡させ，１名に重傷を負わせるなどした事案につき，赤色信号殊更無視型の危険運転致死傷罪の故意及び共謀の事実を認めて共同正犯の成立を認定し，その結果生じた事故につき，被害車両に衝突したのではない被告人にも，衝突による致死傷の結果に対する責任を問うとともに，救護及び報告義務違反を認定し，事案の悪質性に鑑み両被告人を併合罪加重した上限の懲役23年に処した事例

○判決理由一部要旨

【原判決認定の罪となるべき事実】

第１　被告人Ａ１は，酒気を帯び，血液１ミリリットルにつき0.3ミリグラ

ム以上のアルコールを身体に保有する状態で，平成27年6月6日午後10
時34分頃，北海道a市（番地略）先道路において，普通乗用自動車を運
転した。

第2　被告人両名は，前記日時頃，被告人A1が普通乗用自動車を，被告人
A2が普通貨物自動車をそれぞれ運転し，同所先の片側2車線道路の第
1車線をA1車がb町方面からc市方面に向かい進行し，同道路の第2
車線のすぐ後方をA2車が追走して，同所先の信号機により交通整理が
行われている交差点を2台の自動車で直進するに当たり，互いの自動車
の速度を競うように高速度で走行するため，同交差点に設置された対面
信号機の表示を意に介することなく，同信号機が赤色を表示していたと
してもこれを無視して進行しようと考え，共謀の上，同信号機が約32秒
前から赤色を表示していたのに，いずれもこれを殊更に無視し，被告人
A1が，重大な交通の危険を生じさせる速度である時速約111キロメー
トルで同交差点内に自車を進入させ，その直後に，被告人A2が，重大
な交通の危険を生じさせる速度である時速約100キロメートルを超える
速度で同交差点内に自車を進入させたことにより，折から左方道路から
信号に従い進行してきたV1（当時44歳）が運転しその家族V2乃至V
5の4名が同乗している普通貨物自動車に被告人A1が自車を衝突させ
て，前記V1運転車両の同乗者V3（当時17歳）及びV4（当時16歳）
を車外に放出させて路上に転倒させた上，被告人A2が自車で前記V4
をれき跨し，そのまま同車両底部で同人を引きずるなどし，よって，V
1に心臓破裂等の傷害を負わせてその頃に同傷害等により死亡させ，同
人運転車両同乗者のV2（当時44歳）に胸部大動脈離断等の傷害を負わ
せてその頃に同傷害等により死亡させ，V4に右上腕骨骨頭部骨折等の
傷害を負わせた上，a市（番地略）付近路上又はその周辺において胸腹
部圧迫による窒息により死亡させ，V3に脳挫傷等の傷害を負わせて同
日午後11時55分頃に搬送先の病院において同傷害等により死亡させ，V
5（当時12歳）に加療期間不明のびまん性軸索損傷及び頭蓋底骨折等の

傷害を負わせた。

第3　被告人Ａ２は，前記第２記載のとおり，前記自動車を運転中，Ｖ１ら
に傷害を負わせる交通事故を起こし，もって自己の運転に起因して人に
傷害を負わせたのに，直ちに車両の運転を停止して同人らを救護する等
必要な措置を講じず，かつ，その事故発生の日時及び場所等法律の定め
る事項を，直ちに最寄りの警察署の警察官に報告しなかった。

【本判決の要旨】

1　両被告人の事実誤認及び被告人Ａ１の法令適用の誤りの各論旨について

(1)　本件交差点の南側停止線（「本件停止線」）から500メートル手前の信
号認識可能地点で本件信号機の信号表示を容易に認識できる状況であっ
た上，本件信号機が本件事故の約32秒前から赤色表示であったのに，両
車両が相当な距離と時間にわたり時速100キロメートルを上回る高速度
で走行した末に，本件交差点に迫っても本件停止線の手前で停止するた
めの速度調節等の措置を一切講じないまま，本件交差点に進入したとい
う走行状況が客観的に明らかである。しかも，被告人両名は，本件交差
点に至るまでの３キロメートル以上にわたり各自の車両を運転して走行
する中で，取り分け本件交差点の北西角にある給油所から2258メートル
前後南方（手前）のコンビニエンスストア（「コンビニ」）前の交差点で
停止した後に急な加速と車線変更を伴う態様により先行車を追い越し
て，更に加速を続けた上，Ａ１車が第１通行帯を，Ａ２車が第２通行帯
を，それぞれ走行し，各自の車両を走行中の通行帯から逸脱させること
なく，コンビニから北へ387メートル前後進行した位置にある車販売店
前でＡ１車が，同店から北へ849メートル前後進行した位置にある青果
物卸会社前でＡ２車が，本件交差点に至る時点で再びＡ１車が，それぞ
れ先行するという推移をたどりながら，上記のような高速度による並走
行為を続け，信号表示の替わり目でない時機に本件交差点に進入したと
いう経過が認められる。そして，以上のような客観的な状況や経過を見
る限り，各被告人が，本件信号機による交通規制の存在を失念したり，
それによる赤色表示を見落としたりするような格別の事情がうかがえな

- 326 -

い上，被告人両名の供述でも本件信号機の信号規制に関する認識を備えていたというのである。このような事情に照らすと，原判決が説示するとおり，各被告人が，赤色信号を確定的に認識し，又は，そもそも信号機による交通規制に従うつもりがなくその赤色表示を意に介することなく本件交差点に進入したものとして，殊更に赤色信号を無視する意思の存在が推認されるというべきである。

(2)　本件交差点に至るまでの被告人両名の客観的な走行状況は，車販売店前及び青果物卸会社前における走行速度を含め，防犯カメラの映像や速度鑑定の結果を始めとする関係証拠から明らかである。そして，被告人両名は，同じ目的地に向けて走行を開始した後，信号認識可能地点以降も相当な時間と距離にわたって高速度で走行を続けた上，本件交差点が迫っても減速等の停止に向けた格別の措置を講じることなく時速100キロメートルを上回る高速度で進行していたものであり，そうした走行に当たり互いに相手車両の走行状況に関する認識を妨げる格別の事情が見当たらず，むしろ，各被告人が，自車の走行状況に加えて相手車両の走行状況を認識していたばかりか，原判決が説示するように，互いの走行速度を意識し，自動車で競争する意思の下に，本件交差点が迫っても互いに停止する状況にないことを知りながら，上記の高速走行を続けていたものと認められる。これらの事情に照らすと，被告人両名は，本件交差点に至るに先立ち，殊更に赤色信号を無視する意思で両車両が本件交差点に進入することを相互に認識し合い，そのような意思を暗黙に相通じて共謀を遂げた上，各自がそのまま高速度による走行を継続して本件交差点に進入し，本件危険運転の実行行為に及んだことが，優に肯認できるというべきである。

(3)　そして，上記(2)のとおり，被告人両名が本件危険運転行為について共謀を遂げていた事実を優に認定できるから，被告人両名について本件危険運転致死傷罪の共同正犯の成立を，被告人Ａ２について救護義務及び報告義務違反の各罪の成立を，それぞれ肯認した原判断について，法令の解釈及び適用の誤りは認められない。

- 327 -

2　被告人両名の各量刑不当の主張の論旨について

　本件は，２台の自動車が高速度のまま相次いで交差点に進入して敢行された赤色信号殊更無視の類型による危険運転致死傷罪を中心とした事案であり，そうした罪質や内容を考慮しただけでも，極めて悪質かつ重大な犯行であることは論を待たない。しかも，被告人両名は，国道上で競うように時速100キロメートルを上回る高速度で並走した上，格別の減速等の措置を講じることなく本件交差点に突入して，交差道路から青色信号に従って進行してきた被害車両に衝突するなどした結果，シートベルトを着用して運転席と助手席に乗車していた44歳の夫婦を即死させたほか，同乗していた17歳の長女及び16歳の長男を収容先の病院や被告人Ａ２の運転車両にれき跨させるなどして死亡させ，12歳の二女にも重篤な後遺障害が見込まれる重傷を負わせている。このように，本件危険運転致死傷の犯行は，交通法規を無視するだけでなく，深夜とはいえ幹線国道で自動車競争の優劣を競う行為に及んで，２台の自動車で赤色信号を殊更に無視して走行するというまれに見る危険極まりない態様で敢行された結果，実際に重大かつ悲惨な結果を引き起こしたことに照らし，その犯情の悪質さが他に類を見ないほど際立っている。一方，４名の死亡被害者の受けた苦痛や無念さはもとより，一命を取り止めた二女の被った心身両面にわたる衝撃や苦痛が察するに余りあり，遺族の処罰感情が峻烈であることは当然の心情というべきである。

　そして，被告人Ａ１は，血液１ミリリットル当たり0.4ミリグラムという相当量のアルコールを身体に保有する状態で運転行為を敢行しながら，上記のような危険かつ悪質な高速走行に及んだ末に自車を被害車両に衝突させたことにより，本件の悲惨な結果の大半を引き起こしたのであり，そのような無謀な運転行為に及んだ経緯や動機も身勝手なものというほかなく，厳しい非難を免れない。しかも，同被告人は赤色信号を殊更に無視する意思や被告人Ａ２との間の共謀の存在を否認し，本件事故に至る経緯等に関し不合理な弁解に固執しており，真摯な反省の姿勢がうかがえない。原判決が説示するように，本件危険運転致死傷の犯行は他に類を見ないほ

どに危険極まりない態様で敢行された上，そうした危険が現実化して甚大な被害を生じさせた信号無視型の事犯であり，死傷者の人数等の被害の大きさが犯罪の評価に当たり重視されることが当然である上，併合罪の関係に立つ酒気帯び運転の犯行にも及んでいたことに照らすと，刑の公平性の観点から従前の量刑傾向を参考にするとしても，本件が処断刑の上限で処罰するにふさわしいと評価した原判断が不合理とはいえない。

　一方，被告人Ａ２は，被告人Ａ１と同様に上記のような走行に及んだ末にほぼ同時に本件交差点に進入した上，車外に放出された長男をれき跨したまま，約1.4キロメートルにわたり引きずるなどして死亡させたものであり，動機や経緯の点でも，被告人Ａ１と同様に高速走行を敢行する必要性は皆無であり，厳しい非難に値する。しかも，被告人Ａ２は，飲酒運転の発覚を恐れ，被害者の安否を確認することなく事故現場に放置して，逃走を図ったものであり，本件事故から10時間以上が経過した後に警察署に出頭したものの，その間に自車の関わりを隠蔽する行動に出たことも考慮すると，救護及び報告義務の違反に係る犯情を軽視することは許されない。さらに，同被告人も，被告人Ａ１と同様に，赤色信号を殊更に無視した点や同被告人との間の共謀の存在を否認し，本件事故に至る状況について曖昧な供述に終始しており，真摯な反省の姿勢がうかがえない。

　以上のような本件の罪質や犯情等に照らすと，各被告人の刑事責任に有意な差異はなく，共に甚だ重大といわざるを得ない。

　そうすると，原判決や所論の指摘する酌むべき情状に加え，原判決後に，各被告人が改めて謝罪の態度を示し，被告人Ａ１が今後の損害賠償に努める意向を表明したことを考慮しても，上記のような罪質や犯情等に照らし，検察官による求刑と同様に，被告人両名を懲役23年に処した原判決の量刑が，重過ぎて不当であるとはいえない。

○参照条文
自動車の運転により人を死傷させる行為等の処罰に関する法律２条５号

○参考事項

なお，本判決前に発刊の「法曹時報」第69巻第3号1頁以下，東京大学大学院法学政治学研究科橋爪隆教授「危険運転致死傷罪の解釈について」は，原判決である札幌平成28年11月10日判決（裁判所Ｗｅｂ）について，「被告人両名が高速度の運転を競い合う過程で，相手が当然に赤色信号を意に介さずに高速運転を続けるだろうから，自分も赤色信号を殊更に無視しようという意思が生じ，また，そのような態度が相手の意思決定をさらに強めるような関係が相互に醸成されていたのであれば，共同正犯の成立を認めることは十分に可能であるように思われる。」（同書36頁注58）と評している。

速報番号　通巻187号

【事　件　名】　業務上過失致死被告事件
【事件番号等】　平成28年（う）206号，平成29年7月27日札幌高等裁判所
　　　　　　　　刑事部判決，原判決破棄・自判（弁・上告）
【控訴申立人】　検察官
【第　一　審】　札幌地方裁判所

○判示事項

　認知症対応型共同生活介護事業所の入居者である認知症高齢者が，冬期夜間に点火した状態で設置されていた石油ストーブ上面に衣類を置いたことにより発生した火災によって入居者合計7人が焼死した火災事故につき，出火原因を詳細に認定した上，同施設建物の防火管理業務に従事する同施設事業会社代表取締役において，入居者が危険な行動をとり火災を発生させる可能性があることを予見でき，かつ，安全性の高いストーブへの交換やストーブ上面を覆うガードの設置，夜勤者の増員など火災の発生を未然に防止するための措置を採ることも可能であったのにこれを怠ったとして，業務上過失致死罪の成立を認めた事例

○判決理由一部要旨

【自判に係る罪となるべき事実】

　被告人は，ａ市（番地略）所在の認知症対応型共同生活介護事業所である本件施設の事業者である「有限会社甲」の代表取締役として，本件施設の運営等の業務全般を統括するとともに，防火対象物である本件建物（木造亜鉛メッキ鋼板葺２階建・床面積合計248.43平方メートル）について管理する権原を有し，本件建物の設備等の設置，維持及び防火管理の業務に従事していたものであるが，本件施設を運営するに当たり，本件建物に暖房のため１階の本件居間兼食堂に放射熱によってその上面や前面等が高温となる床暖房の機能を備えた半密閉式石油ストーブ（以下本件ストーブという。）が設置され，冬期間に点火した状態で昼夜にわたり利用していた上，認知症高齢者である本件施設の入居者９名の中に，火の危険性を十分に認識しないまま点火した状態の本件ストーブの上面等に可燃物を置くなど，火災の原因となる危険な行動をとりかねない者がおり，入居者の生命や身体に火災による危害が及ぶおそれがあったから，従業者が１名となり，他の入居者の介護等のため本件居間兼食堂に居続けることができなくなる夜間及び深夜の勤務時に，本件ストーブを点火した状態のまま，本件居間兼食堂で，火災の原因となる危険な行動をとりかねない入居者を寝起きなどさせ続けないようにするか，ストーブの上面等に可燃物を置いても火災の原因とならないよう放射熱によって上面等が高温とならないストーブと交換するか，本件ストーブの上面等に直接に可燃物を置けないようにストーブガードを設置するなどの適切な措置を講じ，火災の発生を未然に防止すべき業務上の注意義務があるのにこれを怠り，夜間及び深夜に勤務する従業者が１名であることから，他の入居者の介護等のため本件居間兼食堂に居続けることができなくなる体制で，入居者の行動を厳に監督できる体制を構築することなく，本件ストーブについて，その上面等に可燃物を置いても火災発生の原因とならないようなストーブに交換せず，上記ストーブガードを設置するなどの適切な措置を講じないまま，平成21年11月18日頃から本件ストーブを点火した状態のまま本件居間兼食堂で火災の原因となる危険な行動をとりかねない入居者のＶ１（当時89歳）を寝起きなどさせ続けた過失により，同人により，平成22年３月13日午前２時

15分頃に，本件ストーブの上面に綿を含む布類を置くなどさせて，燃え上がらせ，その火を周囲の壁や床等に燃え移らせて，本件建物を全焼させた結果，間もなく本件建物内で，本件施設の入居者であるＶ１ほかＶ２（当時92歳），Ｖ３（当時65歳），Ｖ４（当時81歳），Ｖ５（当時85歳），Ｖ６（当時88歳）及びＶ７（当時74歳）の７名をいずれも焼死するに至らせたものである。

【本判決の要旨】

1　本件の出火原因に関する判断

　　　（火災発生時に勤務していた夜勤者である）Ｗの証言が信用に値することから，同人が台所から本件火災の発生に気付いた際に，①本件ストーブの天板上から，ストーブと煙突管の中間より上くらいまで炎が上がっており，②Ｖ１が，着ていたはずのパジャマの上下を脱いだ股引と肌着の長袖シャツ姿で，本件ストーブに向いてその前で佇立していた事実が認められる。そして，③本件火災において，漏電による出火や，本件ストーブにおける部品の顕著な破損や配線の短絡痕，異常燃焼の形跡がなく，ストーブ自体の異常が認められなかったことに照らすと，本件火災は，ストーブ自体の異常に起因しない原因に基づき，本件ストーブの天板上から発火したことによって生じたものと認められる。さらに，④本件ストーブの天板上の付着物や堆積していた残焼物から布片や綿製の繊維状物質が検出されたこと，⑤その当時，本件居間兼食堂の室温が本件ストーブの自動運転に係る設定温度より３度以上低かったために，本件ストーブが最大火力で燃焼していたものと想定されること，⑥本件燃焼実験において，そのような条件の下でストーブの天板上に置いた衣類等が発火することが確認されていることを併せ考慮すると，本件火災の発生原因は本件ストーブの天板上に綿製の繊維製品等が置かれたことであったと考えられる。その上，Ｖ１は，②本件ストーブから発火した際にその直近に佇立していたが，他の者が本件ストーブに近寄った形跡がなく，⑦認知症を患う高齢者であり，火の危険を十分に認識しないまま，石油ストーブの上面等に可燃物を置くなどという火災の原因となる危険な行動をとりかねない精神状態にあり，②着ていたパジャマを脱いでいた様子が認められ，⑧本件ストーブの近くに２台

の物干台が置かれ，多くの洗濯物が干されていた状況を踏まえると，脱いだパジャマや干されていた洗濯物又はその双方を本件ストーブ上に置くという挙動に出たために発火して本件火災に至ったものと推認することができ，本件におけるその余の証拠関係を考慮に入れると，その推認のとおりの火災原因を認定するのが相当である。

2　予見可能性について

　関係証拠によると，被告人は，本件施設を運営する事業者の代表者として，事業全般を統括するとともに，本件建物の防火管理業務に従事しており，本件建物の防火体制を確立させ，火災発生を予防すべき立場にあったと認められる。しかるに，本件ストーブは，床暖房用半密閉式石油ストーブであって，最上部に放熱器があるため，構造的に天板部が相当な高温となり，可燃物が載せられた場合に発火する危険があった。また，本件ストーブの周囲に，ほぼ同じ高さのストーブガードが正面と両側面にコの字型に置かれていたが，上部に天板部との接触を防ぐためのストーブガードは設置されていなかった。一方，本件施設の入居者は，いずれも要介護認定を受けた認知症高齢者で，その障害のために行動の予測が困難で，火の危険性を十分に認識しないまま，本件ストーブの天板上に可燃物を置くなど，火災の原因となる危険な行動をとるおそれがあり，実際に，入居者が周囲に置かれた上記ストーブガードにタオルを掛けるという出来事があった。そのため，本件ストーブの安全性が問題視され，従業員から被告人にストーブの交換が進言されたこともあった。そして，入居者のＶ１について，本件ストーブからそれほど離れていない本件居間兼食堂内に設置された簡易ベッドで寝起きさせており，夜間等の従業員の監視が行き届かない際に，危険な行動に及ぶべき可能性があったといえる。なお，Ｖ１は，その歩行及び立位保持能力が低かったと指摘されているものの，介護記録によれば独力で立ったり歩いたりすることがあったと把握されているから，被告人において，Ｖ１が他の入居者と同様に本件ストーブの天板上に可燃物を置くなどの行動に出る可能性があることを認識し得たものと認められる。

　以上の次第で，被告人において，Ｖ１を含む入居者が，火の危険性を十

分に認識しないまま，点火した状態の本件ストーブの上面等に可燃物を置くなど，火災の原因となる危険な行動をとり，火災を発生させる可能性があることを予見することができたものと認められる。

3　結果回避義務について

　　まず，被告人は，本件ストーブを上面が熱くならないＦＦ式ストーブなどの安全性の高いものに交換することにより，本件のような火災の発生を未然に防止することができたと認められる。なお，本件施設の改修工事を請け負った業者は，本件居間兼食堂にＦＦ式ストーブを設置する場合，設置可能な箇所が南西角だけであって，そこに設置する場合，西側のガラス戸を普通の壁に変える必要があるから，高額の費用を要することとなると証言している。しかし，火災が発生すれば入居者の生命や身体に深刻な被害が生じるおそれがある上，本件建物に重大な財産的損害が生じるおそれがあることは論を待たないから，そのような大幅な改修が必要であったとしても，ストーブの交換による結果回避の可能性がなかったとはいえない。また，本件ストーブの天板を覆うストーブガードは市販されていないものの，業者に制作を依頼すれば，15万円弱の費用で調達することが可能であったというのであるから，そのようなストーブガードを設置することで本件のような火災の発生を未然に防止することが可能であったといえる。さらに，Ｖ１の寝起きする場所を本件居間兼食堂から移動させる対応が可能であったと考えられる上，人件費の増加を考慮しても夜勤を２名体制とすることも不可能であったとはいえない。以上のとおり，被告人において，本件のような火災の発生を未然に防止するための実行可能な種々の措置を講じることができたと認められるから，結果回避義務を肯認することができる。

○参照条文

平成25年法律第86号による改正前の刑法211条１項前段

○参考事項

ホテル，デパートのような多数人が現在する建物内で発生した大規模火災

を原因とする人の死傷について建物の防火体制や防火設備の管理・監督責任が問われた判例・裁判例では，火災発生（出火）に関する予見可能性を認定するに当たって，建物内での火気使用あるいは昼夜を問わない建物への不特定多数人の出入りといった一般的・類型的な出火の可能性を要求するにとどまり，出火原因が不明であっても予見可能性を肯定し（最一決平2.11.29刑集44巻8号871頁〔千日デパート事件〕），あるいは，個々の出火原因ついての予見可能性までは要求していない（最一決平2.11.16刑集44巻8号744頁〔川治プリンスホテル事件〕，最二決平5.11.25刑集47巻9号242頁〔ホテル・ニュージャパン事件〕，東地判平20.7.2判タ1292号103頁〔新宿歌舞伎町ビル事件〕等）事例が多い。また，比較的小規模な入居型介護施設で発生した火災でも，特定の出火原因を認めないまま建物内の火気使用により火災が発生する危険性が常に一定程度存在し予見が可能であった旨判示した事例がある（前橋地判平25.11.8判タ1412号356頁〔グループホームたまゆら事件〕）。

　本件はこれら防火管理責任が問われた事例とは異なり，具体的な出火原因を詳細に認定した上でこれに即した回避措置が実行可能であったことを指摘し，過失を認定している。不特定多数が出入りして出火原因も様々に考えられるホテル等とは防火についての法令の定めも異なる本件グループホームのような施設について防火管理上の責任者の監督過失を問うような場合は，その施設の特性に応じて出火原因特定の必要性も異なってくるというべきであろう。その上で本判決は，出火の危険性に応じてこれを回避すべき義務を具体化し，回避措置のための費用発生は直ちに実行可能性を否定するものではない旨認定している（法令上は要求されていない夜勤者の増員も，実行可能な回避措置と認定している。）が，出火原因の特定ができたことが予見可能性はもとより，結果回避可能性の認定にも結びついたと考えられる。

速報番号　通巻188号

【事　件　名】　覚せい剤取締法違反被告事件
【事件番号等】　平成29年（う）103号，平成29年9月7日札幌高等裁判所
　　　　　　　　刑事部判決，控訴棄却（弁・上告）
【控訴申立人】　被告人
【第　一　審】　札幌地方裁判所

○判示事項

1　第三者方居室にいる被疑者を採尿場所へ強制連行するため採尿令状により同居室に立ち入ることの許否
2　採尿令状により被疑者を採尿場所へ連行する際に許容される有形力の行使の態様

○判決要旨

1　通報により臨場した警察官が，不審者と目される被告人から事情聴取を行うことについて，被告人の訪問先である本件居室の居住者Wから一旦は立入りの承諾が得られたとはいえ，覚せい剤事犯の担当警察官は，その後，Wが外出して相当時間が経過した状況で，Wから電話で退去を求められた以降も本件居室から完全に退出することなく，玄関扉に身体や足を挟み込んだ上，本件居室の内外に滞留し続けたものである。そして，そうした事実関係の下で，原判決が説示するように，本件居室の居住者から明確な退去の要請を受けた以上，改めて本件居室に対する立入りや滞在について明確な承諾を得たり所要の令状を取得したりしないまま，上記のような滞留を続けた警察官の行為は，居住者であるWの管理権や私生活上の権利を権限なく侵害するものとして違法というべきである。

　　また，後着した警察官は，被告人の尿について捜索差押許可状（以下「採尿令状」という。）を発付されたことにより本件居室への立入りが許されるものと判断し，本件居室に立ち入った上，滞在を続けたものと認められる。しかし，一般に，任意の同行に応じない被疑者に対し採尿令状による

- 336 -

連行が許容され，本件採尿令状でも同様の事態が想定されていたとはいえ，逮捕状の場合（刑訴法220条1項及び3項）と異なり，採尿令状に基づいて住居を含む第三者の管理する場所に立ち入ることは，当該令状に関して履践された司法審査の範囲を超え，審査に当たり想定されたものと異なる権利や利益を制約する事態を招くこととなるから，原則的に許されないと解するのが相当である。したがって，正当な立入権限のない後着の警察官らが，被告人の退室を待つことなく本件居室に立ち入って引き続き滞在した行為も違法と評価せざるを得ない。

　しかし，本件の一連の過程における捜査の必要性やその目的，権利侵害の程度，手段や態様の相当性等に関する事情を総合すると，上記のように複数の警察官が本件居室内に立ち入って滞在した行為について，令状主義の精神を没却するような重大な違法は存在しなかったというべきである。

2　一般に，採尿令状に基づく連行について，被疑者が任意同行に応じないことや，連行に際して抵抗を示すことが想定されるから，そうした事態に対応して，警察官が被疑者の腕をつかむ程度の有形力の行使はもとより，抵抗が激しい場合にはその程度に応じて必要な範囲で両手足をつかみ，更には警察車両に運び入れる行為に及んだとしても，許容されると考えられる。そして，被告人が居間の床に寝そべるなどして同行を強く拒んだため，警察官三名が，採尿場所として定められた病院に連行すべく，被告人の身体を押さえつけて手足を持ち上げた上，本件マンション近くに乗り付けていた警察車両に運び入れたなどの本件における連行行為は，警察官らの本件居室に対する立入りが違法という評価を免れないという点を除けば，許容される手段と態様により遂行されたと認められることなどに照らし，本件連行について重大な違法があるとは評価できない。

○参照条文
刑事訴訟法218条1項

○参考事項
本判決は，結論としては，証拠能力を否定するほどの重大な違法ではない

と判示したものの，採尿令状により第三者方に立ち入ることは原則的に許されないとの判断を示した。他に同種の裁判例が見当たらず，採尿令状により被疑者を採尿場所へ連行する際に許容される必要最小限度の有形力に関する判示部分と併せ，実務の参考に資すると思われる。

なお，関連する文献等としては，大善文男判事「いわゆる強制採尿令状で，被疑者あるいは第三者の住居に立ち入ることができるか」・別冊判例タイムズ35号114〜115頁，村瀬均判事・増補令状基本問題（下）323頁以下があるが，いずれも本判決と同旨である。

速報番号　通巻189号

【事　件　名】　傷害，覚せい剤取締法違反被告事件
【事件番号等】　平成29年（う）19号，平成29年9月26日札幌高等裁判所
　　　　　　　　刑事部判決，原判決破棄・自判（確定）
【控訴申立人】　検察官
【第　一　審】　札幌地方裁判所浦河支部

○判示事項

自分の尿から覚せい剤反応が出た原因は，覚せい剤使用者の尿を飲んだことしか思い当たらないとの弁解を排斥して，一審の無罪判決を破棄し，覚せい剤使用の事実を認めた事例

○判決要旨

当審公判で，かつて警察庁科学警察研究所法科学第三部長を務めたＴ薬学博士は，「被告人の尿中覚せい剤濃度から被告人が摂取したと推定される覚せい剤の量を，尿を飲むことによって摂取しようとすると，何十リットルもの尿を飲まなければならないことになる。したがって，被告人の尿中から覚せい剤が検出された原因が覚せい剤を使用した女性の尿を飲んだためであるという主張は，およそ現実的ではない。」旨証言するところ，Ｔ博士は，長

年にわたり覚せい剤事犯の科学捜査に携わった経歴に照らしても，その高度の専門的知見に基づいて述べた意見や証言に高い信頼性が認められる。しかも，Ｔ博士の上記証言は，被告人と女性の尿に関する客観的な検査結果に基づき理論的で自然な論証をしたものと理解することのできる合理的かつ説得的な内容であって，高度の信用性を肯認できる。

　以上のとおり，被告人と女性の尿の検査結果から考察すると，Ｔ博士の上記証言のとおり，被告人の尿中から覚せい剤が検出された原因が本件飲尿行為であるという主張は客観的にあり得ない荒唐無稽なものというほかなく，およそ採用できない。

○判決理由要旨

1　本件の証拠構造について

　　原判決が説示するように，覚せい剤が厳しい取り締まりを受ける規制薬物であり，人の体内で自然に生成されたり通常の日常生活で誤って体内に摂取されたりすることがあり得ないことから，尿から覚せい剤成分が検出された場合，他に特別な事情が認められない限り，被告人が覚せい剤をそれと認識しながら自己の身体に摂取したものと推認されるべきである。これに対し，被告人は，一貫して覚せい剤使用に及んだことを否認し，尿から覚せい剤成分が検出された原因として，多量にわたる本件飲尿行為（女性Ｗと性行為をした際に女性の排泄した尿等を飲んだ行為）に及んだことが思い当たると弁解している。したがって，本件で上記の特別事情に該当する被告人の弁解に係る事実の存否が問題となる。一方，女性Ｗはそのような事実の存在を明確に否定する（Ｗ及び被告人が尿を提出した前日未明に被告人と交互に注射器で覚せい剤を使用したほか，身体を触り合ったりしたが，性交や本件飲尿行為はしていない旨）証言をしている。そして，上記のような本件の証拠構造で，女性の証言のうち，被告人による本件飲尿行為を否定する部分は，被告人供述の信用性を弾劾する作用を持つ補助証拠にとどまり，被告人による覚せい剤使用の事実を直接に証明する意味を持つ証拠でないことに留意する必要がある。

－ 339 －

2　女性の証言の信用性について

　上記のとおり，本件で被告人による本件飲尿行為の存否が問題とされているが，両者が性行為又はそれに類する行為に及んだか否かはその前提として問題になるにすぎない。すなわち，性交渉を持った男女間でも，大量の尿や膣分泌等の体液を飲用する行為は極めて特異なものであり，そのような行為の存否は通常の場合，想定が困難というべきである。したがって，仮に被告人と女性との間で性的行為が行われたとしても，そのことから直ちに被告人の弁解が裏付けられることにならない。一方，女性は，被告人と性行為に及んでいない上，被告人が覚せい剤を使用したところを見たとも証言しているが，仮にそれらの証言に虚偽の疑いがあって信用できないとしても，そのことから直ちに，被告人による本件飲尿行為がなかったという証言まで虚偽であって信用できないと評価されるべきではない。したがって，仮に被告人と性行為をしていないなどとする女性の証言が信用できないとしても，その結果として，本件飲尿行為に及んだとする被告人供述の信用性が高まることにはならないというべきである。

3　被告人供述の信用性について

　本件飲尿行為に係る被告人供述を排斥できないという観点から，本件で前記の特別事情が肯認されるか否かを判断するには，①その行為に関する被告人の弁解の信用性だけでなく，②その行為に供された尿等が鑑定によって被告人の尿から検出された覚せい剤成分をもたらすのに十分な量のものであったか否かについて，科学的な見地から客観的に検討する必要があるというべきである。

4　当審における事実取調べの結果による裏付け

　当審公判で，かつて警察庁科学警察研究所法科学第三部長を務めたＴ薬学博士は次のような趣旨の証言をした。すなわち，①実験に関するデータによると，覚せい剤を摂取した後の24時間で尿中に未変化のメタンフェタミンとして排出される分量は，摂取量の18ないし43パーセントであり，48時間では27ないし55パーセントである。したがって，覚せい剤を摂取した者の尿に摂取量の半分前後のメタンフェタミンしか含まれないことになる

から，仮にその者の排泄した尿の全量を飲んだとしても，その者が摂取した半分程度の分量の覚せい剤を摂取することになるにすぎない。また，②尿中のメタンフェタミンの分量は，同じ条件で実施された尿鑑定に係るガスクロマトグラフィー検査で示される図表上の面積によって比較できるが，被告人と女性の尿鑑定によれば，女性のメタンフェタミンの面積が9814であるのに対し，被告人のそれは女性の約8割に相当する7932である。一方，上記のとおり被告人が女性の尿の全量を飲んでも，女性の摂取した覚せい剤の半分程度しか摂取したことにならないから，被告人の供述は女性と被告人の尿中のメタンフェタミンの実際の分量と整合しない。なお，人の1日当たりの尿量は1ないし1.5リットル程度であるが，その全量を飲むことはおよそ考えられない。ちなみに，両者のメタンフェタミンの分量を示す面積に差があるが，女性の尿が11月16日正午過ぎに採取され，被告人の尿が同日午後5時過ぎに採取されており，その間に代謝が進んだことを考えると，被告人と女性はおおむね同時期に同量程度の覚せい剤を摂取したものと推測される。さらに，③一般に，少なくとも2ミリグラムの覚せい剤を摂取しなければ，摂取後24時間以内に排泄された尿から覚せい剤は検出されないと言われている。そのため，尿を飲むことによって2ミリグラムの覚せい剤を摂取するには，その尿に1ミリリットル当たり10マイクログラムの覚せい剤が含まれることを前提としても，200ミリリットルの尿を飲まなければならない。他方，10ミリグラムの覚せい剤を摂取しても，48時間後に排泄された尿から覚せい剤が検出される分量は1ミリリットル当たり0.5ないし1.8マイクログラム程度とされている。また，被告人の尿から1ミリリットル当たり約6マイクログラムの覚せい剤が検出されているが，その濃度の覚せい剤が検出されるために40ミリグラム程度の覚せい剤を摂取しなければならないことになるが，尿を飲むことによってそれだけの覚せい剤を摂取しようとすると，何十リットルもの尿を飲まなければならないことになる。したがって，被告人の尿中から覚せい剤が検出された原因が女性の尿を飲んだためであるという主張は，およそ現実的なものではない，というのである。そして，Ｔ博士は，長年にわたり覚せ

い剤事犯の科学捜査に携わった経歴に照らしても，その高度の専門的知見に基づいて述べた意見や証言に高い信頼性が認められる。しかも，Ｔ博士の上記証言は，被告人と女性の尿に関する客観的な検査結果に基づき理論的で自然な論証をしたものと理解することのできる合理的かつ説得的な内容であって，高度の信用性を肯認できる。

　以上のとおり，被告人と女性の尿の検査結果から考察すると，Ｔ博士の上記証言のとおり，被告人の尿中から覚せい剤が検出された原因が本件飲尿行為であるという主張は客観的にあり得ない荒唐無稽なものというほかなく，およそ採用できない。

○参照条文
覚せい剤取締法41条の３第１項１号，19条

○参考事項
　覚せい剤使用事案で他人の尿を飲んだ旨の弁解は少なからず見受けられるが，一審において控訴審で行った立証（Ｔ薬学博士の証人尋問等）を実施していれば無罪判決を招くことはなかったと思料されるところ，控訴審においてこのような立証が必ず許されるとは限らないので，荒唐無稽と思われるような弁解についても，一審において専門家証人等による客観的立証を尽くしておく必要がある。

　なお，覚せい剤使用の否認事件の類似判例として，「覚せい剤常用者の精液を飲んだ。」旨の弁解を排斥した東京高判平成11年12月24日・高等裁判所刑事裁判速報集平成11年116頁がある。

高松高等裁判所

速報番号　466号

【事　件　名】　現住建造物等放火，常習累犯窃盗，詐欺被告事件
【事件番号等】　平成27年（う）106号，平成29年1月17日高松高等裁判所
　　　　　　　　第1部判決，控訴棄却（弁・上告）
【控訴申立人】　弁護人
【第　一　審】　高松地方裁判所

○判示事項

1　トイレットペーパーやライターオイル，ろうそく等から構成される発火装置を使用した現住建造物等放火事件について，検察官が訴因で主張していた発火装置と異なる発火装置を訴因変更の手続きを経ずに原判決が認定したことに訴訟手続の法令違反がないとされた事例

2　原判決が捜査段階における被告人の自白の信用性を否定しながら，その他の間接事実のみから被告人が犯人であると認めた原判決には，認定理由ないし判断の手法には一部賛同できない点があるものの，大筋において論理則・経験則等に沿ったものであるとした上で，発火装置の構造に関しては自白に信用性があると認め，さらに，控訴審において，検察官が行った燃焼実験の結果からは，科学的な経験則に反する点があるとの弁護人の主張も否定されるとした事例

○判決要旨

1　訴訟手続の法令違反の点について
　　本件訴因における放火の方法は，被告人が訴因にある発火装置を製作し，これに点火して放火したというものであり，具体的な放火方法を構成する発火装置がどのようなものであったかという点は，通常，被告人

- 343 -

の防御にとって重要な事項である。原判決が認定した発火装置は、訴因にある油類の一つを染み込ませたトイレットペーパー2個を並べ、その上に訴因にある別の油類を入れた容器を置き、これらの上にろうそくを立てたというものであり、基本的な構造や材料は訴因と共通している。原判決は、訴因と異質な発火装置を認定したものではなく、その認定が訴因と異なる程度は大きいものではない。また、検察官は、発火装置の基本的な構造及び材料をもって、居住者である被告人が犯人であることを示す有力な間接事実とするものの、その細部については、犯人性の根拠の一つである自白の信用性に関する事項として位置づけていたのであって、細部に至るまで訴因と同一の発火装置が認定できなければ、被告人の犯人性は肯定できないと主張していたわけではない。このような検察官の主張を前提に、原判決は、被告人の自白するとおりの発火装置を認定せず、客観的証拠を基礎として、基本的な構造及び材料が訴因と共通する発火装置を認定したものであり、原審裁判所が、自ら争点顕在化措置をとらずに、細部について訴因と異なる認定をしたことが、被告人に不意打ちを与えたものとして違法であるとは解されない。

2　事実誤認の点について

　　現場の痕跡からすると被告人不在の間に第三者が侵入した可能性は低いこと、第三者が室内の放火を計画して実行したのであれば、困難で不確実な条件を満たす必要があること、侵入した第三者が犯人であれば、室内に長く留まって発火装置を組み立てることは相当に不合理な行動であり、発火装置を用いて時間差を作る必要も乏しいこと、別の目的で侵入した第三者であれば、発火装置の材料を探すなど更に時間を要することなどの点は、被告人の犯人性を推認させる有力な事情であり、これらの事実関係は、被告人が犯人でないとすれば、本件放火が行われたことを合理的に説明することが不可能ないし極めて困難なものであるといえる。原判決は、被告人の自白は、全体として信用することができないと説示して、本件現場の痕跡のみから発火装置を認定しているが、その判

断には合理性があるとはいえない。被告人の犯人性を示す間接事実も踏まえて，本件自白の経緯及び内容を検討すると，本件自白には一定の信用性があるというべきである。被告人は，発火装置をどのように組み立てたかについて具体的に供述し，自供書ではその構造を図示，材料や油類について説明書きを加えている。本件自白に基づき製作された発火装置による捜査段階の燃焼実験では，点火から時間差を生じて仮想掃出窓壁面の燃焼に至ることが確認されていることなどからすれば，本件自白は発火装置の構造に関しては信用性を認め得るものである。

　所論は，被告人が犯人であると仮定した場合，遅くとも被告人は午前9時20分頃までに発火装置のろうそくに点火し，午後0時14分の119番通報の直後にはトイレットペーパーがくん焼状態で，底面が白い状態で焼け残った状態であることが必要になるが，弁護人が行った燃焼実験の結果によれば，本件発火装置及び建物に燃え移った火は約2時間1分ないし2時間11分で自然鎮火に至り，かつ，トイレットペーパーは原形をとどめず灰化した状態になっていたから，被告人が本件発火装置で放火したと認定することはできず，原判決の認定は科学的な経験則に反するとするが，被告人の居室の机上に残されていたろうそくの長さを鑑定した上で，検察官が行った燃焼実験の結果によれば，点火から3時間が経過した時点で，トイレットペーパーがくん焼状態にあり，その底面に燃焼していない部分があったというものであり，火災発見時のトイレットペーパーの燃焼状況及び残焼物の状態と概ね整合している。元来，燃焼の状況は当該空間の密閉度，天候（湿度等），発火装置に用いられた燃焼物の量等によって異なるものであり，実験によって燃焼状況を再現するには限度がある。被告人が本件発火装置で放火したと認定することが科学的な経験則に反するとはいえない。

〇判決理由

第1　訴訟手続の法令違反の論旨について

1　原判決が認定した原判示第1の1・2の罪となるべき事実の要旨は，

「被告人は，香川県a市内の現に住人7名が住居に使用する鉄骨造スレート葺2階建アパートのb号室に単身居住し，同室について損害保険会社との間で賃貸入居者総合保険契約を締結していたものであるが，金銭的に困窮したことから，b号室に放火して火災保険金を詐取しようと企て，

    1　平成25年11月30日午前9時過ぎ頃，b号室において，リビング掃出窓内側の床上に，植物油脂又はライターオイルのうち一方を染み込ませたトイレットペーパー2個を並べ，その上に，他方を入れた容器を置き，そのトイレットペーパー又は容器の上などにろうそくを立てるなどして発火装置を製作した上，ろうそくに点火して放火し，同発火装置を介してその火を床板及び掃出窓の鴨居に燃え移らせ（焼損面積約0.69㎡），もって現に人が住居に使用する建造物を焼損し，

    2　同年12月7日頃，前記保険会社従業員に対し，前記火災が原因不明の火災であるように装って，同火災に起因する家財損害金及び臨時宿泊費等について虚偽の保険金支払請求をし，同月16日，現金合計7万8300円の振込入金を受けてこれを騙し取った。」

というものである。

　原判示第1の1の事実（以下「本件」又は「本件放火」という）に係る公訴事実に記載された放火の方法は，被告人が，前記床上に，「サラダ油を染み込ませたトイレットペーパー2個を並べ，ガソリン及びエンジンオイルを入れたプラスチック製容器の上部にろうそくを立てるなどして製作した発火装置を同トイレットペーパー2個の上に置き，同ろくそくにライターで点火して同発火装置を燃焼させて放火し」というものであったが，同容器の内容物については，公判前整理手続の間に，「ガソリン，エンジンオイル及びライターオイル」とする訴因変更がなされている。

2(1)　論旨は，原審裁判所が，本件につき，検察官及び弁護人に釈明を

求め，補充的に主張立証する機会を与えるなどの争点顕在化措置を講じることなく，訴因と異なる発火装置を認定したことは，被告人に不意打ちを与え，その防御権を侵害したものであるから，原審の訴訟手続には判決に影響を及ぼすことが明らかな法令違反があるというのである。

そこで，原審記録を調査して検討する。

(2)　本件訴因における放火の方法は，被告人が訴因にある発火装置を製作し，これに点火して放火したというものであり，具体的な放火方法を構成する発火装置がどのようなものであったかという点は，通常，被告人の防御にとって重要な事項である。したがって，判決において，この訴因と異なる認定をすることが被告人に対する不意打ちとなり，その防御権を害する結果となる場合には，裁判所としては，あらかじめ訴因変更手続，あるいは求釈明，追加立証の勧告等，所論のいう争点顕在化措置を講じる必要がある。

ところで，原判決が認定した発火装置は，主として，①訴因にある油類のうち，ガソリンとエンジンオイルを認定しなかったこと，②残るサラダ油（植物油脂）及びライターオイルについても，訴因がサラダ油をトイレットペーパー2個に染み込ませ，ライターオイルを容器に入れたとするのに対し，この組合せを択一的に認定したこと，③訴因が容器の上にろうそくを立てたとするのに対し，トイレットペーパー又は容器の上に立てたと択一的に認定したこと，の各点において訴因と異なっている。この認定について訴因変更手続は経ておらず，記録上，原審裁判所からの争点顕在化措置もとられていない。

しかしながら，原判決が認定した発火装置は，訴因にある油類の一つを染み込ませたトイレットペーパー2個を並べ，その上に訴因にある別の油類を入れた容器を置き，これらの上にろうそくを立てたというものであって，基本的な構造や材料は訴因と共通している。

- 347 -

原判決は，訴因と異質な発火装置を認定したものではなく，その認定が訴因と異なる程度は大きいものではない。

(3)　そして，検察官は，訴因において発火装置の構造や材料を具体的に明示していたものの，公判前整理手続及び公判の経緯をみると，本件の争点である犯人性に関しては，発火装置の具体的な構造や材料は，訴因に明示された具体的な発火装置を供述した被告人の自白の信用性に関する事情として主張・立証していたものと認められる。

すなわち，原審弁護人は本件が放火であることは積極的には争わないとし，公判前整理手続における争点整理の結果確認としては，犯人性が争点であるとされた上，検察官は，①施錠状況，他者の犯行の形跡がないこと等から犯行が可能なのは被告人だけであること，②被告人は金に困っており，動機があったこと，③被告人が自白しており，自白する放火態様が燃焼実験の結果や残焼物の鑑定結果と矛盾しないことから，被告人が犯人であると主張し，弁護人は，(ア)被告人以外の者も犯行が可能であったこと，(イ)動機は犯人性と結び付かないこと，(ウ)自白には任意性がなく，自白する放火態様は前記実験結果や鑑定結果と整合せず，信用性もないことから，被告人が犯人とは認められないと主張したと整理された。これらは検察官の証明予定事実記載書及び弁護人の予定主張記載書に沿ったものである。公判における双方の冒頭陳述及び論告・弁論も，概ね前記各主張に沿った主張・立証がなされた。

発火装置についての主張を具体的にみると，検察官は，①につき，残焼物及びその成分によれば，トイレットペーパー２個，ライターオイル，植物油脂，ろうそくが用いられた時限発火装置が犯行に使用されたものであるから，犯人が b 号室内で組み立てたものであるとして，居住者である被告人の犯人性の直接の根拠としている（論告等）。一方で，訴因に明示された更に具体的な内容，すなわち，ガソリン，エンジンオイル，プラスチック容器を使用したことや，装

置の具体的な構造（組み立て方等）については，自白が具体的であるとか，成分の鑑定結果や燃焼実験の結果と矛盾しないとして，③の自白の信用性に関するものとして主張している。

(4) このように，検察官は，発火装置の基本的な構造及び材料をもって，居住者である被告人が犯人であることを示す有力な間接事実とするものの，その細部については，犯人性の根拠の一つである自白の信用性に関する事項として位置付けていたのであって，細部に至るまで訴因と同一の発火装置が認定できなければ，被告人の犯人性は肯定できないと主張していたわけではない。このことは，論告メモ理由３の自白の信用性の項において，「仮に自白の一部の信用性が減じられても，全体の信用性は損なわれない。」「仮に自白の信用性が減じられても，理由１の各事実は，被告人が犯人でないとしたならば合理的に説明できない又は説明困難な事実である。」と主張されていることにも表れている（理由１とは，「本件放火を行うことができたのは被告人だけであったこと」の項）。

以上のような検察官の主張を前提に，原判決は，被告人の自白するとおりの発火装置を認定せず，客観的証拠を基礎として，前記・のとおり，基本的な構造及び材料が訴因と共通する発火装置を認定したものであり，原審裁判所が，自ら争点顕在化措置をとらずに，細部について訴因と異なる認定をしたことが，被告人に不意打ちを与えたものとして違法であるとは解されない。

所論は，公判前整理手続の経緯に照らし，検察官が主張した発火装置とは，「被告人が供述する時限発火装置」であり，それ以外の装置を認定するには，争点顕在化措置をとるべきであったと主張するが，検察官が，それ以外の装置でなければ犯人性が認定できないと主張していたものでないことは，前記のとおりである。また，検察官は論告において，自白の信用性が一部減じられても被告人の犯人性は認定できる旨主張したのであるから，仮に弁護人がこの主張を

予想していなかったのであれば，論告の後に，裁判所に対して，この主張に対する反論，反証の機会を求めることは可能であったといえる。

(5)　もっとも，原審弁護人は，訴因に明示された発火装置であれば，被告人が放火したとは認められないとの主張・立証を行っているので，この点について検討する。

　弁護人は，予定主張記載書(3)等において，変更前の訴因に従った発火装置を用いた燃焼実験（原審甲52）では，ろうそくへの点火から33分30秒後に仮想掃出窓壁面を焦がせる状態に達したこと，被告人は遅くとも本件当日午前9時過ぎ（9時21分頃）にはb号室を出ていることから，被告人が出発前に点火したのであれば，午前10時頃には室内で出火したと推定されるのに対し，午前10時過ぎにb号室を訪問して同室前まで行ったAは室内の異常に気が付いていないから，被告人が点火したとはいえないと主張した。また，Aは，午前11時40分頃再度訪問したとき，室内で火災が発生していることに気付いたとされているから，その頃出火したというのであれば，前記燃焼実験の結果からの出火推定時刻（午前10時頃）と約1時間40分も間隔があって不合理であると主張した（冒頭陳述も同旨と解される）。さらに，弁論では，前記燃焼実験に照らすと，被告人が出発前に点火したのであれば，Bが午後0時過ぎにb号室のドアを開けた時点で，室内の火災は自然鎮火していたはずであるが，実際には自然鎮火していなかったと主張した。

　この主張に対し，検察官は，前記燃焼実験は屋外で行われたこと，燃料の量目が不明であること（後者は論告のみ）から，燃焼時間が本件火災と異なって当然であると反論した。そして，原判決は，発火装置に点火してから自然鎮火に至るまでの所要時間が3時間（Bが発見するまでの経過時間）よりも短い旨の反証はなく，弁論の主張は被告人が犯人であるとの認定に合理的な疑問を差し挟むもので

はないとした。

このように，原審弁護人は，訴因の発火装置では被告人が放火したとするには疑問があると積極的に争っている。しかし，原判決は，訴因の発火装置であれば弁護人の主張を排斥できないが，自らが認定した発火装置であれば排斥できるとしたものではない。換言すれば，認定した発火装置であっても，室内の出火までの所要時間や自然鎮火までの所要時間は解明されておらず，前記燃焼実験との関係が問題となり得ることは訴因の発火装置と同様であるが，その点が解明されていないとしても，その他の事実関係から被告人の犯人性を認めるに十分であると判断したものである。したがって，前記燃焼実験との整合性を問題とした原審弁護人の主張・立証との関係で，原判決の認定が被告人に防御上の不利益を与えたとはいえない。

所論は，争点顕在化措置が講じられていれば，原審弁護人は，認定された発火装置を前提に燃焼実験等を行って反証することができたと主張する。しかし，訴因の発火装置について，本件火災と近似した条件による燃焼実験をするなどして有効な反証をしたのに，別の発火装置を認定されたというのであれば格別，原審弁護人は，訴因の発火装置についても，屋外で行われた捜査機関による燃焼実験の結果を援用するのみであった。したがって，この所論の点をもって，原判決の認定が被告人に防御上の不利益を与えたとすることはできない。

3　訴訟手続の法令違反の論旨は理由がない。

第2　事実誤認の論旨について

1　論旨は，被告人は本件放火を行っておらず，また，被告人が原判示第1の2の保険金の支払を受けたことは詐欺に当たらないから，原判決には，判決に影響を及ぼすことが明らかな事実の誤認があるというのである。

2　説明の便宜のために，証拠（当審弁13ないし16，29を含む）上明ら

かで，当事者も争っていない事実関係を確認しておく。

　被告人は，本件当日，自宅である本件アパートｂ号室を出て，バイクで数分の距離にあるパチンコ店に午前９時27分に入り，午後１時まで滞在した（防犯カメラ映像）。午前11時40分頃，ｂ号室を訪ねたＡは，焦げた臭いから火事を察知して異変を伝え，午後０時過ぎ頃，アパート所有者の息子のＢがｂ号室の玄関ドアを開けて火災を発見し，午後０時14分に119番通報した。Ｂは，すぐにベランダ側に移動し，くん焼状態であったトイレットペーパー２個を室内からベランダに取り出し，その後，このトイレットペーパーに水がかけられた。Ｂが火災を発見したとき，リビング掃出窓内側の床上には，このトイレットペーパー２個が立った状態で約６ｃｍの間隔で置かれており，その付近の床板及び掃出窓の鴨居が焼損していた。トイレットペーパー２個は，外側が炭化していたが，中心部分は白色のまま燃焼しない状態で残っていた。トイレットペーパー２個の鑑定の結果，ライターオイルの成分（オクタン及びノナンを含む炭化水素化合物）及び植物油脂が検出され，うち１個からろうそくの成分（パラフィン）が検出された。

3　原判決の認定理由

⑴　前記トイレットペーパーの存在及び鑑定結果からすると，何者かが意図的にトイレットペーパー２個，植物油脂，ライターオイル及びろうそくの４点を掃出窓内側の床上に近接して置き，ろうそくに点火して放火したと考えるのが自然である。ろうそくの性状，トイレットペーパーの置き方などからすると，犯人は，点火から火災を発生させるまでの時間的感覚を生み出して，アリバイを作り出す目的でろうそく等を使用したものであり，植物油脂又はライターオイルの一方を染み込ませたトイレットペーパー２個を床上に並べ，その上に，他方を入れた容器を置き，その上などにろうそくを立てるなどしたものを発火装置として製作した（以下「本件発火装置」という）と考えるのが合理的である。

(2)　証拠上，ｂ号室に放火する動機のある人物は被告人以外に見当たらず，被告人が犯人であると疑われるおそれが高いから，被告人にはアリバイを作り出す必要があり，被告人が犯人である可能性が高い。

(3)　被告人は，捜査段階に犯行を自白し，サラダ油を染み込ませたトイレットペーパー２個を床上に並べ，その上部にガソリン及びエンジンオイルを入れた紅茶のプラスチック容器を置き，その容器にサランラップを掛け，その上にろうそくを立てて発火装置を製作し，これを用いて放火したと供述している（原審乙２〔警察官調書〕，３〔自供書〕。以下「本件自白」という）。しかし，被告人は，自供書作成時の取調べ中，一旦はライターオイルを用いたかのように発言したが，曖昧な発言に終始し，この点を自供書に記載していない。ガソリン，エンジンオイル及びプラスチック容器の成分は検出されておらず，原審証人Ｃは，ガソリン及びエンジンオイルは発火装置に用いられていないと供述しているから，自白は発火装置に用いた燃焼物の一部について客観的事実と矛盾している。材料については犯人でなければ供述できないものとはいえず，ろうそくの立て方も不自然である。そうすると，本件自白は全体として信用することができない。

(4)　火災発見当時，ｂ号室の玄関ドアは施錠されており，リビング掃出窓の鍵は開錠されていたから，犯人が被告人以外の者であるとすると，少なくとも退出した経路はリビング掃出窓に限定される。現場鑑識では，ｂ号室のベランダの手すりから消防団員の掌紋１個及び人物が特定できない指紋１個が検出されたが，他に指掌紋，手袋痕，払拭痕，足跡等は見当たらなかった。犯人がベランダの手すりを乗り越えたとすると，痕跡が一切残らないとは考えられない。前記指紋が被告人以外の犯人によるものであるとすると，同犯人のその他の痕跡が一切残っていないことは不自然である。したがって，

－ 353 －

第三者がベランダの手すりを乗り越えて侵入するなどした可能性は低い。

(5) 本件は発火装置を用いた計画的な犯行であるが，第三者が計画を実行するには，被告人が不在で，玄関ドア又はリビング掃出窓が解錠されていて，土曜日の午前中に集合住宅の住人に見付からないなどの不確実な条件を満たす必要がある。また，第三者が犯人であるとすると，本件発火装置を用いて放火行為に及んだことの合理的な理由が見出し難い。

(6) このように，被告人以外の者が犯人であるとすると説明困難な事情が複数あり，その可能性は考えられないから，被告人が本件放火に及んだと認められる。

4 原判決の認定及び認定理由の検討

原審記録及び当審における事実取調べの結果により検討するに，原判決の事実認定には一部に誤りがあり，また，認定理由ないし判断の手法には一部賛同できない部分もあるが，被告人を本件放火の犯人と認めた原判断は，大筋において論理則，経験則等に沿ったものとして是認することができる。また，一部の事実誤認は判決に影響を及ぼすものではない。

(1) 原審弁護人は，前記2の時系列に基づき，前記第1の2(5)のとおり，被告人が出発前に点火したのであれば，午後0時過ぎの時点で室内の火災は自然鎮火していたはずであると主張したが，原判決は，点火から自然鎮火までの所要時間が3時間より短い旨の反証がないとして，これを排斥している。この点に関係する原審証拠は，屋外で実施された原審甲52の燃焼実験のみであるところ，同実験では，着火して約29分弱で容器内から炎が立ち上がり，それから約2分弱で仮想壁面が焦げるに至っており，訴因又は原判決認定の発火装置を用いた場合に前記2の時系列に整合することを積極的に示すものではない。しかし，原判決の「点火から自然鎮火までの所用時間が

- 354 -

３時間より短い旨の反証がない」との説示は，本件発火装置を用い
た場合の自然鎮火までの所要時間が解明されていないとしても，前
記３(1)，(2)，(4)及び(5)の間接事実から被告人の犯人性は十分に認定
することができるという趣旨であると解される。原審証拠に照らし，
この判断には合理性がある。

　　殊に，前記３(4)，(5)でも一部述べられているように，現場の痕跡
からすると被告人不在の間に第三者が侵入した可能性は低いこと，
第三者が室内の放火を計画して実行したのであれば，困難で不確実
な条件を満たす必要があること，侵入した第三者が犯人であれば，
室内に長く留まって発火装置を組み立てることは相当に不合理な行
動であり，発火装置を用いて時間差を作る必要も乏しいこと，別の
目的で侵入した第三者であれば，発火装置の材料を探すなど更に時
間を要することなどの点は，被告人の犯人性を推認させる有力な事
情である。これらの事実関係は，被告人が犯人でないとすれば，本
件放火が行われたことを合理的に説明することが不可能ないし極め
て困難なものであるといえる。

(2)　発火装置について，原判決は，植物油脂とライターオイルを使用
したと認め，その一方を容器に入れ，他方をトイレットペーパーに
染み込ませたとし，また，ろうそくをトイレットペーパー又は容器
の上に立てて，これに点火したと認定している。当審においては，
弁護人が，原判決後に本件発火装置を用いた燃焼実験を行ったとこ
ろ，①容器に植物油脂を入れた場合には燃焼しないこと，②容器に
ライターオイルを入れた場合には燃焼するが，点火から３時間未満
で自然鎮火に至ることがそれぞれ明らかになった，と主張したこと
から，同実験に関して，実施者である証人Ｄ及び同Ｅ並びにＤ作成
の燃焼実験結果報告書（当審弁１）を取り調べた（以下，同実験を
「Ｄ実験」という）。

　　そして，Ｄ実験によると，植物油脂（サラダ油）を容器に入れ，

－ 355 －

ライターオイルをトイレットペーパーに染み込ませ，容器の上に立てたろうそくに点火した形態（以下「形態1」という）では，ろうそくの炎がサラダ油に落下してもサラダ油には引火せず，トイレットペーパーも発火しなかった（同報告書の1回目実験②。これはサラダ油の引火点が高いためである〔E証言〕）。したがって，原判決が択一的認定の一つとして形態1を認定したことは，科学法則に反している疑いが強く，弁護人の主張①は理由がある。

この組合せでも，ろうそくをトイレットペーパーに立てた形態（以下「形態2」という）であれば，ライターオイルが染み込んだトイレットペーパーにろうそくの炎が燃え移る可能性はあるが，類似の実験（同1回目実験⑤—③）では，トイレットペーパーはすぐに炭化して，15分で原形を留めなくなっていた。本件火災の発見時には，床板や鴨居が焼損していて発火からある程度の時間が経過していたと考えられるのに対し，トイレットペーパーは中心部が燃え残っており，このことに照らすと，形態2についても前同様の疑いがある。以上の点については，原判決に事実の誤認があるといえる。

(3) 原判決が択一的に認定した他の形態，すなわち，ライターオイルを容器に入れ，植物油脂をトイレットペーパーに染み込ませ，容器の上に立てたろうそくに点火した形態（以下「形態3」という）については，D実験においても，装置全体が燃焼し，カーペット及びカーテンに延焼している（同1回目実験④及び同2回目実験）。この組合せで，ろうそくをトイレットペーパーに立てた形態（形態4）でも，ろうそくの炎は植物油脂が染み込んだトイレットペーパーに燃え移ると認められる（同1回目実験⑤—②）。

ところで，原判決は，「本件自白は全体として信用することができない。」と説示した上で（証拠の標目にも挙示していない），トイレットペーパー2個が約6cm間隔で置かれていたこと，トイレットペーパーの残焼物からライターオイル及びろうそくの成分並びに植

- 356 -

物油脂が検出されたこと，点火と発火の間に時間的間隔を生み出そうとしたと考えられること，2種類の油類を同一機会にトイレットペーパーに染み込ませるのは不自然であることなどに基づき，前記のような各形態の本件発火装置を認定している。しかし，これらの根拠だけで，何らかの容器に油類を入れたこと，その容器をトイレットペーパーの上に置いたこと，トイレットペーパー又は容器の上にろうそくを立てたことを推認するのは困難である。特に，容器については，その痕跡は全く存在しないし，2種類の油類を一緒にトイレットペーパーに染み込ませるのが不自然であるから，一方は容器に入れたのであろうという推認には飛躍がある。容器をトイレットペーパーの上に置いたというのも，一つの仮説にすぎない。本件現場の痕跡のみから，前記のような本件発火装置を認定した原判決の判断には合理性があるとはいえない。

むしろ，被告人の犯人性を示す前記間接事実も踏まえて，本件自白の経緯及び内容を検討すると，概ね形態3と同様の発火装置を供述した本件自白には一定の信用性があるというべきである。原判決が指摘するように，本件自白は，ガソリン及びエンジンオイルを用いたという点ではトイレットペーパーの残焼物の鑑定結果と符合していない。しかしながら，被告人は，発火装置をどのように組み立てたかについて具体的に供述し，自供書ではその構造を図示して，材料や油類について説明書きを加えている。本件自白に基づき製作された装置による捜査段階の前記燃焼実験では，点火から時間差を生じて仮想掃出窓壁面の燃焼に至ることが確認されている。そして，発火装置の構造を示唆する証拠としては，トイレットペーパーの残焼物及びその成分のみであって，捜査機関としても，その構造を想定することは必ずしも容易とはいえなかったと考えられ，被告人が示した構造は，犯人でなければ供述することが困難な部分を含むものであるといえる。なお，自供書において，紅茶容器の上面にサラ

- 357 -

ンラップをかぶせ，その上にろうそくを立てて，ろうそくの根元の両側に厚紙のような物を置いたとされている点につき，原判決は，この方法でろうそくを安定して立たせられるか疑問であるとしているが，前記の各燃焼実験では，概ね自供書に沿った方法でろうそくが立てられており格別疑問とすべき事情ではない。

　　以上によれば，本件自白は発火装置の構造に関しては信用性を認め得るものであり，これにトイレットペーパーの残焼物から検出された成分，各燃焼実験の結果（原審甲52，当審弁1）を総合すると，原判決が択一的認定の一つとして形態3を認定したことが誤りであるとはいえない。

5　形態3においては，点火から3時間未満で自然鎮火に至るとの所論について

　⑴　所論は，前記2の時系列によれば，被告人が犯人であると仮定した場合，遅くとも被告人は午前9時20分頃までに発火装置のろうそくに点火し，午後0時14分の119番通報の直後にはトイレットペーパーがくん焼状態で，底面が白い状態で焼け残った状態である必要があることになるが，D実験によれば，本件発火装置（形態3）及び建物に燃え移った火は約2時間1分ないし2時間11分で自然鎮火に至り，かつ，トイレットペーパーは原形をとどめず灰化した状態になっていたから，被告人が形態3の発火装置で放火したと認定することはできず，原判決の認定は科学的な経験則に反すると主張する。

　⑵　この点に関し，当審で取り調べたD実験及び当審検察官においてFに依頼して実施した燃焼実験（F証言，同人作成の実験報告書及び鑑定書〔当審検12，11〕。以下，同実験を「F実験」という）の内容及び結果は，別紙記載のとおりである。D実験の2回目実験及びF実験の各実験場所は，b号室の環境（床面積，容積，気密性）に近似させたものであり，発火装置を置いた場所も本件の状況と近似させている。ろうそくについては，各実験とも，事件後にb号室の

机上で発見されたものと同等の規格のものが用いられたと仮定して
おり，D実験は捜査段階の燃焼実験と同様，カメヤマ製大ローソク
1号5を用いている。ところが，その後，検察官において，机上に
置かれていたろうそくは，それよりも大きい直径約12mm，円柱部分
の長さ約141mm，芯を含む全長約158mmのものであることが明らかに
なったとして（鑑定書〔当審検5〕），F実験では，これに対応する
カメヤマ製大ローソク3号を用いている。もとより，被告人が放火
したと仮定しても，机上のろうそくと同じものが使用されたかは不
明であるが，被告人の犯行可能性を検証するための実験としては，
机上のろうそくと同じものを使用する方が合理的である。なお，ろ
うそくの商品説明（当審検19）によれば，カメヤマ製大ローソク1
号5の燃焼時間は約1時間，大ローソク3号のそれは約1時間40分
である。

　この点，弁護人は，ろうそくの大きさに関する検察官の新たな主
張立証にはやむを得ない事由（刑訴法316条の32，382条）がなく，
また，権利の濫用であって許されないと主張する。しかし，当審に
おいて，弁護人から本件発火装置による燃焼持続時間に関する主張
及び新たな立証がなされた結果，検察官において，新たにF実験の
準備をする過程で，捜査段階における机上のろうそくの計測が誤っ
ていたことが明らかになったものであり，前記弁護人の主張は採用
できない。

(3)　F実験の結果は，点火から3時間が経過した時点で，トイレット
ペーパーがくん焼状態にあり，その底面に燃焼していない部分があ
ったというものであり，火災発見時のb号室のトイレットペーパー
の燃焼状況及びその残焼物の状態と概ね整合している。

　これに対し，所論は，F実験のトイレットペーパーの残焼物はb
号室のものよりも炭化が進行して焼け細っており，残焼物の状態が
整合しないと主張する（当審弁論）。しかし，元来，燃焼の状況は当

該空間の密閉度，天候（湿度等），発火装置に用いられた燃焼物の量等によって異なるものであり，実験によって燃焼状況を再現するには限度がある。また，Ｆが，再度実施した，530gのサラダ油を散布した実験及び最初に265gを散布し，24時間経過後に530gを散布した実験では，いずれもトイレットペーパーの中心部の不燃焼部分が増加しており（当審検23），この実験及びＦ証言によれば，サラダ油の量や散布の方法が残焼物の状態に影響すると認められる。そして，犯行時のサラダ油（植物油脂）の量や散布の方法は不明であって，Ｆ実験とは異なる可能性がある。そうすると，所論の点をもって，Ｆ実験の結果が原判決の認定と矛盾するとはいえない。

⑷　Ｄ実験についても，カメヤマ製大ローソク３号を用いたとすれば，ろうそくに点火してからライターオイルに引火するまでの時間が，前記商品説明に従えば約40分間，Ｆ実験に従えば約１時間延びることになる。そうすると，自然鎮火までの時間は，１回目実験④では約２時間41分ないし３時間１分，２回目実験では約２時間51分ないし３時間11分になり，ｂ号室の環境により近い２回目実験では２時間34分ないし２時間54分でトイレットペーパーが灰化して無炎燃焼する状態になる。前記のとおり，実験によって燃焼状況を再現するには限度があることにも照らすと，このＤ実験で示されたトイレットペーパー等の燃焼持続時間は，点火から３時間後の時点でｂ号室のトイレットペーパーが火災発見時のような状態にはなり得ないとの疑問を生じさせるものではない。

⑸　以上のとおりであるから，Ｄ実験及びＦ実験の結果を検討しても，被告人が形態３の発火装置で放火したと認定することが科学的な経験則に反するとはいえない。

6　その他の所論について

⑴　所論は，被告人に対するポリグラフ検査の結果によれば，被告人は犯人でないと推認することができると主張する。しかし，原判決

は，ポリグラフ検査の精度は完璧ではないと述べた上，真犯人であるとすると複数の質問に反応しうるもので，検査方法として疑問があること（1回目の質問），被告人が選択肢を正確に理解していなかった可能性や模擬検査の結果を被告人に伝えたことが影響した可能性が否定できないこと（2回目の質問）を指摘し，反応が認められなかった理由には複数の可能性が考えられるとして，原審弁護人の同旨の主張を排斥しており，この判断に誤りがあるとはいえない。

　補足すると，1回目の質問は，燃焼の促進に使ったものについて，ろうそく，液体の着火剤，固形の着火剤，油という言葉を含めて質問をしたものであるが，残焼物の鑑定結果から認定できる材料に照らせば，いずれも正答となるとも考えられるものであるから，そのような質問の設定自体，特異反応を確認するため正解肢を1つにするという検査の前提条件を満たさない不適切なものである。2回目の質問は，火災の原因について，被告人が勝手に燃やした，誰かに言われて被告人が燃やした，誰かが勝手に燃やした，被告人が誰かに頼んだ，被告人の火の不始末，その他の理由という形式で質問をしたものであり，そのような質問の形式に照らせば，被告人が犯人であるか否かにかかわらず，いずれかの質問に対しては特異反応を示すはずであるのに，特異反応がなかったというのであるから，被告人が質問の趣旨を正しく理解していたか疑問である。所論は理由がない。

⑵　所論は，ベランダに遺留された指紋（前記3⑷）は，犯人がベランダの内側から手すりを掴んだ際に付着したものである可能性がある，他に指掌紋等がないとしても，消火活動の際に消失したためである可能性があるから，犯人がベランダから侵入した可能性は否定できないと主張する。しかし，所論を検討しても，犯人がベランダから侵入した可能性は低いとして，他の事情（前記3⑴，⑵，⑸）とあいまって，第三者の犯行の可能性は考えられないとした原判断

－ 361 －

が不合理であるとはいえない。そのほか，被告人が虚偽自白をした
ことは被告人が犯人でないことを示している，被告人以外の人物に
よる犯行の可能性があるという所論を検討しても，被告人を本件放
火の犯人と認めた原判決の認定が誤りであるとはいえない。

7　以上によれば，原判決が，本件放火の発火装置について，前記4(3)
の形態3を択一的認定の一つとして認定し，被告人が本件放火の犯人
であると認めたことに事実誤認はない。形態1及び2を択一的認定の
一つとして認定したことは事実を誤認したものであるが，判決に影響
を及ぼすものではない。原判示第1の2の詐欺の認定についても事実
誤認はない。

　　　論旨は理由がない。

○参照条文

刑法108条

刑事訴訟法379条，382条，393条，396条

○備　　考

求　　　刑　懲役10年

原　判　決　懲役8年

控訴審判決　控訴棄却

別紙

	弁護人（D実験）		検察官（F実験）	
	1回目実験④	2回目実験	実験1	実験2
実施日	平成27年5月29日	平成27年6月5日	平成28年3月24日	平成28年3月29日
実施場所	木造平屋建倉庫（床面積約18㎡，容積約36㎡）	鉄筋コンクリート造の居室（床面積13.94㎡，容積約34.57㎡）	実験居室（床面積19.32㎡，容積44.43㎡）	
トイレットペーパー2個に染み込ませたサラダ油（キャノーラ油）の全体量	300ml		132.5g	265g
使用したろうそく	カメヤマ製，大ローソク1号5		カメヤマ製，大ローソク3号	
容器に入れたライターオイルの量	133ml		133ml	
ろうそくの火がライターオイルに引火するまでの時間	59分	1時間3分	2時間6分56秒	2時間7分45秒
トイレットペーパーに着火するまでの時間	1時間3分	1時間4分	2時間10分	2時間11分
トイレットペーパーの燃焼状況	1時間15分後，カーペットの炎は消えたがトイレットペーパーは炎を上げて燃焼 1時間51分後，炎が消えトイレットペーパーから白煙が立ち上がる	1時間54分後，カーペットの炎は鎮火し，トイレットペーパーは灰化して無炎燃焼している	2時間48分59秒後，有炎燃焼から燻焼燃焼に移行	2時間54分41秒後，有炎燃焼から燻焼燃焼に移行
実験終了時	2時間1分後に自然鎮火	2時間11分後に自然鎮火	3時間後，トイレットペーパーは2つともくん焼を継続していた（水噴霧で消火）	
実験終了時のトイレットペーパーの状態	灰化して原形をとどめていない		ロール底面の環状の痕跡はかろうじて観察されたが，白い部分はほとんどない	ロール底面の環状の痕跡は観察されたが，白い部分は現場の痕跡より細く明瞭でない

※時間の記載は，いずれもろうそくに点火してからの時間である。

速報番号　467号

【事　件　名】　破産法違反幇助，破産法違反被告事件
【事件番号等】　平成28年（う）111号，平成29年2月7日高松高等裁判所
　　　　　　　　第1部判決，原判決破棄・自判（被・上告）
【控訴申立人】　被告人
【第　一　審】　徳島地方裁判所

〇判示事項

1　破産者であるA及び有限会社Bから破産手続の全般について委任を受けた司法書士である被告人が，①破産者Aやその妻Cが破産申立前に他人名義口座に預金を移し換えるなどの財産行為隠匿行為をした際，予めCに対して資産隠匿方法を教示するなどして幇助したとする破産法違反幇助（以下①事実という。），②A及びCと共謀の上，破産管財人から，破産申立の際に提出した免責申立書添付の預貯金目録に甲銀行のB名義の口座を記載しなかった理由について説明を求められた際，虚偽の説明をしたとする破産法違反の事案（以下②事実という。）において，C証言及び被告人の捜査段階の自白等から両事実を認定した原審に対し

2　被告人の捜査段階の自白調書には任意性がなく，取調べの必要性もなかったのであるからこれを採用したのは違法であるとする弁護人の主張に対し，同調書の任意性及び取調べの必要性を認めて，訴訟手続の法令違反はないとし

3　原審は，被告人から財産隠匿方法について教示を受けたとするCの公判証言について，被告人に責任を押し付けている疑いがあり，全てにおいて信用できないが，被告人の捜査段階の自白に符合している限度で信用できるとしたものの，全てにおいて信用できないとした事情は，A証言の信用性の根幹に関わるものである上，被告人のCに財産隠匿方法を教示したとの捜査段階の自白も信用できないから，①事実については無罪とし

4　②事実の有罪は維持したものの，原審が認定した罪となるべき事実につ

いて，身分犯について，非身分者が加功した事案であるので事実摘示が，不十分であるとして破棄自判した
事案である。

※　本件は，①事実に関するＣの公判証言及び被告人の捜査段階の自白の評価について，一審と二審で判断が分かれたものであるが，一審の認定は，Ｃ証言のある部分は信用できないが，ある部分については信用できるとした認定である。この種の主張，立証については注意を要すると思われるので，参考にしてもらいたく掲載した次第である。

○判決要旨

被告人の検察官調書には任意性が認められ，取調べの必要性も認められるから法令違反はない。原審がＣ証言の信用性を否定する事情としてあげる，①Ｃの財産隠匿行為に被告人から受けたとする助言内容に止まらないものが少なからずあること，②Ｃが助言を受けたとする時点においてはＡやＢの財産関係を詳らかにしておらず①事実以上の財産隠匿方法の助言を受けたというのは不自然であること，③被告人，Ｃ間に特別の計らいをするだけの人間関係や報酬の授受等があったとは認められないこと，④被告人が司法書士の信用を失墜させる危険を冒してまでＣらに巨額の財産隠しをさせる程の動機を認めるのは不自然であること，の事情はＣ証言の根幹部分ひいては被告人の自白の信用性に疑問を生じさせる事情である。そして，①の事情は，Ｃが財産隠匿の方法を即時に考え出すことができ，かつ，それを実行する強い意欲を有していたことを示している。また，被告人の自白は「Ｃに対し，『Ａ名義の口座にある預金を取引のない銀行でＡ及びＢ以外の名義の口座に移しておくように指示した。』という漠然で曖昧なものでしかなく，被告人が「破産申立費や被告人の報酬，Ａ家の当面の生活費などを確保するため，債権者以外の銀行に口座を１つは作っておく必要がある，そこに生活費や破産申立のための費用を入れておく必要があるということを告げただけである。捜査官の誘導によって供述内容を変更させられた。」旨弁解しているところ，別の口座に預金を移すこと自体は助言していた以上，隠匿口座を作るように指

示したと誘導されて供述を変更したということも考えられるところであり，信用性を認めることはできない。したがって，被告人がAやCに対して財産隠匿方法を教示したという事実は認められず，無罪。他方，②事実については，客観証拠やC証言，被告人の自白等によって優に認められ，原審判断に誤りはない。ただし，同事実は身分犯としてのAらとの共犯であるから，原審の「A及びCと共謀の上」との記載は，罪となるべき事実の摘示として不十分で，理由不備の違法があるから，「Bの清算人でもあるA及びその妻であるCと共謀の上」に改める。

○判決理由

1　論旨に対する判断

（1）　原判決の認定理由（事実認定の補足説明）

ア　①事実について

　　原判決は，被告人がCに複数の財産隠匿方法を教えたというCの原審証言（以下「C証言」という）について，Cらは自らが独断で行った財産隠匿行為についてまで被告人の助言によるものであるとして被告人に罪責を押し付けている疑いが残り，その全てについて信用性を肯認できるとは考え難いとした。しかし，原判決は，C証言のうち，被告人が平成22年10月15日及び18日にCに対し，財産を残して破産することができること，その方法として，C名義の預金口座を新規に開設してA名義の預金をC名義の預金口座に移し替えることを助言したという限度では，被告人の捜査段階での供述（本件検察官調書。以下「被告人の自白」という）と相互に符合しており，また，被告人の自白については，本件の客観的事実経過と整合していて，内容が具体的かつ詳細であり，事の経緯等に特に不自然・不合理な点がないとして，被告人の自白と，C証言のうち同自白に符合する部分の各信用性を肯定して，被告人が原判示第1の幇助行為（以下「本件幇助行為」という）を行い，その故意もあったと認めた。なお，公訴事実において明示されている被告人の幇助行為は，「Cに対し，Aの資産を隠匿して

破産する方法を教えるなどし」というものであるが，原審検察官の冒頭陳述，論告における具体的な幇助行為の主張は，原判示第1と同趣旨である。

一方，被告人は，原審公判において，概要，「平成22年10月18日にCから相談を受けたときは，破産の内容について概略を説明したほか，AやBのいずれが破産するにしても，破産管財人や司法書士のための費用，そして当面の生活費が必要になるが，債権者である銀行の口座に預金があると，司法書士が債務整理の通知を出した時点で預金が凍結されて引出しができなくなる，それを回避するために，債権者以外の銀行に口座を1つは作っておく必要がある，そこに生活費や破産申立てのための費用を入れておく必要があるということを告げた。」，「他人（C）名義の口座の開設やそこに預金を移動させることは指示していない。」と供述している。

これに対し，原判決は，被告人は，平成23年7月22日，丙銀行丁支店から，同銀行のB及びAに対する各債権と両者の各預金債権を相殺する旨の相殺通知書各1通を受領したこと，その後，Aの破産手続開始の申立てにおいて，B名義の同支店の預金口座が相殺により残高0円であると記載した一方，資金流出元となったA名義の同支店の預金口座を記載しなかったこと，B名義の甲銀行丁支店の預金口座の存在を認識しながら，これをBの破産手続開始申立書に記載しなかったことに照らして，被告人がCらの財産隠匿行為に無関与であったとは考え難いとし，被告人の原審公判供述の信用性を否定した。

イ　②事実について

被告人は，本件検察官調書において，概要，「平成23年12月頃，破産管財人にB名義の甲銀行口座の存在が発覚したため，その内容を確認したところ，約2000万円の出金があることが分かり，破産管財人からの説明要求に対処して財産隠匿の発覚を防ぐため，Cに出金理由の付けられる領収証の準備を依頼した上，Cから受け取った領収証3通の取引内容について，Dに対するバックマージンの支払やCの母から

の借入金の返済に充てたとのＣらの説明をもとに破産管財人に虚偽の説明をしたものであり，説明内容が虚偽であることは認識していた。」と自白している。

　　原判決は，上記３通の領収証（補足すると，各Ｂ宛て，Ｄ名義２通及びＣの母名義１通）がいずれも内容虚偽であること，被告人は，Ｄ名義の領収証を受領していながら，破産管財人に提出せず，平成24年２月29日に原判示第２のとおり記載した報告書をファックス送信したこと，同年５月31日には，Ｄのバックマージンについては領収証を作成していない旨虚偽の報告をしたこと，Ｄ名義の領収証には×印が付されていることが認められるとし，これらの事実は本件検察官調書の上記供述に沿うものであるとして，その信用性を肯定し，これに反する被告人の原審供述を排斥して，被告人は原判示第２の説明が虚偽であることを認識していたと認めた。

(2)　原判示第１の事実について

　ア　Ｃ証言及び被告人の自白の信用性の評価

　　(ア)　原判決は，同事実に関するＣ証言の全てについて信用性を肯定できるとはいえないとしながらも，本件幇助行為を供述した被告人の自白と符合する部分については信用性があるとしている。しかし，原判決のこの判断は，論理則，経験則等に適う合理的なものであるとはいえない。

　　　　原判決は，Ｃ証言の信用性を一部否定した理由として，①Ｃの行動には，同人が被告人から受けたと証言する助言内容に止まらないものが少なからずあること，②Ｃは，被告人から助言を受けた時点では，ＡやＢの財産関係を詳らかにしておらず，この段階で原判示以上の財産隠匿方法の助言（Ｂ名義の新口座を作って入金すること，自動車の名義を変更することを勧め，保険はそのままでよいと助言）を受けたというのは不自然であること，③被告人とＣとの間に，特別の計らいをするだけの人的関係や，正当な破産手続に見合わない報酬の授受又は約束があったとは窺われないこと，④被告人が，司

－ 368 －

法書士としての信用を失墜させる危険を冒して，あえてＣやＡに巨額の財産隠しをさせる程の動機を有していたというのは不自然であることを指摘している。これらの疑問点から，Ｃらが被告人に罪責を押し付けている疑いがあるとした原判断には合理性がある。

　しかし，更に検討すると，これらの点は，Ｃ証言の根幹部分の信用性，ひいては被告人の自白の信用性に疑問を生じさせるものというべきである。

(イ)　第１に，上記①（その後のＣの行動）の点について，Ｃは，平成22年10月18日の被告人との面談（以下「本件面談」という）の後，以下の隠匿行為をしている。まず，Ｂ名義の自動車につき，Ｃ名義に移転したばかりでなく，平成23年３月末には，そのうち４台を第三者に譲渡した。Ｂ名義の保険を同年５月２日に解約し，解約返戻金約223万円のうち200万円をＣ名義の預金口座に入金した（原審甲１，49）。預金についても，Ｃは，平成22年11月から平成23年３月にかけて，原判示第１のとおりＡ名義の口座から525万円をＣ名義の口座に移動させたにとどまらず，同月22日から５月17日にかけて，Ｂ名義の口座（甲銀行丁支店及び乙銀行戊支店）から合計約1700万円をＣ名義の口座に移動させている（甲13，31）。

　Ｃは，自動車及び保険について，本件面談のときに，被告人から，ＡやＢ名義の自動車についてはＣ名義にしておくこと，保険はそのままでよいことを言われたと証言するに止まっており，自動車の売却や保険の解約は明らかに被告人の助言を超えるものである（被告人の自白は，自動車や保険について全く触れていない）。また，Ｂ名義の預金については，Ｃは，本件面談の際に，今後，請負工事による入金はＢ名義の新しい預金口座に入れるように言われたと証言し，被告人の自白でも，Ｂが借入れをしていない銀行（丙銀行以外を指す）の新口座に入金するように助言したとされている。しかし，その入金を更にＣ名義の口座に移動することを助言した旨の証言や自白はないし，ＣがＣ名義の口座へ移動した金額は，被告人が自白

する破産申立て費用や当面の生活費の確保の範囲をはるかに超える
ものである。

　このように，Ｃが，その証言する被告人の助言の範囲を超えて，
相当規模の財産隠匿行為に及んだことは，Ｃが，財産隠匿の方法を
独自に考え出すことができ，かつ，それを実行する強い意欲を有し
ていたことを示している。

　原判決は，上記①の点を指摘しながら，破産手続についての知識
を有していなかったＣが，Ｃ名義の預金口座を開設し，Ａ名義の預
金口座から移し替えるという財産隠匿方法を独自に発案したとは考
え難いと説示している。しかし，そうした方法は財産隠匿の手口と
してごくありふれたものであるし，上記のとおり，Ｃは，被告人の
助言なくして他の方法による財産隠匿を実行している。そして，被
告人は，Ｃに対し，破産手続の概略を説明し，債権者である銀行以
外で預金口座を作って破産申立て費用や生活費を入れておくことな
どを助言したと供述している（原審公判）。そうすると，破産手続
について知識がなかったＣであっても，被告人が供述するような説
明と助言を契機に，独自に財産の隠匿を企てて本件の財産隠匿方法
を考え出したという見方もできるのであって，上記の原判断は根拠
に乏しい。

(ｳ)　第２に，上記②（本件面談までの情報との関係）の点について，
Ｃは，平成22年10月15日と18日に被告人と面談した（Ｃ証言では，
同年夏に１度訪れたというが，破産に関する簡単なやりとりに終わ
っている）が，その後，平成23年３月２日の面談までの間，被告
人と連絡を取っていない。Ｃ証言によっても，平成22年10月15日の
面談では破産を考えているとして簡単な説明を受けた程度であり，
18日の本件面談では破産する旨告げたというものの，翌年３月まで
営業すると告げたというのである。そして，被告人がＡ及びＢの借
入先や負債額のほか，不動産の名義等を聴取したのは，平成23年３
月２日の面談のときであるから（Ｃ証言，被告人の原審公判供述，

原審目26，27の被告人作成のメモ），被告人は，本件面談の段階では，AやBの資産や負債の状況をほとんど把握していなかったと認められる。

そうすると，本件面談においては，相談業務程度の説明や預金凍結に備えた助言をしたに止まり，平成23年3月2日の面談時に，破産申立てをすること及び被告人が受任することが決まったという被告人の原審供述は上記の経緯と整合しており，一概に排斥できないところである（なお，被告人がA及びBから正式に破産申立て等の手続を受任し，報酬の支払を受けたのは，平成23年4月以後になってからであり，被告人は，その後の平成23年4月26日，各債権者に債務整理開始通知書を送付している）。これに対し，C証言及び被告人の自白では，本件面談において，Bが受注済みの工事を終える同年3月以降に，A（及びB）について破産申立てをすることが決まり，被告人はその手続を受任する考えであったとされ，それを前提に，被告人が本件幇助行為に及んだことになっている。しかし，このような事実が上記の経緯と整合するかについては疑問があり，原判決は，この点について十分検討しているとはいえない。

(エ)　第3に，上記③（人的関係，報酬），④（信用失墜）の点についてみると，被告人の報酬額は，Aにつき30万4700円，Bにつき57万2000円と，この種の破産事件の受任として特別高額ではない（甲29，30）。司法書士という法律専門職にある被告人が，仮に本件面談の時点で受任する考えであったとしても，通常の破産申立ての受任に伴う報酬以上に特別な報酬を受ける予定もないのに，二，三回会っただけで特別な人的関係もないCらのために，信用失墜の危険を冒して破産者の財産隠匿に加担するという動機は相当に希薄である。

原判決は，上記③④の点をもってC証言の信用性を一部否定した根拠の一つとする一方で，被告人の自白については，A家の状況に鑑み，当面の生活費等として500万円程度を確保するために原判示

の財産隠匿を助言したという動機は不自然なものとまではいえない
と説示している。しかし，被告人の自白の限度であっても，破産予
定者の預金を新規に開設した妻名義の口座に移動することは，明ら
かに違法な隠匿行為であり，動機に関する疑問は残るというべきで
ある。

(オ)　以上によれば，被告人が財産隠匿の方法を助言したというC証言
は，被告人の自白に符合する限度においても信用性に疑いがあり，
同様の疑問は被告人の自白にも妥当する。

イ　積極的間接事実の検討

(ア)　原審記録によれば，Cは，本件面談当日，面談後に乙銀行戊支店
においてB，A及びC名義の各預金口座を開設し，原判示第1のと
おり，平成22年11月から平成23年3月にかけて，丙銀行丁支店等の
A名義の口座から合計549万円を引き出し，そのうち合計525万円を
乙銀行戊支店等のC名義の口座に入金したことが認められる。

このように，Cは，本件面談当日に預金口座を複数開設し，その
うち乙銀行戊支店のC名義の口座は，A及びBの預金の流出先とな
っており，原判決は，この点を被告人が本件幇助行為を行ったこと
の根拠の一つとしている。しかし，この経緯は，Cが，被告人との
面談を契機として，独自にこれらの口座開設や資金移動を思い付い
たとしても説明できるものである　（前記ア(イ)参照）。

(イ)　原審記録によれば，Cは，本件とは関係なく，銀行からの勧誘を
受けて，平成22年10月15日に甲銀行丁支店にB名義の預金口座を開
設していたところ，同口座は，平成23年3月までBの取引に係る入
出金に用いられ，その後，そこから合計1500万円が引き出されて乙
銀行戊支店のC名義の上記口座に入金されたこと，ところが，被告
人が作成に関わったBの破産手続開始申立書及びAの破産免責申立
書添付の各預貯金目録には，Bの甲銀行丁支店の上記口座は記載さ
れなかったことが認められる。そして，被告人は，平成23年3月2
日の面談時に，Cから同口座の存在を告げられたことを認めている

から，この一連の事実は，原判決が指摘するように，被告人がもともと財産隠匿を企図していたことを示すといえないこともない。

この点につき，被告人は，原審公判において，Cから，同口座には入金があったが，残高はほとんどないと聞いた，同年7月に全ての預金通帳を差し出すようにCに要請したが，同口座については提出がなかった，破産申立ての時点では，Bの事業停止から期間が経っているので，同口座の残高はほとんどないだろうと考えた，預貯金目録には，Cから通帳が提出されたもののみを記載し，同口座は記載しなかったと供述している。同口座の存在及び比較的近い時点での入金の存在を知りながら，破産申立て時において，預金通帳を確認しなかったという供述は不合理とも思われる。しかし，Cは，預金通帳のうち同口座の分は持参しなくてもよいと言われたと証言しているところ，同口座が財産隠匿の関係の重要な口座であると被告人が思っていたとすれば，これを見ようとしなかったというのも，いささか不自然である。

被告人の供述するところは，事務手続として杜撰であるとしても，これを排斥できるだけの理由は見出せない。さらに，この点をもって，本件面談時に遡って財産隠匿の犯意を推認する強い根拠となし得ないことは，次の丙銀行のA名義の口座についてと同様である。

(ｳ) 原審記録によれば，被告人は，A及びBの破産申立てを受任し，債権者に債務整理開始通知を行った後，丙銀行丁支店から，A及びBの預金債権を受働債権とする平成23年7月22日付け相殺通知書各1通（以下「本件相殺通知書」という）を受領したが，Aに係る破産免責申立書添付の預貯金目録には，A名義の同支店の預金口座を記載せず，他方で，同目録及びBの破産手続開始申立書添付の預貯金目録には，B名義の同支店の預金口座を，「平成22.12.30以降の通帳を紛失のため，預金共通月中異動および残高明細表を発行　但し，丙銀行より平成23.7.22相殺により残高0円」との付記とともに記載したこと（ただし，平成22年12月30日までの通帳は，破産申

立書の添付資料となっている。当審弁11，12），相殺に係る丙銀行丁支店のＡ名義の３つの口座のうち２口座は本件隠匿資金の流出元であることが認められる。

このうち，被告人が本件相殺通知書を受領したことは，被告人がＡ名義の，上記口座の存在を知る契機があったことを示すものであり，そうであるのに，被告人がＢ名義の同支店の口座を預貯金目録に掲げて相殺の事実も記載する一方で，同じく相殺の対象となったＡ名義の口座を預貯金目録に掲げなかったことは，流出元となったＡ名義の同口座を被告人があえて秘匿したことを示唆するともいえる。原判決の説示もこうした趣旨と解される。

しかし，この点につき，被告人は，原審公判において，本件相殺通知書は見たが，通常，それは負債額が幾らあるかを確認する資料として使っているので，受働債権が何かまでは確認していなかったと供述しており，現に，本件相殺通知書２通は，Ａ及びＢの破産申立書等の事件関係書類が綴られた「自己破産」と題するファイル（原審甲25，26）には入っておらず，本件破産に関するものではあるが，その他の雑多な書類とともに綴られている（原審甲27）。また，当審被告人質問によれば，上記のファイル２冊は，被告人の事務所の事務室内の本棚に保管されており，他方で，上記その他の書類綴りは，他の資料と共に段ボール箱に収納され，倉庫として使用されている部屋に保管されていたことが認められる。このような被告人の事務体制に照らすと，被告人が本件相殺通知書を見たものの，Ａ名義の口座の存在を格別意識しなかったという見方もあり得るところである。

もっとも，被告人がＢ名義の丙銀行丁支店の上記口座について，「但し，丙銀行より平成23.7.22相殺により残高０円」と記載していることから，被告人は本件相殺通知書を精査したのではないかとも考えられる。

この点につき，被告人は，原審公判において，原審甲27号証にあ

－ 374 －

る「23.6.17　再発行」とある同口座の通帳写しの「23-7-22，ソウサイ，差引残高０」という記帳を見て預貯金目録に相殺の記載をしたと供述した。

　しかし，当審第３回公判においては，概要，「上記再発行に係るＢの通帳の写しは，破産申立後に，裁判所から管財人費用が念出できるか質問されたことから，Ｃから入手したものである。預貯金目録の相殺により残高０円の記載については，新たに証拠開示された各破産申立書の添付資料を精査したところ，甲県信用保証協会からの平成23年７月28日付け代位弁済通知書にあった同月22日付けで丙銀行丁支店に対し保証債務を履行した旨の記載から，同日付で相殺されたと理解して記載したことが分かった。代位弁済通知書は各破産申立ての添付資料とした（被告人宛て葉書。当審弁11，12）。代位弁済通知書は債権者に関わることなので，きちっと確認したが，相殺通知書は預金が０円ということなので重要度が低いと考えた。原審被告人質問では，検察官から初めて相殺通知書について指摘され，記憶が不確かなまま原審弁護人からの再質問に対して上記のように答えてしまった。」と供述するに至った。

　被告人の新たな供述を検討するに，再発行とある通帳の写しについては，原審甲25号証のファイルにある同じ通帳のファックス受信文書（Ｃからのもの）には平成23年11月８日と印字されていること，当審弁11号証にある徳島地方裁判所破産係同月９日受付の清算人Ａ名義の上申書に，これに関する記載があることからすると，被告人は，同年10月31日の破産申立て後の同年11月８日に，通帳の写しをＣから入手したものと認められる。したがって，「この写しを見て『相殺により残高０円』と書いたということか。」という原審弁護人の質問は，前提を誤っている。これを肯定した被告人の供述の評価は分かれ得るが，被告人の自白においても，被告人質問以前の検察官・弁護人の主張立証においても，本件相殺通知書の点は問題にされていなかったこと，また，代位弁済通知書を見て記載したとい

う当審における供述も，説明として合理性がないとはいえないことからすると，この新供述を排斥することはできない。そうすると，「相殺により残高０円」と記載したことをもって被告人が本件相殺通知書を精査したとは認められず，また，被告人が，Ａ名義の丙銀行丁支店の口座が資金の流出元となっていると認識していたとは認められない。

　原判決は，Ｃから通帳が提出された口座を預貯金目録に記載したが，Ａ名義の丙銀行丁支店の口座については提出されなかったので記載しなかっただけであり，あえて秘匿したものではないという被告人の原審供述につき，一般的に相殺通知書が重要であること，預貯金目録に相殺の事実を記載していることを理由に挙げて排斥しているが，当審における事実取調べの結果も踏まえると，被告人の供述は，上記の理由では排斥し切れないものがある。

　また，仮に，被告人が本件相殺通知書によってＡ名義の丙銀行口座があることを認識しながら，同口座を預貯金目録に記載しなかったとしても，必ずしも，その約１年前の平成22年10月の本件面談の段階で，被告人にＡの預金を隠匿させる意図があったとはいえず，本件幇助行為を推認する根拠としても強いものとはいえない。

ウ　被告人の自白について

　被告人は，本件検察官調書において，平成22年10月頃のＣとの面談時に，破産申立費や被告人の報酬のほか，Ａ家の当面の生活費などを債権者への配当に回らないように確保して破産手続きをしようと考え，その方法として，Ｃに対し，Ａ名義の口座にある預金を取引のない銀行でＡ及びＢ以外の名義の口座に移しておくように指示したと供述している。しかし，その内容は漠然とした曖昧なものでしかなく，例えば，隠匿する金額は自分の頭の中で500万くらいあればよいと考えたというだけである（Ｃ証言にもその点のやりとりはない）。もっとも，原判決も指摘するように，任意性に疑いを生じさせる取調べ状況ではなかったし，Ｃ証言と全く同じ供述がなされているわけでもな

い。後記のように，原判示第2についての自白には信用性がある。し
かし，被告人は，警察官に対し，原審公判のように話したが，隠匿口
座を作るように指示したと誘導され，供述を変更させられた旨述べて
いるところ，現に被告人が別の口座に預金を移すこと自体は助言した
というのであれば，これを他人名義の口座に移すという点について，
不本意ながら認めたということも考えられるところである。被告人が
自自した経緯を踏まえても，先に述べた自白内容についての疑問（前
記ア(ウ)(エ)）を払拭することはできない。

エ　以上のとおりであるから，C証言と被告人の自白につき，相互に符
合する限度でその信用性を肯定し，被告人が本件帮助行為を行い，そ
の故意もあったと認めた原判決には，判決に影響を及ぼすことが明ら
かな事実の誤認がある。

　　なお，被告人が原審公判で供述した本件面談時における前記第1の
2(2)アの助言は，将来，破産申立てをするとなった場合，その準備と
して銀行等に債務整理開始通知を発すると，預金口座が凍結されて出
金できなくなるので，それを回避して破産管財人の費用や生活費を捻
出するために，債権者ではない金融機関に口座を開設して現金を預け
入れておくという内容に止まるものである。そのこと自体は，債務者
の財産の発見を格別困難にするものではないし，この助言をした時点
において，開設した口座を破産申立てに際し預貯金目録から除外して
秘匿する意図が被告人にあったともいえない。したがって，被告人が
供述する助言をもって，本罪に当たるとはいえない。

　　原判示第1についての事実誤認の論旨は理由がある。

オ　②事実について

　　省略

2　職権調査

　　しかし，②事実について職権により調査するに，原判決書の犯罪事実の
記載は，刑事訴訟法335条1項所定の「罪となるべき事実」の判示として
不十分であり，原判決には理由不備の違法がある。

すなわち，破産法268条1項は，同法40条1項等に違反して虚偽説明等を行った者を処罰する規定であり，原判示第2の公訴事実（以下「本件公訴事実第2」という）に係る同条1項は，同項各号に掲げる者につき，破産管財人等の請求に対し必要な説明をしなければならないと定めている。したがって，本件公訴事実第2に係る破産法268条1項の罪は，同法40条1項各号所定の者を身分とする身分犯である。そして，本件起訴状には，公訴事実の冒頭において，「被告人は，（中略）破産者A及び有限会社Bから破産手続全般につき委任を受けた代理人であるが」と記載され，その第2において，（被告人は）「前記A及び前記Cと共謀の上，」破産管財人の請求があったときに破産に関し虚偽の説明をしたと記載されており，第2に係る罰条には，破産法268条1項，40条1項，刑法60条と記載されていた。これらの公訴事実及び罰条の記載に照らすと，検察官は，被告人が破産法40条1項2号にいう「破産者の代理人」に当たり，同法268条1項の罪の身分を有する共同正犯者であるとして起訴したものと解される。その後，原審裁判所は，平成26年11月21日付けの事務連絡により，被告人は上記「破産者の代理人」には該当しないとの見解を示し，これを受けて，原審検察官は，平成27年9月15日付けの訴因並びに罪名及び罰条変更請求書において，起訴状冒頭の「代理人」の記載を「者」に改めるとともに，本件公訴事実第2につき，「前記A」の前に「前記Bの清算人である」との文言を付加し，罰条に「刑法第65条第1項」を加える旨の訴因及び罰条の変更を請求し，原審裁判所は，第6回公判期日にこれを許可した。したがって，この訴因及び罰条変更の結果，本件公訴事実第2は，破産法268条1項の罪の身分のない被告人が，破産者（破産法40条1項1号）及び破産者が法人である場合の清算人（同項3号）として，上記の身分のあるAに加功した事実に変更されたことになる。そして，本件の事実関係においては，被告人は破産者の代理人に当たらないとして，このように構成することが正当である。

なお，本件公訴事実第2は，破産管財人につき，破産者A及び同Bの各破産手続のいずれの破産管財人であるかを明示しておらず，いずれの破産

手続に係る虚偽説明を対象にしているのか判然としないが，本件起訴状の公訴事実の記載並びに訴因及び罰条変更の内容のほか，証拠上，両破産手続の破産管財人が同一人物で，本件公訴事実第2に係る説明要求が両方の破産手続のために行われたことが明らかであることに照らせば，その両者を対象にしているものと解される。原判決も，原判示第2の犯罪事実において，この点を明確にせず，その法令の適用において観念的競合の処理をしていないものの，A及びBの両者の破産手続との関係で虚偽説明を行った事実を摘示した趣旨であると解される。以上によれば，本件公訴事実第2の罪となるべき事実においては，刑法65条1項を適用して，身分のない被告人に破産法268条1項の罪の成立を認める前提として，共同正犯者の1人であるAが，個人としてのみならず，法人の清算人という身分を有することを基礎づける事実を摘示する必要がある。しかし，原判決は，上記訴因変更にもかかわらず，Aが破産者Bの清算人であることについて何ら記載していない（代表取締役であったことの記載もない）。原判示の事実だけでは，破産者Bの破産手続との関係において，被告人が法人の清算人である共同正犯者に加功したことが示されておらず，罪となるべき事実の摘示として不十分である。原判示第2の罪につき，原判決には理由不備がある。

3　破棄自判

　　そこで，刑事訴訟法397条1項，378条4号，382条により原判決を破棄し，同法400条ただし書を適用して，被告事件について，更に次のとおり判決する。

　　（罪となるべき事実）

　　被告人は，それぞれ平成23年11月21日徳島地方裁判所により破産手続開始の決定（同年12月16日確定）を受けた破産者A及び破産者有限会社Bから破産手続全般につき委任を受けた司法書士であるが，Bの清算人でもあるA及びその妻であるCと共謀の上，平成24年2月21日頃，A及びBの破産管財人から，各破産手続開始申立ての際に甲銀行丁支店に開設されたB名義の普通預金口座を各申立書添付の預貯金目録に記載しなかった理由等

について書面で説明を求められた際，同月29日頃，真実は，同口座から引き出した現金は乙銀行戊支店に開設された前記Ｃ名義の預金口座に預け入れていたにもかかわらず，これを秘して，Ｂ名義の上記口座から引き出した現金は借金の返済等に充てて費消済みである旨の虚偽の事実を記載した同日付け報告書を，ａ市ｂ町ｃ丁目所在の法律事務所宛てにファクシミリ送信して上記破産管財人に受領させ，もって，破産管財人の請求があったときに破産に関し虚偽の説明をした。

○参照条文

破産法268条１項，40条１項１号，３号

刑法65条１項，60条

○備　　考

求　　　刑　懲役１年６月及び罰金80万円

原　判　決　懲役１年６月及び罰金80万円，４年間執行猶予

控訴審判決　原判決破棄，罰金100万円，公訴事実第１について無罪

速報番号　468号

【事　件　名】　住居侵入，現住建造物等放火，道路交通法違反，器物損壊，配偶者からの暴力の防止及び被害者の保護等に関する法律違反，窃盗被告事件

【事件番号等】　平成28年（う）158号，平成29年２月23日高松高等裁判所第１部判決，原判決破棄・自判（弁・上告）

【控訴申立人】　被告人

【第　一　審】　高松地方裁判所

○判示事項

住居侵入，窃盗につき，侵入口から採取した被告人のＤＮＡ型が検出され

た汗が犯人の汗とする判断に合理性はなく，他に被告人の犯人性を基礎づけ
る有力な事実はないから，被告人の犯人性について合理的な疑いが残り，原
判決に事実誤認があるとして無罪とされ，また，配偶者からの暴力の防止及
び被害者の保護等に関する法律違反につき，保護命令の文言に照らして，禁
止の対象から除外されている場所のはいかいであるから保護命令に違反しな
いとして，原判決には法令適用の誤りがあるとされた事例

○判決要旨

1　住居侵入，窃盗

　　犯人が侵入の際に残したと認められる指痕のある場所から，被告人のD
　NA型が検出された汗が採取されたが，被害者方に38日前まで住んでいた
　際に被告人の汗が付着した可能性は否定できない上，指痕の部分が唯一汗
　が付着した場所であるとは認められないにもかかわらず，それ以外の部分
　の付着物の採取を行っていないことから，指痕の部分から検出された汗が
　犯人の汗とする判断に合理性はない。

2　配偶者からの暴力の防止及び被害者の保護等に関する法律違反

　　本件保護命令は，その文言に照らして，カラオケ喫茶が，元内妻（被害
　者・申立人）が被告人（相手方）と共に生活の本拠としている住居である
　とした上で，接近禁止の対象から，同住居付近におけるはいかいを除外し
　たものと解されるから，そのカラオケ喫茶付近のはいかいは同命令に違反
　しない。

○判決理由

第1　原判示第2（住居侵入，窃盗）の事実誤認の論旨について

　1　論旨等

　　　原判決は，要旨，「被告人は，窃盗の目的で，平成27年1月18日午後1
　　1時20分頃から同月19日午前11時25分頃までの間に，Aの住居兼店舗で
　　あるa市b町所在のカラオケ喫茶甲店（以下「甲店」という）に，その
　　東側掃出し窓から侵入し，その頃，同所において，同人所有又は管理の
　　現金合計約25万1000円及びビルコインボックス1個を窃取した」との事

－ 381 －

実を認定した（平成27年7月24日付け起訴状の公訴事実第2と同旨である。以下「本件窃盗等」という）。

　論旨は、被告人は本件窃盗等の犯人ではないというのである。以下に述べるとおり、本件窃盗等の犯人が被告人であると認めた原判断は、論理則、経験則等に照らして不合理であり、判決に影響を及ぼすことが明らかな事実誤認がある。

2　原判断の骨子　原判決は、実況見分調書等から、犯人は、甲店の東側掃出し窓（以下「本件掃出し窓」という）の網戸の網をめくって、当時無施錠の本件掃出し窓から侵入し、その際、網戸の下から一番目の横木（以下「本件横木」という）の上部に払拭痕を付けるとともに、網戸の下から二番目の横木を折って破壊したと認定した上で、次のとおり説示して、被告人が本件窃盗等の犯人であると認めた。

⑴　甲店から痕跡等を採取した証人B（鑑識職員）の証言によれば、本件横木の室内側（西側）側面には下向きの指痕が、同横木の上部にも指痕がそれぞれ残されており、それらの痕跡は、室外から本件横木をつかんだときに付いたものと認められる（以下「本件指痕」という）。

⑵　上記Bが本件横木の室内側側面の指痕のある場所から採取した付着物（以下「本件付着物」という）につき、C（科学捜査研究所研究員）は、汗と考えられる人体液の付着があると鑑定した（なお、採取日は平成27年1月19日、鑑定日は同月26日ないし28日）。Cの証言によれば、汗の付着の有無は、汗に含まれる乳酸を検出する検査薬を用いて検査するところ、乳酸は大気にさらされていると20日間で約67％が分解されることが認められるから、汗は時間が経てば経つほど採取及び検出が困難になるといえる。

⑶　本件横木の室内側側面は、網戸の網を外さない限り室外から触れることが困難な箇所であり、汗が検出されると想定される期間内に、本件窃盗等とは別の機会に何者かが室外から本件横木の室内側側面に触れて汗を付着させたことは証拠上うかがわれない。A（被告人

の元内妻）は，その当時，網戸の室内側の本件掃出し窓を開けていなかったと認められる（A証言）から，Aが室内から触れて汗を付着させたとも考え難い。そうすると，本件付着物から検出された汗は，本件窃盗等の犯人が本件掃出し窓から侵入した際に，本件横木をつかんで付着したものであり，本件指痕もその犯人が残したものと認められる。

(4) 本件付着物のDNA型鑑定をした結果，15座位のうち14の座位から被告人のDNA型と一致するDNA型が検出された。残る1座位からは3つの型が検出されているが，そのうち2つは被告人のDNA型と一致し，かつ，そのDNA量が近似しており，一致しない他の1つの型のDNA量が極めて少ないことからすると，本件付着物から検出されたDNA型は被告人のDNA型と一致する。

(5) そして，犯人の指痕のある場所に犯人の汗は付着したが，そのDNAは検出できる程には付着せず，これと同じ場所に被告人のDNAが付着し，それが残存していたという事態が偶然にも重なるとは考えられないことなどからすると，本件付着物から検出された被告人のDNA型は犯人の指痕が残されたときと同じ機会に付着したと認められる。したがって，被告人が犯人であると認められる。

3 当裁判所の判断

(1) 前提として，証人Cによれば，1年以内に付着した細胞であっても前記DNA型鑑定のような結果になりうること，本件付着物から汗とDNAが検出されているので，一般的には，同一機会，同一人物によるものと考えられるが，汗の検査とDNA型の検査は別であるので，鑑定によって，その点を検証することはできないことが認められる。また，被告人は，平成24年6月頃から本件付着物の採取日の38日前である平成26年12月12日まで甲店に住み，本件窃盗等の侵入口とされる寝室で寝起きしていた（原審第12回公判被告人質問，原審甲106の実況見分調書）。

(2) 原判決は，本件付着物から検出された汗は，犯人が甲店に侵入した

際に付着したものであると認定し，これを前提として，同じく本件付着物から被告人のDNA型が検出されているので，被告人が犯人であると認めている。しかし，所論が指摘するとおり，この汗は犯人が付着させたものであるという認定は，合理性を欠くものである。

すなわち，証人Cは，文献によれば，自然環境下において，乳酸は20日間で約67％が分解される旨証言している。これによれば，原判決が説示する，汗は時間が経てば経つほど採取及び検出が困難になるというのは，そのとおりであろう。しかし，同証言は，約33％の乳酸は20日間以上経っても分解されないということも意味している。同証言によっても，例えば，30日ないし40日経った場合に，乳酸の分解が進んで検出されなくなるのかについては明らかではなく，他にこの点に関する証拠はない。前記のとおり，被告人は，本件付着物の採取日の38日前まで甲店に住んでいたのであるから，それまでに本件横木に触るなどして被告人の汗が付着した可能性があり，その汗が本件付着物から検出された可能性は否定できないし，その可能性が無視できるほど低いともいえない。被告人も，原審公判において，それまでに上記網戸を掃除するなどして触ったことがあると供述している。

(3) この点，原判決は，「汗が検出されると想定される期間内に，本件犯行とは別の機会に何者かが室外から本件横木の西側側面に触れて汗を付着させたことは証拠上うかがわれない」，「Aが室内から本件横木の西側側面に触れて汗を付着させたとも考え難い」と説示している。しかし，この説示をもって，上記の可能性を排斥することはできない。

すなわち，原判決も検討しているように，室内から本件横木の室内側側面に触れて汗を付着させた可能性も考える必要がある（なお，原判決は，本件付着物は本件横木の西側（室内側）側面に残された指痕のある場所から採取した旨認定している。しかし，原審甲112号証の写真には，本件横木の上面に微物キャッチャーを当てている状

－ 384 －

況が写っている。したがって，本件付着物から検出された汗は，本件横木の上面部分に存在した可能性もある）。原判決は，Aが室内から付着させた可能性のみを検討しているが，被告人についても検討すべきである。また，原判決は，「汗が検出されると想定される期間内に」という限定を付しており，38日前までに被告人の汗が付着したとしても，それが本件の乳酸検査で検出された可能性は低いから，犯人が犯行時に付着させたものと断定したとも解し得る。しかし，被告人が38日前まで甲店に住んでいたという事実がある以上，証人Cが述べる，乳酸は20日間で約67％が分解されるという知見だけで，その日までに被告人が付着させた汗から乳酸が検出されたのではないかという疑いを排斥することはできない。むしろ，一面では，その合理的疑いを生じさせるものである。

　　また，本件指痕は，その位置や形状からすると，犯人が残したものと認め得るところ，原判決は，まさにその指痕があった部分から汗が検出されたことを，その汗が犯人のものであると推認する根拠としたものと解される。しかし，本件指痕（B証言によれば指3本くらい）があった部分以外には，本件横木を含む前記網戸について，付着物の採取は行われておらず，本件指痕の部分が唯一汗が付着していた場所であるとは認められない。そうすると，同部分から汗が検出されたことは，必ずしもそれが犯人の汗であるとする根拠として有力なものとはいえない。

(4)　このように，本件付着物から検出された汗が犯人の汗であると認定した原判断には合理性がなく，そうすると，被告人が犯人でないとしたならば，本件指痕付近に犯人の汗は付着したが，犯人のDNAは検出されず，同じ場所から被告人のDNA型が検出されたという偶然が重なったことになるが，それはおよそ考えられないという原判断は，その前提を欠くことになる。

(5)　以上のほかに被告人の犯人性を基礎づける事実があるかを検討する。

－ 385 －

ア　本件付着物から被告人のＤＮＡ型が検出された点については，既に指摘したとおり，被告人が採取日の38日前まで甲店に居住し，上記網戸を掃除したこともあったこと，１年以内に付着した被告人の細胞であっても，前記ＤＮＡ型鑑定のような結果になりうること，汗の場合と同様，本件指痕があった部分以外にも被告人の細胞が付着していたか否かは明らかでないことに照らし，被告人を犯人とする根拠として有力なものとはいえない。

イ　原審検察官は，①被告人は，当時，金銭に窮し，Ａに金銭等の返還を求めており，犯行の動機があったこと，②想定される犯人像と被告人が合致すること，③被告人が不合理な弁解をしていることも根拠として主張していた。

　　①の動機の点は，本件の罪質に照らし，格別被告人の犯人性を推認させる事情ではない。③は，甲店の合い鍵を作ったが，試しておらず，どこにあったかも覚えていないという被告人の供述が不合理であるというものであるが，その供述が虚偽であると認めるまでの証拠はない。

　　①の点につき，証拠によれば，被告人が，盗まれたビルコインボックスの位置やそのコンセントの位置，集金日を知っていたことは認められる。しかし，ビルコインボックスは，甲店の店舗部分のカウンターの内側に置かれていたもので，そこは甲店の客から見えない場所ではないし，窃盗犯人が物色中にこれを発見したということもあり得る。コンセントの位置については，ビルコインボックス本体から配線を手繰っていけば辿り着く。集金日は毎月20日のため，犯行時はビルコインボックス内の現金が多い時期であったことが認められるが，犯人がそれを狙って犯行に及んだのか，たまたまその時期と重なったのかは分からない。したがって，犯人は甲店の内部事情を知っていた人物であるという原審検察官の主張は根拠に乏しく，犯人像との合致といっても，被告人の犯人性を推認させるほどのものではない。

(6)　先に述べたとおり，本件付着物から採取された汗は，被告人が本件付着物の採取日の38日前以前に付着させたものではないかという合理的疑いが残るのに，この汗が犯行時に犯人によって付着したものであると断定した原判断は，論理則，経験則等に照らして不合理である。そして，本件付着物から被告人のＤＮＡ型が検出されたこと，上記の汗が本件窃盗等の機会に付着した可能性はあること，及び上記(5)イの①，②は，それぞれ，被告人の犯人性を推認させる根拠として不十分なものであり，これらを総合しても，被告人が犯人であると認めるには足りないから，原判決には判決に影響を及ぼすことが明らかな事実誤認がある。

　　　上記論旨は理由がある。

第2　原判示第3（住居侵入，器物損壊）の事実誤認の論旨について

　　原判決は，要旨，「被告人は，正当な理由がないのに，平成27年3月7日午後1時頃から午後1時10分頃までの間，前記甲店の屋根に脚立を上って侵入し，同屋根上に設置された乙株式会社が所有し，Ａが賃借して管理するパラボラアンテナ付属のケーブルを工具で切断するなどして同アンテナ1個（時価約5000円相当。以下「本件アンテナ」という）を持ち去り隠匿し，もって他人の物を損壊した」との事実を認定した。

　　論旨は，被告人は，本件アンテナは不要なものであり，Ａは被告人が取り外して廃棄することを承諾していたと認識していたから，各罪につき故意がなかったというのである。

　　原判決は，①後記第4の2の保護命令（以下「本件保護命令」という）が発令された平成26年12月22日以降，Ａが，被告人が甲店に来ることを拒絶していたことは明らかであり，被告人もそれを認識していたこと，②同日以降，Ａが，被告人に対し，本件アンテナを取り外して自宅に持ち帰ることを承諾したことはなく，また，そのことについて被告人がＡに承諾を得ようとしたこともないことを認めた上，被告人が所論のように誤認する契機はおよそ存在しないとして，上記各罪の故意を認めており，正当である。補足すると，後記第4のとおり，

原判決の本件保護命令の解釈には一部誤りがあるが，少なくともＡの意思及び被告人の認識が①のとおりであったことは明らかであるし，②の点は所論も認めるところである。そうすると，Ａは被告人が甲店の屋根に上ることを承諾していないこと，そうである以上，被告人が屋根上の本件アンテナを取り外すことも承諾していないことは，被告人にとっても明らかであったと認められる。なお，被告人は，本件アンテナは誰の所有でもないと思っていたと供述しているが（7冊156頁），被告人は，本件アンテナを自宅に保管し，使えるなら使おうと思っていたというのであり，それが他人の管理する財産的価値のあるものであることは分かっていたのであるから，他人が所有するものであることも認識していたと認められる。

　　所論は，Ａの原審証言（6冊122頁）を引用して，約3年前にＡは，被告人に屋根のアンテナは要らないと言ったと主張するが，同証言は，本件アンテナとは別のアンテナについて要らないと言ったという内容である。

　　その他の所論を検討しても，原判示第3の事実について，事実の誤認はない。

第3　原判示第4（住居侵入，現住建造物等放火）の事実誤認及び訴訟手続の法令違反の論旨について

1　論旨等

　　原判決は，要旨，「被告人は，平成27年3月12日午後1時23分頃から同日午後1時30分頃までの間に，Ａ，Ｄ及びＥが現に住居に使用するa市c町所在の家屋（木造瓦葺2階建，延床面積合計約118㎡。以下「本件家屋」という）に放火しようと企てて，同家屋に侵入し，その頃，同家屋1階北西側和室において，押入内の衣類等に何らかの方法で火を放つとともに，同家屋玄関土間において，灯油又はそれに類似した石油系油類をまいた上，何らかの方法で火を放ち，これらの火をそれぞれ同家屋内の壁面及び天井等に燃え移らせ，よって，同家屋を全焼させて焼損した」との事実を認定した。

論旨は，(1)本件火災は放火によるものとは認められず，また，被告人は本件家屋内に侵入していないし，放火もしていないから，原判決には事実誤認がある，(2)原審裁判所は，争点顕在化の措置を講じることなく，判決において訴因と異なる侵入経路を認定したが，その訴訟手続には法令違反がある，というのである。

　しかし，原判決が，本件火災原因を放火と認め，被告人が本件家屋に侵入して放火したと認めたことは，論理則，経験則等に適う合理的なものである。また，原審の上記の訴訟手続に法令違反があるとはいえない。

2　火災原因について

(1)　原判断の骨子　原判決は，①出火原因を調査した消防局員の証人Ｆは，本件火災の出火場所は，１階北西側和室の押入内と玄関土間の２か所であると考えられると証言しており，同証言は信用できること，②この２か所は離れた位置にあり，偶然にも同じ時期に，これらの場所で自然発火や失火が生じるとは考えられないから，各出火は人為的なものであること，③玄関土間の残焼物の鑑定により，灯油又はそれに類似する石油系油類が検出されたが，Ｄが外出したとき（本件当日午前11時30分頃）には，その種の油類は玄関付近に存在しなかったから（Ｄらの原審証言），Ｄが外出してから本件火災までの間に何者かによって持ち込まれたものであること，④たばこの不始末の可能性はＡ，Ｄらの原審証言等により，電気的事故の可能性は科学捜査研究所研究員の証言により，それぞれ否定できることを根拠として，本件火災の出火原因は放火であると認めた。

　関係証拠によれば，原判決の上記認定は正当である。

(2)　Ｆ証言の信用性について

　所論は，(ア)証人Ｆは，北西側和室の押入奥の壁が白く変色しているから，同所は火災初期から燃えて長時間炎の影響を受けたと証言するが，押入に衣服等の可燃性物質が多数存在したことで火力が大きくなり，白色に変色した可能性がある。(イ)証人Ｆが黒く変色して

－ 389 －

いるという南西側和室の壁にも，白く変色している部分があり，証人Ｆの判断は恣意的である，(ウ)証人Ｆは，下駄箱につき，奥の壁が白く変色し，天板の表側の炭化が激しいことから出火場所としているが，靴が20足以上入っていたために火力が大きくなった可能性がある，(エ)北西側和室押入からは油類が検出されておらず，同所を出火場所とみるのは不自然である，(オ)北西側和室の台所寄り（原審甲33の現場見取図第8図⑯）から油類が検出されているから，玄関以外の出火場所を考えるのであれば，ここが想定されるはずであるなどと主張する。

検討するに，まず，証人Ｆは，柱等に残存していた炭化亀甲模様の強弱等から，北西方向からの延焼と南東方向からの延焼があったと考えた，出火元を1か所に特定することはできないと考え，内部を更に見分したと証言しており，その判断は合理的なものといえる。そして，(ア)，(イ)に関しては，証人Ｆは，北西側和室の押入に衣類等が収納されていたことを考慮に入れた上で，部屋の中央で出火して押入に延焼したとした場合や，所論指摘の南西側和室の押入の内部及び奥の壁が焼損している状況と比較して，北西側和室の押入の内部及び奥の壁の焼損が強かったことから，北西側和室の押入が出火場所の一つであると判断しているのであり，合理的な判断である。所論(イ)のとおり，南西側和室の押入の壁（原審Ｆ証人尋問調書別紙2）にも白く変色している部分はあるが，それに比べて，北西側和室の押入の壁（同別紙1）にある白い変色箇所は，白色が顕著で，範囲もかなり広くなっており，北西側和室押入の壁の焼損が特に強いとした証人Ｆの判断が恣意的であるとはいえない。

(ウ)の下駄箱については，証人Ｆは，玄関の上がり框に全面的に亀甲模様の溝が認められ，玄関を上がった廊下の板も焼け抜けており，これらは火災の初期から燃えていたことを示す，和室から同廊下に下がる下がり框も，和室側に比べて廊下側の亀甲模様が強く，これは廊下側若しくは玄関側からの延焼方向を示すとして，玄関土間が

出火場所の一つであると判断している。さらに，証人Ｆは，玄関土間の下駄箱の天板の上部が残存している一方で，下駄箱内部が白く変色し，天板の裏側に亀甲模様が認められることから，下駄箱の内部が出火元であると判断している。これらも合理的な判断であり，所論のいう下駄箱に多数の靴が入っていたことは，証人Ｆの見解を不合理とするものではない。

　(エ)については，北西側和室押入から油類が検出されなかったからといって，そこに油類がまかれた事実がなかったとはいえない。また，同押入には衣類等が多数存在したのであるから，油類を用いなかったとしても不自然ではない。

　(オ)については，鑑定上は，所論指摘の原審甲33の⑯から検出された残焼物に，炭素数14から16程度を主とする飽和直鎖炭化水素の付着が認められており，玄関土間の残焼物から検出された石油系油類とは異なる結果となっている。その点を措くとしても，仮に所論のように⑯からの検出物が助燃剤となり得るものであったとしても，犯人が必ず同所に点火したとはいえないし，証人Ｆが前述した根拠に基づいて本件出火原因を放火と判断したことが不合理となるわけではない。

(3)　Ｇの供述について

ア　所論は，Ｇは，本件当日午後１時39分頃に，本件家屋の玄関付近から黒っぽい煙が上がっているのを見たと供述しており（平成27年５月25日付け検察官調書［原審甲67］），一方，証人Ｆは，煙が灰色であれば，その場所には炎が未だ存在していない可能性があると証言しているから，午後１時３９分頃に玄関には火が及んでいなかったと考えられ，玄関は出火場所ではないと主張する。

　　しかし，原判決が説示するように，Ｇは，本件火災当日の警察官調書（原審甲66）では，「黒っぽい灰色」と供述しており，その供述変更の理由は全く明らかにされていない（原審において，弁護人もＧの証人尋問を求めていない）。結局，そのときの煙が黒っ

- 391 -

ぽい灰色であったか，白っぽい色であったかは不明であり，玄関
を出火場所と認めた原判断に合理的疑いを生じさせるものではな
い。

イ　所論は，Ｇは，午後１時39分頃に本件家屋を見た際，玄関の戸が
閉まっているのを見たが，火は見ていないと供述しており，仮に
このとき，玄関土間に火が上がっていたならば，Ｇは玄関の内部
で火が燃えている様子を確認できたはずであると主張する。

しかし，玄関のガラスの透明度は不明であるし，Ｇは玄関を正
面から見たわけではない。Ｇが目撃したのは，玄関扉の線に対し
て15度程度の方向からであって（原審甲67添付図面中の○Ｇから），
そこから玄関の内部はほとんど見えなかったと考えられる。しか
も，Ｇは，玄関の東側（Ｇ寄りの側）から煙が出ていたというの
であるから，いっそう内部の様子は見えないことになる。上記所
論は採用できない。

(4)　その他の所論について

所論は，玄関土間から検出された灯油又はこれに類似する石油系
油類とは，本件家屋２階に置いてあったミシン油が落下したもので
あると主張する。しかし，そもそも１階玄関土間の上方に２階部分
は存在しないし（原審甲39の実況見分調書），玄関土間からミシン油
の缶などは発見されておらず，所論は採用できない。

所論は，殺虫剤には灯油成分が含まれているから，検出された上
記油類は，玄関に置いてあった殺虫剤の可能性があると主張する。
しかし，殺虫剤には灯油成分が含まれているという点，玄関に殺虫
剤が置かれていたという点は，いずれも原審記録に基づかない主張
であり，所論は採用できない。

3　犯人性について

(1)　原判断の骨子

原判決は，①近隣住民の供述によれば，本件火災は，午後１時25
分頃から午後１時39分頃までの間に発生したものと認められるとこ

- 392 -

ろ，被告人は，その間に本件家屋玄関前に行っているが，北西にある丙有限会社前を被告人運転車両が午後1時19分頃に本件家屋の方向に向かって通過し，午後1時34分頃，逆方向に通過したこと（補足すると，防犯カメラ映像による）などによれば，被告人は，午後1時23分頃から午後1時30分頃までの間，本件家屋付近にいることができたこと，②本件家屋前の犬小屋につるされていたポーチには，玄関の鍵（以下「本件鍵」という）が入っており，被告人はそのことを知っていたこと，また，無施錠であった勝手口等から侵入することも可能であったことを認定し，以上から，被告人が放火をした可能性が極めて高いと判断した。

　そして，原判決は，第三者による犯行の可能性を検討し，③本件は愉快犯などによる犯行であるとは考え難いから，犯人は本件家屋に放火する動機を持った人物となるが，そのような人物は，被告人を除いては証拠上存在しないこと（補足すると，本件家屋に火災保険は付されていない），④火災発生当時，現場付近で被告人以外の者は目撃されていないところ，放火の動機を有する第三者が，被告人と同じ頃に偶然に本件家屋に赴き，かつ，近隣住民や被告人に目撃されることなく犯行を遂げたということは考え難いことを理由に，被告人以外の者が放火した疑いはないと判断し，犯人を被告人と認めた。

　関係証拠によれば，原判決の上記認定に誤りがあるとはいえない。

(2)　Hの供述について

ア　所論は，隣人Hの供述によれば，次の理由から，被告人の犯行は不可能であると主張する。

　すなわち，Hは，本件当日，玄関外に出て，猫に餌をやり，戸締りをし，車に乗って細道を南進した後，市道を東進しているが，これら一連の行動を午後1時23分20秒から午後1時26分19秒までの間に行っており，この間，被告人を見かけなかったと供述している（原審甲72）。被告人は，Hが東進した市道先のハイツ丁の駐

－ 393 －

車場に自車を止め，徒歩で市道を西に進んでH方前を通って本件家屋前に至っており，この間，Hに目撃されていないことになる。

　そうすると，①被告人がHの上記行動の前に本件家屋前に到着したとすれば，早くても午後１時23分９秒となるが（午後１時19分９秒に丙有限会社前を通過。同所と本件家屋の間は自動車と徒歩で４分），Hは午後１時23分20秒から午後１時24分19秒までに玄関外に出ている可能性があるから，被告人が本件家屋前に到着してから侵入するまでの時間は，最短で11秒，最長で１分10秒であり，この間に犬小屋のポーチから本件鍵を取り出して玄関から侵入することは不可能である。

　逆に，②被告人がHの上記行動の後に本件家屋前に到着したとすれば，到着時刻は，午後１時26分19秒（Hが市道を東進時）から２分１秒経過後（被告人がハイツ丁の駐車場から本件家屋まで徒歩で移動する時間）の午後１時28分20秒以降となる。その後，被告人は午後１時30分29秒までには本件家屋を立ち去っているはずであり（午後１時34分29秒に丙有限会社前を通過），この間の２分９秒間で本件犯行を遂げることは不可能である。

　この所論について，以下，検討する。

イ　Hは，上記一連の行動の中で，市道手前で停止したときに車のデジタル時計を確認し，午後１時25分であった，警察官が確認したところ，この時計は10秒遅れていたと供述している。そうすると，Hが市道手前で時計を確認したときの時刻は，「午後１時25分10秒から午後１時26分９秒までの間」であったことになる（これを「午後１時24分50秒頃から午後１時25分49秒頃までの間」とした原審甲72，73の記載は誤りである。次の２つの時刻についても同様）。

　そして，H供述によると，玄関を出てから時計を確認するまでを再現すると，１分30秒を要したというのであり，一応これを前提にすると，Hが玄関を出た時刻は，「午後１時23分40秒から午後１時24分39秒までの間」となる。また，時計を確認してから，市

－ 394 －

道に出て，市道を東進するまでを再現すると，30秒を要したというのであり，一応これを前提にすると，Hが市道を東進した時刻は，「午後１時25分40秒から午後１時26分39秒までの間」となる。

ウ　Hが玄関を出る前に，被告人が本件家屋前に到着した場合（所論①）について検討する。

　　原審弁護人が行った実験によれば，丙有限会社前からハイツ丁の駐車場まで（自動車）が最短で１分40秒，ハイツ丁の駐車場から本件家屋玄関前まで（徒歩）が最短で１分55秒であったから（原審弁34），最短では３分35秒で丙有限会社前から本件家屋に到達することが可能である（所論は，警察官の再現実験により４分とするが，より短時間でも到達可能である）。したがって，被告人は，午後１時19分９秒に丙有限会社前を通過した３分35秒後の午後１時22分44秒に本件家屋前に到達することが可能であり，Hが玄関外に出てくるまで（午後１時23分40秒から午後１時24分39秒の間）の時間は，最短で56秒，最長で１分55秒となる。この時間内に被告人がHに目撃されずに本件家屋に侵入することが不可能であるとはいえない。しかも，Hや原審弁護人の再現に誤差があり得ることを考えると，なおさら不可能であるとはいえない。

エ　Hが市道を東進した後に，被告人が本件家屋前に到着した場合（所論②）について検討する。

　　Hが市道を東進した時刻は，早ければ午後１時25分40秒であるが，この時点又は直後に被告人がハイツ丁の駐車場を出発すれば，１分55秒後の午後１時27分35秒に本件家屋前に到達することが可能である。そして，午後１時30分54秒までに本件家屋を立ち去れば，３分35秒後の午後１時34分29秒に丙有限会社前を通過することが可能である。したがって，被告人が本件家屋付近に滞在できる時間は，午後１時27分35秒から午後１時30分54秒までの３分19秒であり，この時間内に本件家屋に侵入して放火し，立ち去ることが不可能であるとはいえない。再現上の誤差を考えると，なお

－ 395 －

さら不可能であるとはいえない。

　　したがって，Ｈ供述との関係で，被告人が犯行に及ぶことは不可能であるとの所論は採用できない。

(3)　犯人性に関するその他の所論について

　ア　所論は，被告人は，本件鍵の在り処を知らなかったし，本件家屋の勝手口の存在やそこが無施錠であることを知らなかったから，本件家屋に侵入することは不可能であったと主張する。

　　しかし，原判決が，被告人は本件鍵の在り処を知っていたというＤの証言は具体的なエピソードに基づくものであるとして，その信用性を認め，その事実を認めたことに誤りがあるとはいえない。Ａの原審証言もこれを裏付けるものである。勝手口については，本件家屋の裏に回れば，その扉があることは一目で分かるから，勝手口の存在やそこが無施錠であることを予め知っていなければ勝手口から侵入できないとはいえない。被告人が，本件鍵を使って玄関から侵入することも，無施錠であった勝手口等から侵入することも可能であったとした原判断に誤りはない。また，本件鍵の在り処を知っている者は，そうでない者よりも容易に侵入することができるから，この点をもって被告人の犯人性を推認する一つの事情とした原判断についても，誤りがあるとはいえない。

　イ　所論は，勝手口は施錠されており，そこから侵入することは不可能であったとも主張するが，前記のとおり，本件鍵の在り処を被告人が知っていたと認められる以上，勝手口が施錠されていたことは，むしろ被告人の犯人性を強く推認させるのであって，所論は失当である。

　ウ　所論は，原判示第２の住居侵入・窃盗事件の真犯人がＡに対する怨恨等から本件放火を行った可能性があると主張する。確かに原判示第２の犯人が被告人であるとは認定できないが，同事件の犯行手口や被害物品は，怨恨等に基づく犯行であることを示すようなものではなく，所論は採用できない。

エ　所論は，本件当日，Dが外出した午前11時30分以降に，空き巣が侵入して放火した可能性があると主張する。

　　しかし，本件犯人は，玄関に灯油又はこれに類似する石油系油類をまいて放火している。Dが，本件家屋にはこれに該当する油類を置いていなかったと証言していることからすると，本件犯人は上記の油類を持参していた可能性が高いが，空き巣がそのような準備をするとは考え難い。

　　そして，被告人は，本件火災発生前の午後１時23分頃，Aの様子を見るために本件家屋前に行ったと供述し，近隣のIも，およそ午後１時25分頃に，被告人の背格好や当日の服装とよく似た男性が，本件家屋につながる細道を本件家屋の方に向かって歩いているのを目撃している（原審甲69，70）。他方で，関係証拠上，上記男性以外には，本件火災発生の前後に本件家屋付近や上記細道にいた者が目撃されたことはうかがわれず，被告人も，そうした第三者を見たとは供述していない。

　　したがって，空き巣が放火したという合理的な疑いは生じない。

オ　所論は，原判決が被告人に放火の動機があると認定し，犯人性の根拠としたことは，争いのある他の公訴事実に基づく悪性格による認定であるから，許されないと主張する。

　　原判決は，本件保護命令が発せられた後，被告人は，立て続けに保護命令に違反する行為に及び，原判示第２の窃盗等及び同第３の器物損壊等の犯行にも及んだ事実を認めた上，被告人がAに対する執着心から，嫌がらせ等の目的でこれらの行為に及んでいると考えられるとして，被告人に本件放火をする動機があると認めている。

　　このうち，原判決が認定した６回の保護命令違反行為のうち２回は違反行為には該当せず（後記第４），原判示第２の窃盗等の事実も認められないが（前記第１），残る事実によっても，それらの事実から被告人に本件放火の動機があるとした原判断は是認する

ことができる。このようにして認定した動機をもって，被告人の
犯人性を肯定する間接事実としたことは，他の犯罪事実をもって
被告人の悪性格を認定し，そこから犯人性を推認したものではな
いから，違法，不当な認定ではない。

4　その他の所論を検討しても，被告人が本件家屋に侵入して放火したと
認めた原判決に事実誤認はない。

5　訴訟手続の法令違反の主張について

⑴　被告人の本件家屋への侵入経路について，訴因は，「1階玄関の施
錠を外して侵入」したというものであるが，原判決は，被告人が玄
関から侵入したかどうかは証拠上明らかではないが，侵入経路を特
定しなくても，被告人が本件家屋に侵入して放火したものと認めら
れると説示し，罪となるべき事実において，侵入経路を特定してい
ない。そして，原判決は，侵入経路は本件訴因の特定に不可欠な事
項ではないこと，弁護人が放火犯人が玄関以外から侵入した可能性
に言及しているという審理経過に照らすと，上記認定が被告人に不
意打ちを与えるものではないこと，上記認定が被告人の罪責にとっ
ても不利益ではないことを指摘して，訴因変更手続を経ないで上記
のように認定することは違法ではないと説示している。

原審裁判所は，訴因変更手続以外の求釈明等の争点顕在化措置も
とっていないが，その点を含め，概ね上記説示のとおり，原審裁判
所の訴訟手続に違法はない。

⑵　すなわち，原審検察官は，本件家屋の出入口は玄関と勝手口のみで
あり，勝手口の内側には荷物等が置かれていたから，侵入経路は施
錠されていた1階玄関であると主張し，それを前提に，被告人は，
本件鍵の在り処を知っていたから，犯人は被告人を含む限られた者
であると主張していた。これに対し，原審弁護人は，被告人は本件
鍵の在り処を知らなかった，玄関以外からも侵入可能であったと主
張，立証した。

しかし，原審検察官は，被告人の犯人性を基礎付ける間接事実と

－ 398 －

して，上記の侵入経路以外にも，被告人が出火時間頃に玄関前にいたこと，被告人以外に放火の動機がある者はいないこと，被告人が出火の約４時間後に石油系油類を所持していたことなどを主張，立証していた（冒頭陳述，論告）。そうすると，原審検察官としては，侵入経路が玄関で，被告人が本件鍵の在り処を知っていた事実を有力な間接事実としてはいたものの，それを，被告人の犯人性の認定にとって必須の事実として主張していたものとはいえない。原審弁護人の反証によって，他の場所からも侵入が可能であると認定された場合には，上記の事実は，犯人が被告人を含む限られた者であるという位置づけから，被告人は第三者よりも犯行が容易であるという位置づけに，いわば格下げされるにとどまるのであって，被告人の犯行が不可能となるわけではない。玄関が唯一の出入口であることが当事者間で前提とされ，他方，被告人が鍵の在り処を知らなかったとの立証に弁護人が成功したところ，突然，裁判所が他の侵入口の存在を認定したような場合とは異なる。

　　　したがって，原審検察官としては，他の場所からも侵入が可能であると認定された場合であっても，他の間接事実と総合して，被告人の犯人性の認定を求める趣旨であったと解される。原審弁護人としても，上記の場合であっても，他の間接事実の推認力が強ければ有罪となり得ることを想定して防御活動をすることは可能であったのであり，現に他の間接事実についても防御活動を行っている。

(3)　したがって，原判決の上記認定が，被告人にとって不意打ちであるとはいえないから，原審裁判所が争点顕在化の措置をとらなかったことが違法であるとはいえない。

第４　原判示第１の法令適用の誤りの論旨について

　１　論旨等

　　　原判決は，ＤＶ防止法10条に基づく本件保護命令を受けていた被告人の原判示第１の２の各行為，すなわち，①平成27年１月18日午前11時30分頃から午前11時40分頃までの間，ａ市ｂ町（番地略）の甲店付近に赴

いてはいかいするとともに，Aに対し，声を掛けるなどして同人の身辺につきまとったこと（原判示第1の2別表1の番号1），②同日午後11時20分頃から同月19日午前11時25分頃までの間，甲店付近に赴いてはいかいしたこと（同表番号2），③同年3月7日午後1時頃，甲店付近に赴いてはいかいしたこと（同表番号3）について，無言電話（原判示第1の1），面会要求（同第1の3）及び親族の住居付近のはいかい（同第1の4）とともに，これらの行為を包括して，DV防止法29条，10条1項1号，同条2項1号，4号，同条4項に該当するとしている。

論旨は，被告人が甲店付近をはいかいする行為も，甲店付近でAにつきまとう行為も本件保護命令違反とはならないから，原判決が上記①ないし③の行為について上記罰条を適用したのは誤りであるというのである。

2　当裁判所の判断

(1)　被告人は，平成26年12月22日，高松地方裁判所から本件保護命令を受けたが，その主文1項は，「相手方（被告人）は，本日から起算して6か月間，申立人（A）の住居（別紙当事者等目録記載1の住居を除く。）その他の場所において申立人の身辺につきまとい，又は申立人の住居（同目録記載1の住居を除く。），勤務先その他その通常所在する場所の付近をはいかいしてはならない。」というものであり，別紙当事者等目録の1には，申立人（A）の住居も相手方（被告人）の住居も「a市b町（番地略）」と記載されていた（原審甲123）。上記主文1項はDV防止法10条1項1号に基づくものであり，本件保護命令においては，同項2号所定のいわゆる退去命令は発令されていない。

上記目録において，申立人Aの住居と相手方被告人の住居がいずれも「a市b町（番地略）」であることからすると，本件保護命令においては，上記地番の住居が，Aが被告人と共に生活の本拠としている住居であるとした上で，同法10条1項1号の禁止の対象から，同住居におけるつきまとい及び同住居付近におけるはいかいを除外

したものと解すべきである。そして，この住居が同地番所在の甲店であることは明らかである。

(2) そうすると，前記①のうちはいかいの点並びに②及び③の各はいかいは，いずれも禁止の対象から除外された甲店付近におけるはいかいであるから，本件保護命令の主文1項の文言に照らし，同命令に違反するものではないことになる。

なお，同法10条1項1号において，つきまとい及びはいかい禁止の対象となる場所につき，「被害者の住居（当該配偶者と共に生活の本拠としている住居を除く。）」と規定している趣旨は，同住居における配偶者の居住を不可能にしないためである。はいかいについていえば，配偶者が被害者と共に生活の本拠としている住居の付近をも禁止の対象とすると，配偶者は自己の住居に入ることすら困難になり，実質的に同所での居住が否定されて不当な結果となるからである（同号の命令によっては被害者の保護が不十分な場合には，有効期間を2か月に限定した同項2号の退去及び同住居付近でのはいかい禁止の命令によることになる）。

この点につき，当審検察官（答弁書）は，甲店には住居部分と店舗部分があり，それらは分離されているから，店舗部分はAの「勤務先」（同項1号）に該当するとして，その付近もはいかい禁止の対象になると主張する。原判決も，原判示第1の1において，「Aの勤務先である（中略）カラオケ喫茶甲店（以下「甲店」という。）」と記載し，原判示第1の2につき，「甲店付近において」と記載しているから，これと同趣旨とも解される。しかし，甲店は1棟の平屋で，住居部分と店舗部分は自由に行き来することができ，各部分が独立した構造になっているとは認められない。したがって，本件保護命令において除外された住居とは，店舗部分を含めた甲店全体をさしていると解すべきであり，検察官の主張は採用できない。また，甲店はAの「通常所在する場所」（同号）に当たるとする見解も示されているが（原審甲125。電話聴取書），これも採用できない。

(3) 一方，前記①のうちのつきまといについては，上記主文1項の文言
上は，甲店における行為は除外されているものの，甲店付近におけ
る行為が除外されているとはいえない。実質的にみても，配偶者の
住居内においては，被害者と接近せざるを得ず，会話も必要な場合
があるが，つきまといとそれ以外の行為の区別は困難であり，住居
内におけるつきまといを禁止することは当該配偶者の居住を著しく
困難にすることになる。これに対し，住居の付近におけるつきまと
いを禁止しても，単に住居付近を通行することは禁止されないし，
偶然被害者と出会っても，それが違反になるわけではないから，当
該配偶者は住居に出入りすることが可能であり，その居住が妨げら
れることはない。

したがって，前記①のうちの甲店付近におけるつきまといについ
ては，原判決のとおり，本件保護命令に違反すると解すべきである。
3 以上によれば，原判決が上記①のはいかいの点並びに②及び③の各は
いかいについて本件保護命令に違反するとして上記罰条を適用したこ
とは，法令の適用を誤っており，これが判決に影響を及ぼすことは明
らかである。論旨はこの限度で理由がある（なお，上記②の事実は本
件窃盗等の際のはいかいであり，前記第1によれば，事実誤認もある）。
第5 結論
よって，刑事訴訟法397条1項，380条，382条により原判決を破棄し，
同法400条ただし書を適用して，当裁判所において次のとおり判決する。
原判決が認定した原判示第1（ただし，第1の2を「平成27年1月18
日午前11時30分頃から同日午前11時40分頃までの間，a市b町（番地略）
のカラオケ喫茶甲店付近において，Aに対し，声を掛けるなどして同人
の身辺につきまとい」と変更する），同第3ないし第5の各事実に，各
事実について原判決が掲げる法令（科刑上一罪の処理，刑種の選択，原
判示挙示の累犯前科に係る累犯加重を含む）を適用し（ただし，同第3
に係る科刑上一罪の処理については，犯情の重い器物損壊罪の刑で処
断），以上は，刑法45条前段の併合罪であるから，同法47条本文，10条

により最も重い同第4の罪の刑に同法14条2項の制限内で法定の加重を
した刑期の範囲内で被告人を懲役9年に処し，同法21条を適用して原審
における未決勾留日数中250日をその刑に算入し，原審及び当審におけ
る訴訟費用は，刑事訴訟法181条1項ただし書を適用して被告人に負担
させないこととする。

（量刑の理由）

　本件の現住建造物等放火・住居侵入については，原判決が指摘するとおり，
被告人は，複数箇所に放火し，うち1箇所には燃料を用いて，家屋全体に火
が回りやすい方法をとっている。周囲には住宅が密集しており，本件は，近
隣家屋に延焼するおそれのある危険性の高い犯行であった。本件家屋が全焼
し，複数の近隣家屋にも類焼したという結果は重大であり，被害の回復は一
切なされていない。被告人は，Aに対する執着心が高じて，嫌がらせ等の目
的で保護命令違反，住居侵入，器物損壊の犯行に及び，ついには放火に及ん
だものと認められ，その動機，経緯において悪質なものがある。無免許運転
についても常習的な犯行であって，以上による被告人の行為責任は重大であ
る。このほか，一般情状として，被告人に反省の態度が認められないこと，
被告人に累犯を含め多数の前科があることを考慮して，主文の刑を定めた（原
審検察官の求刑及び原判決の宣告刑・いずれも懲役10年）。

（一部無罪について）

　平成27年7月24日付け起訴状の公訴事実第2の住居侵入・窃盗（原判示第
2と同旨）については，前述したところによれば，犯罪の証明がないから，
刑事訴訟法336条により被告人に対し無罪の言渡しをする。

　なお，訴因変更後の同起訴状の公訴事実第1の2の別表2番号1ないし3
（原判示第1の2の別表1番号1ないし3と同旨）については，同別表2の
番号1のうちはいかいの点並びに同番号2及び3の各はいかいは，いずれも
罪とならないものであるが（なお，番号2については，はいかいの事実も認
められない），包括一罪を構成する一部であるので，主文において無罪の言
渡しをしない。

よって，主文のとおり判決する。

－ 403 －

○参照条文

配偶者からの暴力の防止及び被害者の保護等に関する法律29条，10条1項1号，2項1号，4号，4項

刑法108条，130条，235条，261条

○備　考

求　　　刑　懲役10年

原　判　決　懲役10年

控訴審判決　原判決破棄，懲役9年，公訴事実第2について無罪

速報番号　469号

【事　件　名】　傷害，公務執行妨害被告事件

【事件番号等】　平成29年（う）72号，平成29年6月27日高松高等裁判所第1部判決，原判決破棄・自判（被・上告）

【控訴申立人】　被告人，弁護人

【第　一　審】　徳島地方裁判所

○判示事項

被害者からの先制攻撃によって始まった被告人の暴行と，その後に引き続き行われた本件犯行である被告人の暴行とは一連の行為として評価され，それら被告人の各暴行は短時間のうちに行われたものであるとして，本件犯行時における被害者からの先制攻撃による急迫不正の侵害の継続性を認め，それに対する防衛の意思にも欠けることはないとした事例。ただし，被告人の防衛行為自体は相当性を逸脱しているので過剰防衛が成立するとした。

○判決要旨

Vは，刑務官に被告人との口論を注意されていったんやめた後，立ち上がって被告人に殴りかかったり，被告人による暴行後，同房者に引き離されな

- 404 -

がらも被告人に殴りかかったりしていて，被告人が馬乗りになった後も，V
による攻撃の可能性はあったこと，同房者の制止も期待できる状況になかっ
たことがそれぞれ認められる上，被告人の暴行は，Vの先制攻撃，すなわち
急迫不正の侵害から自己を守るために，Vの腰に組み付いたという暴行に始
まるもので，馬乗りになっての殴打も，これとほとんど一連の行為として短
時間に行われているから，そのとき被告人が強く憤激していたからといって，
馬乗りになっての殴打について，急迫不正の侵害に対応して反撃に出るとい
う意味での防衛の意思に欠くものとはいい難く，防衛の意思を欠くと認めた
ことは，論理貝，経験則に反する。

　しかし，Vは先に殴りかかったものの拳は被告人に当たっていないし，被
告人が馬乗りになってからは，Vが攻撃することは容易でない状態であった
にもかかわらず，被告人は，Vの顔面を数回にわたり手拳で殴打し鼻血を出
させており，この被告人の暴行は，防衛行為としての相当性を逸脱している。
ただし，被告人がVの首を絞めた事実は，Vが被告人に首を絞められた記憶
がないと供述していること，Vの頸部に首を絞められた痕跡がないこと，刑
務官が見間違えた可能性も否定できないことなどから，首を絞めた事実は認
定できない。

　したがって，第1事実の傷害につき，過剰防衛が成立するので，原判決は
事実誤認がある。

　「弁護人の主張に対する判断」において，刑務官の証言により事実認定し
た旨説示しているので，証拠は挙示されていると解することができ，理由不
備又は訴訟手続の法令違反の違法はない。

○判決理由

第1　原判示第1の事実に係る理由不備又は訴訟手続の法令違反の論旨につ
　　いて

　　　上記事実の要旨は，「被告人は，平成26年12月3日午後10時15頃，a
　　刑務所第2居室棟1階第b室において，V（当時46歳）に対し，馬乗り
　　になり，その顔面を左のげん骨で数回殴るなどの暴行を加え，よって，

－ 405 －

同人に全治まで約2週間を要する顔面打撲の傷害を負わせた。」という
ものである。

　　論旨は，原判決は，「弁護人の主張に対する判断」において，Ａの原
審公判証言により被告人を有罪とする判断を示しているが，同証言を証
拠の標目に掲げていないから，原判決には理由不備又は訴訟手続の法令
違反（刑事訴訟法379条）があるというのである。

　　しかし，原判示第1の事実の認定根拠となった証拠は，同事実に係る
証拠の標目に挙示されており，その記載に不足はない。もっとも，原判
示の「数回殴るなどの暴行」にＶの首を絞めた行為が含まれているとす
れば，その点はＡ証言にあるのみである。しかし，この点についても，
原判決は，「弁護人の主張に対する判断」において，同証言によって首
を絞めた行為を認定した旨説示しているので，証拠は挙示されていると
解することができる。また，原判決は，Ａ証言をもって，本件が正当防
衛又は過剰防衛に当たらないことを示す証拠としているが，証拠の標目
にこれを挙示する必要はない。よって，原判決に理由不備又は訴訟手続
の法令違反の違法はなく，論旨は理由がない。

第2　原判示第1の事実に係る事実誤認の論旨について

1　論旨は，被告人は，Ｖの攻撃から身を守るために本件の暴行に及んで
おり，正当防衛又は過剰防衛に当たるから，原判決には事実の誤認があ
るというのである。

2　説明の便宜のために，証拠上明らかで，当事者も争っていない事実関
係を確認しておく。

　⑴　Ｖは，被告人，Ｂ及びＣが収容されていた第ｂ室で本件の2日前か
　　ら起居していた。本件当日の就寝中，被告人は，いびきをかいていた
　　Ｖを起こしたことをきっかけに，Ｖと口論となった。夜間巡回をして
　　いた看守Ａが同室前を通りかかり注意したため，被告人とＶは，いっ
　　たん各自の布団に戻った。

　⑵　ところが，Ａが通路の巡回ボタンを押して同室前に戻ってきた頃，
　　両者が立ち上がり，Ｖが右手拳を振り上げて被告人に殴りかかって，

－ 406 －

被告人の肩付近に当たった。ただし，次に述べる被告人の動きのため
に強くは当たらなかった。被告人は，Vの胸に頭から飛び込んで腰を
両腕で抱え込み，Vは，被告人の頭を腕で抱えて首を絞めるような状
態となり，両者は共に倒れ込んだ。

(3) 被告人とVはBによっていったん引き離されたが，被告人は，仰向
けになったVの腹部にまたがって馬乗りになり，利き手の左手拳で同
人の顔面を数回殴り付けた。それを見たAは，約1.7m離れた非常ベ
ルのところに行って，これを押し，数秒後に同室前に戻った。

(4) Aは，B及びCに制止するように指示し，両名が被告人とVを引き
離した。その頃，Vは被告人に2回殴りかかった。

3 原判決は，2(2)のVが被告人に殴りかかった先制攻撃は急迫不正の侵
害に当たるとしたが，2(3)のときに被告人がVの首を絞めたことも認定
した上，以下の理由により，2(3)の馬乗り以降の被告人の暴行は，専ら
Vを攻撃する意思でなされた防衛の意思を欠くものであると認めた。

(1) 2(2)で被告人とVが転倒した後は，被告人が無抵抗のVに馬乗りに
なっており，遅くともその時点では，Vによる攻撃の余地は乏しくな
っていた。

(2) AとBが近くにおり，Vからの攻撃を避けるためであれば，殊更に
暴行を加える必要はなかった。

(3) それにもかかわらず，被告人は，Vの顔面を複数回殴打し，首を絞
めるなど，重ねて強度の暴行を加えており，馬乗り以降の暴行は，従
前からの経緯を含めたVに対する苛立ちを爆発させたものである。

4 しかし，この判断は，前提事実の認定を含め，原審の証拠関係に照ら
して合理的なものとはいえない。

(1) 3(1)（Vによる攻撃の可能性）については，Vは，被告人との口論
をAに注意されて，いったんそれを止めたのに，立ち上がって被告人
に殴りかかっている。被告人による最後の暴行の後，BとCによって
二人が引き離された際にも，Vは，被告人に2回殴りかかっている。
また，いずれかの時点（Vの検察官調書（同意部分，原審甲1）によ

れば2回殴りかかったのと同じ頃，被告人の供述によれば被告人が馬乗りになる前）で，Ｖは被告人の顔を蹴っている。これらからすれば，馬乗りになられたからといって，Ｖの攻撃意思が減退したとか，攻撃の現実的な可能性が乏しくなったとはいえない。なお，当審検察官は，答弁書において，馬乗りになった時点以降は，Ｖの急迫不正の侵害が継続していたとはいえないと主張する。しかし，被告人とＶがＢによって引き離されたといっても一瞬のことであるし，最後にＶが再び被告人に殴りかかっていることからすれば，この主張は採用できない。

(2)　3(2)（Ａ及びＢによる制止の見込み）については，Ａは居室の外にいて，職員単独では居室内に入れないため，外から声を掛けているだけであった。Ｂも，いったんは止めに入ったものの，介入することが規則違反になることを心配して制止するのをやめている。そうすると，客観的にも主観的にも，被告人にとって，ＡやＢの制止が期待できる状況ではなかったというべきである。

(3)　3(3)のうち，被告人がＶの首を絞めたという認定について検討する。

　　ア　原判決は，Ａ証言に基づき，被告人は，馬乗りになってＶの顔面を殴打した後，同人の背後に回って腕を回して首を絞め上げたと認定し，これを否定する被告人の供述を排斥している。

　　イ　しかし，所論が指摘するとおり，Ｖ本人は，前記検察官調書において，羽交い絞めにされたり，後ろから腕で首を絞められた記憶はないと供述している。当審検察官は，Ｖは，睡眠薬を服用して寝入っていたところを起こされて，頭がぼーっとしていたから，記憶を保持，想起できなかったと考えられると主張する。確かに，Ｖはそのような供述もしている。しかし，Ｖは前記検察官調書の同意部分において，被告人に起こされたと分かった，看守の巡回があって被告人がいったん布団に戻った，倒れた状態で被告人に顔面を殴られて鼻血が出た，その後自分も被告人に殴りかかり，蹴りつけたという経過を供述している。しかも，Ａが証言する首絞めは30秒間くらいに感じたというもので，そのとき，Ｖは低い姿勢で両手をだらん

- 408 -

とした感じで下げていたというのである。一時的に意識が遠のいた可能性を考慮しても，Ｖがこれを全く記憶していないことを，検察官が主張する事情によって説明できるか疑問である。

ウ　Ｖの頸部に首を絞められた痕跡はないと認められ，首絞めに関してＢの供述（供述調書及び証言）も取り調べられていないので，Ａ証言の裏付けとなる証拠は存在しない。所論が指摘するように，居室内は，常夜灯の豆電球が点灯していただけであり，被告人とＶのほかにＢも近くにいて，３人とも同じ服装であり，それぞれの動きもあったと考えられるから，Ａが見間違えた可能性がないとはいえない。

エ　Ａ証言については，同人が証言する程にＶが首を絞められたとすると，Ｖには，そのすぐ後に被告人に殴りかかるような余力があったのか，また，Ａは，被告人が馬乗りになってＶを殴ったのを見て，約1.7ｍ離れた非常ベルを押しに行き，数秒間で戻ってくると被告人がＶの首を絞めていたと証言するが，わずか数秒の間に被告人がそのような行動をとり得たのかという疑問がある。

オ　原判決は，単にＡは刑務官として現場に居合わせて意識的に観察していたという理由で，Ａ証言の信用性を肯定している。しかし，イ，ウ，エで指摘した疑問があり，原判決の信用性評価は，他の証拠関係及び論理則，経験則等に照らし不合理である。

(4)　そこで，３(3)のうち，防衛の意思について検討する。上記のように首を絞めた暴行は認められないが，それでも被告人は，馬乗りになって顔面を拳で数回殴るという強い暴行に及んでいる。したがって，その当時，被告人は強く憤激していたと認められ，被告人もそのことは否定していない。しかし，この憤激は，Ｖが殴りかかった先制攻撃に触発されたものである。被告人の暴行は，この先制攻撃，すなわち急迫不正の侵害から自己を守るために，Ｖの腰に組み付いたという暴行に始まるもので，馬乗りになっての殴打も，これとほとんど一連の行為として短時間のうちに行われたものである。そうすると，そのとき

被告人が強く憤激していたからといって，この馬乗りになっての殴打について，急迫不正の侵害に対応して反撃に出るという意味での防衛の意思を欠くものとはいい難い。

ところで，原判決は，被告人は，Vが居室内での役割分担を守らなかったことやテレビ視聴中の態度から，Vに対し苛立ちを抱えており，従前の経緯を含めたVに対する苛立ちを爆発させて，専ら攻撃する意思で上記暴行に及んだと認定している。被告人も捜査段階では，これに沿う供述をしている。しかし，Vが被告人と同室になってから3日しか経っておらず，指摘されている苛立ちの理由も格別大きなことではない。被告人が強い怒りを感じた背景にそのような事情もあったとしても，Vが未だ攻撃を加えてくる可能性がある状況であったにもかかわらず，被告人が専ら攻撃を加える意思であったと認めた原判断は合理性を欠くものである。

(5) 以上によれば，原判決が，Vに馬乗りになった時点以降の被告人の暴行は防衛の意思を欠くものであったと認めたことは，論理則，経験則に照らし不合理である。

5 防衛行為の相当性について

右手拳を振り上げて被告人に殴りかかったというVの急迫不正の侵害に対し，被告人が組み付き，同人と共に倒れ込んだ行為は，防衛行為として相当なものである（起訴の対象にもなっていない）。しかし，被告人がVに組み付いたために，Vの拳は強くは当たっていないし，被告人が馬乗りになってからは，Vから攻撃することは容易でない状態であった。にもかかわらず，被告人は，Vの顔面を数回にわたり手拳で強打し，鼻血を出させるに至っている。このようなVの当初の攻撃及びその後の状況と，これに対する被告人の攻撃を比較すると，馬乗りになってVを殴打した被告人の暴行は，防衛行為としての相当性を逸脱したものである。ところで，被告人は，両名が倒れ込んでから馬乗りになるまでの間について，Vが馬乗りになってきた，Vに顔を蹴られたと供述している。しかし，前者については，被告人は，捜査段階では，倒れたときにVの

- 410 -

体が乗っていたと供述するにとどまっており，この時点でVが積極的に馬乗りになってきたとは認められない。後者については，離れ際にVが足をばたつかせたのが当たったというにとどまる。したがって，被告人が馬乗りになるまでにVが更に積極的な暴行を加えてきたとは認められず，防衛行為の相当性を逸脱したという判断は変わらない。なお，本件訴因は「馬乗りになり，その顔面を左のげん骨で数回殴るなどの暴行」とあるが，具体的な暴行として認定できるのは「など」以外の部分であり，前記のとおり，首を絞めた暴行は認定できない。

6　以上のとおり，原判示第1の傷害については，過剰防衛に当たると認めるべきである。これを否定した原判決は事実を誤認したものであり，この誤認が判決に影響を及ぼすことは明らかである。

　　　事実誤認の論旨は，この限度で理由がある。

第3　破棄自判

　　　そこで，量刑不当の主張に対する判断を省略し，原判決は，原判示第1の事実と同第2，第3の各事実とを併合罪の関係にあるものとして1個の刑をもって処断しているから，刑事訴訟法397条1項，382条により原判決を全部破棄し，同法400条ただし書を適用して，被告事件について，更に次のとおり判決する。

　（原判示第1の事実に代えて当裁判所が新たに認定した事実）

　　　被告人は，a刑務所において受刑中であったところ，平成26年12月3日午後10時15分頃，同刑務所第2居室棟1階第b室において，同室の受刑者であるV（当時46歳）と口論となり，同人が右手拳を振り上げて被告人に殴りかかってきたことに憤激するとともに，自己の身体を防衛するため，防衛の程度を超えて，同人に馬乗りになり，その顔面を左のげん骨で数回殴る暴行を加え，よって，同人に全治まで約2週間を要する顔面打撲の傷害を負わせたものである。

　（上記事実についての証拠の標目）

　「被告人の公判供述」とあるのを「原審第2回公判調書中の被告人の供述部分」と改め，原審第4回公判調書中の証人Aの供述部分を付け加え

－ 411 －

るほか，原判決の判示第1の事実に係る証拠の記載のとおり。（累犯前科）原判決の記載のとおり。

（法令の適用）

　原審及び当審における訴訟費用について，刑事訴訟法181条ただし書を適用して，被告人に負担させないこととするほか，原判決の法令の適用の記載のとおり（ただし，判示第1とあるのは，当裁判所が新たに認定した前記事実）。

（量刑の理由）

　被害者Vに対する前記認定の傷害は，過剰防衛であるとはいえ，同人に馬乗りになった状態で顔面を拳で数回強打したものであり，危険性は大きい。そして，被告人は，引き続きa刑務所で受刑中であったところ，刑務官に対する反発や不満から，平成27年9月18日原判示第2の刑務官に対する公務執行妨害，傷害（全治約7日間の顔面打撲）の犯行に及び，平成28年6月21日には，原判示第3の刑務官に対する公務執行妨害の犯行に及んでおり，いずれも動機に酌むべき点はなく，刑務所の秩序も乱したものである。また，原判示第2の犯行は，刑務官の不意を突いて顔面に頭突きを加えたという危険なものであり，原判示第3の犯行は，あらかじめ自己の糞尿を石けん受容器に溜めておき，これを刑務官の上半身に投げかけたというものであって，いずれも態様悪質である。ただし，幸い本件における各傷害の程度は重いものではなかった。

　被告人は，受刑中という更生すべき立場にありながら，これらの犯行を繰り返しており，その責任は重いものがある。また，本件及び前科に照らし，被告人の粗暴傾向は顕著である。他方で，被告人は，各犯行を認めて反省していることは被告人に有利に考慮し，主文のとおり量刑した。

○参照条文

刑法95条1項，204条，36条

○備　　考

求　　　刑　懲役３年
原　判　決　懲役２年
控訴審判決　原判決破棄，懲役１年８月

裁 判 月 日 索 引

月日	高等裁判所	事件番号	ページ	月日	高等裁判所	事件番号	ページ
平成２９年〔１月〕				3.21	東　京	28(う) 974	106
1.17	高　松	27(う) 106	343	3.27	東　京	28(う)2130	108
1.18	東　京	28(う)1155	65				
1.24	東　京	28(う) 755	68	**〔４月〕**			
1.24	東　京	28(う) 872	73	4.12	東　京	28(う)1285	110
1.26	札　幌	28(う) 191	317	4.13	東　京	28(う)1100	112
1.31	東　京	28(う)1342	80	4.14	札　幌	29(う)　 1	324
				4.28	福　岡	29(う)　59	253
〔２月〕							
2. 1	東　京	28(う)1408	84	**〔５月〕**			
2. 1	東　京	28(う)1789	87	5.17	東　京	28(う)2015	115
2. 7	大　阪	28(う) 938	237	5.18	東　京	28(う)1194	116
2. 7	高　松	28(う) 111	364	5.31	福　岡	28(う) 451	255
2. 9	大　阪	28(う)1144	238				
2.16	東　京	28(う)1992	90	**〔６月〕**			
2.16	東　京	28(う)2017	94	6. 1	仙　台	29(う)　39	307
2.16	名古屋	28(う)　66	243	6.16	東　京	28(う)2143	118
2.23	高　松	28(う) 158	380	6.20	東　京	29(う) 391	122
				6.27	高　松	29(う)　72	404
〔３月〕				6.28	東　京	29(う) 496	125
3.10	東　京	28(う)1319	97				
3.14	大　阪	28(う)1201	241	**〔７月〕**			
3.14	札　幌	25(う) 148	321	7. 7	福　岡	29(う)　82	259

裁判月日索引

月日	高等裁判所	事件番号	ページ
7.13	東 京	29(う) 702	137
7.18	東 京	29(う) 739	142
7.18	広 島	29(う) 51	247
7.20	福 岡	29(う) 89	261
7.25	東 京	29(う) 6	145
7.27	札 幌	28(う) 206	330

〔8月〕

月日	高等裁判所	事件番号	ページ
8.29	東 京	29(う) 440	151
8.29	仙 台	28(う) 208	309

〔9月〕

月日	高等裁判所	事件番号	ページ
9. 1	福 岡	29(う) 172	277
9. 7	福 岡	29(う) 15	272
9. 7	札 幌	29(う) 103	336
9. 8	東 京	29(う) 384	156
9. 8	東 京	29(う) 953	159
9.13	東 京	29(う) 692	162
9.14	福 岡	29(う) 222	295
9.20	東 京	29(う) 344	164
9.21	東 京	29(う) 766	171
9.22	福 岡	29(う) 175	282
9.26	東 京	28(う)1209	179
9.26	札 幌	29(う) 19	338
9.29	福 岡	29(う) 212	280

〔10月〕

月日	高等裁判所	事件番号	ページ
10.11	東 京	29(う)1088	190
10.19	福 岡	29(う) 15	288

〔11月〕

月日	高等裁判所	事件番号	ページ
11. 1	東 京	29(う)1196	194
11. 1	東 京	29(う)1006	196
11. 2	東 京	29(う) 651	201
11. 7	東 京	29(う)1276	204
11. 8	東 京	29(う)1456	206
11.10	東 京	29(う) 912	208
11.14	福 岡	29(う) 238	297
11.17	東 京	29(う) 726	211

〔12月〕

月日	高等裁判所	事件番号	ページ
12. 1	東 京	29(う)1261	219
12. 8	東 京	23(う)2288	221
12.15	東 京	29(う)1308	224
12.19	東 京	29(う)1282	229
12.20	東 京	29(う)1607	231
12.22	東 京	29(う)1814	233

高等裁判所刑事裁判速報集（平成29年）　　書籍番号　30-17

平成30年11月30日　第１版第１刷発行

編　　集　　法務省大臣官房司法法制部

発 行 人　　平　　田　　　　豊

発 行 所　一般財団法人　法　　曹　　会

〒100-0013　　東京都千代田区霞が関1-1-1
振替口座　00120-0-15670
電　　話　03-3581-2146
http://www.hosokai.or.jp/

落丁・乱丁はお取替えいたします。　　　印刷製本／（株）キタジマ

ISBN 978-4-86684-014-7